Theodore Levitt on Marketing

T・レビット マーケティング論

セオドア・レビット◉著
有賀裕子
DIAMONDハーバード・ビジネス・レビュー編集部◉訳

ダイヤモンド社

Harvard Business Review Anthology
T. Levitt on Marketing

Japanese translation rights arranged with
Harvard Business School Press in Boston, MA
through The Asano Agency, Inc. in Tokyo.

This compilation includes the following articles;
Marketing Myopia, HBR, Jul.-Aug. 1960.
M-R Snake Dance, HBR, Nov.-Dec. 1960.
Creativity Is Not Enough, HBR, May-Jun. 1963.
Exploit the Product Life Cycle, HBR, Nov.-Dec. 1965.
Branding on Trial, HBR, Mar.-Apr. 1966.
Innovative Imitation, HBR, Sep.-Oct. 1966.
The New Markets–Think Before You Leap, HBR, May-Jun. 1969.
The Morality (?) of Advertising, HBR, Jul.-Aug. 1970.
Product-Line Approach to Service, HBR, Sep.-Oct. 1972,
Marketing Tactics in a Time of Shortages, HBR, Nov.-Dec. 1974.
The Industrialization of Service, HBR, Sep.-Oct. 1976.
Marketing When Things Change, HBR, Nov.-Dec. 1977.
Marketing Success Through Differentiation–of Anything, HBR, Jan.-Feb. 1980.
Marketing Intangible Products and Product Intangibles, HBR, May-Jun.1981.
The Globalization of Markets, HBR, May-Jun. 1983.
After the Sales Is Over..., HBR, Sep.-Oct. 1983.
Advertising: "The Poetry of Becoming," HBR, Mar.-Apr. 1993.
Local Content, DHBR, Nov. 2001.
The Changing Character of Capitalism, HBR, Jul.-Aug. 1956.
The Dangers of Social Responsibility, HBR, Sep.-Oct. 1958.
Cold-War Thaw, HBR, Jan.-Feb. 1960.
When Science Supplants Technology..., HBR, Jul.-Aug. 1963
The Johnson Treatment, HBR, Jan.-Feb. 1967.
Why Business Always Loses, HBR, Mar.-Apr. 1968.
The Managerial Merry-Go-Round, HBR, Jul.-Aug. 1974.
Dinosaurs Among the Bears and Bulls, HBR, Jan.-Feb. 1975.

❖はじめに

マーケティング不在の企業に未来はない

「つくれば売れる」時代には、顧客を重視しようという発想は生まれにくい。このような時代に顧客に目を向けることの重要性を説き、企業にマーケティングの考えを根づかせたパイオニアの一人が、セオドア・レビット（一九二五～二〇〇六年）である。

マーケティング理論の礎を共に築いてきたフィリップ・コトラーは彼について、「販売戦略の一分野と見なされていたマーケティングを、経営の中枢へと押し上げた最初の功労者の一人」と評している（『DIAMONDハーバード・ビジネス・レビュー』二〇〇一年一一月号「もう一人の巨匠が語る　レビット・マーケティング論の意義」より）。

本書は、多くのビジネスパーソンに影響を与えてきたレビットが『ハーバード・ビジネス・レビュー』に寄稿した全論文（およびDHBR独自のインタビュー一本）を収めたアンソロジーである。マーケティング関連の論文は年代順に、他のテーマの論文は補遺として紹介している。これまで日本では紹介されていなかった論文も新たに翻訳し収録しているので、レビットの見識の広さや先見性を再発見される方も多いのではないだろうか。

本書に収められている論文のテーマは非常に多岐にわたる。

まず冒頭を飾る「マーケティング近視眼」（第一章）は、マーケティング界に大きな影響を与え、レビットの名を世の中に知らしめた論文でもある。「マーケティングの本質を述べた論文」としてテキストに活用されるなどして、いまだに多くのビジネスパーソンに読み継がれている。

第二章はマーケティング・リサーチで平均的結果を得ることにより、どの企業も同質的戦略に陥ってしまう問題について指摘している。差別化の重要性については、一九八〇年代の論文（第一三章）や二〇〇〇年代に行ったインタビュー（第一八章）でも触れられているが、これは現代もなお多くの企業が直面している課題である。

第三章、第四章では、イノベーティブなアイデアや最新理論は、机上の空理空論で終わらせず、具体的な成果に結びついてこそ意義があるとし、いかに実務で活用すべきかを提案している。レビットはイノベーションを重要としつつも、クリエイティビティ至上主義の立場は取らない。第六章では、オプション理論的な発想法に基づいたユニークかつ現実的な戦略も提案している。

レビットは企業環境を見据えながら、現実の課題に対して有効なマーケティングのあり方を常に問い続けてきた。第七章、第一〇章、第一二章、第一五章などは、その時代時代に企業がまさに直面している課題に対し、どのようなマーケティングのアプローチが可能かを説いた論文である。

レビットが数々の論文で一貫して主張してきたのは、「顧客はその製品を買うのではない。その製品が提供するベネフィットを購入している」ということである。ベネフィットは有形物だけで構成されているわけではなく、ブランドやサービスなど無形の要素が大きな役割を果たしている。そのため、無形の要素の重要性を早くから強調してきた。論文としては、一九八〇年代に発表して世の中に大きな影響を与えた「無形性のマーケティング」（第一四章）が有名だが、六〇年代にもブランドの意義や役割を指摘している（第五章）。

サービスに関しては、七〇年代に二本の論文を発表している（第九章、第一一章）。いずれも、属人的なサービスに頼らず、生産管理の発想によりサービスの品質や効率を向上させる必要性を説いたもので、サービス・マネジメントの先がけともいえる。

さらに、購入後のサービスについて取り上げた論文（第一六章）では、顧客を満足させるためには、購入後も製品がもたらす効用への「約束」を裏切ることなく、長期的な関係性を築いていくことが欠かせないとしている。これはまさにCRM（カスタマー・リレーションシップ・マネジメント）の考え方にほかならない。

独自のコミュニケーション論を展開した論文（第八章、第一七章）からも、マーケティングで付加されるベネフィット、コミュニケーション活動から透けて見える企業姿勢、顧客との約束の重みなどの考え方が底流に感じられる。レビットは「マーケティング界のピーター・ドラッカー」とも称されるように、その見識はマーケティング分野にとどまらない。そのことをまざまざと見せつけられるのが補遺の論文である。

ここで扱われているテーマは、企業の社会的責任（CSR）（第二〇章）、国際問題とビジネスへの影響（第二一章）、政治とビジネスの関係（第二二章）、社会との関わり方について産業界への提言（第二四章）、地域再興（第二三章）、経営者を中心とした人材論（第一九章、第二五章）、経営多角化（第二六章）である。

CSRのように現在では異なる解釈がなされているテーマもある。これらの補遺によって、レビットが環境変化のなかで独自の経営観を明確にしながら、マーケティングと向き合ってきた足跡をたどることができる。

マーケティングの原点に立ち戻る時、レビットの主張にいま一度耳を傾けていただきたい。古くて新しいテーマや、企業が見失いがちな重要なメッセージが見つかるはずだ。

なお、本書の出版に際して、嶋口充輝、恩藏直人両教授にレビット論を語っていただいた。次にそれを紹介し、始めの言葉に代えたい。

二〇〇七年一一月吉日

DIAMONDハーバード・ビジネス・レビュー編集部

『T・レビット　マーケティング論』の刊行に寄せて――❶

経営的マーケティングの巨人

マーケティングを知る人にとって、レビットの名を知らない人はほとんどない。その意味で、レビットはマネジメントにおける実践経営学の泰斗、ピーター・F・ドラッカーの存在と似ている。

レビットは経営的マーケティングの分野で、時代時代のエポック・メーキングとなる新しい思想やコンセプトを、次々と先取り的に打ち出した。だれもがレビットといえばすぐに連想するのが「マーケティング近視眼」（Marketing Myopia）のコンセプト。一九六〇年に『ハーバード・ビジネス・レビュー』誌に掲載された同名の論文で、彼の名声は不動になったし、六〇年代に巻き起こった経営学ブームの実質をマーケティング・ブームとして大いに盛り上げるビジネス思想にもなった。

しかし、本書の収録諸論文からもわかるように、レビットの関心はかなりの幅広さを持っている。ビジネスやマーケティング関連分野だけに絞ってみても、企業の社会的責任の危うさ、グローバライゼーション戦略の方法、差別化の普遍性、サービスの工業化、関係性の重視、等々、まさに時代を超えて生き続ける古典的価値を持つ優れた思索的論考を世に送り出してきた。レビットを知らずしてマーケティングを語る資格なしといわれるほどに、今日でもマーケティングの世界で圧倒的な存在となっているのである。

レビットがこれほどまでにマーケティング、とりわけ経営的マーケティング分野で多くの人々を魅了し続けてきた第一の理由は、何よりも現実のマーケティング問題に、鋭い哲学的な思索と洞察を向け、現象の底辺に流れる普遍的本質を見事にえぐり出した、その能力にある。このことは彼の論考の多くが時代と共にありながら、同時に時代を超えた永続的、古典的価値を持っていることからも示されている。

第二は、みずからの論考やコンセプトを説明する際の、類稀な説得の巧みさである。「マーケティング近視眼」論で用いた、鉄道や映画産業(形態)の本質が輸送や娯楽産業(機能)にあるとした例示は、いまでも多くが口にする説明方法である。レビットは、難しいコンセプトを、実に巧みなメタファーや具体例を駆使しながら、多くの人々に「なるほど」と納得させる表現力を持っている。数式をほとんど使わず、華麗な文章で、問題の本質をえぐり出し、多くの人々を説得する技は職人的ですらある。

第三は、レビットの姿勢として、経営実務者の課題に本質的なマーケティング・ソリューションないしモードを与えるというブレのない軸を持っている点。彼の論考は、研究者向けの学会誌より、『ハーバード・ビジネス・レビュー』のような実務界で影響力のある経営専門誌をもっぱら自分の思索の発表場所として重視した。結果的にレビットの思索は研究者からも強く広く受け入れられたが、おそらく彼にとって、経営理論の本質は、実務家がそのコンセプトに納得・共鳴して実行してくれた時にのみ有用な理論たりうる、というレビット流プラグマティズムともいえる思想があったと思われる。

多くの読者に、本書によってマーケティングの楽しさ、おもしろさ、そしてその深さをぜひ味わってもらいたいと願っている。

法政大学経営大学院 教授、慶應義塾大学 名誉教授、財団法人医療科学研究所 所長
嶋口充輝

近代マーケティングの原点

私が初めて学問としてのマーケティングに触れた一九八〇年代の前半、当時のマーケティング界を彩るコンセプトの多くは、レビットによって発信されていた。「無形製品のマーケティング」「関係性マーケティング」「グローバル・マーケティング」などであり、これらのコンセプトは今日のマーケティングを語るうえで不可欠なものとなっている。

私と同年代のマーケターの多くは、レビットのコンセプトに魅せられ、マーケティングのおもしろさを感じ取ったはずである。大学の商学部や経営学部では、最も人気のある学問領域の一つとしてマーケティングが定着しつつあった頃だった。つまりレビットは、マーケティングという学問の成長段階において、次々と魅力ある新商品(コンセプト)を人々に提示して、学問の完成度を高め、学問自体のマーケティングを最も成功裏に実践してきた人物だといえるだろう。

レビットの貢献は、マーケティングの単なる普及だけにはとどまらない。マーケティングの存在や重要性を経営者たちに気づかせ、それまでセリングと同じような扱いであったマーケティングを経営課題にまで引き上げた意義はあまりにも大きい。この時の中心的コンセプトは顧客志向である。企業にとって重要なのは提供する製品ではなく、製品がもたらす顧客ベネフィットである。製品には寿命があり、特定製品だけで企業の成長を維持することは不可能だ。経営者たちはみずからのビジネスを製品志向ではなく、顧客志向で見据えることの必要性をマーケティングを通じて悟ることができたのである。

わが国の経営者たちでも、レビットのファンは少なくないようである。彼はノースウェスタン大学のフィリップ・

コトラー教授と共に近代マーケティングの二大巨頭として比較されるが、私の印象を述べるならば、理論的な精緻化ではコトラーだが、発想の切れ味や視点の斬新さではレビットに軍配を上げたい。それだけに、ビジネスのヒントとなりやすい切り口を提示してくれたレビットに、実務界でのファンが多いこともうなずける。

製品差別化の可能性を主張し続けてきたレビットが、今日のコモディティ化市場の進行を眺めたならば、どのような枠組みを提唱しただろうか。グローバル化など時々の環境変化に対する考えをいち早く提示したレビットが、今日のモバイルの浸透を眺めたならば、どのようなメッセージを発信しただろうか。レビットの卓越したマーケティング・センスは、マーケティングを学ぶすべての者によって時代を超えて語り継がれていくはずである。

早稲田大学商学学術院 教授　恩藏直人

T.レビット マーケティング論

Harvard Business Review
Theodore Levitt on Marketing

❖

目次

❖第Ⅰ部――一九六〇年代

第Ⅱ部 一九七〇年代

第IV部　一九九〇年代

第V部　二〇〇〇年代

❖ 補遺

第19章 ❖ 資本主義時代に成功するビジネスパーソン像 ―― 417

第20章 ❖ 企業の社会的責任にまつわる危うさ ―― 447

第26章 ❖ 恐竜企業の生き残りのカギは買収による多角化――595

第I部 1960年代

1960s

第1章

Marketing Myopia

マーケティング近視眼

Marketing Myopia
HBR, July-August 1960.
マーケティング近視眼
『DIAMOND ハーバード・ビジネス・レビュー』2001年11月号
【1960年度マッキンゼー賞受賞論文】

事業衰退の原因は経営の失敗にある

主要産業といわれるものなら、一度は成長産業だったことがある。いまは成長に沸いていても、衰退の兆候が顕著に認められる産業がある。成長の真っただなかにいると思われている産業が、実は成長を止めてしまっていることもある。

いずれの場合も成長が脅かされたり、鈍ったり、止まってしまったりする原因は、市場の飽和にあるのではない。経営に失敗したからである。失敗の原因は経営者にある。つまるところ、責任ある経営者とは、重要な目的と方針に対応できる経営者である。具体例を示そう。

●鉄道会社のケース

鉄道が衰退したのは、旅客と貨物輸送の需要が減ったためではない。それらの需要は依然として増え続けている。鉄道が危機に見舞われているのは、鉄道以外の手段（自動車、トラック、航空機、さらには電話）に顧客を奪われたからでもない。鉄道会社自体がそうした需要を満たすことを放棄したからなのだ。鉄道会社は自社の事業を、輸送事業ではなく、鉄道事業と考えたために、顧客をほかへ追いやってしまったのである。事業の定義を誤った理由は、輸送を目的と考えず、鉄道を目的と考えたことにある。顧客中心ではなく、製品中心に考えてしまったのだ。

●映画会社のケース

映画の都ハリウッドは、テレビの攻勢による破滅からかろうじて踏みとどまっている。現実には、すべての一流映画会社は、昔の面影が残らないほどの大変革を余儀なくされ、なかには、はやばやと消え去った会社もある。

映画会社が危機に陥ったのは、テレビの発達によるものではなく、「戦略的近視眼」のためである。鉄道会社と同じように、映画会社も事業の定義を誤ったのだ。映画産業をエンタテインメント産業と考えるべきだったのに、映画を制作する産業だと考えてしまったのである。映画という製品は、他のもので代替などできない特殊な商品だ――こう考えてしまうと、ばかげた自己満足が生まれる。映画制作者は、初めからテレビを脅威と見てしまった。ハリウッドはテレビの出現を自分たちのチャンス――エンタテインメント産業をさらに飛躍させてくれるチャンスとして、テレビを歓迎すべきだったのに、これを嘲笑し、拒否してしまった。

今日テレビは、狭い意味に定義されていた映画産業よりも巨大な産業である。ハリウッドが、製品中心（映画の制作）ではなくて、顧客中心（娯楽の提供）に考えていたら、財政的に苦しむこともなかっただろう。結局ハリウッドを救い、最近の再起をもたらしたのは、若手の脚本家、プロデューサー、監督たちである。彼らは、かつて古い体質の映画会社を打ちのめし、映画界の大物を動揺させながら、テレビ界で名を挙げてきた。

このほかにも、事業の目的を誤って定義したために将来が危ぶまれるようになった例がある。そのうちのいくつかは、後ほど詳しく議論し、苦境に追い込んだ原因について分析してみたい。ここでは、明らかにチャンスを逸した場合でも、顧客中心の経営を徹底すれば、成長産業であり続けることができることを示したい。

デュポンとコーニングは、長い間競合関係にあった。共にナイロンとガラスの製造に優れ、技術力が非常に高く、製品中心型の企業であることは間違いない。しかし、両社の成功は製品だけによるものではない。大昔のニューイングランドの織物会社ほど、製品中心で製品重視を打ち出していたところはなかったが、いまではその片鱗もなく消え失せてしまっている。

デュポンとコーニングの成功要因は、製品志向やR＆D志向であると同時に、顧客志向に徹していたことにある。技術ノウハウを応用し、顧客を満足させるチャンスを常に探し続け、膨大な数の新製品を生み出し、ことごとく成功させてきた。顧客について鋭い目を配っていなかったら、新製品の大部分は的外れなものとなり、その販売方法も空回りしていたに違いない。

アルミニウム産業も成長を続けている。これは戦時中に設立された二つの企業のおかげである。カイザー・アルミニウムとレイノルズ・メタル（訳注：現アルコア）によって、顧客を満足させるまったく新しいアルミニウムの用途が開発されたのである。この二社が存在しなかったら、今日のアルミニウム総需要ははるかに少ないものになっていただろう。

経営の想像力と大胆さ

鉄道産業とアルミニウム産業を比べたり、映画産業とガラス産業を比較したりするのは愚かなことだと批判する人がいるかもしれない。アルミニウムやガラスはもともと生産素材で汎用性が高いのだから、鉄道や映画よりも成長の機会に恵まれていて当然だと。この考え方こそ、私が本稿で述べてきた失敗に陥らせた根本原因である。

産業や製品、あるいは技術ノウハウについて狭く定義してしまったがために、それらを十分花咲かせないままに衰退させてしまう。「鉄道産業」の場合、その意味は「輸送産業」でならなければならない。輸送産業としてなら、鉄道にもまだまだ成長できるチャンスがある。鉄道による輸送だけに限定することはないからだ（もっとも、鉄道輸送は世間が考えているよりも、はるかに強力な輸送手段になりうると私は考えている）。

鉄道産業に欠けているものは、成長のチャンスではない。鉄道をここまで大きくした、経営的な想像力と大胆さなのである。ジャック・バーザン（訳注：哲学者で主な著作に『ダーウィン、マルクス、ヴァーグナー 知的遺産の批判』〈法政大学出版局〉などがある）のような素人でさえ、鉄道に欠けているものに気づいて、次のように述べている。「前世紀において最も進んだ物的社会的組織（鉄道）が、それを支えていた想像力を欠いたために、みじめで不名誉な地位に落ちていくのを見ると、慚愧《ざんき》に耐えない。いま鉄道に欠けているものは、創意と手腕によって生き残り、大衆を満足させようという会社の意思なのである（注1）」

忍び寄る陳腐化の影

主要産業といわれるもので、ある時期に「成長産業」という名称を与えられなかった産業など一つもない。どれを見ても、その強みは、明らかに製品の優秀さにあった。有力な代替品もありそうになかった。その製品自体が既存の製品を蹴落とす代替品として、圧倒的な力を見せたのである。ところが、このような花形産業にも、衰退の影が忍び寄ってくる。あまり注目されなかったケースについて、少々触れておきたい。

●ドライクリーニング産業

かつてドライクリーニング産業は、前途洋々の成長産業であった。ウール衣料全盛の時代には、衣料を傷めず簡単に洗うには、結局ドライクリーニングしかないと考えられており、その活況は長らく続いた。しかし、ブームが始まって三〇年経ったいま、ドライクリーニング産業は苦境に立たされている。そのライバルはどこから来たのだろうか。より優れたクリーニング法が生まれたのだろうか。そうではない。合成繊維と化学添加剤の登場で、ドライクリーニングの必要がなくなったのである。これはまだ序の口にすぎない。化学処理を行うドライクリーニングを徹底的に陳腐化させる強力な魔法使い——超音波クリーニングが、翼を伏せて、いつでも飛び立とうと身構えているからだ。

●電力事業

電力にも代替品がなく、向かうところ敵なしに成長を続けると考えられている。白熱電球の登場によって、石油ランプの時代は終わった。電動モーターの汎用性、信頼性、操作性、どこでも容易に使用できる利便性によって、水車も蒸気エンジンも粉砕されてしまった。電力事業は目を見張るばかりの繁栄を続け、家庭はいまや電気器具の展示場のようだ。向かうところ敵なしであるのに加えて、成長が約束されており、電力事業に投資しない人間などいない。

しかしよく見直してみると、万事順調というわけではない。というのは、電力会社以外で燃料電池の開発を進めている会社があるからだ。この装置は各家庭の人目につかない場所に設置され、音も静かである。この燃料電池が普及すると、住環境の美観を損なっていた電線も姿を消すことになる。街路を不断に掘り返す工事や、台風時の停電もなくなるだろう。近い将来、太陽エネルギーの研究も、電力会社以外の企業によって進められるに違いない。

こう考えると、電力会社にライバルはいない、とだれが言えるだろう。現在、電力会社が独占企業であることに間違いはないが、将来、死滅の時を迎えてもおかしくない。これを避けるには、電力会社も、燃料電池、太陽エネルギー、その他の新しいエネルギー源の開発に努めなければならない。生き残りをかけて、現在の糧をみずから陳腐化させなければならないのである。

●食料品店

昔、「街角の食料品店」と呼ばれ、かなり繁盛していた店舗があったことを、ほとんどの人は覚えていないだろう。スーパーマーケットの効率性がこのような食料品店を押しつぶしてしまったのである。

一九三〇年代、このスーパーマーケットの攻勢から何とか逃れられて存続できたのは、大規模食料品チェーン店だけであった。最初の本格的なスーパーマーケットは、三〇年にロングアイランド州ジャマイカで生まれた。三三年までには、カリフォルニア、オハイオ、ペンシルバニアその他の各州に広がっていった。ところが、既存の食料品チェーン店は尊大に構えたまま、スーパーマーケットの成長を無視した。その後、やっとその存在に気づいた時でさえ、「安売り屋」「荷馬車行商人」「素人商店経営」さらに「商人道徳のない一発屋」といった表現で嘲笑したのである。

当時、ある大規模チェーン店の経営者は次のように言った。「人々が何マイルもの遠方から食品を買いに来るなんて信じられない。チェーン店の行き届いたサービスには奥様たちもなじんでくれていて、それを犠牲にすることはありえない（注2）」

三六年になっても、全国食品卸商会議やニュージャージー州食品小売商協会は、スーパーマーケット恐れるに足りず、とばかりにこう宣言している。「スーパーマーケットは価格の安さを求めて来店する顧客に受けているのだから、市場規模は限られている。だから、周囲数マイルもの広い地域を商圏にしなければならない。商圏内に競合店が現れたら、互いに売上げが落ち、ついには大型倒産が起こるだろう。現在、売上げが伸びているのは、一つには物珍しさからだろう。消費者は、家の近くの便利な店がよいに決まっている。もし近所の食料品店が仕入先と協力し合って、コストに注意を払うと同時にサービスもさらに改善すれば、スーパーマーケットとの競争に耐え抜いて、やがて嵐も収まるだろう（注3）」

ところが、嵐は収まらなかった。食料品チェーン店が生き残るためには、みずからがスーパーマーケット事業に進出せざるをえないことに気づいた。この意味することは何か。それは、食料品チェーンがいままでに街角の店の敷地や、独特の配送方法、マーチャンダイジング方式に投資してきた巨額の金がすべて無駄になるということなのだ。しかし、信念を貫く勇気を持ったいくつかの食料品チェーン店は、街角店の原理に固執した。彼らは誇りを捨てなかったが、無一文になってしまった。

成長産業など存在しない

記憶とは忘れ去られやすいものだ。たとえば今日、エレクトロニクス産業と化学工業を救世主と確信して歓迎している人たちが、急成長しつつあるこれら産業にも、やがて不吉の影が忍び寄るだろうと気づくことなどできるはずもない。

ある経営者などは――大変先見性に長けていたが――かつて近視眼にかかったことをすっかり忘れてしまっている。この経営者とは五〇年前に、ボストンに在住していた有名な百万長者である。彼は遺言状に「自分の全資産は永久に市電事業の株だけに投資すべし」と書いたがために、相続人たちを図らずも貧困に追いやってしまった。「市電は効率のよい都市交通機関であるから、永久に莫大な需要がある」という死後公表された彼の言葉は、ガソリン・スタンドの給油係としてやっと生活を支えている彼の遺産相続人にとって、何の慰めにもならない。

ところが、私がトップ・マネジメントを対象にたまたま実施した調査では、その半数が「自分の財産をエレクトロニクス産業に永久に投資させるとしても、相続人が困ることはない」と考えていた。そこで私がボストンの百万長者が市電事業に投資させた例を挙げると、口を揃えて「それは別の話だ!」と言った。はたして別の話なのだろうか。基本的には同じではなかろうか。

実は成長産業といったものは存在しない、と私は確信している。成長のチャンスを創り出し、それに投資できるように組織を整え、適切に経営できる企業だけが成長できるのだ。何の努力もなしに、自動的に上昇していくエスカレーターに乗っていると思っている企業は、必ず下降期に突入する。すでに死滅したか、死滅しつつある成長産業の歴史を調べてみると、急激な拡大の後に思いがけない衰退が訪れるといった、思い違いの繰り返しである。なぜこの繰り返しが起こるのか。そこには共通する四つの条件がある。

①人口は拡大し、さらに人々は豊かになり続けるから、間違いなく今後も成長すると確信している。
②当産業の主要製品を脅かすような代替品はあるはずがないと確信している。
③大量生産こそ絶対だと信じ、生産量の増加に伴って、急速に限界コストが低下するという利点を過信している。
④製品は周到に管理された科学実験によって、どんどん品質が改良され、生産コストを低下させるという先入観がある。

これら四つの条件の一つひとつについて、詳しく検討してみたい。できるだけ要点を明確にするために、三つの産業——石油、自動車、エレクトロニクス——なかでも、長い歴史を持ち、有為転変を繰り返してきた石油産業について、詳しく述べることにしよう。これら三つの産業は、評判もよく、慧眼の投資家たちの信頼も得ている。さらに経営者たちが、財務コントロールやR&D、管理者研修といった分野で進歩的な考え方を持っているとされる。もし、これらの産業でさえも陳腐化が忍び寄るとしたら、他の産業は言うまでもない。

人口増加という危うい神話

人口は増え続け、しかも人々が豊かになるので、利益は保証されているという確信はどの産業でも根強い。しかし、この確信ゆえに、未来への判断を鈍らせてしまう。消費者の数が増え続け、製品やサービスをどんどん買ってくれるとしたら、市場がだんだん先細りになる場合に比べれば、未来を安易に考えるのも無理はない。市場が拡大している時には、メーカーは真剣に思考したり、想像力を働かせたりはしない。問題があれば知的に反応することを思考だとするなら、問題がなければ思考は停止してしまう。もしひとりでに拡大する市場があるとしたら、どのようにして市場を拡大すべきかなどと真剣に考えたりしないだろう。

これについて興味深い事例がある。石油産業には、アメリカでいちばん古い成長産業という、輝かしい歴史がある。現在、その成長性を危ぶむ説もあるが、石油産業自体は楽観的な見方を取り続けている。とはいえ石油産業にも、他の産業と同じ基本的な変化が訪れているはずである。成長を続けることが難しくなっているばかりでなく、他の産業に比べると衰退産業と言わざるをえない現実がある。まだ人々は気づいていないが、二五年以内には、鉄道がいま直面しているような過去の栄光を懐かしむ立場に追い込まれるのではないだろうか。投資評価のNPV（正味現在価値）法の開発と応用、社員との関係や発展途上国との合弁事業などで見せたパイオニア的な業績にもかかわらず、自己満足と頑迷さとが、いかにチャンスを台無しにするかという、悲劇的な事例となってしまっているかもしれない。

増大する人口が望ましい結果につながると信じてきた産業、また同時に強力な代替品は存在しない素材製品を持っている産業の特徴とは何だろう。業界内の各社は既存の製品や販売方法を改良することで、他社よりも一歩先んじようと努力する。もちろん、顧客が製品特性だけで製品を比較するために、売上高が国の人口数と比例するというのであれば、この努力も意味があるだろう。

ジョン・D・ロックフェラーが中国へ石油ランプを無料で送って以来、石油産業は何一つ際立った需要創造の努力をしてこなかった、という事実を無視してはいけない。実際には、製品改良にさえ、これといった実績を残していないのである。ただ一つ最大の改良、テトラエチル鉛の開発も、石油産業以外――ゼネラルモータースとデュポン――から生まれたものだ。石油産業の大きな貢献といえば、油田探査や採油、精製の技術くらいなものである。

つまり、石油産業の努力は石油の採掘と精製の効率改良にのみ向けられ、石油製品そのものの品質改良やマーケティングの改良に対しては、何もしてこなかったのだ。さらに、主要製品をガソリンというごく狭い範囲に限定しており、エネルギー、燃料、輸送用の資源という、幅広い定義をしなかった。その結果、次のようなことが起こった。

- ●ガソリンの品質についての大きな改良は、石油産業から生まれなかった。優れた代替燃料（後述する）の開発も、石油産業によるものではない。
- ●自動車燃料のマーケティングを変革したのは小さな石油会社によるもので、同社は石油の採掘や精製とは無縁だった。給油ポンプを多数設備したガソリン・スタンドを次々とつくり、広くて清潔な店舗レイアウト、スピーディで効率的なサービス、良質なガソリンの廉売に力を傾け、成功を収めた。

このように石油産業は難問を抱え込むことになった。いずれも石油産業以外から持ち込まれたものである。遅かれ早かれ、この産業にリスクを恐れない革新者や起業家が現れ、危機がもたらされることは間違いない。この危険性をもっとはっきり示そう。次に挙げる、経営者の多くが抱いている危険な確信に目を向けてみればわかる。これは最初の確信と密接な関連があるので、いま一度石油産業を例に取ることにする。

代替品が現れない製品はない

石油産業には、その主要製品であるガソリンに匹敵するような代替品はなく、しいて挙げればディーゼル燃料やジェット燃料など原油からの精製品だろう、と一般的に考えられている。

この考え方は、多分に希望的観測によるものだ。問題は、ほとんどの石油精製会社が膨大な量の原油を貯蔵していることにある。貯蔵原油に価値があるのは、原油を原材料とする製品の市場が存在している時だけだ——したがって、原油からつくられる自動車用燃料の競争優位は揺るがない、という確信が生まれたのである。

過去の歴史上の事実は、この確信が誤っていると教えている。にもかかわらず、この確信は根強い。歴史が証明しているように、石油はどんな目的にも長期間にわたって優れた製品であったことはない。それどころか、石油産業は成長産業であり続けたこともない。成長、成熟、衰退という通常のサイクルを経た事業の連続にすぎない。石油産業が生き延びてこられたのは、幸運が続き、陳腐化の底に落ち込むのを奇跡的に救ってくれたからだ。ちょうど使徒パウロが危機に陥った時に、土壇場で思いがけなく刑の執行が延期されたようなものである。主なエピソードだけを挙げていこう。

●石油ランプの衰退

当初、原油は主に売薬として使われていた。薬としての人気がまだ続いているうちに、石油ランプが使われるようになり、需要は拡大した。石油ランプは世界中に普及するという予想から、需要の飛躍的な拡大が見込まれた。現在、ガソリンがこれと似た状況にある。世界中至るところでガソリンが必要になるという見通しは、はたして正しいのか。発展途上国の国民が一台ずつ車を持つ日は、いったいいつ訪れるのだろうか。

石油ランプの時代、それを改良するため、石油会社同士で競い合っていた。あるいはガス灯相手に競争していた。ちょうどその頃、突然信じがたいことが起こった。エジソンが、石油がいらない照明器具、白熱電球を発明したのである。もし当時、暖房用の石油需要が増えなかったら、エジソンの白熱電球が石油を完全に成長産業の座から引きずり降ろしていただろう。暖房以外では、機械の潤滑油くらいの用途しかなかったからである。

●セントラル・ヒーティングの出現

その後再び危機に見舞われたが、石油産業は踏みとどまることができた。二つの大きなイノベーションが起こったのだが、どちらも石油産業から生まれたものではなかった。石炭を燃料とする家庭用セントラル・ヒーティング・システムの開発により、これまでの暖房機は陳腐化してしまった。石油産業があわてふためいているうちに、強力な救いの手が差し伸べられた——内燃機関の発明である。この発明もまた石油産業によるものではない。

内燃機関によるガソリンの膨大な需要は、二〇年代になって横ばいになり始めたが、セントラル・オイル・ヒーティングの出現でまたしても奇跡的に救われた。前回と同様、この発明と開発を担ったのは石油産業ではない。この市場が衰えてきた時、航空機用のジェット燃料という戦時需要が救いの神として現れた。戦後は、民間航空の発達、鉄道のディーゼル化、乗用車およびトラックの爆発的な需要に支えられて、石油産業は高い成長を維持し続けた。

●天然ガスの脅威

セントラル・オイル・ヒーティングについては、将来ブームになりそうだと最近言われ始めている。だがすでに、天然ガスとの激しい競争が始まっている。石油と競合するようになった天然ガスを所有しているのはほかならぬ石油会社だが、率先して天然ガスへの移行に取り組んでおらず、天然ガスを所有しているという特権を利用しようともしていない。天然ガスへの移行に取り組んでいるのは、新しく生まれたガス販売会社である。積極的に天然ガスを市場に売り込んでいる。当初、ガス販売会社は石油会社の警告を無視し、石油会社の抵抗を物ともせず、輝かしい新産業のスタートを切ったのである。

筋から言えば、天然ガスへの移行を主導すべきだったのは、もちろん石油会社である。彼らは、天然ガスを所有しているだけではない。天然ガスの処理、不純物の除去、使用法、そしてパイプラインの技術と配給に関する経験があるのも彼らだけなのである。暖房について最も理解しているのも、石油会社である。だが天然ガスが暖房用石油と競合するという理由もあって、天然ガスの将来性を無視してしまったのである。

天然ガスへの移行は、最初、石油パイプライン会社の経営幹部によって始められた。ガス販売を上申したが、受け容れられなかったためいさぎよく退社し、天然ガス販売会社を発足させ、見事に成功させたのである。この成功が石油会社の頭痛のタネとなった後でも、彼らは天然ガスの販売に踏み切ろうとはしなかった。自分のものであったはずの何十億ドルもの事業は、他人の手に渡ってしまった。過去もそうであったように、石油産業は石油という特定製品、その貯蔵の価値だけに目を奪われていた。もちろん顧客の基本ニーズと嗜好については、ほとんど注意を払ってこなかった。

第二次世界大戦後の数年間は、無風状態だった。その直後には、旧来の製品ラインの需要が急速に拡大したため、未来はバラ色だった。五〇年には、国内需要の年間成長率を約六パーセントと踏み、それは少なくとも七五年まで続くと予想した。(共産圏に対する)自由経済圏の原油埋蔵量と需要の割合が二〇対一であったにもかかわらず、アメリカではその割合が一〇対一と考えられていたこともあって、石油需要ブームが起こり、将来的な見通しもないまま、油田探しに狂奔し始めた。

五二年、中東で大油田が発見された。埋蔵量と需要の割合は、一挙に四二対一になった。もし、過去五年間の埋蔵量の平均増加率(年間三七〇億バレル)がこのまま続くとしたら、七〇年には四五対一になる。石油の過剰が明らかになったため、世界中で原油と石油製品の価格は軟化した。

幸運を呼び込む方法

今日、石油化学産業が急速な勢いで発展しているからといって、石油会社の経営者は安穏としてはいられない。石油化学工業もまた、大手石油会社が手掛けたものではないのだ。アメリカ全体の石油化学製品の生産高は、全石油製品の需要量の約二パーセントにすぎない。石油化学工業は年間約一〇パーセント成長すると見込まれているが、この程度では他の面での原油消費量の落ち込みをカバーできるものではない。

石油化学製品は種類も多い。それぞれ成長しているとはしても、石炭など石油以外の基礎原料があることも忘れてはならない。そのうえプラスチックなどは、比較的少量の石油から大量に生産できる。石油プラントの効率性を考えると、最低一日五万バレルを精製しなくてはならないが、石油化学工業では、一日五〇〇〇バレルの石油消費が最大規模である。

石油は、過去においても常に成長産業であったわけではない。石油産業以外のイノベーションや開発に奇跡的に救われて、思い出したように成長したにすぎない。なぜ石油産業は成長路線をスムーズに歩めなかったか。優れた代替品が登場するおそれはないと業界が考えるたびに、石油は製品としての優位性を失い、陳腐化の道をたどらざるをえなかったからである。これまでのところ、ガソリンは自動車用燃料としては、この陳腐化の運命から逃れている。しかし、後述するように、ガソリンもまた、やがて瀕死の床に横たわるはずである。

以上の話のポイントを指摘すると、製品の陳腐化を免れる保証は何もないということだ。たとえ自社の製品研究では陳腐化が起こらなかったとしても、他社の技術開発によって陳腐化することもある。石油産業のように、特別な幸運に恵まれない限り、やがては赤字の泥沼に落ち込んでしまうことは目に見えている――ちょうど鉄道がそうだったように。馬車のムチ製造業がそうだったように。街角の食料品店がそうだったように。映画会社がそうだったように。そうした例は数え切れないほどある。

幸運に恵まれるには、みずからで幸運をつくり出すのが最良の方法だ。そのためには、事業を成功させる要因を知らなければならない。それを妨げる最大の敵の一つが大量生産である。

マーケティングは販売とは異なる

大量生産型の産業は、できる限り生産量を増やそうとする。生産量の増加に伴い、急速に製品の限界コストが低下する魅力には、どんな会社でも抗し切れるものではない。それがもたらす利益の増大は何よりも素晴らしい。したがって、企業努力は生産に集中し、その結果、マーケティングは軽視される。

ジョン・ケネス・ガルブレイスはこれと逆の現象が起こると言う。(注4) 生産量が膨大になるので、市場で処分するために懸命な努力がなされる、というのだ。彼によれば、騒がしいコマーシャルが流れたり、田園風景が広告で汚され、浪費としか思われない低俗な販促手法が取られたりするのは、このためだという。

ガルブレイスは一面の真理を突いているが、戦略的な面で過ちを犯している。大量生産が製品の「移動」に圧力をかける原因であることは間違いない。しかし通常、そこで強調されるのは販売であって、マーケティングではない。マーケティングは販売よりも高度で難しい機能なのに無視されるのだ。

マーケティングと販売は、字義以上に大きく異なる。販売は売り手のニーズに、マーケティングは買い手のニーズに重点が置かれている。販売は製品を現金に替えたいという売り手のニーズが中心だが、マーケティングは製品を創造し、配送し、最終的に消費させることによって、顧客のニーズを満足させようというアイデアが中心である。

産業によっては、大量生産の能力を最大限に利用したいという誘惑にかられ、何年もの間、経営トップが販売部門にはっぱをかけてきた。「製品をあますところなく売りまくれ。そうしないと利益が出なくなるぞ」

対照的に、真のマーケティング・マインドを持った企業は、消費者が買いたくなるような値打ちのある製品やサービスを創造しようとする。売ろうとするのは、製品やサービスそのものだけではない。それがどのようなかたちで、いつ、どのような状況下で、どのような取引条件により、どのように顧客に提供されるのか、ということも含めて、すべてを売ろうとするのだ。

最も重要なことは、企業が売ろうとするものが、売り手によって決まるのではなくて、買い手によって決まるという点である。売り手は買い手からの誘導によって動くのであり、売り手のマーケティング努力の成果が製品になる。けっしてその逆ではない。

大手メーカーの大量生産至上主義

ここまで述べたことは、事業運営の基本ルールとして守られているように聞こえるが、事実はまったく程遠い。ルールは守られるというよりも破られていると言ってよい。自動車産業を例に取ろう。自動車産業といえば、大量生産の代名詞といえ、その社会的影響力は最も大きい。顧客重視の姿勢が特に求められるので、毎年モデル・チェンジが必要になる。この過酷な要求を福に転じたのが自動車産業である。自動車メーカーは、年に数百万ドルを消費者調査に費やしている。しかし、新しく出現したコンパクトな小型車が発売初年度から大変な売れ行きを示している事実を見ると、こうした調査は、消費者の真のウオンツをつかめていなかったと言わざるをえない。小規模メーカーに数百万の顧客を奪われるまで、大手メーカーは、消費者が別の車を求めていることを理解しようとはしなかったのである。

長い間、消費者のウオンツとかけ離れた車しかつくれなかったのはなぜだろうか。消費者の嗜好の変化を調査が指摘できなかったのはなぜか。実際に小型車が売れるまで気づかなかったのである。事実が起こる前に今後何が起こるかを発見することこそ、消費者調査の目的ではないのか。

答えはこうだ。自動車メーカーは消費者のウオンツなど調査していなかったのである。前もって自動車メーカーが売り出そうと決めておいた車のうち、どれを消費者が好むのかを調査していたにすぎない。自動車メーカーは製品中心主義であって、顧客中心主義ではなかった。メーカーが満足させられる顧客ニーズであれば、その限りで製品は手直しする。それでメーカーの任務は完了すると考えたのである。時には、消費者のための金融に力を入れることもあったが、顧客が購入できるように配慮するというよりも、一台でも多く売ることが目的だった。

顧客のニーズが考慮されていないという例は書き切れないほどたくさんある。なかでも無視されてきたのが、販売の問題と自動車の修理・メインテナンス問題である。大手メーカーは、これらの問題は、二義的な重要性しか持たないと考えている。自動車産業の末端機関である小売店および修理サービス店は、メーカー組織の一部として経営もされていないし、コントロールもされていないのだから、それは明らかである。工場から出荷された後、自動車はけっして行き届いているとはいえないディーラーの手に委ねられる。

自動車メーカーの末端機関への無関心さを物語る事実を一つ挙げてみよう。修理サービスは販売を刺激し、利益獲得のチャンスでもあるが、シボレー七〇〇〇店のディーラーのうち、夜間の修理サービスを行っている店は五七店しかない。

消費者は、修理サービスについての不満を口にし、現行の販売体制の下で車を購入することには不安があると言っている。車の購入時や修理時の心配事は、おそらく三〇年前よりも深刻になっており、その数も増えているに違いない。それでも自動車メーカーは、不安に悩む消費者の声に耳を傾けず、消費者から指針を得ようともしていない。耳を傾けるとしても、生産中心という偏見のフィルターを通して解釈してしまうことだろう。マーケティングを、製造の後に続く必要な努力としか考えていないのだが、本来あるべき姿はその逆である。そう考える背景にあるのは、利益は低コストのフル生産でのみ生まれるといった偏狭な見方である。

ヘンリー・フォードはマーケティング第一主義

大量生産が利益を生むという考え方は、経営計画や戦略のなかに組み込まれてしかるべきである。だがそれは、顧客について真剣に考えた後のことである。この点こそ、ヘンリー・フォードの矛盾した行動から我々が学ぶべき教訓である。彼はある意味で、アメリカ史上、最も優れたマーケターであると同時に、最も非常識なマーケターだった。

黒以外の色の車を販売しなかったという点では非常識だが、市場ニーズに適合した生産システムの設計をリードしたという点では優れている。

世間はきまってフォードを生産の天才としてほめるが、これは適切ではない。彼の本当の才能はマーケティングにあった。フォードの組立ラインによってコストが切り下げられたので売価が下がり、五〇〇ドルの車が何百万台も売れたのだ、といわれている。しかし事実は、フォードが一台五〇〇ドルの車なら何百万台も売れると考えたので、それを可能にする組立ラインを発明したのである。大量生産は、フォードの低価格の原因ではなく、結果なのだ。

フォードは繰り返しこの点を強調したが、生産中心主義の経営者たちは、彼の偉大な教訓に耳を貸そうとはしなかった。フォードがその経営哲学を簡潔に述べた文章を紹介しよう。

「当社のポリシーは、価格を引き下げ、事業を拡大し、製品を改良することである。価格の引き下げを第一に挙げたことに注意してほしい。当社は、コストが固定的だと考えたことはない。だから、さらに売上げが増えると確信するところまで、まず価格を引き下げる。その後で、その価格で経営が成り立つよう懸命に努力している。当社はコストで頭を痛めることはない。新しい価格が決められると、それにつれてコストを下げるからである。

コストを積み上げて価格を決めるという通常の方法は、狭い意味では科学的かもしれないが、広い意味では科学的ではない。なぜなら、いくら詳細にコストを計算しても、それに基づいた価格で製品が売れないとしたら、そのコスト計算は何の役にも立たないからである。コスト計算はだれでもするし、当社ももちろん詳細にコスト計算をしている。重要なことは、コストがどうあるべきかについては、だれにもわからないという事実なのだ。

それを発見する一つの方法は……まず価格を低いところに決め、その価格で経営が成り立つよう、全員が最も効率よく働かざるをえないようにすることだ。低い価格を定めれば、だれもがその価格で利益を捻出しようと努力する。このように追い込まれた状況のなかで、製造方法や販売方法について発見を重ねていくのであって、時間をかけてゆつくりと調査研究した結果ではない(注5)」

製品偏重主義の罠

生産にかかる限界コストさえ低くすると、なんとか利益が出るという考え方は大変な思い違いで、会社をだめにする。特に需要の拡大する成長企業では、マーケティングや顧客を重視しない傾向がある。

このような狭量の偏見から生じるのは、成長ではなく衰退である。常に変化し続ける消費者ニーズや嗜好に対して、製品がうまく対応できなくなるに違いない。自社の既存製品しか目に入らないため、その製品が陳腐化しつつあることに気づかないのである。

その古典的な例が、馬車のムチ製造業だ。製品改良をいくら試みても、死の判決から逃れることはできなかった。しかし、馬車のムチ製造ではなく、輸送を事業ととらえていたら、生き残れていたかもしれない。存続に必要なこと、すなわち変革を試みていたかもしれない。輸送事業といかないまでも、動力源に対する刺激、あるいは触媒を提供する事業だと定義していたとしたら、ファン・ベルトかエア・クリーナーのメーカーとして生き残れたかもしれない。

いつの日か、石油産業も同じような古典的事例になるかもしれない。石油産業は、素晴らしいチャンスを他の産業に盗まれてきたので（たとえば、天然ガス、ミサイル燃料、ジェット・エンジン用潤滑油）、二度と同じ過ちは繰り返さないだろう、とだれもが考えているのではないか。

しかし、事実は違う。馬力の大きい自動車用に設計される燃料システムにおいて、画期的な開発がなされつつあるが、ほとんどが石油会社以外の企業によるものだ。石油産業は石油と結びついた幸福にうつつを抜かし、こうしたイノベーションを無視してしまっている。石油ランプが白熱電球に直面した時の話と同じである。現在石油産業は炭化水素燃料の改良を試みているくらいで、石油以外の原料であろうとなかろうと、ユーザーのニーズにいちばん適合した燃料を模索することなど、何ら試みていない。石油産業以外で目下行われている開発の例をいくつか挙げてみよう。

●一〇社以上で、エネルギー・システムの試作を進めており、これが完成すると従来の内燃機関に取って代わり、ガソリンの需要はなくなるだろう。これらシステムの優れた特徴は、燃料補給の際に作動を止める必要がないため、時間を無駄にしてイライラすることがなくなる点だ。システムのほとんどは、ガソリンを爆発させる方式ではなく、化学物質から直接電気エネルギーをつくり出す燃料電池である。水素や酸素など、石油から精製されるものとは違う化学物質が使われることが多い。

●ほかにも数社が大馬力の自動車用バッテリーを試作し始めている。そのうちの一社は、数社の電力会社と共同研究している航空機メーカーである。電力会社としては、電力消費の少ない深夜にバッテリーを充電させることで、ピーク時以外の発電能力を利用したいということだ。補聴器用の小型バッテリーに長い経験を持つ中規模エレクトロニクス・メーカーも、自動車メーカーと共同でバッテリーの開発に取り組んでいる。また、ロケット用に高出力で小型の動力貯蔵装置が必要なため、最近改良が進められているのが、大きな負荷や電流の乱れにも耐えられる、比較的小型のバッテリーである。これも実用化が近いと思われる。ゲルマニウム・ダイオードの応用や焼結した金属板を使ったバッテリー、そしてニッケル・カドミニウムの技術は、現在使用されているエネルギー源に革命をもたらすに違いない。

●太陽エネルギー・システムも注目を集めつつある。ふだんは発言に慎重な大手自動車メーカーの経営者が最近、未来を予言して「太陽エネルギーで動く車が、八〇年までには普及するだろう」と述べた。ある石油会社の調査部長が私に語ったように、こうした動きは石油会社にとって、程度の違いはあるにしても、いずれも「注目すべき開発」である。

燃料電池を多少研究している企業はいくつかあるが、大部分の石油会社は、炭化水素を動力源とした装置に固執している。燃料電池やバッテリー、太陽エネルギーによる動力の研究に熱心に取り組んでいる企業は一社もない。ガソリン・エンジンの燃焼室の沈殿物を減らすといった平凡な研究にかけている費用の何分の一かでさえも、これらの重要分野には割いていないのである。

ある大手の総合石油会社が、最近、燃料電池の将来を予想して、次のように結論づけた。「燃料電池を熱心に研究している会社に言わせると、将来きっと成功するということだが、当社にしてみれば、燃料電池の影響がいつ頃、どれくらいの大きさで出てくるのか、あまりにも遠い将来のことなので、さっぱりわからない」

もちろん、「なぜ、石油会社が現在の事業とは違うことに取り組まなければならないのか」「燃料電池やバッテリーや太陽電池などは、現在の石油会社の製品ラインを無用にしてしまうのではないか」といった疑問が出てくるかもしれない。答えはまさにそのとおり。だからこそ、石油会社はその競争相手より先に、これら新しい動力源の開発を進めなければならない。石油産業が消えてしまえば、石油会社は存在しえないからだ。

石油会社の経営者が、自社の事業はエネルギー産業であると考えれば、それは企業の存続に必要なことであるはずだ。ただし、エネルギー産業と自覚しただけでは十分ではない。従来と同じ製品中心主義の狭い考え方を捨てなければ、その自覚も無駄になる。石油会社は、石油を発見し、精製し、売るのが仕事ではなく、顧客のニーズを満たすことが仕事なのだ。輸送についてのニーズを十分に満たすのが仕事だと石油会社が正しく認識したならば、驚くほどの利益を生む成長を阻む障害は一つもないのである。

「言うは易く、行うは難し」と言われるが、この考え方を突き詰めていくとどうなるかについて言及しておいたほうがよいだろう。まず、第一の出発点――顧客から始めよう。消費者が、ガソリンを買う場合のわずらわしさや手間を嫌っていることは間違いない。人々は実際にはガソリンを買っているのではない。ガソリンを見ることも、味わうことも、手で触れることも、善し悪しを知ることも、現実に試してみることもできないからだ。

では、何を買っているのかというと、自分の車を運転し続ける権利である。ガソリン・スタンドは、人々が自分の車を使用する代償として定期的に使用料を支払わせられる徴税人のようなものである。つまり、ガソリン・スタンドはもともと嫌われ者なのである。なるべく嫌われないようにふるまったり、不愉快感を減らしたりすることはできても、好かれたり愉快な場所になったりすることはない。

つまり、人気を挽回したければ、ガソリン・スタンドをなくすしかないということだ。たとえ徴税人の人柄がよくても、徴税人を好きな人など一人もいない。たとえ美少年アドニスや魅惑的なビーナスから買うとしても、ガソリンといった目に見えない製品を、運転を中断してまで買いたいとは思わない。したがって、頻繁に燃料補給する必要がない代替品の開発に努めている企業は、イライラした消費者たちが差し伸べた腕のなかに飛び込めるのだ。これらの企業は必然的に成長の波に乗る。技術的により優れた、あるいはより高級な製品をつくり出すからではなく、顧客の強いニーズを満足させようとするからだ。しかも、その新しい燃料は有毒な臭気もなければ、空気汚染の心配もない。

石油会社が、顧客を満足させるには石油以外の動力システムが必要になるという論理を認めたとすると、消費効率の高い燃料（あるいは既存の燃料でも、消費者をイライラさせない給油方法）の開発に乗り出す以外に道がないことに気づくはずだ。かつて大規模食料品チェーン店がスーパーマーケット事業に参入し、真空管メーカーが半導体の製造に踏み切ったのと同じである。石油会社自体の将来のために、現在、高い利益を生んでいる資産を破壊しなければならなくなるだろう。いくら希望的観測によったところで、このような「創造的破壊」からは逃れられないだろう。

私がこの創造的破壊を強調するのは、経営者が旧来の考え方から抜け出す努力をしなければならないと考えるからである。現代は、一企業あるいは一産業が、みずからの事業目的を、フル生産の経済効率だけに置いたり、危険極まりない製品中心主義に偏ったりしやすい。経営者自身の考え方が定まらないと、経営は、どうしても製品やサービスを生産することに向かってしまい、なかなか顧客に満足を与える方向にはいかない。自社のセールスマンに向かって「製品を売りさばけ。そうでないと利益が出ないぞ」というほど底無しの泥沼にはまらないにしても、知らず知らずのうちに衰退の道を歩むことだろう。成長産業が次々とこの道をたどっていったのは、まさに自殺行為に等しい製品偏重主義に原因があったからだ。

R&Dに潜む危険な罠

会社の絶えざる成長を脅かす、もう一つの危険とは、トップ・マネジメントが技術の研究開発を進めさえすれば、利益は間違いないと思い込んでしまうことである。その例証として、新しい産業——エレクトロニクスをまず取り上げ、次に再び石油会社について考えてみたい。新しく取り上げる例と、すでに詳しく述べた例を比較することで、一つの危険な考え方が知らぬ間に広がっていることがわかるはずだ。

エレクトロニクス産業に属し、バラ色の未来が約束された新しい企業が直面する最大の危険とは何だろうか。R&Dに無関心なことではなく、あまりに注意を向けすぎるということである。急成長のエレクトロニクス会社がこれほどの地位に立てたのは、技術研究の賜物と強調しすぎることはまったくの的外れだ。エレクトロニクス会社が突然もてはやされるようになったのは、一般大衆がこの新しいアイデアに強い関心を示したためである。

エレクトロニクス会社の成功にはもう一つ原因がある。軍の助成金によって保証された市場があり、多くの場合、生産能力をはるかにしのぐ軍需があったためだ。言い換えると、これまでの発展は、ほとんどマーケティング努力なしにもたらされたものなのである。このようにエレクトロニクス産業は、優れた製品であれば自然に売れる、という幻想が生まれやすい条件の下で成長を続けている。

優れた製品を開発したことで成功した場合、経営者は製品を使ってくれる顧客よりも、製品のほうを重視するのは当然である。そして成長し続けるには、たえず製品の革新と改良を続けることだ、という信念が生まれる。この種の確信を強めこそすれ、けっして弱めさせない要因は、ほかにもたくさんある。

たとえば、エレクトロニクス製品は高度な技術によるものだから、経営者はエンジニアや研究者を特に重視する。そのため、マーケティングを犠牲にして、研究と生産にだけ重点を置く。企業の使命は、顧客のニーズを満足させることではなくて、製品を生産することだと考えてしまう。その結果、マーケティングは、製品の創造と生産という、第一義の仕事が完了した後にすべきことで、何か余分な二義的な活動という扱いを受けることとなる。

また、このように製品のR&Dに偏りすぎること以外に、制御可能な変数のみ扱いたいという傾向がある。エンジニアや研究者は、機械、試験管、生産ライン、さらにはバランス・シートなどの具体的な物の世界に居心地よさを感じる。抽象の世界で性に合うものといえば、研究室でテストや操作ができるものか、そうでなければユークリッド公理のように自分の役に立つものである。つまり、エレクトロニクス会社の経営者たちが好む事業活動は、慎重な研究や実験、制御可能なもの——研究室や工場や文献で確かめられる、形のある実用的なものに限られるのだ。

そこには、見落とされているものがある。それは市場の実態である。消費者は、予測しがたく、種々雑多であり、気まぐれで、愚かで、先が読めず、強情で、やっかい極まりない。技術畑の経営者は口にこそ出さないものの、心の底ではそう考えているはずだ。それゆえ、自分たちに理解でき、統制できるもの、すなわち製品研究、エンジニアリング、生産にだけ努力を傾ける。製品の限界コストは生産高に応じて低下するのだから、生産はますますおもしろくなる。収益を上げるには工場をフル操業させる以外にはない、と考えてしまう。

今日、大半のエレクトロニクス会社が、科学、エンジニアリング、生産中心に固まっているのに、これほど繁盛しているのは、軍が開拓し、保証してくれた市場などの新分野に進出しているためだ。市場を発見するのではなく、満たさなければならないという恵まれた立場にいる。顧客がほしがるものを見つける必要はなく、顧客のほうからすんで新しい需要を具体的に出してくれているのだ。経営コンサルタントに、顧客中心のマーケティングの必要性がない事業環境を設計するように依頼しても、これ以上の条件を考え出すことはできないだろう。

マーケティングは「じゃま者扱い」されている

科学や技術や大量生産に頼りすぎると、その大半の企業が横道にそれていく。その好例が石油会社である。消費者調査はある程度（あまり多くはないが）実施されているが、その目的は、石油会社の活動の改善に役立つ情報を得ることにある。たとえば、顧客が納得する広告テーマとか、もっと効果の上がるセールス・プロモーションとか、石油会社の市場シェアとか、ガソリン・スタンドや石油会社に対する好感度などである。どの石油会社を見渡しても、今後顧客を満足させる素材の基本特性とは何かといった基本ニーズを調査しているところは見当たらない。

顧客と市場に関する根本的な質問など、まったく投げかけない。要するにマーケティングはじゃま者扱いされているのだ。問題はあるし、無視できないという認識はあっても、真剣に考えたり、十分な注意を払ったりするほどのものではないと思っている。遠いサハラ砂漠の石油には熱中するが、すぐそばにいる顧客には冷淡だ。どれほどマーケティングが無視されているかは、業界新聞の扱い方を見れば明確だ。

五九年発行の『アメリカ石油協会クオータリー』一〇〇周年記念号は、ペンシルバニア州タイタスビルでの油田発見を祝して、石油産業の偉大さを証言した二一の特集記事を載せている。このなかで、マーケティングの成果に触れた記事はたった一つしかなく、それもガソリン・スタンドの建物にどんな変化が見えるかを図入りで示しただけにすぎない。またこの号には、「ニュー・ホライズン」と名づけた特別コーナーがあって、石油がアメリカの未来にどんなに素晴らしい役割を演じているかを強調している。このコーナーに書かれていることは、どれもこれも楽観主義にあふれており、いつか石油にも強力な競合製品が出現するかもしれないといったことを、暗に匂わせたものすら見受けられない。

原子力エネルギーについて述べた記事にしても、その成功に石油産業がどのように役立つのかという項目を並べ立てた内容になっている。石油産業の現在の豊かさもやがては脅かされるかもしれない、といった懸念などみじんもうかがえない。また、石油を利用している既存顧客にもっと優れた新サービスの仕方を提供する「ニュー・ホライズン」が現れるといったことにも触れていない。

マーケティングをじゃま者扱いしている典型的な例はほかにもある。「エレクトロニクス革命の未来像」と題した短い特別記事のシリーズがこれであって、次のような見出しがついている。

●油田探査とエレクトロニクス

●採掘作業とエレクトロニクス
●精製工程とエレクトロニクス
●パイプライン作業とエレクトロニクス

注目すべきは、石油産業の主要な機能は残らず挙がっているのに、マーケティングだけがないことだ。なぜだろうか。石油のマーケティングにエレクトロニクス革命は関係ないと信じられている（これが誤りなのは明白だ）のか、それとも編集者がマーケティングに触れるのを忘れたからだろう（こちらはありそうなことで、マーケティングをじゃま者扱いしていることをよく示している）。

石油産業における四つの機能分野を並べた順序を見ても、石油産業が顧客から遠く離れていることを告白しているようなものである。油田探査に始まり、精製工場からの送油で終わるのが石油産業と定義しているようだ。しかし実際には、石油産業であろうと製品に対する顧客ニーズから始まる、と私は考える。したがって、この最上位の顧客から、順々に重要性の低いものへと逆に進んで、最後に「油田探査」で終わるべきなのである。

発想を逆転させなければならない

産業活動とは、製品を生産するプロセスではなく、顧客を満足させるプロセスであることを、すべてのビジネスマンは理解しなければならない。顧客とそのニーズから始まるのであって、特許や原材料、販売スキルからではない。顧客ニーズを明らかにして顧客を満足させるには、何をいかに提供すべきか、と逆に進むべきである。さらに逆進して、顧客に少しでも多くの満足を与えられる製品を創造すべきである。

顧客にすれば、この製品がどのように生産されているかということはどうでもよいことだ。したがって、製造方法、加工方法、そのほかの作業の具体的内容は、産業活動の重要事項とは見なされない。さらに逆に進んで最後に来るのが、生産に必要な原材料を見つけることなのである。

R&Dを重視する産業にとって皮肉なことは、経営の席に着いている科学者たちが組織全体のニーズや目的を定義する場合になると、まったく科学的でなくなる、という点である。彼らは、科学的方法における二つの基本的なルール――企業の課題は何かを突き止めて問題の定義をする、次にその問題を解くための仮説を立てる――を破る。彼らは研究室や製品実験といった勝手のわかるものについてだけ科学的なのだ。

顧客（そして彼らの心の底にあるニーズを満たすこと）が企業課題として考慮されないのは、顧客に問題はないと確信しているからではない。科学者として昇進してきたために、経営を逆の方向には進ませたくないからだ。彼らにすれば、マーケティングは傍流部門なのである。

私はこれらの産業で販売が無視されていると言っているのではない。繰り返しになるが、販売とマーケティングは違う。すでに述べたように、販売は企業の製品と顧客のキャッシュを交換するためのテクニックである。その交換によってどんな価値が生まれたかは関係ない。販売はマーケティングと異なり、顧客ニーズを発見し、創造し、触発し、満足させるといった一連の努力こそ事業活動のすべてである、という立場にはない。販売では、顧客とはどこか外側にいる見知らぬ人であり、うまい手を使えば、その小銭を吐き出させることができる相手にすぎないのだ。

技術志向の会社のなかには、このような販売にさえ、あまり大きな注意を払わないところがある。次々と新製品を発売しても販売が保証された市場があるために、市場とはどんなものかをまったく知らない。あたかも計画経済のなかにいるかのように、製品は工場から小売店に間違いなくひとりでに移動する、と考えている。製品にだけ目を向けてこれまで成功してきたものだから、過去のやり方が正しいと思い込んでいる。したがって、市場の上にあやしげな雲が集まり始めているのに気づかない。

顧客中心の企業となるために

つい七五年ほど前には、アメリカの鉄道産業は、抜け目のない証券市場から、絶対に間違いのない投資先と思われていた。ヨーロッパ各国の王室は、アメリカの鉄道産業に膨大な金を投資した。数千ドルをかき集めて鉄道株を買った人には、神の祝福として永遠の富が約束されたと考えられた。スピード、融通性、耐久性、経済性、さらに成長可能性から見て、鉄道に匹敵する輸送形態はなかったのである。

ジャック・バーザンが指摘したように、「一九世紀の終わり頃までは鉄道は社会制度そのものであり、人間のイメージそのものであり、伝統であり、栄誉の象徴であり、詩の源泉であり、少年期の願望の拠り所であり、最高の玩具であり、人生のエポックを記す荘厳な機械であった(注6)」。

自動車、トラック、航空機が出現した後でさえも、鉄道は、揺るぎない自信を持ち続けていた。いまから六〇年前に鉄道会社の経営者に向かって、「三〇年もすれば鉄道は活気を失って破滅の道をたどり、政府からの助成金を嘆願するようになるだろう」などと言おうものなら、頭がおかしいと思われたはずだ。そのような未来は考えもつかなかったからである。問題視したり、質問したりするどころか、普通の人間にはそのようなことは考えつきもしなかった。そんな未来を思い描くなど、正気の沙汰ではなかった。ところが、現在では、そのとんでもないことが事実として受け入れられている。

たとえば、楽しげにマティーニを飲んでいる分別ある一〇〇人の市民を乗せて、重量一〇〇トンの金属物体が地上一万メートルの上空をスムーズに移動するといったアイデアも、いまや現実のものとなった。これらが鉄道産業に無残な一撃を加えたのである。

こうした不幸な運命を避けるために、企業はどうすればよいのだろうか。顧客中心に考えるとはどんなことなのだろうか。部分的かもしれないが、この質問への答えは、これまでに挙げた事例とその分析で明らかにしてきた。個々の産業についての詳細は、別の機会で示したいと思う。いずれにしても、顧客中心の企業となるには、単なる志や秘密の販売促進法が必要になることは間違いない。その際、どういう組織をつくり、どういうリーダーシップを取るか、といったより大きな課題に取り組まなければならない。ここでは、衰退の運命を避けるのに、一般的に何が不可欠なのかを提言するにとどめたい。

マーケティング・マインドの浸透とリーダーシップ

企業がその存続に必要なことを実行するのは当然である。市場の要求に応え、しかも素早く対応しなければならない。単に存続することを願うだけならば、それほど大志を抱く必要はない。路上生活者でさえ、何とかして生存できるものだ。堂々と生き続け、事業で成功を収めたいという衝動を持ち続ける秘訣は、成功という甘い香りに酔うのではなく、起業家の素晴らしさを心の底から実感することにある。

成功への情熱に駆り立てられた精力的なリーダーなくしては、どんな企業も優れた業績を上げることはできない。リーダーは数多くの熱狂的なフォロワー（追随者）を引きつけるだけの、勇猛果敢なビジョンを掲げなければならない。ビジネスの世界で言えば、フォロワーとは顧客である。こうした顧客をつくり出すには、企業全体を顧客創造と顧客満足のための有機体であると見なさなければならない。経営者の使命は、製品の生産にあるのではなく、顧客を創造できる価値を提供し、顧客満足を生み出すことにある。経営者はこの考え方（およびこれが意味し、要求するすべてのもの）を、組織の隅々まで継続的に広めていかなければならない。また、社員たちを興奮させ刺激させるような経営感覚も求められる。さもなければ、組織はバラバラな部分の集まりにすぎなくなり、一本化された目的意識や方向性が失われてしまうだろう。

つまり企業は、製品やサービスを生み出すためでなく、顧客の購買意欲を促し、その企業と取引したいと思わせるような活動をするためにある、と考えなければならないのである。またＣＥＯはこうした環境、こうした態度、こうした願望をつくり出すために大きな責任を負っている。経営姿勢、進むべき方向、目標を設定しなければならない。そのためにはＣＥＯ自身がどこへ進みたいのかを正確にわかっていなければならないし、企業全体が進むべき目標を十分に理解するよう、努めなければならない。これこそがリーダーシップの第一条件である。自分の進む目標がわからなければ、道は無数にあるために迷路に入り込んでしまう。

どの道でもかまわないのであれば、ＣＥＯはカバンをしまって魚釣りにでも出かければよい。もし、企業が進むべき目標を知らず、それに無頓着ならば、わざわざ教えてやる必要もない。やがてだれもが、その誤りに気づくはずである。

【注】

（1）Jacques Barzun, "Trains and the Mind of Man," *Holiday*, February 1960, p.21.

（2）詳細は以下を参照。M. M. Zimmerman, *The Supermarket: A Revolution in Distribution*, McGraw-Hill Book Company, Inc., 1955, p.48.

（3）同右。 pp. 45-47.

（4）John Kenneth Galbraith, *The Affluent Society*, Houghton Mifflin Company, 1958. pp.146-147.

（5）Henry Ford, *My Life and Work*, Doublesday, Page & Company, 1923. pp.146-147.

（6）前掲（1）、p.20.

第2章

M-R Snake Dance

購買意欲調査をめぐる狂騒曲

M-R Snake Dance
HBR, November-December 1960.

証明できない有用性

このところ、経営幹部の間で購買意欲調査をうのみにする傾向が広がり、独創的な広告や製品ポリシーで売上げを伸ばそうとする姿勢を脅かしつつある。その元凶は、調査を企画・実施する専門家というよりも、むしろ調査結果を活用する立場にある経営幹部たちだ。先頃生じた極端な事例からもそう断言できる。

最近では、消費者調査がマネジメント・ツールとして有用だという点に異論を差し挟む人はまずいないだろう。消費者調査の胸のすくような効果をたたえる声はさまざまなところから聞かれる。たとえば、企業経営幹部はかつて、直感や市場からの感触、時にはまったくの当て推量で意思決定をせざるをえず、不安にさいなまれたものだが、最近は消費者調査の恩恵により、意思決定時の重圧から解放されたといわれている。以前と比べて、事実をよりどころにしたり、科学的な文脈に沿って判断を下せるようになった。

しかし、こと購買意欲調査にかけては、経営者たちは原住民に伝わるスネーク・ダンスを踊っているようだ。みんなが互いの背中を追いかけ続け、浮かれ騒ぎが止む気配はない。

では、経営幹部の手元に届いた調査結果は、どれだけ有用なのだろうか。さらに重要な問いとして、彼らはどれだけ優れた判断を下せるようになったのだろうか。購買意欲調査で最先端をいく三つの業界での動きを見ると、そのヒントが隠されている。具体的な製品を挙げると、最近発売された多目的の液体クリーナー、メンソール・タバコ、コンパクト・カーである。この三つの製品をめぐる動きには、驚くほど共通点が多く、経営者やマネジャーが購買意欲調査をどのように頼り、活用しているかという点で重大な問題を提起している。

1 液体クリーナー

アメリカでは、液体クリーナー〈レストイル〉の飛ぶような売れ行きが呼び水となり、同分野の三大メーカーが一年も経たぬうちに次々と独自ブランドの液体クリーナーを市場に投入した。リーバ・ブラザーズ（訳注：現ユニリーバ）は〈ハンディ・アンディ〉、プロクター・アンド・ギャンブルは〈ミスター・クリーン〉を発売。コルゲートは〈ジェニー〉を発売したが、まったくの鳴かず飛ばずに終わった。三大メーカーはいずれも、一流の人材があらゆる角度から検討・評価したうえで、ブランド名、容器、広告テーマを決めた。その結果は、どれもみなあきれるほど似通っており、違いが見分けられないほどだった。マーケティングの基本中の基本に背く結果となったのである。どのブランドもみな、強烈な男性崇拝と魔法のような洗浄力を組み合わせて、これでもかというほど男らしいイメージを打ち出した。広告には筋骨隆々の男性のイラストを用い、男性的な並外れたパワーを訴えようとした。いずれも「家庭の主婦は超人的な男性の強さに憧れるはずだ」という異常なまでの思い込みが映し出されていた。

2 メンソール・タバコ

最近普及したメンソール・タバコの香りのせいで、ごく普通のタバコ屋を訪れると、あたかも東洋の茶を出す店に足を踏み入れたかのような錯覚に陥る。このメンソール・タバコもまた製品、パッケージともに、徹底的なリサーチを基に生まれた。市場調査を担ったチームはみな、タバコ・メーカーから手厚い協力を得ながら調査を進めた。

調査チームは複雑な消費者インタビューや色彩の好みに関するテストを何度も重ねた後、ほぼ全員一致の結論を引き出した。グリーンという色は新鮮さ、清涼感、おそらく若さに根差した理想主義、心を落ち着かせる数種類のイメージを連想させるので、喫煙者の心をとらえるだろう、と。

かくして新しく登場したメンソール・タバコの包装には、判で押したように、青緑色の背景に豊かな木々や植物、荘厳な滝、緑のリボンなどが描かれていた。販売の初歩的なルールを逸脱することが得策だと言わんばかりに。

だれもが知っている製品の場合、ブランドが衝動的に選ばれる傾向がある。だからこそ、タバコのマーケティング担当者は、心に焼きついて離れない魅惑的な広告コピーをひねり出そうと、たえず知恵を絞るのだ。じっくりブランドを選ぶように誘導するのではなく、通常は、気づくと〈チェスター・フィールド〉を選んでいた、〈フィリップ・モリス〉を注文していたという効果を狙って、買い手を催眠状態に誘おうとする。タバコの広告から幾多の有名なフレーズが生まれたのも、このような背景による。「〈キャメル〉のためなら一マイルの道のりなど何でもない」「〈ラッキー・ストライク〉。それはおいしいタバコの代名詞」「満ち足りた一本」「本物のタバコの味、〈ウィンストン〉」「フィルター、香り、パッケージ、すべてが私たちをひきつける」など、例を挙げればきりがない。

タバコ業界と広告業界の経営幹部はこれまで、タバコのように衝動買いの比重が大きく、ブランド・スイッチが容易な製品では、広告メッセージで差別化するよりも、パッケージに独自性を持たせてブランドを際立たせる必要があると、片時も忘れずにいたはずである。ところが、この明白な真実が最近では見向きもされなくなった。新製品のメンソール・タバコは、パッケージで他のブランドとの違いを打ち出し、販売促進につなげるべきなのだが、実情はどれもみな、あたり一面に広がる緑の海に埋没し、他と区別しようがない。たしかに自宅でインタビューに応じたり、冷暖房の効いた閉め切った部屋で色彩テストを受けたりしている時は、顧客は緑のパッケージに魅力を感じたのだろう。だが、タバコ店を訪れ、緑のパッケージがずらりと並ぶ光景を目にして、さらに別の緑のパッケージを見せられると、関心がわくどころか、しゃくに障るのだ。

側面からブランドを後押しするはずの広告コピーも、こうした状況を緩和するどころか、むしろ顧客のいらだちに拍車をかけてしまっている。というのは広告コピーも、ブランドがしきりに強調するさわやかな緑という当たり障りのないイメージと完全に歩調を合わせているからだ。メンソール・タバコのブランドはみな、独自性を打ち出して販売促進効果を高めるどころか、互いに似通いすぎて、まったく目立たなくなってしまった。さまざまなメンソール・タバコの特徴を表すはずのコピーさえも、没個性もいいところだ。パッケージの外見がほとんど同じなら、コピーも代わり映えしない。

唯一例外があるとすれば、〈アルパイン〉だろう。〈アルパイン〉は、エルモ・ローパー（訳注：市場調査と世論調査のパイオニア的存在）とカラー・リサーチ・インスティテュートによる調査を参考にして、独自のセールス・メッセージを考案した。アウトドアの清潔感や健康的な楽しみといった単調で月並みなイメージを退け、具体的な顧客ニーズに確実に応えることを強く訴求している。ただしこれすらも、柔らかなミント・カラーのパッケージが災いし、切れ味が鈍っている。

思うに、市場から離れた人為的な条件の下で消費者調査を行い、その結果を採用したせいで、ブランドが没個性化しているようなのだ。経営陣は、競争環境を十分に考慮しないまま、リサーチ結果を製品政策に反映させてきた。

3 コンパクト・カー

次に紹介するのは、現代の日用品《コモディティ》のなかでもきわめて熱心にリサーチを行ってきた製品、自動車である。自動車産業の聖地デトロイトには、自動車に関する膨大な消費者情報が蓄積され、その規模はおそらく世界の産業界でも類を見ないだろう。デトロイトでは病的なまでに市場調査に取りつかれ、その質や意図について何を言おうとも聞く耳を持たない。なかでも、コンパクト・カーの車名をめぐるリサーチはことさら慎重に行われている。アルファベットを数限りなく組み合わせ、おびただしい種類の車名を候補に挙げた。一音節や二音節の単語を星の数ほども集めたり、考え出したりして、それらに検証を加えた。

このような取り組みの末に、一九五九年秋に互いに競合する三つの車が発表されたが、その名前はどれも驚くほど似通っていた。〈バリアント〉(Valiant)、〈コルベア〉(Corvair)、〈ファルコン〉(Falcon)という車名は、いずれも六文字か七文字の二音節で構成される親しみのある言葉で、軽やかさ、先進性、活力、若さ、強さ、躍動感、勇敢さなどを連想させる点でも共通している。

この個性に乏しい三車種が地味にデビューした前年、〈ラーク〉(Lark)が先陣を切って市場にお目見えしている。この名称は四文字で他の三車種よりは短いが、語感はまったく同じである。四文字の流れを汲む車名としては、六〇年初めに〈ダート〉(Dart)が生まれ、その直後に五文字の〈コメット〉(Comet)も登場した。〈ダート〉と〈コメット〉の発売は車名をめぐる混乱に再び火をつけ、ほどなく〈インベーダー〉(Invader)、〈ランサー〉(Lancer)、〈テンペスト〉(Tempest)、〈ロケット〉(Rocket。後の〈F - 85〉)が登場する。これは予想どおりの流れである。〈ダート〉以降の六車種はどれもシンプルで耳慣れた英語の名称を冠しており、そのいずれもが迫力、スピード、強さ、攻撃性、はち切れんばかりの積極性などを、聞く者に印象づける。〈サンダーバード〉(Thunderbird)にしても、意味するところはほとんど変わらない。

自動車業界は車名について、たとえ並みいるライバル企業と似ていても、意味が「わかりやすく」なくてはいけないとの思い込みから逃れられないようだ。中立的な車名やだれかを称えた車名はすっかりすたれてしまった。その幕引き役を果たしたのがフォードの〈エドセル〉(Edsel)だった。

このような現状は市場調査の落とし子であり、心理面のイメージ、社会階級の象徴、「今日的な」価値観などを大切にしなくてはならないという有無を言わせない姿勢は、いまやすっかり主流となった。この結果、コンパクト・カーの車名はどの価格帯でもサイズでも、響きはもとより字面までもが似通っていて差別化し切れず、実に紛らわしい事態が生じているのだ。他とすぐに区別できる車名は唯一〈ランブラー〉(Rambler) だけだが、これは五〇年の歴史を持ち、市場調査は一分たりとも行われていない。

コンパクトカーの広告についても、液体クリーナーやメンソール・タバコと同じように、ブランド名やデザインを生み出したのと同じ理屈とリサーチ結果が無条件に、しかも嘆かわしいほど一様に取り入れられた。コンパクト・カーは大型車とは意図的に異なる路線を選び、アメリカにおける自動車小型化の粋を集めたプロジェクトとして始動したが、その広告はコンパクト性の利点を打ち出すのではなく、従来の大型車の持ち味を伝える陳腐なものに戻ってしまった。〈バリアント〉は市場にお目見えした当初から、コンパクト・カーとして最大のトランクを持つと謳い、〈ファルコン〉は他のどのコンパクト・カーよりも大きな車種だと訴え、〈ラーク〉は全面広告で巨大なV‐8エンジンの卓越性を紹介した。こうした事例は枚挙に暇がない。

コンパクト・カーはそもそも、アメリカ的なものとは相容れず、むしろ対極にあるのではないかと疑いたくなるのではないだろうか。コンパクト・カーは長くもたないに違いない。コンパクト化革命が始まったのは五九年だが、そのわずか数カ月後には自動車メーカーはこぞって大きさ、さらにはV‐8エンジンの馬力を称賛するのにやっきになっていた。遠からず、コンパクト・カーのなかでも全長が長く、車高が低く、車体が重く大きく、より洗練され、価格も高めの車種を発売する予定があるため、従順な顧客をそちらに誘導していこうとの狙いからである。

似通った結果になる理由

消費者調査の進歩著しいはずの業界や広告代理店が何度も、悲惨なまでに似通った製品や広告を生み出してきた。こう書かなくてはならないのは実にいらだたしいことだが、製品そのもの、包装や容器、販売促進までもがあきれるほど型にはまっている。二〇世紀の旺盛な発明精神、消費者調査の英知、資本主義の活力などがこれほど輝きを放っているというのに、マーケティング分野ではイマジネーションがまったく働いていないというのは、何とも痛烈な皮肉である。なぜだろうか。購買意欲調査をことのほか熱心に活用しようとする人々は、なぜこうも同じような方針ばかりを選ぶのだろうか。考慮に値しそうな理由として次の二つがある。

①消費者調査が科学としての洗練さを極めたため、十分に訓練を積んだ複数の人材がそれぞれ独自に調査・研究を行うと、必ず同じ答えと提案にたどり着く。三種類の液体クリーナーのブランド名、イメージ、容器がどれも同じ傾向に陥っているのも、これによって説明できる。コンパクト・カーの車名の特徴や長さがみな共通しており、広告も大同小異なのも、メンソール・タバコが信じがたいほど緑一色の世界を生み出しているのも、このような理由からである。

②考えられる理由の二つ目は、模倣である。まずどこか一社が成功への方程式を見つけ出すと、他社は意識的かどうかは別にして、軒並みそれに追随する。実のところ、模倣はごく一般的に行われていて、ありふれたクイズ番

組、陳腐な西部劇、ジャズをＢＧＭにした私立探偵ものドラマ、あまたの大型特番など、流行のテレビ番組もたいていは模倣で成り立っている。アパレルの新しいスタイルが、とりわけ女性の衣類分野で急速に受け入れられ、たちどころにすたれていくのも、模倣によって説明できる。広告マンが融通の利かない企業と戦うといった一般受けするテーマを扱った書籍や、思春期の葛藤を描いた映画の流行もしかり。タバコの広告コピーが、健康への影響やフィルターの説明などに力を注いだ後、皮肉にも味や香りをしきりにアピールするようになったのも、やはり同じ流れである。

購買意欲調査に特有の事情

市場調査、とりわけ購買意欲調査の世界では、専門家同士の横のつながりが緊密である。自分たちの分野はきわめて洗練されているため、異なる人々がそれぞれ独自に調査を行っても同じような答えにたどり着く、と主張する人もいる。ところが時として、まったく正反対の提案が導かれることもある。

そのよい例がプルーンの販売戦略である。アメリカで有名なある購買意欲の研究者は、消費者の態度や受け止め方を分析したうえで、プルーンの緩下作用（便通をよくする働き）を認めてそれをアピールすれば、売れ行きは伸びるはずだと結論づけた。ところが、知名度でひけを取らない別の権威は、緩下作用には触れずに、栄養価や活力源といった特性を訴えれば、売れ行きを押し上げられるだろう、と述べた。

名立たる複数の専門家が互いに相容れない結論を出す、あるいは同じような事実からまったく異なる提案が導かれることは、だれでも思い当たるのではないだろうか。

仮に購買意欲調査がひどく正確さに欠け、お粗末なことが事実だったとしても、別々に調査に当たった専門家たちが液体クリーナー、コンパクト・カー、メンソール・タバコで同様の結論にたどりついたのは、なぜなのか。

一つ考えられるのは、これらの調査は科学性に乏しく未成熟だからだ、という説明である。研究者は周囲の評価を気にして、頻繁に仲間に意見を求めたり、逆に助言や励ましを与えたりしていた結果、互いに考えが似通っていくのかもしれない。仕事にもっと自信を持っていたなら、専門家仲間に意見を求めることは減り、調査結果の多様性が増すだろう。

言うまでもなく、どの分野の専門家も常日頃から仲間に相談を持ちかける。だが、購買意欲の分野の研究者にこの傾向がとりわけ強いのは、特殊な事情による。より多彩なマーケティング課題に応えるために、企業が購買意欲調査を活用する件数が増えているのだ。これは、企業の経営幹部が購買意欲調査を信頼しているからというわけではない。むしろ、「調査をしないわけにはいかない」との考えにとらわれている場合が多い。

購買意欲調査は、通常とはまったく異なる、独特な職能分野である。この分野の人材はおおむね、想像の翼を自由自在に操り、きわめて歯切れがよく、自信にあふれていて、周りの人はつい納得してしまう。しかもえてして、企業内での地位や組織図には大きな意味を見出さない。企業のリーダーたちが、細かい統計データだらけの、もったいぶった報告書にすっかり嫌気が差している時に、こうした購買意欲調査の専門家に接すると、たちどころに心を動かされる。相手の主張を無条件に受け入れるつもりはなくても、その威勢のよさに感服するのだ。そして仲間内で「興味深いアイデアをいくつも温めている」「必ずしも賛成できるわけではないが、長年の経験のなかで出会ったほかのだれよりも、アイデアが豊富なようだ」などと、購買意欲調査の専門家へのほめ言葉を交換する。

購買意欲調査の専門家たちを襲う不安

提案が経営陣に了承され、実現に向けて多大な予算が下りると、購買意欲調査の担当者は、無理もないことだが、失敗を恐れ始める。医師が難しい症例について同僚に意見を求めてから診断を下すのを常とするなら、それと同じように、購買意欲調査の専門家も仲間に相談する。相談がどのようなかたちで行われるか、はたからはわからないし、関係者にとってすら不透明である。その理由を推測してみよう。

購買意欲調査は比較的新しい分野なので、競合関係にある調査会社や専門家同士ですら、強い人脈で結ばれている。実務に携わる専門家はいまでは全米に散らばっているが、その大多数はアーネスト・ディヒターのインスティテュート・フォー・モチベーショナル・リサーチか、バーリ・ガードナーのソーシャル・リサーチに所属していたか、どちらかのスタッフと仕事をした経験があり、その折に分析に関する訓練を積み、専門家としての能力を身につけている。

経歴が共通していても、異なる企業から持ち込まれた同一の課題に対して、似たような答えを引き出すとは限らないが、その傾向は間違いなく強いはずである。仕事上で培われた揺るぎない交友関係は、それぞれが独自の道を歩み始めた後も途絶えず、互いに気軽に仕事の話題を口にするだろう。これは、ゴルフ場で医師たちが何気なく仕事上の意見を交わすのと同じように、専門家の間での相談として重要な意味を持つ。これをもう少しフォーマルなかたちにしたのが年次セミナー、練成コース、専門家団体、専門誌などである。

こうした長年に及ぶ緊密な人脈を通して、課題、論点、アイデア、実務、理論などについての合意が形成される。もちろん、どのような場合にも意見の相違はつきものだが、必ずそれを乗り越えて、幅広い合意が形成されるのも事実である。ただしこの合意は、科学的な検証から生まれるのではなく、それらの欠如からもたらされる。仮に購買意欲調査の専門家たちの手法を自分に当てはめると、みな同じような意見に落ち着くのは、失敗を避けようとして無意識のうちに守りに入るからだ、と結論づけたくなるかもしれない。あるいは、ごまかし、能力不足、的外れな主張、未熟さ、うぬぼれ、愚かしさなどに批判の矛先が向くのを避けようとしているからだ、と。

意見が似てしまうのは、意図してそうなったわけでも、悪意によるのでもない。むしろ、ひたむきに真実を突き止めようとした結果である。どの科学分野においても、このようなひたむきさは通説を生み出してきたが、やがてそれが誤りだと判明し、いまではあまりにもお粗末だったと冷笑されている。購買意欲調査は日和見的な勢力と懸命に戦ってきた。時として内輪での対立が起きたとしても、実務家たちが強い絆で結ばれているのは当然だろう。ただし、購買意欲調査は、ほかの多くの分野とは異なる状況に置かれている。というのも、主張を証明する手立てがあまりに乏しいほか、妥当な統計手法を用いて検証しようとの意識も希薄なようなのだ。

感性に基づく判断

購買意欲調査を支持する急先鋒のピエール・マーティノなどは、統計に頼らず熟考を基に判断を下す購買意欲調査のあり方について、「真理とは、事実ではなく感性である。何かを真理だと『知る』のは、心の内で感性がそう『告げる』からだ」と擁護している。(注1)「洞察は潜在意識によってもたらされる。だが、ＩＢＭ製のコンピュータには潜在意識はない」とも彼は述べている。(注2)購買意識調査から、新しくともすれば立証不能なアイデアが生まれた場合、たとえ多大な費用とリスクが伴ったとしても、すぐさま応用される例が多い。これはほかの分野との違いであり、物理学や生物学ではけっしてありえないことだ。このような状況では、購買意識調査の専門家が自分たちの活動やアイデアの地位をなんとか確立しようと必死になるのも、うなずけるというものだ。

地位を高める最も簡単な方法は、意見の不一致や、専門家としての未熟さを取り除くことだろう。このため、多くのテーマや課題に関して、言わば意図せず自然に合意が形成される。これは、疑念や批判から自分たちを守るための鎧のようなものである。本稿で取り上げた業界には、購買意識調査の専門家たちから同じような助言がなされたようだが、それは購買意識調査が洗練されているからではなく、この分野の地位を高めたいという、焦りにも近い思いからではないだろうか。

この可能性について筆者は、購買意識調査分野の名高い専門家たちの意見を聞いてみたが、心理分析をどれだけ重ねても、そうした仮説が正しいとの証明は得られないだろうと彼らは断言していた。ただし、液体クリーナーに関しては、たとえ発売前に各ブランドの全側面を徹底調査していなかったとしても、関係者はみなブランドと広告方針をめぐる心理的アプローチに没頭していたので、実は自分自身の購買意欲を探るような動きをした、という。つまり、マーティノの言う洗練された「感性」を基に判断を下したのである。

意識的な模倣という手法

次に、二番目の説明、すなわち模倣がなされた、という見方について考えてみたい。

よく知られているように、製品、パッケージ、販売促進、テレビの番組編成などでは、意図的な模倣がしきりに行われている。とはいえ液体クリーナーの場合には、明らかな類似は認められても、それがすべて模倣によるものとは考えられない。先陣を切った〈レストイル〉に対して、後発組が模倣したのは製品そのものだけで、ブランド名、容器、販売促進などは独自に考案されたものだ。〈ミスター・クリーン〉が市場に投入されると、その一年後、〈ハンディ・アンディ〉と〈ジェニー〉が登場した。〈ハンディ・アンディ〉〈ジェニー〉のブランド名、容器、コピーは意識的な模倣かもしれないが、当事者たちは強く否定しており、それに疑いを差し挟む根拠はない。

意識的な模倣があったとすれば、まったく別の業界を模倣した可能性が高い。社会学者のポール・ラザースフェルドによると、タバコの〈マールボロ〉ブランドが対象顧客とは逆の性別のイメージを打ち出して大成功したことが、石鹸会社や広告代理店の心理的琴線に触れたのではないか、という。したがって、石鹸会社と広告代理店は〈マールボロ〉に倣って、男性的な力強さを全面に押し出して女性のハートをつかもうとしているのかもしれない。このように、別の製品分野を模倣するのはきわめて一般的な動きである。ある分野の企業が若さやモダンさを訴えて、それが消費者から受ければ、ほかの何十もの製品分野もすかさず同じテーマを追求するだろう。ビール分野で陽気でユーモラスな広告が当たれば、パン、ガソリン、アルミ・ホイルなどの業界がただちにそれに追随する。

液体クリーナーに話を戻すと、対象顧客とは逆の性別の美点をアピールする手法がたしかに用いられている。だが、世の中の動きに敏感にアンテナを張りめぐらす百戦錬磨の三大メーカーが、相前後しておよそ異業種のアイデアに着目し、唐突に、しかもいっせいに同じイメージを打ち出したのは、いったいどういうことだろうか。これがまったくの偶然とは、とても思えない。くわえて、プルーンのリサーチからもわかるとおり、類似性が見られる主な原因を購買意欲調査が洗練されているからだとするのも、行きすぎである（プルーンの調査は、企業からの委託で行われた購買意欲調査の全貌が明らかにされた、きわめて珍しい事例だといえる）。

物事の順番を考えると、何らかの模倣があった可能性は否定できない。あのあまりにも似通った販売施策は、まったくの偶然に時を置かずして登場したわけではない。〈ハンディ・アンディ〉と〈ジェニー〉には、〈ミスター・クリーン〉という先行例があった。ビッグ・スリーがコンパクト・カーを発売するまる一年前に、スチュードベーカーが〈ラーク〉を世に出していた。メンソール・タバコの分野では、〈クール〉がはるか以前から販売されていた。しかし、これら各社が意識的に互いを模倣したと想定した場合、「同じようなテーマを打ち出すと、どのブランドも差別化による利益機会を失う」という点を、広告代理店の経営幹部たちが見落としたことになる。したがって、一連の成り行きのほとんどが意識的な模倣によるものだと考えるのはあまりにも滑稽だ。では、無意識による模倣がどの程度を占めているかというと、その答えは永遠に闇の中だろう。

似ていても変えられない理由

経緯がどうあれ、広告テーマが実情として似ているのはだれの目にも明らかで、どの企業もまるで冗談のような状態を放置しているのは、なぜだろうか。もちろん、ブランド名を変えるわけにはいかないし、発売後すぐに容器を差し替えるのも、賢明とはいえないだろう。だが、広告や販売促進まで方向転換をしないのは、どうしてだろうか。なぜかたくなに販売の鉄則に逆らい続けるのか。

業界の流れに逆らうのはたしかにリスクを伴う。五〇年代初め、クライスラーが箱型の車体デザインを頑固に貫いたり、一部のビール・メーカーが瓶から缶への切り替えを渋ったりした時がそうだった。だが、緩やかに広がる人気トレンドに徐々に乗るのと、ここで紹介してきた三つの製品分野のように、各社がまったく新しい製品に一律に同じ手法を取り入れるのとでは、わけが違う。後者については何かがおかしいと考えなくてはならない。

これまで述べてきたとおり、これほどまでに各社のブランドが似通っている状況は、ある一社が他社の人気製品のブランド名、製品デザイン、容器などを意識的に模倣した結果だとはおよそ考えにくい。フォードの〈ファルコン〉が〈ラーク〉を、あるいは〈アルパイン〉が〈クール〉の色をそれぞれ意図して模倣したと考えるのは、馬鹿げているだろう。そのような模倣をするのは、途方もない近視眼に陥っているのでもない限り、「手っ取り早く儲けられればそれでいい」という企業だけだ。ブランド名や容器デザインは、長期的な決め事なので、固い方針に基づいているはずである。それを変えることはめったになく、仮に変えるとしても慎重を期すだろう。新たなイメージを打ち出す時には、長期的に競争力を発揮できるかどうかを十分に検討しなくてはならない。〈マールボロ〉の広告から、たくましい男性モデルの入れ墨が少しずつ取り去られた時のような気楽さで、変更を加えるわけにはいかないのだ。

ブランド名、マーク、容器などが長期にわたる約束だと、わかっていたはずである。それならなおさら、各社が互いに酷似した製品をあえて投入したとは思えない。以上のように、どう考えても理屈に合わないにもかかわらず、なぜこのように自殺に近い行為を繰り返してしまうのだろうか。

似てしまったのはマネジメントの失敗である

経営陣がマネジメントに失敗したというのがその答えだと、筆者は考えている。リサーチ担当者たちによる自信満々でもっともらしい主張に、そそのかされたのである。ただし、そそのかされたといっても、まったくの不本意というわけではない。相手に迎合した面もある。百歩譲っても、例によって「自分たちは悪くない」という面目を保つために、ささやかな抵抗を装ったにすぎない。

経営陣はある意味、みずから誘惑に乗ったともいえる。なぜなら、市場調査は経営陣を極楽へと導いてくれる、甘美な恵みのようなものだ。消費者調査によってリスクを低減できるなら、リスクを完全に取り去ることもできるのではないかとつい思ってしまう。調査には、意思決定にまつわる日々の不安から経営陣を解放する力がありそうで、興味をかき立てられる。こうして、調査結果がわかるまで意思決定が先延ばしされる。つまり、調査は意思決定を促すどころか、経営陣を深刻な優柔不断に陥れているおそれがあるのだ。この一連の流れからわかることは、調査への信頼感によって担当者の立場が強くなり、結果の信頼性がいっそう高まるというよりも、実際には信頼性が薄れているということだ。

専門家による購買意欲調査は、いかにも信頼性が高そうに見える。しかし、そのような印象は何らかの根拠があるのだろうか。それとも単なる印象にすぎないのか。専門家自身も、自分たちの技能が急速に受け入れられているとはいえ、期待とは裏腹に手放しに喜べる状況ではないことを承知している。厚い信頼と尊敬を集めるドナルド・L・カンター(テイザム・リアド・アドバタイジングのクリエーティブ・リサーチ局のディレクター)は、「新たなイメージを追い求めるリサーチ(注3)」という論文でこの点を容赦なく批判している。購買意欲調査の専門家は当然ながら、信頼に足る結果を出せずにいることに頭を悩ませており、報告書の多くに「これまでの知見に基づく暫定報告書」という但し書きが添えられているのはそのためだという。

購買意欲調査はいまだに技術的に未成熟な部分があるので、その主張の正当性を立証するのは往々にして難しい。調査結果の「信頼性」は客観的な証明よりもむしろ、担当者がそれらしく断言したことや、顧客の「感性」に「(結果は)真実」だと「語りかける」ような、入念なプレゼンテーションのやり方に支えられている。二人の専門家が一年がかりで丹念に調べ上げた結果、二音節のなじみ深い英単語のうち、活力、モダンさ、若さ、強さ、軽さ、躍動感、物語の主人公のような勇敢さ、などを意味する言葉をブランド名にする必要があると「示唆」すれば、専門家が全員一致で述べた驚くべき内容に、だれが反論しようとするだろうか。自分やすでに他界した親戚を称えるために、すべてをリスクにさらしてまで、聞き慣れない名前や異国の名前を選ぶ人がいるだろうか。〈エドセル〉〈タッカー〉〈フレイジア〉〈ヘンリー・J〉のその後の運命は、頑固な経営判断の顛末として人々の記憶に生々しい。

入念なリサーチの結果、「緑の平原やあたり一面の氷の持つ涼やかさなどが、顧客から好感を持たれる」と言われれば、経営者はだれも「理屈ではそうかもしれないが、実際には多くの人が、泥だらけの象の写真を好むだろうから、当社はその路線でいく」などと発言して、科学崇拝に水を差したりしないだろう。

大学を優等で卒業して博士号を取得した立派な経歴の持ち主が「片耳にイヤリングをした禿頭のトルコの宦官(注4)」が男らしさを発散させる姿こそが、多目的液体クリーナーのシンボルとしてふさわしいと自信満々に言い放ったなら、それに従った経営陣を責めることができるだろうか。リサーチ会社の元幹部で、自身も博士号を持つスチュアート・ヘンダーソン・ブリットはこう述べている。「ビジネスパーソンのなかには、相手が博士の肩書きを持っているというだけで『リサーチ』に金を払う人たちがいる(注5)」

科学的アプローチの誘惑

経営陣が誘惑の罠を逃れられずにいるのは、主として、誘惑されているとの自覚がないからである。それどころか、一連の出来事すべてをきわめて科学的だととらえている。しかも、これはことのほか心地よい誘惑なのである。なにしろ経営陣は、意思決定を容易にしたい一心から、たえず方程式や処方箋を求めてきた。しかしこれを科学と呼ぶのは、鋤を蒸気ショベルと混同するようなものだろう。

経営陣が近年特に科学の誘惑に弱いのは、一つには、自分たちの役割の正当性に自信を失ったという事情がある。目を見張るような科学の主張、威力、成果には、あらがいがたいものがある。科学の複雑なメカニズムや、尽きることのない自信を前にすると、経営陣はおののいてしまう。若い頃に科学分野の教育を受けた人物ですら例外ではない。人前ではいつでも自信満々を装ってはいるが、その実、マネジメントの仕事は月並みで冴えないように思えることも少なくない。自分たちと同じように自信にあふれた市場調査の専門家が、興味深い調査結果やその販売方針への意味合いについて語る姿を目にすると、不安を抱えた意思決定者は、表向きは疑い深そうな素振りを見せながらも、その実は真剣に耳を傾けているのだ。

慰めになるかどうかはわからないが、最高の功績を成し遂げるのは常に、科学ではなく人間の行為である。そして、経営におけるリーダーシップの発揮は、自他を問わず称賛に値する行いである。簡単な方程式や科学的な主張を、市場の状況を十分に考慮せずに取り入れたなら、液体クリーナー、コンパクト・カー、メンソール・タバコで見られたように、無意味な混乱を招くだけだろう。慎重な管理下にある研究室で何度となくテストを重ね、その結果、雪化粧をした山脈のふもとに緑の滝がある構図がメンソール・タバコには最適だと判明したと言われても、もし他社がみなそのイメージを展開しているなら、自分たちはそれを避けたほうがよい。マーケティングでは往々にして、競合他社の上を目指すよりも、他社とは別の路線を行くのが理にかなった戦略となる。

購買意欲調査の信頼できる専門家であるハータ・ハーゾグ（マッキャン・エリクソンに所属）は、「購買意欲を探ったからといって、何が消費者に最も受けるかがわかるわけではない(注6)」と慎重な言い方をしている。そして、本当に有能なリサーチャーなら、調査対象の製品やブランドだけに対象を絞ってテクニックを振りかざすのではなく、患者を診断する医師のように、市場全体と内包する問題点を見極めようとするだろう、とも述べている(注7)。顧客の内に潜むニーズを探るだけでは十分とはいえない。どのテーマについてであれ、「膨大な知識を手に入れれば、あらゆる問題を解決できるだろう」などと考えるのはおかしい。そんなことをすれば、幻想にからめ取られてしまうだけだ。

経営幹部の意欲を引き出せ

意思決定に携わる経営幹部には、入手可能な消費者調査をすべて活用する義務がある。ただし、何よりも大切な義務は、製品が売買される実際の環境についての知識や予測を総動員させて、調査結果と組み合わせながら創意工夫を凝らすことである。

消費者の反応で重要なのは、自宅のリビングや外界と隔絶されたブースで、調査担当者の質問に対して答えた好みのブランド名や色ではなく、広告や店舗で接するブランド名や色のなかで、どれに最も心を動かされるか、である。

批判しようのないビジネス上の美徳に関しては、消費者調査は率直な物言いはしないし、できない。購買意欲調査の影響は興味深いが、そのせいで経営陣が優柔不断に陥ったり、不毛な方針を決めたりするのは許されない。移り変わりの激しい一部の消費財分野では、合理化しすぎているのではないか、と思える事例もある。調査結果は動かしようのないものと、経営陣が見なしている場合があるようなのだ。そういうとらえ方をすると、判断を下す必要性も、市場に影響を及ぼす他の要因を考え合わせる必要性もなくなる。

コンパクト・カー、液体クリーナー、メンソール・タバコを市場に送り出した経営陣は、さまざまな要因を考え合わせるという仕事を、適切にこなしてこなかった。もちろん、彼らは道理をわきまえているはずだ。しかし一部には、「自社製品は研究室の中で販売され、そこでは消費者が心の奥底で考えていることさえわかればよい」と考えているとしか思えない行動を取る経営者もいる。このように、未成熟な購買意欲調査の結果を、ほとんどの場合に当てはまるかのように、あっさりと、しかも無条件に受け入れてしまう姿勢こそ、私がこれまで警鐘を鳴らしてきた、秩序なき画一化の元凶である。

念押しになるが、昨今の「企業イメージ」広告がどれもこれも無意味に似通っているのは、すでに述べたように、さまざまな要因を考え合わせる習慣が欠けているからでもある。企業イメージは重要だが、現在のように、「何でも右へ倣え」の風潮が蔓延しているのは、明快な企業イメージを示せずにいるよりも深刻な状況といえるだろう。具体例として、エレクトロニクスやサイエンスといった成長分野で事業を展開したり、展開したいと考えているおびただしい数の企業による、企業イメージの広告キャンペーンがある。ごく一部のきわめて効果的な事例を除き、大多数の広告から伝わってくるイメージは、見た目から音楽に至るまで「これでもか」というほど似ている。「サイエンスの輝き」という退屈でありふれたテーマをしきりに訴え、ロケット、宇宙ステーション、電子制御機械、物質の原子構造モデルといった、これまた見飽きた写真を載せている。

このため、主要ビジネス誌の広告ページは瞬く間に、天空を思わせる背景に科学っぽい道具をあしらった巨大な原形質のかたまりのようになる。あまりにも同じようなテーマだらけなので、自己陶酔した企業が披露する広告は、ゼネラル・エレクトリックの株主総会で共産主義かぶれの活動家が振るう熱弁の半分も効果がないのではないかと疑いたくなる。

努力やメッセージはすべて、顧客に向けられたものだ。その出所が実業家、アーティスト、牧師、物乞いのいずれであっても関係ない。周囲の雑音をかいくぐらないと、たとえどれほど耳を澄ましたとしても、顧客まで届くことはない。明快で意義深く、ほかにはない際立ったメッセージでなければ（意義深いというのは、顧客自身のニーズや経験に照らしてだけでなく、顧客のもとに容赦なく押し寄せる他社のメッセージと比べてである）、伝わったことにはならない。

メッセージの伝達を見届けるのは、経営者だけが担う避けられない義務である。この義務をまっとうするには、メッセージそのものに説得力を持たせるだけでなく、どのような競争環境のなかで他社を抑えて認知を勝ち取らなくてはいけないのかを考える必要がある。

【注】

（1）
Pierre Martineau, *Motivation in Advertising*, New York, McGraw-Hill Book Company, Inc., 1957, p.119.

（2）
同右p.29.

（3）
Madison Avenue, August 1959, p.18.

（4）
この表現は以下の文献からの引用である。"Guys in Advertising," *The Times Literary Supplement*, special edition on "The American Imagination," London, November 6, 1959, p.34.

（5）
Advertising Age, February 17, 1958, p.68.

（6）
Herta Herzog, *Broadcasting*, February 17, 1958, p.90.

（7）
Kantor, *Broadcasting*, February 17, 1958, p.36.

第3章

Creativity Is Not Enough

アイデアマンの大罪

Creativity Is Not Enough
HBR, May-June 1963.
アイデアマンの大罪
『DIAMOND ハーバード・ビジネス・レビュー』2003年7月号

「創造性」礼賛こそ有害である

創造性さえあれば、目覚ましい成長と繁栄を手に入れられる――。こうさかんに喧伝されているが、事実はまったく異なる。このような主張は、とりわけライン・マネジャーにすれば、害悪にすらなりかねない。「組織に適応することをひたすら心がけるよりも、自由に創造性を発揮したほうがはるかに価値がある」と創造性を礼賛する人々は、この考え方によって逆に、企業からみずみずしい創意工夫の精神を奪っていくだろう。なぜなら、このような人々はえてして、着想を得ることとアイデアを実行に移すことを取り違え、アイデアを夢想しただけで、現実にイノベーションを成し遂げた気分に浸っているからだ。実務に携わるマネジャーが日々どれほどの難題に直面しているかを知らず、事業がいかに複雑な組織に支えられているかにも無頓着である。

事あるごとに「創造性を最大限発揮しなければならない」というアドバイスが聞こえてくるが、これには大きな弊害がある。それは要するに、現実を直視せず、斬新なアイデアを生み出すという容易な仕事と、実際にイノベーションを達成するという恐ろしく困難な仕事を混同している点である。それどころか、創造性の定義そのものが誤りなのだ。この言葉は「素晴らしい、独創的なアイデアを生み出すこと」という意味に用いられ、アイデアばかりに焦点が当てられている。

そのうえ肝心のアイデアの価値にしても、企業や消費者にとっての有用性より斬新さだけで評価されがちだ。本稿で示すように、新しいアイデアを得るのは、机上の世界ではたしかに創造的かもしれないが、実際にはたいてい、事業にとってマイナスにしかならない。企業の糧になるどころか、その前途を暗くしかねないのである。

ここでタイプの異なる二人の画家を想像してみよう。一人は素晴らしい絵画の構想をとうとうと語るが、けっして絵筆を取ろうとはしない。もう一人はその同じ構想をかたちにする人である。後者については、だれもが「創造性に満ちた偉大な芸術家」と認めるだろう。だが前者についても同じ評価を下すだろうか。言うまでもなく、答えは「ノー」だろう。作品を創り上げるのではなく、絵空事を述べ立てているだけだからだ。

ビジネスの世界にあふれるもっともらしい創造性の礼賛も、まったく同じ愚を犯している。無数の講演、書籍、記事、あるいは創造性開発のワークショップが、企業やマネジャーに向けて、新しいアイデアを次々と生み出す秘訣を伝授しようとしている。これらを何年にもわたって注意深く観察してきた結果、私は確信するに至った。いずれの試みも、偉大な絵画を完成させることと、その構想を抱くことを混同しているのである。大言壮語を口にすることで、結果につながる行動を起こした気になっているのだ。

しかし、現実の組織というものを多少なりとも知っていればすぐにわかるとおり、物事の進め方を変えるのは容易でなく、ましてや新しい何かを成し遂げるのは、それがいかに素晴らしく見えたとしても、とてつもなく難しいものである。

画期的なアイデアが生かされないまま何年も放置されるのは、利点が認められないからではなく、アイデアを何らかのかたちに結実させる責任をだれ一人として負おうとしないからだ。欠けているのは多くの場合、アイデアを生み出すという意味の創造性ではなく、イノベーション、すなわちアイデアを具体化する営みである。

実行力なくしてアイデアは具体化しない

なぜイノベーションは稀にしか実現しないのだろうか。最もよく耳にする答え、そして私の見たところ最も罪深い答えは、人々が組織に隷属させられ、創造性を身につけられずにいるというものだ。その主張によれば、産業界が創造性をみなぎらせ、進取の精神に満ちた人材を多数採用してアイデアを披露するチャンスを与えれば、アメリカ企業の問題はすべて解決するという。

だが、今日の企業組織に多大な注意を払い、そこで働く人々と自由かつ率直に意見を交わせば、必ずや興味深い発見が可能なはずだ。創造性、そして創造性あふれる人材は不足などしていないのである。問題は別のところにある。つまり、「創造性あふれる人材」が——一〇〇パーセントとはいわないまでも——きわめて高い確率で、現実面の諸問題を自分で引き受けずに、他人任せにしているのだ。アイデアだけは思いつくが、それをビジネスへと発展させる力には乏しい。自分のアイデアに周囲の関心を引き、「やってみてはどうか」と思ってもらえるよう適切な努力を払うという行動を起こすことができないのだ。

一般に、ビジネスの世界は新しいアイデアで満ちあふれている。足りないのはむしろ実行力である。

アイデアを次々と生み出す人々は、たいてい組織をどのように動かせばアイデアをかたちにできるかを知らない。とりわけ前例のない画期的なアイデアを実行する方法を知らず、多くの場合、「アイデアは放っておいてもイノベーションにつながる」という理解しがたい考え方に染まっているようだ。このような偏見では、着想（アイデアを生み出すという点に注目すれば「創造性」と呼べなくもない）とイノベーションは同義語になる。この種の考え方にとりわけ強く毒されているのが、ブレーンストーミングの信奉者で、自分たちの流儀こそが企業を救うと信じて疑わない。(注1)

だが、着想とイノベーションは同じではない。前者はアイデアの創造を、後者は実現をそれぞれ意味している。両者の違いが必ずといってよいほど見落とされているため、企業は事なかれ主義に陥りがちである。混乱を生じさせないように念のため記しておくが、イノベーションであれば成功が保証されるというわけではない。もとより成果を上げるのが目的ではあるが、始めから一〇〇パーセントの成功を求めていたのでは、挑戦の機会を奪っているようなものだ。

ブレーンストーミングでは経験の浅い一〇人ほどの人々を一堂に集めて、新鮮で刺激的なアイデアが飛び出すのを待つわけだが、これなどはアイデアがけっして稀少ではないという事実を浮き彫りにしている。平均的な資質を備えたビジネスパーソンを、それ相応の環境に入れてやる気を引き出せば、ほぼ例外なくアイデアはひらめくものだ。真に貴重なのはむしろ、アイデアをかたちにするノウハウ、熱意、勇気、粘り強さなどを備えた人材である。

企業はその具体的目標が何であろうと、利益を生まなければならない。そのためには目に見える成果を上げることが不可欠だろう。アイデアを生み出しただけでは成果とはいえない。頭のなかにアイデアが芽生えても、放っておいたのではけっして実らない。これはビジネスであれ、芸術、科学、哲学、政治、愛、戦争であれ、すべてに通じる真実である。アイデアをかたちにするには、人々の汗と努力が欠かせないのだ。

アイデアマンは無責任

企業は結果を重んじる傾向が非常に強いため、新しい着想を得ても実行に移せない社員は、およそ役に立つとはいえない。それどころか、見方によっては無責任ですらある。理由を二つ挙げたい。

①アイデアを出すだけでその実現を後押ししない限り、企業にとってきわめて重要な「行動」への責任を放棄するのと同じである。

②理想を実現させるための努力を怠るのは、組織にとって受け入れがたい、あるいは控えめに見ても規律に従っているとは言いがたい行為である。

創造性を重んじる風潮がなぜ好ましくないかといえば、私の見たところ、アイデアマンの多くが「アイデアを提案すれば、それで自分の仕事は終わった」と誤解しているからである。彼ら彼女らは、取るに足らぬ細部を煮詰めて提案を実現するのは、自分の仕事ではないと考えている。一般に、発想豊かな人ほど、実現への責任を取ろうとしないようだ。そのような人々の大多数は、新しい発想やコンセプトを生み出す能力だけを売りとしている。アイデアの実現にこぎつけるまでには、細かい事柄に注意を向けなければならないが、ほとんどがそれらをさして重要ではないと見なし、取り組む熱意、粘り、いやそれどころか、関心すら抱かない。

これが真実であることを確かめるのは簡単である。社内を見渡して、きわめて発想豊かな人材を何人か思い浮かべてみればよい。その人々は、はたしてこれまでに何回、自分のアイデアをかたちにするために熱心に、しかも体系的に、詳しい計画や提案を実行しただろうか。実現に伴うリスク、コスト、労力、スケジュール、投資効果などについて、部分的、あるいは大まかにでも提案したことはあるだろうか。

典型的な状況はこうだ。アイデアマンが、組織の全員に次々とメモやアイデアを投げかける。それらは簡潔に記されているため、一見すると注目を集めやすく、しばらくは関心を引きつける。半面、あまりに簡潔すぎて、実現への手法やリスクについての責任ある記載はない。このような発案者のなかには、「組織の秩序を乱したり、昇進を勝ち取ったりするための道具としてアイデアを使っている」と見なさざるをえない人々もいる。これに関して具体的な記述を引いておく。

「経営者の後継問題を研究する人物が『アイデアが生まれると、必ず実現へ向けて真剣な努力がなされるのだろうか』と疑問を抱いた。彼によれば、アイデアは往々にして、昇進を有利に運ぶための手段として用いられるにすぎないという。すなわちアイデアを出すのは、一種の『社内向けＰＲ』なのである(注2)」

とはいえ、実行への配慮を抜きにしてアイデアだけを生み出そうとするのも、悪い面ばかりではないと指摘しておかなければならない。優れた経営幹部の場合、アイデアを実現させる責任をあえて一時的に放棄する場合がある。これは、「空想の翼を自由に広げるにはこのような姿勢が欠かせない」という判断からである。ただし、このような経営幹部の持ち味は、必要な時には責任をまっとうできる点にある。責任を手放すのは、あくまでも創造性を発揮しようとする局面に限られる。

アイデアマンの心理学

アイデアマンと称される人々の無責任ぶりは、幼い子どもが気ままに空想にふける様子からある程度は推察できるだろう。幼稚園の先生ならだれでもうなずくだろうが、幼児たちは驚くほど豊かな空想力を発揮する。素朴な疑問を抱き、両親に次々と質問を浴びせる。

「メガネをかけると、どうしてよく見えるの」

「ドーナツに穴があるのはどうして」

「芝生はなぜ青いの」

問いかけを好むこのような姿勢からは、新鮮な発想が飛び出してくる。もっとも、幼い子どもたちはある意味で特異な環境に置かれており、周囲からの厳しい目や任務など、組織での責任とはほとんど無縁である。未成年者の行動に関しては、法律の縛りすらも緩やかだ。

それでも、子どもの発想には疑いなく価値がある。聖書にも、「幼な子の言葉には人知が詰まっている」という一節があるほどだ。信頼できる科学研究によっても、子どもの発想は大人がアイデアを生み出すプロセスに通じることが示されている。「（その発想法は）就学前から身についている。幼児はおそらく、片言でしゃべる頃にはすでにそのような発想を始めているだろう（注3）」

ロールシャッハ・テストなどを用いた臨床心理学の研究でも、アイデアマンの無責任ぶりが明らかにされている。一例を挙げたい。「ロールシャッハ・テストにすぐになじんで楽しむ人。自由な空想に浸り、時には与えられたインクの染みからまったく離れて発想する人。インクの染みを好き勝手に変えようとする人。このような人々は、こちらが予想だにしない反応を見せる（注4）」

ここで挙げられたタイプの人々は、インクの染みが実際にどのような形をしているか、自分たちがどのような体験をしてきたか、といった事実にほとんど縛られない。このため、従来の常識にとらわれず、斬新かつ未知なる発想や方法を探ることができる。

別の心理学者はこのような事実に基づいて組織分析を行い、「理論家肌の人々は、リスクを気にかけない傾向がある（注5）」という重要な指摘をしている。その理由は明らかだろう。理屈だけを唱えていればよく、自身は実行への責任を負わないからだ。リスクを認識してはいても、それはあくまでも仮定の話であって、自分にはけっして火の粉が降りかからないため、少しも不安などないのである。他方、実行への責任を引き受けると、リスクを背負い込むことになり、ひどくつらい経験を強いられかねない。実行のプロセスがどのようなものであろうとも、それに伴う面倒な仕事を避けるのが、安全な道なのである。

空理空論を振りかざす人々

以上から容易に想像できるように、「ビジネスには創造性が重要である」と熱心に訴える面々は、著述家、コンサルタント、学者、広告代理店の重役などに多い。多くは一般事業会社において、複雑で斬新なアイデアを実現するために日々汗を流した経験など皆無である。それどころか、伝統的な事業会社に属して、しがらみの多い環境で働いたことすらない。

つまり、実務家とはとうてい呼べず、空理空論を振りかざしているにすぎない。医者が自分の不養生を棚に上げて「私の指示どおりに養生しなさい」と患者に諭すようなものだ。あるいは、ボクシングの試合でコーチが選手に「とにかく攻めろ、大丈夫、倒されるはずがない」と檄を飛ばすおなじみのシーンである。

驚くに当たらないが、この種の理論家たちは、組織への適応を重んじる姿勢を有害だとしきりに非難する。そのような態度は、理論よりも行動、アイデアよりも実践を使命とする組織に長く属そうと考えたことも、厳しい規律に従おうと試みたこともないからこそ取れるのである。「創造性こそ善であり、組織への従属は悪である」という教義は、さももっともらしく伝えられる。ところがこれらの教祖たちは、たいてい産業界の中心から遠く離れた場所から長広舌を振るっているにすぎない。『組織の中の人間』(注6)で知られるウィリアム・H・ホワイトは著述家であり、『灰色の服の男』（注7）のスローン・ウィルソンはその執筆当時、大学で教鞭を執っていた。後に詳しく紹介するシリル・ノースコット・パーキンソンも象牙の塔の住人である。このような人々が旗振り役となって、「アメリカ産業界は組織への服従を重んじる悪弊に染まっている」との主張を繰り広げ、蔓延させた。

とはいえ、コンサルタント、著述家、学者などが産業界を改革しようとすすんで声を上げるのは、マイナス面ばかりではない。アメリカ産業界は、全般的にはその恩恵に浴している面もある。それでもやはり、そうした主張に踊らされると経営責任の放棄につながりかねないのが実情で、この点を経営者が見落とすと弊害が表れてくる。「何の考えもなく、ひたすら会社人間を育てようとする企業ばかりであれば、アメリカ経済に暗雲が漂うだろう」という気の滅入る予言は、とうてい無批判には受け入れられない。「創造性を育めばよい。そうすればおのずとイノベーションが実現し、利益が増加しよう」といったバラ色の主張など、とうていうのみにできない。何はともあれ、それがどのような人々の主張であるか、忘れてはならない。

口だけの不平家たち

繰り返しになるが、アイデアの創出とイノベーションは別物である。組織に恭順することがイノベーションを阻害するとは限らず、創造的な発想が容易にイノベーションにつながるとも限らない。とはいえ、これがアイデアの創出を阻害するという考え方もあるが、真の問題は、新旧さまざまなアイデアが存在しているにもかかわらず、その実現に向けた行動へと発展しない点にこそある。

それというのも、どの組織でもほぼ一様に、経営者以外で次々とアイデアを生み出すのは、現状に強い不満を募らせて「こうすればよい」「ああすればよい」と述べ立てる人たち、すなわち、社内でだれもが知る不平家なのである。

たえず不平不満を口にし、その矛先は経営陣の「旧弊な考え方」「無為無策が明らかなのに、それを直視しようとしない姿勢」などに向けられる。何年も前から提案を出しているのに、いっこうに取り組みがなされないというわけだ。さらにこんな不満が続く場合が多い。「経営陣は斬新なアイデアを求めてすらいない」「アイデアを出すと社内に波風が立つ」（これは事実だろう）、「上層部は著しい躍進を遂げるよりも、平穏無事に経営を続ける（緩やかに衰退に向かう）ことを望んでいる」等々——。

これら不平家たちの主張を要約すれば、会社は「組織への服従」という病に冒され、古びた考えに取りつかれ、新規のアイデアに反対する、覇気を失った人々ばかりということになる。その際に引き合いに出されるのはもちろん、不平家の元祖とでも呼ぶべきウィリアム・H・ホワイトだ。そう、事業会社の実情に関して誤った情報と憶測に基づいて、したり顔で説法をしたあのホワイトである（ホワイトの歪んだ見方は、一九六二年に社会人類学の権威、W・ロイド・ワーナーによって*The Corporation in the Emergent American Society*（注8）のなかで論破された）。

なぜアイデアはお蔵入りになるのか

発想豊かな人々がこのような不平をこぼすのは、次々とアイデアを投げかけても、ほとんど相手にされず、しばらくすると、うとんじられるからである。どれほど懇願しようと跳ねつけられ、いっこうにそのアイデアに耳を傾けてもらえない。これにはもっともな理由があるようだ。

経営者やシニア・マネジャーがアイデアに取り合わないのは、難題が途切れることなく押し寄せてくるため、その対処に追われてあわただしく日々を過ごしているからである。矢継ぎ早に意思決定を求められるばかりか、緊急でしかも一筋縄ではいかない課題に次々と直面している。部下は新しいアイデアをどんどん出せば、上司の力になり、手柄を立てられると考えるかもしれない。しかし、創造性を信奉する人々は、経営者がいかに緊迫した状況に置かれているかを肝に銘じるべきである。アイデアが投げかけられるたび、難題が一つ増えるのだ。すでに抱え切れないほどの難題が山積しているというのに――。

私の同僚レイモンド・A・バウアー（ハーバード・ビジネススクールで心理学の教鞭を執っていた）は、ビジネス以外の分野から示唆に富んだ事例を紹介してくれた。連邦議員の多くは、政治学を学ぶ人々からインターンとしてサポートを提供される機会があるのだが、一部にはこの申し出を断る議員もいる。インターンにアイデア攻めにされ、職務に支障を来たすというのがその理由だという。

アイデアを実現するために

それでも、事業を進めるうえでイノベーションは欠かせない。そしてイノベーションはだれかの提案に基づいて成し遂げられる。では、新鮮なアイデアが浮かんだ場合、その人はどうすべきなのだろうか。二つのアドバイスを示しておきたい。

①現実を直視する

マネジャーはたえず難題を抱えているため、新しいアイデアをほぼ確実に敬遠する。アイデアマンは何よりもまず、この現実を踏まえて行動しなければならない。

②アイデアを投げかける際、責任ある姿勢を見せる

少なくとも、おおよそのコストとリスク、人員、所要期間などは示すべきだろう。実行に適した人物がだれかも言及したほうが望ましい。こうするとアイデアが評価しやすくなり、相手の負担が軽くなる。このような責任ある姿勢を示せば、創造性にあふれる提案がイノベーションへと発展する可能性も高まろう。

もとより「実現に向けた詳細まで求めれば、アイデアマンのかけがえのない資質が台無しになりかねない」という反論が想定される。このような反論は的を射ているかもしれない。とはいえ、提案者と企業の双方にとって、その反論が現実化したほうがむしろプラスではないだろうか。

アイデアは生かされなければ価値がない。実現のあかつきに初めて価値が証明される。それまでは無用の長物にすぎない。経営者が大きな重圧を抱え、責任ある提案にしか耳を貸せないとすれば、無尽蔵にアイデアを生み出す人材といえども、実行への責任を果たさない限り、不要と見なされる。実行責任を求めることで、アイデアの数は減るかもしれない。真剣に耳を傾けてもらい、具体的成果に向けて努力が払われる可能性は大きく広がるはずだ。ひいては、その成果によって会社が潤う。一方の提案者側も、アイデアが取り上げられたことで大きな充実感が得られ、不平家の汚名を返上できるだろう。

つまり私は、アイデアを提案する際には必ず精査のうえで根拠を添えるべきだと主張しているのではない。むしろその正反対である。提案者がなすべきことは、次の四つの要因に応じて異なる。

●アイデアマンの職位

どのくらい責任を負った提案であれば、検討の俎上に載るかは、提案者が社内でどのような地位にあるかによって

決まる。組織の頂点にいるＣＥＯであれば、部下を呼び寄せて「このアイデアを検討するように」と告げれば十分だろう。それだけで多大な注意が向けられ、おそらくは実現への道筋がつけられるはずだ。ＣＥＯが指示を発すれば、その時点で実現が約束されたも同然なのである。事業部長も、事業部内に限られた案件については同様の力を持っているといえる。ただし、部下に指示するのではなく、上層部に提言する際には、すでに述べてきた責任ある姿勢を見せない限り、アイデアの実現はおぼつかないだろう。

●アイデアの複雑さ

アイデアが含蓄深いものであればあるほど、あるいは組織や業務手法を変える必要が大きければ大きいほど、提案時に実現への条件を明らかにする必要性が高い。何も実現手法をすべて詳しく示すべきであると言っているわけではない。大企業の経営委員会で、提案の採否を最終決定するのとは違う。そのような状況を想定したのでは、時間、能力、人員などがとても足りず、それこそアイデアの枯渇を招きかねない。

●事業特性

提案にどの程度詳しい中身が求められるかは、往々にして事業特性やアイデアの狙いにも影響される。広告業界では豊かな発想に大変高い価値が置かれているが、それは大きな注目を集めるのが第一の狙いだからだ。消費者の気を引こうと次々と広告が生み出されるなか、その流れに埋もれず、何とか耳目を集めようと、懸命に創造性を働かせるのである。

その意味で、広告業界とたとえば製鉄会社とでは、一口に「創造性を発揮する」と言っても、一般にその意味には大きな開きがある。ハザウェイ・シャツの広告に眼帯をしたモデルを起用するというアイデアは、思いついたらすぐさま実行に移せるだろう。(注9) 他方、製鉄会社が価格体系を改定し、冷間圧延鋼の大量一括受注を目指す場合、そこには難題や複雑な事情が数多く予想される。アイデアを実現するまで、いやそれどころか具体的な企画に練り上げるまでの道のりすら、気の遠くなるほど長い。事実を積み上げ、十分な理由を揃えない限り、関心を引ける可能性さえ薄いだろう。

●提案する相手の考え方や仕事

だれもが知るとおり、新しいアイデアを好んで受け入れるかどうかは人それぞれで異なる。なかには、斬新なアイデアにすぐに飛びつこうとする経営者もいるだろう。提案相手の傾向を知れば、どの程度の裏づけを用意すべきかが見えてこよう。

これら四つの要因以外にも忘れてはならないのが、日々激務に耐える幹部社員は新しいアイデアに拒否感を示す可能性が高いという点だ。大きな重圧を課せられた人々は、既存事業を円滑に動かしていくことを主な責務ととらえている。ところが、新しいアイデアを採り入れるには変革が要求される。変革を進めれば、これまで着実に前進してきた事業に――あるいは着実に衰退へと向かう事業に――波風を立てることになるが、幹部社員の評価や将来性はいかに円滑に事業を進めたかに応じて決まる。現状の変革につながる提案に及び腰になるのも、無理からぬことだろう。余計なリスクを背負い込みたくないと考えることがあまりに多いため、アイデアについて真剣に考えようという意欲が削がれるのだ。

自分の提案に関心を向けてもらうには、提案を受ける側、つまり上司に当たる人々がリスクや失敗についてどのような見方をしているのか押さえておく必要がある。私のよく知るある企業では、ナンバー・ワンとナンバー・ツーが共に、稀に見るほど新しいアイデアに寛容である。それどころか時には、アイデアは突飛であるほどよいとされている。このためアイデアがどれほど漠然としていても、あるいはいかに極端であっても、社内の上から下までみんなが関心を寄せ、すぐに耳を傾けてくれる。ただし、この会社は二つの意味で特別なのだ。

第一に、四〇歳前後の現会長は二八歳の時から社長の座にあり、二四歳で早くも前社長から後継者に指名されていた。このように超スピード出世で要職ばかりを歴任してきたため、下積みの苦労を日々味わうことも、懸命に「優等生」を心がける必要もなかったのだ。一貫して経営者としてのキャリアを歩んできたため、彼は常に部下にアイデアの検討や評価を指示する立場にあった。したがって、昇進をめぐって「無責任にプロジェクトを提案してくる」とマイナスの評価を受ける心配をせずに、アイデアを重んじる姿勢を身につけられたのだ。

第二に、現社長は広告業界からこの会社に転じ、二八歳で副社長に就任している。つまり、会長と似たキャリアを積んできたのである。会長と社長の二人が斬新な発想に好意的な背景には、「無鉄砲だ」と見られて昇進を棒に振る心配などまったく無縁だったという事情が関係しているだろう。アイデアの検討に当たる部下と、温かくアイデアを受け入れる上司にたえず囲まれてきたのだ。このような経歴や環境に恵まれなかった人々は、たとえキャリアの階段を上り詰めたとしても、急に変わることなどとうていできないだろう。

要するに、経営者の意識がいかに進んでいても、それだけでは風通しがよく、進取の精神に富んだ、アイデアに優しい企業風土を生み出せはしないのである。長い間「出る釘」にならないように慎重にキャリアを歩んできた人々は、ようやくトップの地位に就いても、いまさら新しい姿勢を身につけることは難しい。仮にできたとしても、部下たちはそれが真意だとは受け止めないだろう。むしろ、何気ない出来事を通して疑いの念を強めるのだ。

規律の必要性

創造性やイノベーションといったテーマを好む人々はみな、豊かな発想こそが何よりも重要だと説く。だが、アイデアを効果的に提案する方法を教える必要性や、経営者に聞く耳を持たせる必要性には、ほんの申し訳程度に触れるにすぎない。そして往々にして、「発想豊かな人々を温かく遇する組織風土を育まなければならない」などと偽善的な言葉を並べ立てる。しかしその実、経営者やマネジャーの置かれた現状に目を向けることも、上司に受け入れられやすい提案方法を示すこともない。判で押したように、お偉方に「姿勢を改めるように」と諭すだけだ。

このようにアイデアマンの肩を持つ論調ばかりが目立つのは、論者たちの多くが――アイデアマンと同じように――組織というものを嫌悪しているからだろう。このような人々は組織を激しく嫌うが、その理由を自覚しているケースは稀である。

私にはその理由がわかるような気がする。適応性とは違って、創造性は組織に似つかわしくないように見えるからだ。創造性を重んじるべきだとする人々は、その主張を隠れ蓑にして本当は組織という概念を攻撃しているのである。この点は、「組織はアイデアがたえず生み出される状態、創造性が常に発揮される状態を歓迎しない」という動かしがたい事実に目を向ければ、すぐに明確になるだろう。

USスチールと全米鉄鋼労組（USWA）、アメリカ合衆国軍と救世軍、アメリカとソビエト連邦など、いかなる組織であろうと、その目的は業務遂行に必要な秩序を打ち立て、成員を従わせることにある。組織は、各人の行動に一定の枠をはめ、予測可能な行動パターンを生み出すために設けられる。組織がなければ、待っているのは混乱と荒廃だけだろう。急を要する仕事を期限までに効率よく仕上げられるように、人々の手綱を締めるためにこそ、組織は存在するのだ。

創造性やイノベーションはこのような秩序を崩しかねない。したがって、これらは警戒の対象となるが、組織が生き続けるために欠かせないのも事実である。このような事情から、ワンマン経営者が率いる小規模企業のほうが多くの場合、大企業よりも活気にあふれ革新的なのである。経営者が一人で切り盛りしている以上、その直感や独断によって企業の方向性が決まるケースが多く、組織はないも同然なのだ。組織は秩序を育むために設けられ、そこには方針、手順、さらには有形無形のルールが存在する（無形の決まり、すなわち不文律はきわめて大きな力を発揮する）。これらがなければ、組織はその存在目的を果たせないだろう。そしてそこから、組織およびその歯車になることを批判する人々が無定見に攻撃する、組織への恭順を求める姿勢が生まれるのだ。

「パーキンソンの法則」の欠点

パーキンソンと彼が唱えた「パーキンソンの法則」を強く称賛するのは、学者、著述家、コンサルタント、社会評論家などだ。これは当然だろう。なぜならこのような人々の大多数は、組織に属して上役から厳しく指示を受けずに済むよう、考えに考えたうえでみずからの職業を選んだからだ。一匹狼として自営業的な働き方をしているため、仕事の成果について後から徹底的な検証を迫られる機会はまずないだろう。高い自律性を備え、言わば自分だけの世界に生きている。私が推察するに、彼ら彼女らの多くは規律に従うことができず、だからこそ組織の一員として生きる道を避けたのだろう。そして「パーキンソンの法則」によって、組織につき従う大多数を冷笑し、少数派の悲哀を跳ねのけて優越感に浸る口実を与えられた(注10)。

そのことは驚くには当たらない。それどころか十分に予想されるとおり、パーキンソン自身もおよそ組織人とは言いがたく、歴史学者、画家、そして何より海戦史の研究家として知られている。そう、近代的な組織とはおよそ無縁なのだ。パーキンソンは自著を媒介にして産業界と深いつながりを築いたため、みずからも事業に乗り出そうと決意した。氏が参入するのは、言うまでもなくコンサルティング業界である。このようにしてまたしても、私の主張が裏づけられる結果となったのだ。

パーキンソンは読み手を実に楽しませてくれる。氏の著作を読んで笑いが込み上げてこないようでは、被害妄想に取りつかれていて、信頼できる経営者とはいえないだろう。もっとも、組織を軽々しく風刺しようとしても、組織で働くという現実をまるで知らないなら、創作の種に事欠くに違いない。この点は、ぜひともはっきりさせておきたい。秩序がない限り、企業の活動はとうてい立ちいかない。企業は規則に従って一体として動かなければならない。さまざまな局面で計画を立てながら動かなければならない。だからこそ、世の中には組織があふれており、そのあり方も実に多彩なのである。そして、計画に基づいて事業を進める必要がある限り、秩序や枠組みは不可欠であり、組織への追従もある程度は求められる。全員が同時に思い思いの方向を目指したのでは、組織は成り立たない。ルールと標準的な指針がなければならないのである。

多数のルールを設ければ、その一部には無意味なものも含まれるだろう。それらは情け容赦なく揶揄される。だが、はるか昔の海戦史を研究する人――すなわちパーキンソン――の目にはばかげていると映ったとしても、現実にばかげているとは限らない。この点は、企業や政府など今日の組織が直面する課題に真剣に注意を払えば、見えてくるはずだ。

創造力豊かな人材はイノベーションや成長の原動力とは限らない

ここまでの議論から、次のような恐ろしい問いが浮かび上がってくる。

組織にとって秩序と追従が欠かせないとするならば、そしてそれらが創造性の芽を摘んでしまうのならば、さらには新しい発想をイノベーションにつなげるために詳しい提案が求められ、それがアイデアマンの意欲を削いでしまうのならば、はたして近代的な組織は数多くの手かせ足かせに自由を奪われ、恐竜と同じように大きくなりすぎたために滅びる運命にあるのだろうか。

答えは「ノー」である。第一に、アイデアマンに実行責任を負わせても、アイデアの泉が涸れるとは限らないだろう。創造性を熱心にアピールする人々が「温室を用意してもらわなければ、創造性を芽生えさせられない」などと主張するとは考えられない。第二に、大企業には実は、イノベーションを促進する風土がある。経済基盤が広く、アイデアを実現させるためのスタッフも多数に上るため、リスクを分散できる。このため、財務面でも、また各関係者にとっても、未知への挑戦に伴うリスクが軽減される。

往々にして誤解されているようだが、事業運営の手法や方針を大きく転換しても、組織の大変革が求められるわけではない。大組織は、少なくとも短期間に進む方向や組織を一八〇度変えるのは不可能で、これこそがむしろ強みだといえる。

大企業の場合、業務を遂行するために膨大な組織や制度が設けられていて、どれほど大胆な変革が進められようとも、業務に最大限の注意を払い続ける。たとえ混乱が起きたとしても、容易には倒れないという強みがある。一部の人々や部門がすぐに危険を察知して、悲劇を防ごうと努力するだろう。その一方で、大組織には自動安定化装置（ビルトイン・スタビライザー）があり、意思決定にも大勢が関わるため、それをテコにすれば、逆に大胆なリスクを取りやすい組織文化を醸成できるはずだろう。

最後に大組織は、その大きさゆえに保守的になりがちな傾向を弱めるために、組織的な取り組みを行うことが可能だ。規律を重んじる組織であっても、ある程度の融通性を身につけて、無責任なアイデアマンを生かせることがわかっている。

その時に求められるのは、とりわけ大組織に求められるのは、提案箱を設けることではなく、専門チームを設けて、アイデアを受けつけ、検討し、実現へ向けて必要な後押しをすることだろう。それにはまず、一つひとつのアイデアを吟味し、できれば発案者とじっくり話をするとよい。そのうえでアイデアの中身と検討した内容を重役に説明すれば、積極的に耳を傾けてもらえるだろう。具体例をいくつか挙げたい。

●この種の組織が、モービル石油（訳注：現エクソン・モービル）の本社マーケティング部門に設けられた。[注11]

●シェリング・コーポレーション（訳注：現シェリング・プラウ）も類似の組織を「マネジメントR＆D」という名称で設けている。その狙いはアイデアを生み育て、意思決定の新しい方法を探ることにある。[注12]

●ネーションワイド・インシュアランス・カンパニーの社長マレー・D・リンカーンも、柔軟な組織のあり方を提示している。リンカーンは企業に「革命担当バイス・プレジデント」（vice president in charge of revolution）を置くべきだと強く訴えている。[注13]

企業の抱える課題やニーズは実に多彩であるため、本稿で扱ってきたテーマに関して、各社が独自に対策を用意すべきだろう。ただしいずれにしても、アイデアに基づいてより多くのイノベーションを生み出す仕組みが必要であるという点、そのような仕組みに大きな価値があるという点をぜひとも理解しなければならない。

こうした仕組みを設ける必要性は企業ごとに異なる。くわえて、すでに述べたとおり、業界特性も考え合わせなければならない。広告業界ではアイデアをイノベーションに変えるためのハードルは比較的低いが、複雑な生産プロセス、何段階にも分かれた流通チャネル、煩雑な事務手続きなどを抱えた事業会社ではそうはいかない。

アメリカ産業界にアドバイスのみならず批判を浴びせ、「もっと創造性を」と事あるごとに述べる人々には、アイデアとイノベーションの違いをまずはとくと理解してほしい。そして次に、アイデアマンを諭して、実行への責任を負わせるのに時間をかけてみてはどうだろう。

アイデアがどれほどに実を結ぶかは、業界、組織文化、アイデアマンの職位などによって異なる。提案相手が日々どのような課題、プレッシャー、責任にさらされているかも影響するだろう。このような現実を肝に銘じておかない限り、「発想豊かな人材を増やしさえすれば、企業は成長と繁栄を約束される」と唱える人々は、幻想に足をすくわれるに違いない。

【注】

(1) たとえば以下を参照されたい。Alex F. Osborn, *Applied Imagination: Principles and Procedures of Creative Thinking*, Charles Scribner's Sons, 1953.

(2) Bernard Levenson, "Bureaucratic Succession," *Complex Organizations: A Sociological Reader*, edited by Amitai Etzioni, Rinehart & Company, 1960. を参照。

(3) Stanley Stark, "Mills, Mannheim, and the Psychology of Knowledge," University of Illinois, 1960.を参照。

(4) G. S. Klein, "The Personal World Through Perception," *Perception: An Approach to Personality*, edited by R.R. Blake and

G. V. Ramsey, The Ronald Press, 1951.を、「アイデアマン」についてはMorris I. Stein and Shirley J. Henize, *Creativity and the Individual*, The Free Press, 1960.を参照。

(5)
Herbert Feigl, "Philosophical Embarrassments of Psychology," *American Psychologist*, March 1959. を参照。

(6)
The Oranization Man, New York, Simon & Schuster, 1956. を参照。

(7)
The Man in the Gray Flannel Suit, New York, Simon & Schuster, 1956. を参照。

(8)
New York, Harper & Brothers, 1962. を参照。

(9)
一九五〇年、ニューヨークの広告代理店オグルヴィ・アンド・メイザーがハザウェイ・シャツの広告に眼帯をつけたモデルを起用し、大反響を巻き起こした。設立間もない同社だったが、これによって一躍名声が広まった。

(10)
パーキンソンの法則は「仕事は与えられた締め切りまでかかる」などいろいろあるが、なかでも「業務量にかかわらず、役人の数は増殖していく」というのが有名。Cyril Northcote Parkinson, *Parkinson's Law*, 1957.（邦訳『パーキンソンの法則』研究社小英文叢書、一九六四年。その後絶版となり、一九八一年に至誠堂から新訳版が出される）

(11)
組織の詳細とその運用については*Innovation in Marketing*, McGraw-Hill, 1962.（邦訳『マーケティングの革新』ダイヤモンド社）を参照されたい。

(12)
Victor M. Longstreet, "Management R&D," HBR, July-August 1961. を参照。

(13)
リンカーンは同名の著書を一九六〇年にMcGraw-Hillから刊行している。

第4章

Exploit the Product Life Cycle

製品ライフ・サイクルの活用

Exploit the Product Life Cycle
HBR, November-December 1965.

戦略的・戦術的に活用されていない実態

情報に敏感で高い意識を持つマーケティング分野の経営幹部のほとんどは、製品ライフ・サイクルという概念をもう承知のことだろう。一部の国際的な先進企業の経営者にも、すでにこの興味深い概念はおなじみのものだろう。

しかし、経営幹部を対象に行った最近の調査では、この概念を戦略的に活用している人は皆無で、戦術的に活用している例もごくわずかだった。経済、哲学、性に関する古今東西の多くの魅惑的な理論と同じく、息の長い概念なのに、実際にはまったく活用されていない。どうやら専門的な議論のなかで、マーケティングも一つの専門職であるとの考えに正当性を添えるためのレトリックとして用いられるだけのようなのだ（しかも、その試みはうまくいっていない）。さらに、マーケティングが科学に近いことを繰り返し主張する人々にとって、ライフ・サイクルの概念は輝きと信憑性を与えるものだとする意見も根強くある。（注1）

製品ライフ・サイクルの概念は今日、三〇〇年前の世界のコペルニクス地動説と同じような位置づけにある。つまり、多くの人が知識としては知っていても、効果的に生産的に活用したことはほとんどない。

ある程度理解する人が多くなっている以上、そろそろこの概念を実際に活用する段階に入ってもいいはずだ。本稿の目的は、知識だけでなく競争力を強化するための経営手段として、この概念を効果的に活用する方法を提案することにある。

この概念はすでに多数の書籍でさまざまなかたちで紹介されているので、概念そのものの説明は簡単にとどめ、そ

図表4-1 産業全体における製品ライフ・サイクル

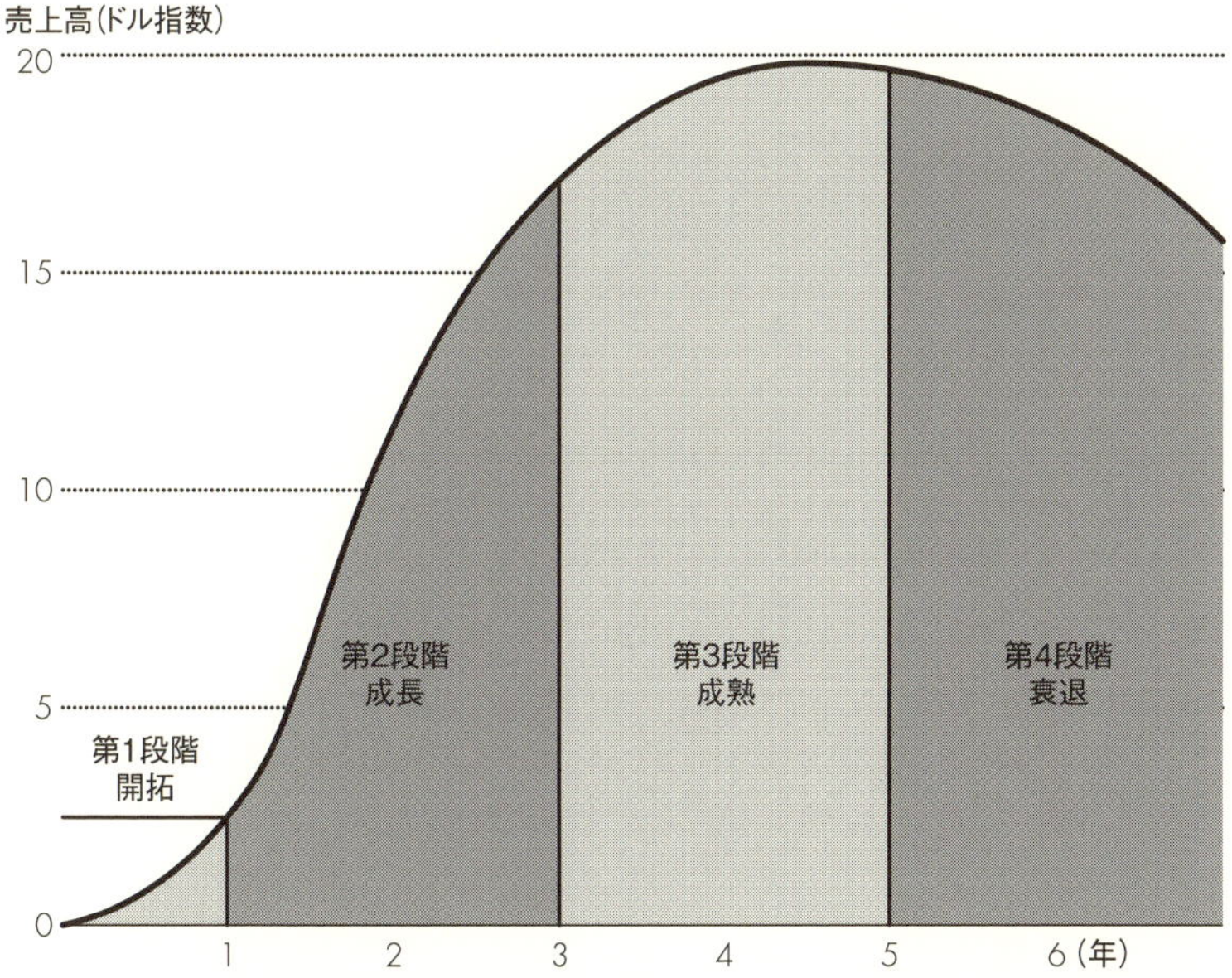

の後の議論の共通認識とする程度にしておきたい。

製品ライフ・サイクルの概要

大成功した製品の歴史を時系列に追っていくと、いずれも共通する段階を経ていることに気づく。**図表4-1**「産業全体における製品ライフ・サイクル」で示しているように四つの段階を経る。

第一段階：市場の開拓――まだ需要が明らかになる前に、新製品が市場に登場する段階であり、あらゆる面で技術的に完全ではない場合も多い。売上高は少なく、緩やかな傾斜で少しずつ増えていく。

第二段階：市場の成長――需要が加速し始め、市場全体の規模が急拡大する。「離陸段階」とも呼ばれる。

第三段階：市場の成熟――需要はほぼ横ばいとなり、買い替えや新世帯の形成に伴う購入が大半を占めるようになる。

第四段階：市場の衰退――消費者にとって製品は

魅力を失い、売上高は下降線をたどる。自動車の登場で馬車用の鞭が消えたり、ナイロンの発明で絹の需要が衰退したりした現象がこれに該当する。

これに対して、目ざとい経営者はただちに次の三つの疑問が思い浮かぶことだろう。

●新製品や新サービスを考える時、各段階のかたちと期間はどのように、またどの程度まで予測できるのか。
●既存製品について、どのように現在の段階を判断すればいいか。
●こうした情報が知識として入手できたとしても、それをどうやって効果的に活用するか。

これらの疑問への答えを探っていく前に、各段階の内容を大まかに説明しておこう。

第一段階　市場の開拓

新製品を市場に投入することは、未知数かつ不確実で、しばしば予想できないリスクを伴う。一般的に、市場の開拓段階では需要を「創造」する必要がある。どれほどの時間を要するかは、その製品の複雑さ、新規性、消費者ニーズとの適合度合い、何らかのかたちで競合しうる代替品の有無によって異なる。

たとえば、確実な効能のあるガンの治療薬が開発されれば、市場開拓はほとんど必要ないだろう。ただちに大きな需要が生じると予想されるからだ。しかし、彫塑鋳造において優れたロスト・ワックス製法の代替技術が開発され、効果のほどはまだ定かでないという場合、市場開拓にははるかに長い時間を要するはずだ。

適度の顧客志向の新製品開発が、売上げと利益を成長させる第一の条件であることは何度も言われてきたが、新製品発売に伴う膨大なコストと頻繁に起こる致命的な失敗のほうが、もっと決定的事実として指摘されてきた。誠実でよく考えられた新製品開発計画ほど、時間もコストもかかり、多くの落とし穴があちこちに待ち受け、苦悩を伴い、それまでの実績を台無しにするものはない。事実、ほとんどの新製品はまったくといっていいほど伝統的なライフ・サイクル曲線を描かずに終わる。代わりに、発売当初から果てしない下降曲線をたどる。製品は地上から離陸するどころか、何メートルも地下へと落ちていくのである。

したがって、手痛い目にあって現実に幻滅した企業が最近、より保守的な方針――「かじりかけリンゴ戦術」と私は呼んでいる――を採用し始めているのは無理もないことである。こうした企業は、最初にチャンスを見出してつかみ取るよりも、一番乗りになることを組織的に避けようとする。みずみずしく食欲をそそられるおいしそうなリンゴがあっても、まず他の者に毒見をさせるのだ。開拓は他者に任せ、うまくいきそうであれば、急いで後に続く。実際に、「開拓者になることの問題は、原住民に殺されてしまうことだ」と彼らは言ってはばからない。（多分に比喩を用いながら）「リンゴの最初の一口はいらない。二口目でも味が変わるわけではない」という理屈で、あえてかじりかけのリンゴで満足するのだ。しかしもちろん、すでにかじり尽くされた芯ではなく、二口目でも十分にほおばる量が残されているかを見極めようと、常に目を光らせていることは言うまでもない。

第二段階　市場の成長

成功する新製品の特徴として、開拓段階で通常、売上高が緩やかに上昇していく傾向がある。その途中のある一点で、消費者の需要が急に増加し、売上高が飛躍的に伸び始める。ブームが始まるわけである。これが第二段階の市場成長の始まりである。この時点で、第一段階で進展を見守っていた競合他社が我先にと参入してくる。そのなかでも特に、その製品を最初に発案したパイオニア企業に追随するのは、効果的に「かじりかけリンゴ戦術」を活用している企業である。パイオニア企業の製品をそっくりまねた製品で参入してくる企業もあれば、機能やデザインを改良する場合もある。製品やブランド別の差異が生まれるのもこの時点である。

つづいて生じる消費者の寵愛を得るための戦いでは、パイオニア企業はこれまでとまったく違う種類の問題に直面する。消費者に製品を試してもらう方法を探る代わりに、ブランドを好きになってもらう方法を探すという、より切迫した問題に対処しなくてはならない。このためには通常、マーケティングの戦略や施策を大きく転換しなくてはならない。しかし、ここで取るべき方針や戦術は、第一段階の時のように、パイオニア企業が自由に選んだものでも、豊富な経験に裏づけられたものでもない。最適な価格水準はどのあたりか、最適な流通チャネルは何かなど、それまでは簡単に試せたことも、競合相手の登場で自由にできなくなるからだ。

顧客の受容度合いが高まるにつれて、新しい流通チャネルや小売店の開拓は通常、より容易になっていく。その結果、流通パイプラインが満たされ、産業全体の生産高が店頭の売上高を急速に上回るようになる。これは利益獲得の機会があるという印象を与え、競合相手がさらに増加する。技術革新、製造プロセスの短縮、流通確保のために利幅を薄くする必要性などから、低価格を試みる競合企業が出てくる。これらの要因はやがて不可避的に、競争の新しい段階へと産業を押し進めていく。

第三段階　市場の成熟

この新しい段階が、市場の成熟段階である。その最初の予兆として、市場浸透の証拠が表れる。販売対象となる法人顧客や消費世帯のほとんどがすでにその製品を所有したり、使用している状態になるのだ。そうなると、売上高は人口に比例して増えるようになり、もはや流通パイプラインを満たす必要はなくなる。価格競争は非常に苛烈なものになる。ブランド選好を獲得し維持しようとする競争は激しさを増し、製品や顧客サービス、販促活動、請求方法などで、ますます高度な差別化が図られるようになる。

成熟段階に典型的に見られるのは、製造業者が自前の店舗を確保して自社商品の陳列スペースを維持することに注力するようになり、より集中的な流通経路を確保しようとする現象だ。開拓段階には、パイオニア企業は自社製品の販売において小売業者や流通業者からの協力を重視していたが、この段階になると、小売業者や流通業者は単に製品の陳列や注文取りの役割しか果たさなくなることが多い。特にブランド品の場合、パイオニア企業はこれまで以上に消費者と直接的なコミュニケーションを図らなくてはならない。

成熟段階では通常、より効果的な競争という新しいテーマが重視されるようになる。パイオニア企業は価格や周辺商品による差別化によって、消費者にさらにアピールしていく必要がある。製品によっては、付随するサービスや取引などが、最もわかりやすく効果的な差別化の形態を取ることが多い。さらに、パッケージや広告などを通じて、特定の市場セグメントに向けて、製品をうまく差別化しようとする試みもなされる。

成熟段階では、女性のファッションの流行に見られるように急速に衰退に向かう場合と、紳士靴や工業用ファスナーなどのように一人当たり消費量が増えも減りもせずに長期間続く場合とがある。時にはきわめて長期にわたって成熟段階が維持されることもあるが、その場合でも、一人当たり消費量はゆっくりとではあるが確実に減り続ける。ビールや鉄鋼などがそうだ。

第四段階　市場の衰退

市場の成熟が次第に衰えていき終焉へと近づくと、第四段階の市場衰退に入る。成熟段階と衰退段階では、産業は必ず大きく変化する。激化する競争の嵐を生き残れるのは、数社のみである。需要が減少するにつれ、成熟段階ですでに明白だった設備過剰は、この段階ではもはや慢性化している。一部の製造業者は、不吉な前兆をはっきりと感じ取っているが、産業全体を襲うであろう未曾有の大混乱は適切な経営と抜け目のなさで乗り切れると信じている。競合相手の衰退を直接早めたり、脅威を感じて自発的に撤退するよう仕向けたりするために、彼らは積極的に相手を圧倒する戦術をいろいろと試し、合併や買収を提案する。その活動を通じて、苦労して事業を続けてもどの企業もその努力が報われることはなく、結局ほとんどの企業が死をまぬがれえないという状況を生み出す。

すでに継続的な下落傾向が明らかになっているなかで、活動を維持し嵐を乗り切れる企業は数えるほどしかない。生産活動は少数の企業に集中する。価格と粗利は極限まで押し下げられる。消費者は飽きてしまう。この退屈さや、やがて訪れる安楽死を逃れる唯一のケースは、スタイルやファッションなどの要素が再活性化に役立つ場合である。

製品ライフ・サイクルを用いた戦略立案

成功する製品やサービスがおおむね先の図表４－１のようなパターンをたどるという知識は、重要な活性化の戦略や施策を立案する際の土台となりうる。ライフ・サイクルの概念の最大の価値の一つは、新製品の発売の時にある。経営者たちが取るべき最初のステップは、検討している製品のライフ・サイクルを事前に予測することである。

ビジネスにはあまりに多くの要素が関係し、そしておそらくマーケティングは独自性が強いため、それぞれの活動をどうマネジメントすればよいか、すべてに通用する有用な助言をするのは不可能に近い。まして、製品ライフ・サイクルの曲線の形や長さを予測する方法について、幅広く使えるアドバイスを提供するのは困難を極める。

実際に、ビジネスのマネジメントがけっして科学にはなりえない──常にアートの世界である──のは、何事においても毎日の仕事の具体的な手引きを作成することはほぼ不可能で、どんなチェックリストもそれだけですべての人に長期間有効であった例しがないからだ。だからこそ、稀有な才能や、並々ならぬエネルギー、鉄の心臓を持ち、責任感と説明責任を果たす偉大な能力を兼ね備えた経営者に、特別の尊敬が払われるのだ。

だからといって、新製品のたどる浮き沈みとその寿命を予測しようという有効な取り組みが不可能なわけでも、無駄なわけでもない。この種の予測に費やされた時間は、製品計画やマーチャンダイジングにより合理的なアプローチをもたらすだけでなく、後述するように、製品が発売された後も、重要な戦略的、戦術的な活動を行う時に貴重な準備期間を持てるようになる。より具体的に言うと、競争を生き抜くための一貫した秩序立った活動、製品寿命の延長、無駄のない製品ラインの維持、コスト負担の大きい衰退中の古い製品からの計画的撤退などに非常に役立つ。(注2)

開拓段階で直面する難しさ

前述のとおり、開拓段階の期間と曲線の形は、製品の複雑さ、新規性、消費者ニーズとの適合度合い、競合しうる代替品の有無に左右される。

一般的に、その製品が際立って斬新で、独特であるほど、離陸までには長い時間がかかる。優れたネズミ捕りさえ持っていれば、自動的に人が集まってくるほど、世の中は甘くない。(注3)まずその存在を知らしめ、勧誘し、夢を見させて、時には(クーポン、サンプル、無料アフターサービスなどの)賄賂まで贈らなければ、世間の人々は振り向いてくれない。製品がとりわけ新鮮で、その果たす役割が独特であるほど、一般消費者はいますぐに必要だ、欲しいとはなかなか思わないのである。

これは、特にイノベーターにとっては厳しい状況である。自分の開発した製品の特徴を特定し、消費者にその価値を示すためのコミュニケーションのテーマや手段を見つけるのに、通常以上の困難を伴う。その結果、斬新であればあるほど、失敗のリスクも高まる。というのも、支払能力のある顧客を十分に確保して利益を獲得したり、長期の苦境を耐え抜いたりするために必要な運転資金が不足したり、投資家や銀行を説得して多くの投資を得ることができなかったりするからだ。

どんな状況でも、新製品の購入決定に関与する人が多いほど、第一段階は長期化する。たとえば高度に細分化した建築資材産業の場合、成功を勝ち取るまでにはとりわけ時間がかかる。そして、ひとたび成功をつかむと、実に長い間――長すぎる場合さえある――その成功が続く傾向がある。逆に、浮沈のサイクルが最も速いのが、ファッション関連の製品である。しかし、ファッションにはサイクルを短縮させる力が非常に強いので、これまでファッションとは縁遠いと思われていた産業(工作機械など)でも最近、製品のデザインやパッケージにファッション的な要素を取り入れて開拓段階を短縮化させようとする企業が出てきている。

開拓段階を長期化させて失敗のリスクを高める要因として、どのようなものがあるだろうか。製品が複雑である、斬新である、ファッションの影響をあまり受けない、新製品の購入決定に関与する人が多い、高価である、消費者が普段のやり方を大きく変える必要がある、といったことが問題を引き起こすおそれのある典型的要因である。

新製品を成功に導くための留意点

しかしこれらは同時に、新製品の成功に向けられる力をコントロールするチャンスともなる。たとえば、製品が新しければ新しいほど、顧客に最初の製品体験でよい印象を持ってもらうことが重要になる。新製品には必ず、最初に試した消費者がどんな反応をするかを見守る傍観者がつきものなので、最初の体験者には一種独特の影響力がある。何らかの致命的な要素によって好ましくない体験となった場合、実際に顧客の期待に応えられなかった時よりも、はるかに悪い影響を及ぼしかねない。しかし顧客の最初の印象が好ましかった場合も、同じ理由から、不釣合いなほど好意的な受け止め方をされる可能性がある。

第一印象がよくなかったためにすっかり幻滅されてしまうという可能性は、新製品の適切な販売チャネルとは何か、という重要な問題を提起する。製品を首尾よく発売するためには、たとえば家庭用洗濯機の場合、製品の正しい活用法を消費者にアドバイスできる、すなわち購入者の最初の体験を確実に好ましいものにする小売業者が必要となる。

その一方で、開拓段階にこうした支援を行うチャネル（洗濯機であれば、近所の小さな電気屋）はその後、顧客を開拓して彼らに個人的な安心感を与えることよりも、幅広く製品を流通させることがより重要になった時に、最も有効なチャネルとはいえなくなることがある。最初の段階におけるチャネルの決定によって、開拓段階の諸要件をその後の段階の諸要件のために犠牲にしてしまうと、最初の消費者による製品の認知が遅れることになる。

開拓段階に入る際に、製造業者にとって特に困難なのが、価格の決定である。投資を早期に回収する「スキミング」（上澄みのクリームをすくうこと）で、最初は値段を高く設定すべきだろうか。それとも、潜在的な競合相手の出鼻をくじく「排除」（exclusion）「のために低価格に抑えるべきだろうか。その答えは、製品ライフ・サイクルの長さ、特許保護の可能性、製品を離陸させるために必要な資本量、製品ライフ・サイクルの初期における需要弾力性、その他多くの要素を、イノベーターがどう見積もるかによって異なる。最終的な結論は、製品が最初にどれだけ支持されるかだけでなく、製品寿命全体にも影響を及ぼす可能性がある。したがって、製品の当初の価格が低すぎる場合（とりわけ、数年前の下着や衣類などのファッション関連品）は、あまりにも急速に大勢の消費者から支持されたため、かえってその場限りの短い流行に終わってしまう可能性がある。逆に、消費者の認知が遅ければ、それだけライフ・サイクルを長引かせ、総利益が大きくなりうることも多い。

実際の曲線の形や成長段階における増加率を決定する要因は、第一段階における失敗要因とある程度重なってくる。しかし、特許の独占権がどれだけ重要な役割を果たすかという点は、なぜか忘れられがちである。強力な特許の保有者は、競合相手にその特許の使用を許諾することが市場開拓に及ぼす力や、競合相手に対してその製品の使用をうまく制限できなかった時に市場破壊につながる可能性などを、驚くほど頻繁に見過ごしてしまう。

一般的に、新製品の製造業者が多いほど、市場開拓に投入される力は増える。その結果、市場全体がより急速に成長することは容易に想像できる。パイオニア企業の市場シェアは縮小こそするかもしれないが、競合がいない時よりも総売上高や総利益は急成長を遂げる。最近のカラー・テレビがまさにそうである。RCAが自社で開発した真空管を他社に提供するのに熱心だったのは、数の力は独占力に勝ることをよく理解していたからだ。

その一方で、ポリスチレンやポリエチレンのコップは、初期に設定した品質基準が甘く、お粗末な製品を提供したせいで、消費者からの信頼を回復して成長パターンに戻すために何年もかかってしまった。

しかし、ある製品の成長パターンを事前に予測しようとする試みは、まず業界全体のパターンとその企業のパターン、特に独自ブランドのパターンとを区別しない限り、あまり役に立たない。業界全体のライフ・サイクルは特定企業のサイクルとは間違いなく異なっている。さらに、同じ業界の同じ時期でも、企業ごとに製品ライフ・サイクルは異なる。したがって、同じ業界の企業であっても、受ける影響はそれぞれ違うのである。

パイオニア企業にかかる負担

最も大きなリスクにさらされるのが、まったく新しい製品を発売するパイオニア企業である。一般的に、彼らが製品と市場の両方を開発するためのコスト、試練、リスクの大部分を負担する。

開拓段階にイノベーターが堅実な需要があることをひとたび証明しさえすれば、そこからの利益を得ようともくろむ数多くの模倣者が次々と市場に参入してくる。模倣者の存在はブーム形成の一翼を担い、成長段階へと推し進めていく。その結果、製品の需要はきわめて急速に成長を始めるのと同時に、パイオニア企業にとって成長段階とは自分のシェアが切り崩されていく逆説的な状態を意味する。彼らはこのブームを、新規参入してきた競争相手と共有しなくてはならないのだ。その結果、離陸の加速度は弱められ、実際に産業の発展を待たずに多くの企業が淘汰されていく。これは、競合相手が多すぎるためだけではなく、競合他社が製品の改良や低価格といった手段で対抗してくるためでもある。こうした開発努力は往々にして市場の拡大を促すが、同時にパイオニア企業の成長率と成長段階の長さを大幅に制限する。

これらはすべて、**図表４－２**「パイオニア企業の製品ライフ・サイクル」に示した曲線と図表４－１の製品ライフ・サイクルの曲線とを比較すれば明らかである。図表１は産業全体を示したものだが、第一段階を構成するのは基本的にパイオニア企業一社であり、パイオニア企業イコール産業全体という関係になっている。しかし第二段階になると、

図表4-2 **パイオニア企業の製品ライフ・サイクル**

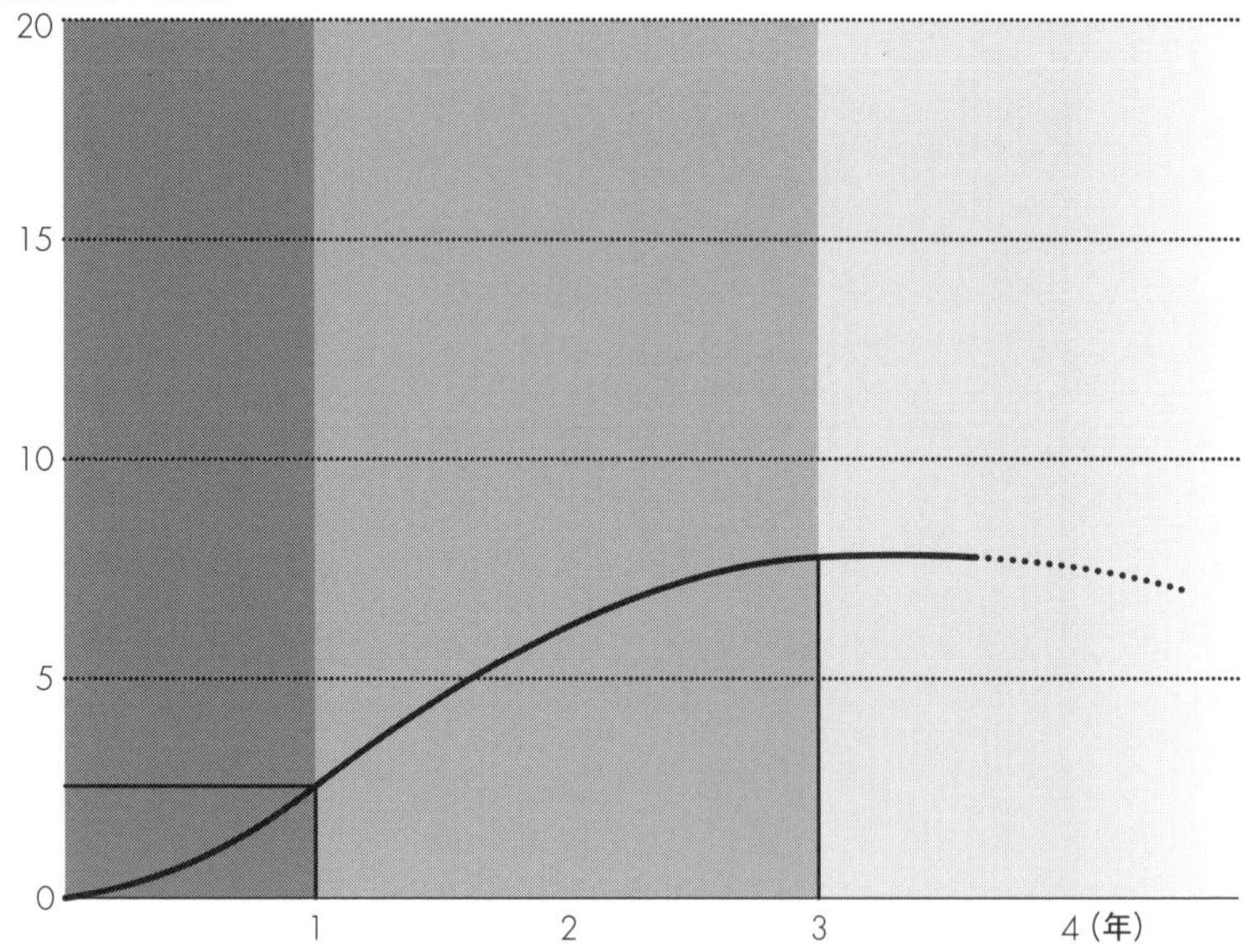

パイオニア企業は多くの競合他社と産業を分け合うようになる。

図表４－２は業界全体ではなく、パイオニア企業のみのブランドのライフ・サイクルを示す。見て明らかなように、一年目と二年目の間は、売上高は業界全体と同じくらい急速に増加している。しかし、二年目以降は、図表４－１に示される業界全体の売上高が依然として力強く増加を続けているのに対し、図表４－２のパイオニア企業の売上曲線の上昇度合いは緩やかになってきている。製品のブームを非常に多数の競合他社と分け合っているからで、そのうちの何社かはすでにこのパイオニア企業を追い抜き、市場でより高い地位を占めている。

利潤圧縮という問題

この間、パイオニア企業は利幅の大幅縮小という問題に直面するおそれがある。パイオニア企業の売上高に対する単位当たり利益を示した**図表４－３**「パ

図表4-3 パイオニア企業の製品ライフ・サイクルにおける単位当たり利益貢献度

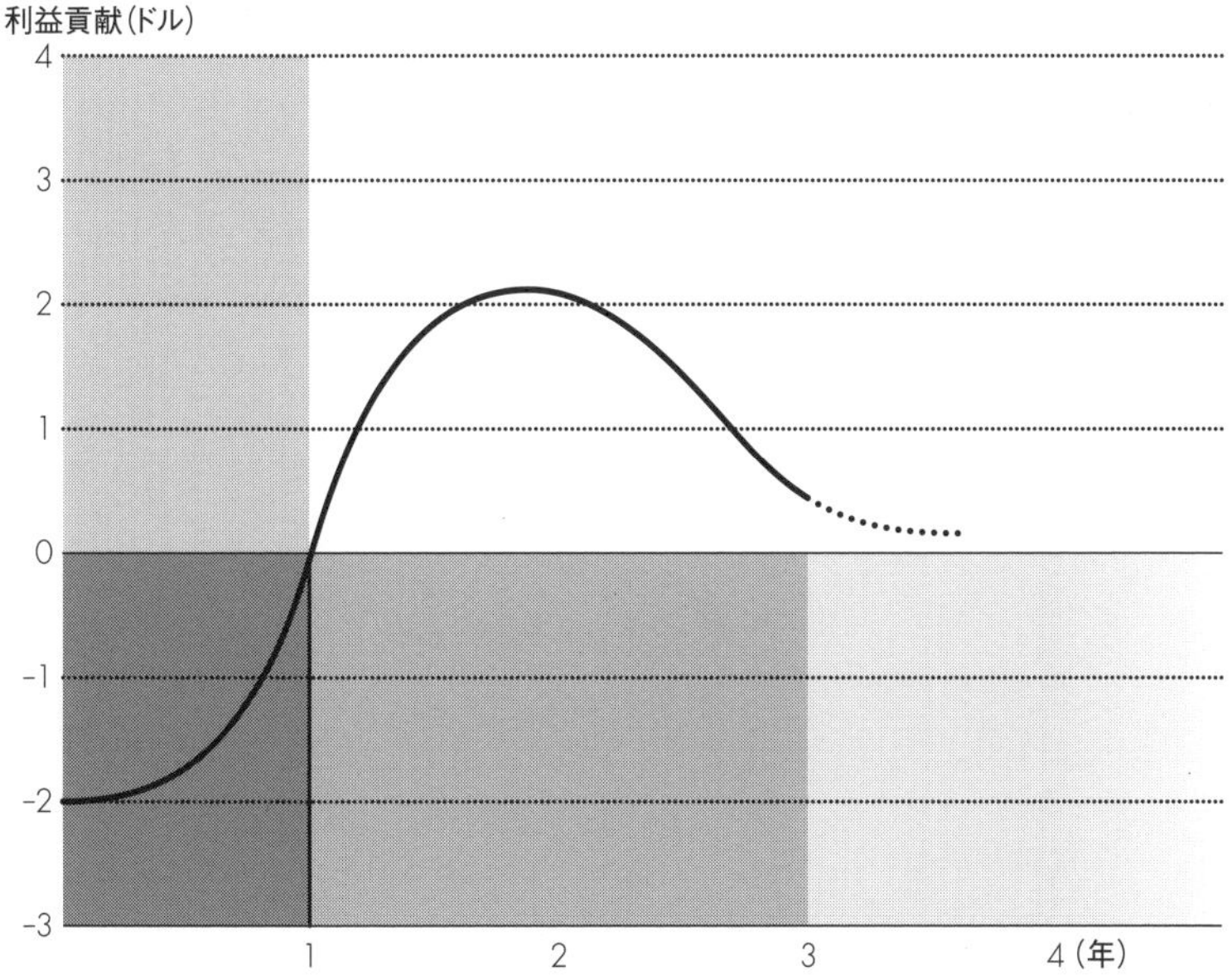

イオニア企業の製品ライフ・サイクルにおける単位当たり利益貢献度」を見るとわかる。開拓段階では、現状の価格設定では売上高がまだ小さすぎて、単位当たり利益はマイナスである。しかし成長段階に入ると、生産量が増えて単位当たり生産コストが抑えられるので、単位当たり利益は急上昇し、総利益も飛躍的に伸びる。こうした潤沢な利益の存在が競合会社を引き寄せ、最終的に破滅へと追いやる。

したがって、①産業全体の売上高が順調に伸び（図表4-1の三年目の時点）、②（図表4-2にあるように）パイオニア企業の売上成長が目に見えて減速し始め、③その時点でも売上高はまだ巨大で微増傾向にあり、パイオニア企業の総利益が増加している場合、この企業の単位当たり利益は突然減少に転じる可能性が高い。実際に、この現象は売上曲線が平らになるはるか前に起きることも多い。たとえば、（図表4-3のように）二年目にピークに達し、それ以降は減少に転じることもある。パイオニア企業の売上高が鈍化する頃（図表4-2の三年目）には、単位当たり利益は（図表４‐３のように）実質的にゼロに近くなる。

この時点で、業界内の競合他社の数はますます多くなるが、産業全体の成長率はいくぶん減速するため、競合他社は価格を下げ始める。これは、ビジネスチャンスを得たり、生産性の高い新設備のおかげでコストを低く抑えられるようになったりするためだ。

第三段階である成熟段階は通常、強い競争力を持つ代替品の登場（例、缶詰業界のスチール缶に対するアルミニウム缶など）、影響力のある価値体系の大きな変化（例、一九二〇年代にそれまでの保守的な女性像が一変し、ベール市場の崩壊につながった）、主要なファッションの大きな変化（例、砂時計のような女性のシルエットが流行らなくなると共にコルセットがすたれていった）、当該製品を使用する主要製品の需要の変化（例、鉄道の新規敷設が減少したことで、枕木の需要が減少した）、製品の衰退率や製品改良の導入率などの数値の大きな変化、といったことがない限り持続する。

成熟段階は時として非常に長期に及ぶ場合もあれば、実質的にこの段階には到達せずに終わる場合もある。ファッション品や一時的な流行だけに終わる製品は突如急上昇し、不安定なピークに達した直後に、奈落の底へと急に落ち込んでいく場合もある。

どの段階にあるかを把握する方法

これまで説明してきたような各段階の特徴は、特定の製品がある時期にどの段階にあるかを認識するのに役立つ。しかし正確さという点では、その時点で考察するよりも、後から振り返って分析したほうがよい。おそらく現時点でどの段階にあるかを最も的確に判断する方法は、まず次の段階を推測し、そこからさかのぼってみることだ。この方法には次のようにいくつかの利点がある。

●先の見通しを立てざるをえなくなり、常に自社の将来と競争環境を推測しながら進むようになる。この作業そのものは十分に報われる。デトロイト出身の偉大な発明家のチャールズ・F・ケッタリングが好んで口にしていた言葉は、「我々はみな、未来に関心を持たなくてはならない。だれもが残りの人生は未来で過ごさなくてはならない」というものだ。未来を見つめることで、人は現在をより正確に評価できるようになる。

●将来を見ることで、現在のみを見るよりも、バランスの取れた視点から現状をとらえることが可能になる。ほとんどの人は現在について、実際に役立つ以上のことを知っているものだ。現在を知りすぎている状態は、健全でもなければ、有効でもない。というのも、我々の現在の認識は日常のささいな出来事に大きく左右されることが多いからだ。競争に関して時系列に起こる一連の出来事のなかで、現在の位置を把握するためには、将来どんなことがいつ訪れるかを予測してみたほうが、現状分析に終始するよりも、理解が進むことが多い。

●ある時点である製品がどの段階にあるかを知ることの価値は、その事実の用い方次第である。その情報は常に将来に対して使われる。つまり、その情報を実際に使って将来の環境を予測することで、現状だけを見るよりも、より効果的に現状理解を行うことができる。

各段階の行動計画を事前に考える

ライフ・サイクルの概念は、既存製品にも新製品にも有効に活用できる。継続性と明瞭さを持たせるために、本稿ではこれ以降、新製品の計画の初期段階から、利益を出しつつ製品寿命を保つ段階に至るまでのこの概念の活用法を

いくつか説明する。主に「製品拡張」（エクステンション）や「市場伸張」と私が呼んでいる戦略を取り上げる。（注4）

図表4－2と図表4－3が成功した新製品の典型的パターンを示している限り、パイオニア企業が常に目標とすることの一つは、成長段階の早い時点で利益圧迫のせいで生じる過酷な状況を避け、成熟段階で典型的に見られる消耗と無駄を省くことである。したがって、新製品またはサービスを開発する際には、最も初期段階から、その後のさまざまな段階で実施する一連の行動計画を立て、その製品の売上高と利益の曲線が通常の下降傾向をたどらないように努める、という案が妥当だろう。

言い換えれば、製品寿命を延ばすための計画を事前に立てておくのである。新製品を発売した後の製品ライフ・サイクルでの具体的な行動——製品の成長と収益性を保つための行動——を検討するという「事前計画」という考え方こそ、長期的な製品戦略のツールとしての大きな可能性を秘めている。

ナイロンの寿命

このことが製品に具体的にどのような効果を及ぼすかは、ナイロンの歴史を見れば明らかである。ナイロンの売上高のサイクルが組織的に繰り返し拡大され、延長された経緯は、他の製品のモデルとなりうる。ナイロンの例は、最初からそのように計画されたものではないかもしれないが、結果的にはまるで綿密に計画されていたかのような経緯をたどった。

最初、ナイロンの最終用途は主としてパラシュート、糸、ロープなどの軍事用品にあった。その後、ナイロンはメリヤス製品の市場に参入する。それ以来、女性用ストッキング事業でナイロンは支配的な立場を維持するようになる。ナイロンはこの市場で、経営者ならだれでも夢に思い描くような、安定的に上昇し続ける成長と利益曲線を確立する。

図表4-4 ナイロンのライフ・サイクルの仮説

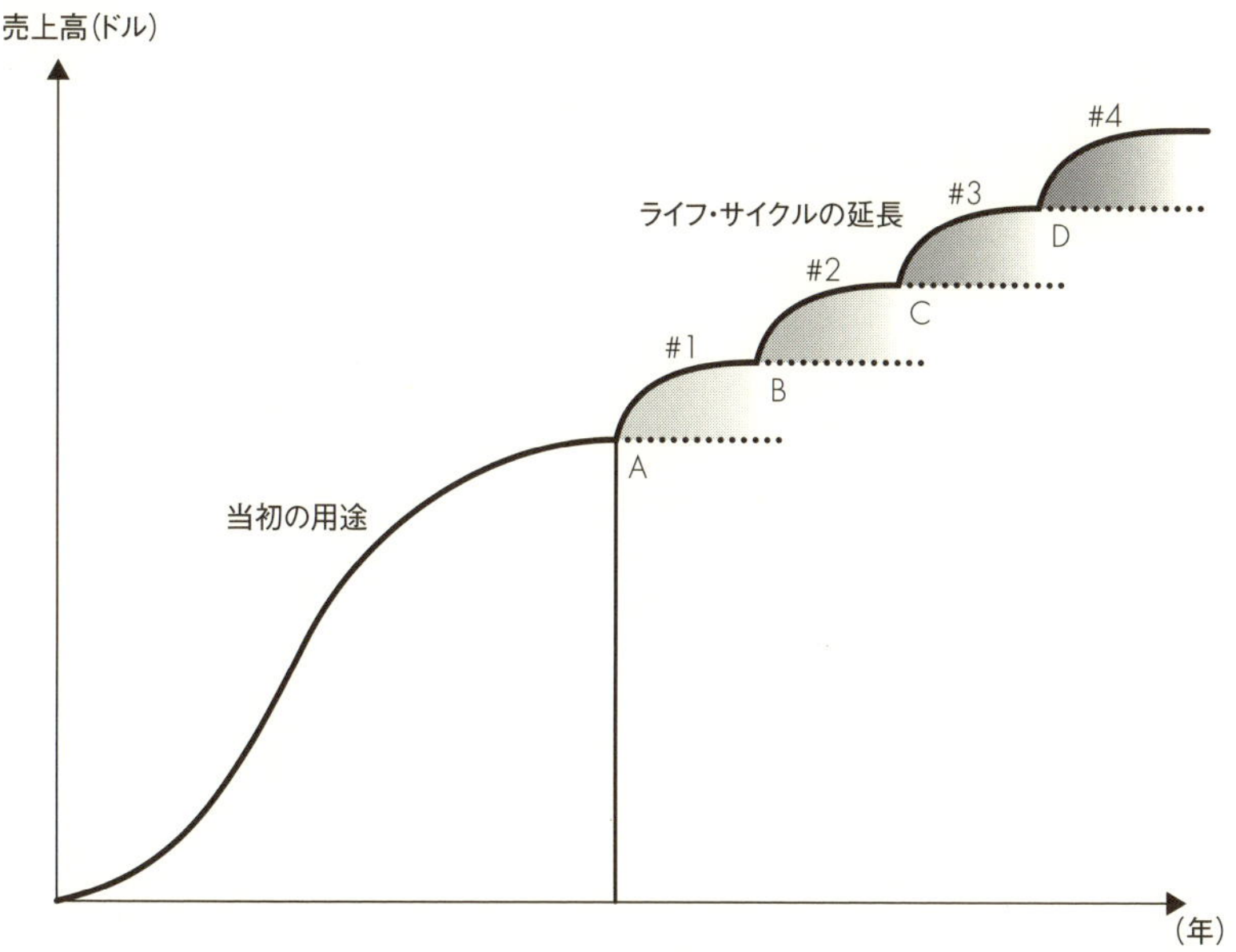

数年経つと、この曲線は徐々に横ばいになる。しかし、完全に横ばいになる前に、デュポンはすでに売上高と利益を再活性化するための手段を開発していた。同社は**図表4-4**「ナイロンのライフ・サイクルの仮説」に示されているように、複数の手段を講じている。この図表は私が指摘したい点を強調するために、ナイロンの実際の状況を踏まえながら、手を加えてわかりやすくしたものである。ただし、製品戦略に不可欠な部分についてはいっさい脚色を加えていない。

図表4-4のA点は、ナイロンの曲線(この時点では、ストッキング類を中心に構成されている)が横ばいになったという仮定上のものである。このまま何もしないでいれば、売上曲線はA点から点線で示された方向へと進む。この点で、製品寿命を延ばすために最初の組織的な措置が講じられた。デュポンは実際にある「行動」を起こして、A点から点線で示された道ではなく、ストッキングの売上高を押し上げたのである。

B点、C点、D点でも、同じように、売上高と利益を拡大するための「行動」（行動2、3、4と続く）が取られている。

具体的にどのような行動だったのだろうか。その戦略の真意はどこにあり、何をしようとしたのだろうか。デュポンは次の四つの方法で売上拡大を目指す戦略を立てた。

①既存ユーザーの使用頻度を高める。
②既存ユーザー向けの多様な用途を開発する。
③市場を拡大し新規ユーザーを創出する。
④一次材の新規用途を開発する。

①使用頻度の増加

デュポンが調査したところ、女性が「靴下をはかない」傾向が強まっていることが明らかになった。これは、カジュアルなライフ・スタイルの広まりと、一〇代の若者の間でストッキング着用の「社会的必要性」ともいうべき感覚が希薄になっている傾向と一致していた。こうした調査結果を考慮したうえで、鈍化する売上曲線を押し上げるアプローチの一つは、ストッキングを常に着用することの社会的必要性を再び強調することだった。そうすれば売上げは高まるが、実行するのは困難でコストがかかりすぎることは明白だった。しかし、製品寿命を延長するために既存ユーザーの使用頻度を高めるという戦略の目的はきちんと果たせる。

②用途の多様化

この戦略は、色つきのストッキングや、柄入りや凝った織りのストッキングなど「ファッション性」を高めるかたちとなって表れた。つまり、ベージュやピンクなどの狭い範囲に限定されていたストッキングのファッション性への認識を改め、女性一人ひとりのストッキングの買い置きを増やそうとしたのだ。ファッションの中心にある「ニュートラル」なものから、女性の洋服に「マッチした」色合いや柄を選ぶものへと、ストッキングを変えていく必要があった。

これによって、女性が買い置きするストッキングを増やし売上増を実現するだけでなく、一年中、同じ色の洋服を着たり、年間を通じて同じ色と柄のストッキングをはくといった考え方をも変えられる。さらに、脚に注意を向けさせるような色と柄を用いることで、セックス・アピールの要素としての脚という認識が薄れる傾向──一部の研究者からこの傾向はストッキングの売上げに悪影響を及ぼすと指摘されていた──を食い止めることも可能になる。

③新規ユーザー

ナイロン製ストッキングの新規ユーザーの開拓として、一〇代前半の若い女性にストッキングを着用する必要性を説くというかたちが考えられる。若者社会のファッション・リーダーを中心とした広告やPR活動、マーチャンダイジングが必要となる。

④新規用途

ナイロンに関して言えば、この戦術はさまざまな分野で成功を収めた。ストレッチ・タイプのストッキングやソックスといったバラエティに富むストッキング類から、それ以外の敷物、タイヤ、ベアリングなどの新たな用途まで、幅広く利用されている。最初の軍事用品や雑貨、メリヤス製品などの用途の後に、新製品開発において技術革新がなければ、ナイロンの消費量は六二年に年間約五〇〇〇万ポンドで飽和していただろう。

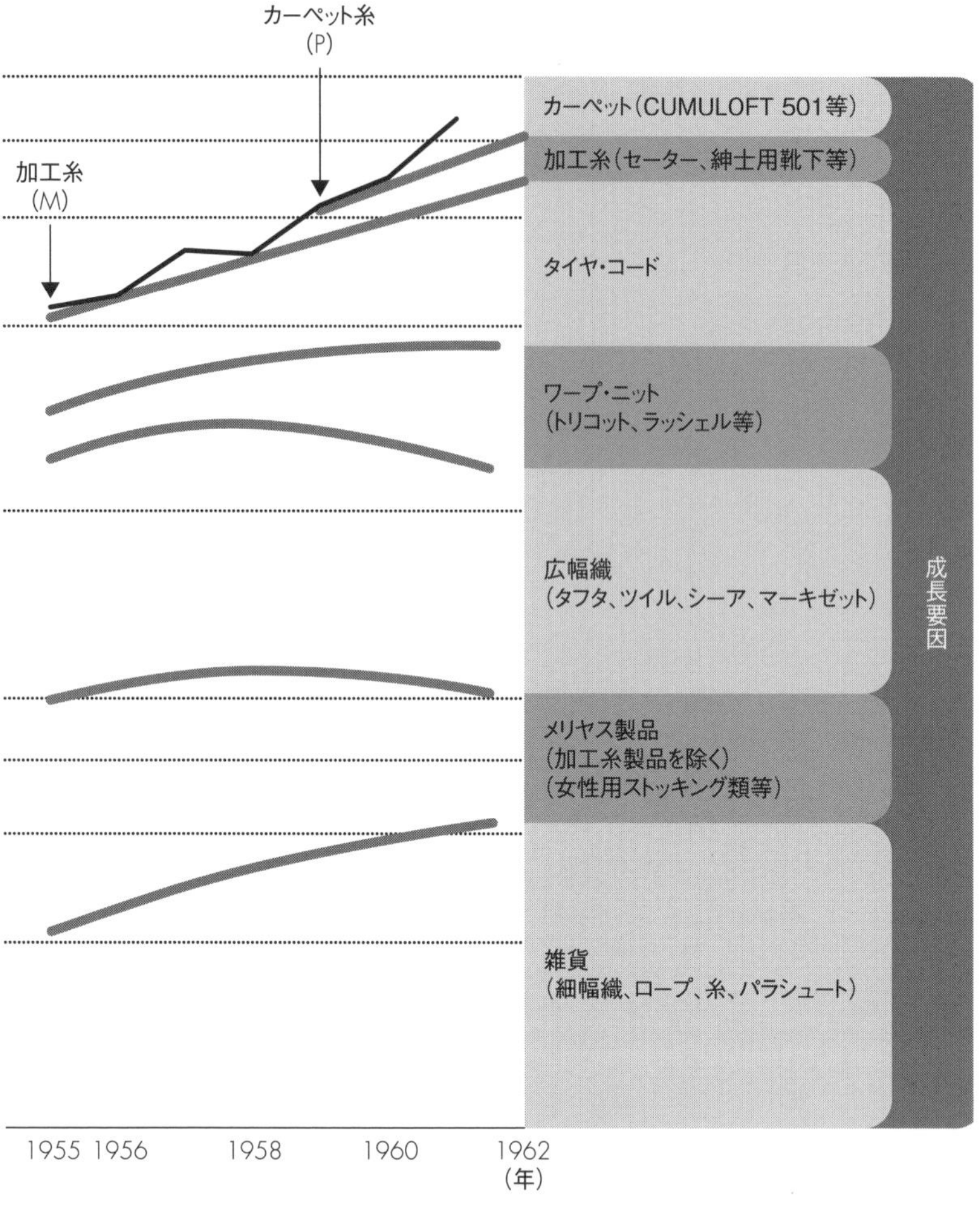
カーペット糸
(P)
加工糸
(M)
カーペット(CUMULOFT 501等)
加工糸(セーター、紳士用靴下等)
タイヤ・コード
ワープ・ニット
(トリコット、ラッシェル等)
広幅織
(タフタ、ツイル、シーア、マーキゼット)
メリヤス製品
(加工糸製品を除く)
(女性用ストッキング類等)
雑貨
(細幅織、ロープ、糸、パラシュート)
成長要因
1955 1956 1958 1960 1962
(年)

図表4-5 新製品のイノベーションが成熟期を遅らせる例――ナイロン産業

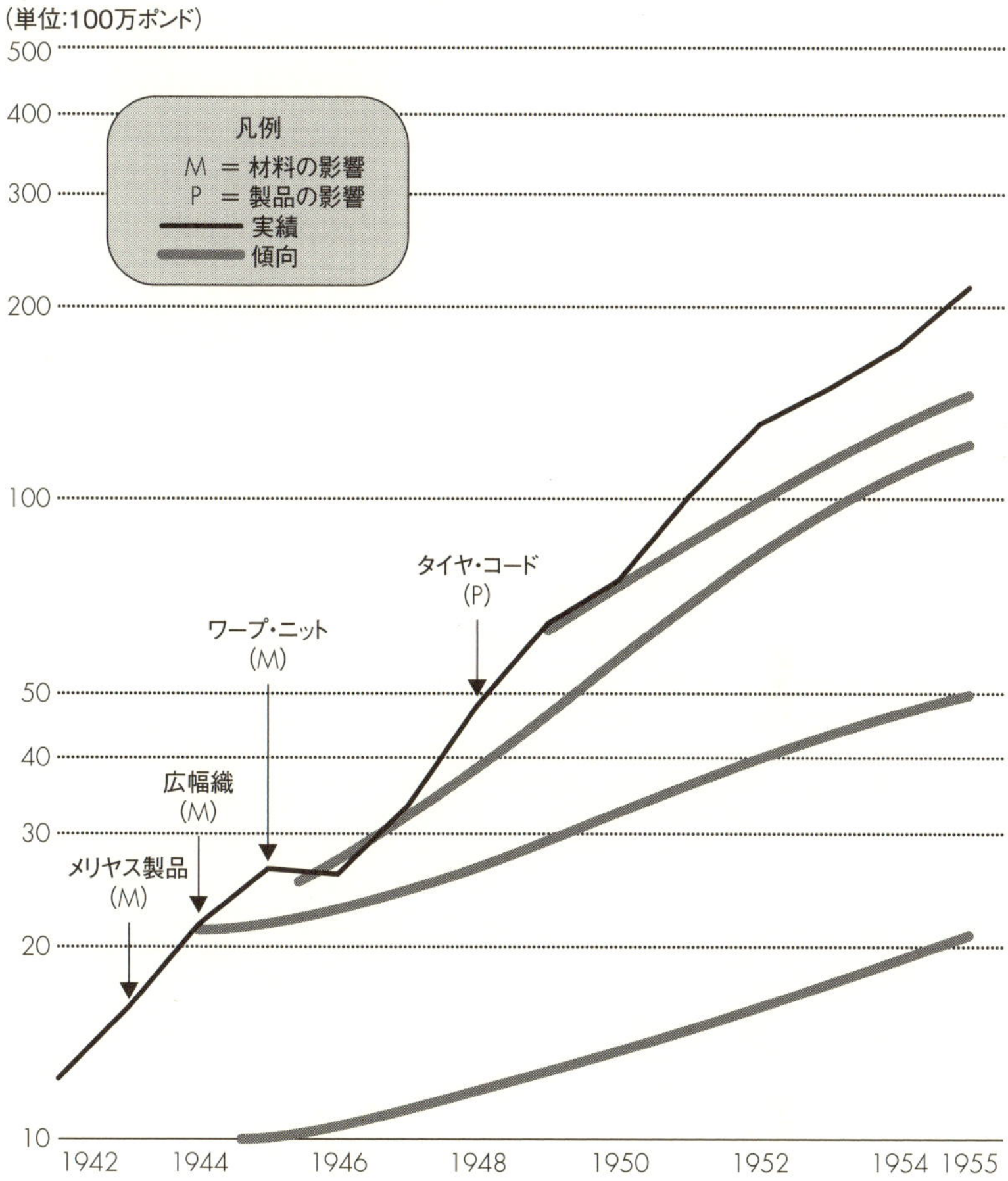

出典: *Modern Textiles Magazine*, February 1964, p.33. ©1962 by Jordan P. Yale.

しかし実際には、同年のナイロン消費量は五〇〇〇万ポンドを上回った。**図表4-5**「新製品のイノベーションが成熟期を遅らせる例――ナイロン産業」は、一次材の新規用途の継続的な開拓が、売上げの新たな波を継続的に発生させたことを示している。この図から、女性のストッキング市場の拡大にもかかわらず、軍事用品、メリヤス製品、雑貨などの累計売上曲線は五八年にはすでに横ばいとなっていたことが推測される（四四年の広幅織製品市場への参入によりナイロンの売上高は大幅増となったが、広幅織、メリヤス製品、軍事用品、雑貨の累計売上高は五七年にピークに達した）。

四五年のワープ・ニット、四八年のタイヤ・コード、五五年の加工糸、五九年のカーペット糸など、同じ一次材の新規用途がなかったなら、ナイロンはこの驚くべき上昇曲線をこれほど明確にたどれなかっただろう。さまざまな段階で、ナイロンは既存市場を開拓しつくしたり、競合素材の挑戦を受けて加工へと追いやられたりした。一次材（と改良品）の新規用途を組織的に探索していったことが、製品寿命の拡大や伸張につながったのである。

延命に成功した事例

製品寿命の延長のための先述の四つのステップを、組織的にあるいは計画的に実施していると思われる企業は非常に少ない。こうした拡張戦略を用いて成功した例として、ゼネラル・フーズの〈ジェロー〉（フルーツ・ゼリーの素）や、3Mの〈スコッチ・テープ〉（セロハン・テープ）などのおなじみの商品を挙げられる。（注5）

〈ジェロー〉はゼラチン・デザート素材分野のパイオニアである。しっかりした製品コンセプトと、初期の素晴らしいマーケティング活動によって、売上高と利益の曲線は発売当初からほぼ上昇の一途をたどった。しかし数年経つと、これらの曲線は予想どおり横ばいになった。

〈スコッチ・テープ〉もセロハン・テープ分野のパイオニア製品である。製品が完成するや、その確かな製品コンセプトと積極的な販売組織によって、またたく間に市場から広く支持されるようになった。しかしここでも、売上高と利益曲線はやがて横ばいになる。しかし、完全に横ばいになってしまう前に、3Mはゼネラル・フーズと同じく、初期の売上高と利益の成長ペースを維持するための手段を確立していた。

両社はいずれも、結果的にデュポンがナイロンで実施した四つのアプローチ――既存ユーザーの使用頻度の向上、既存ユーザー向けの用途の拡大、新規ユーザーの開拓、基本素材の新規用途の開発――をすべて実行することで、製品寿命を延ばしたのである。

①既存ユーザーが〈ジェロー〉を食べる頻度を高めるためにゼネラル・フーズが取ったアプローチは、フレーバー数を増やすことであった。ジェローのフレーバー数は、ダン・ウィルソンの有名な「選べるおいしさ六種類」に始まり、最終的には一ダースを上回るまでになった。一方、3Mは既存ユーザーの売上高を増やすために、さまざまな種類の使いやすい〈スコッチ・テープ〉のディスペンサーを開発し、製品がより使いやすくなるように工夫した。

②既存ユーザーによる〈ジェロー〉の用途拡大は、サラダのベースとして使用することを提案し、さまざまな野味の〈ジェロー〉を開発してこの用途を促進するというやり方が取られた。同様に、3Mは色や柄つきのもの、防水のもの、貼っても目立たないもの、上から書けるものなど、さまざまな種類の〈スコッチ・テープ〉を開発し、祝祭日の飾りつけやプレゼントのラッピングなどの分野で大成功を収めた。

③〈ジェロー〉をデザートやサラダ製品として受け入れられない人々を対象にピンポイントで的を絞り、新規ユーザーの獲得を図った。その頃、低カロリー食品の〈メトレカル〉がブームとなっていたので、〈ジェロー〉はファッショナブルなダイエット食品としての広告テーマを打ち出し、イメージ確立に成功した。同様に、3Mは〈ス

コッチ・テープ〉によく似ているが、より安価な〈ロケット・テープ〉を発売し、またさまざまな幅、長さ、強度の産業用セロハン・テープを開発した。これらの活動により、法人市場における製品の使用が拡大した。

④〈ジェロー〉も3Mも、一次材の新たな用途を模索している。たとえば、女性消費者は指の爪を丈夫にする方法として、液体に溶かした粉ゼラチンを使用していることが知られている。また、それと同じものを男性も女性も骨を強化するために用いている。ここに目をつけた〈ジェロー〉は、こうした用途のために「無味」の〈ジェロー〉を発売した。3Mも一次材の新規ユーザーを開拓している。通常の液体のりと競合可能な「ダブル・コート」テープ（両面テープ）や、自動車のバンパーの縁取りに広く用いられている反射テープ、ペンキなどが競合商品となるマーカー・テープなどを発売している。

事前計画が有効な理由

図表4 - 1と図表4 - 2にあるような製品ライフ・サイクルや、図表4 - 3の単位当たり利益サイクルの存在は、新規製品の開発に携わる人々にとって、製品が正式に発売される前からその製品寿命を延ばすための計画を立て始めることに、大きな価値があることを示唆するものである。発売前の段階で、（図表4 - 5に示すように）寿命延長のために新たな労力を投入する計画を立てることは、次の三つの重要な根拠により、きわめて有用である。

①受動的ではなく能動的な製品戦略をつくりやすい。

競争圧力や収益低下といった目の前の問題に場当たり的な対応をするのではなく、事前に長期的なマーケティングや製品開発の体制を組織的に整備することが可能になる。製品戦略において寿命延長の視点を持つためには、将来について考え、計画しなくてはならない。つまり、潜在的な競合相手が取りうる行動、製品に対する消費者の反応が何らかのかたちで変わる可能性、それらの場合に必要な販売活動などについて、ある程度組織的に考察することが可能になる。

②適切なタイミングで、正しいやり方で、適切な労力を用いて、製品に新たな活力を吹き込むための長期的計画を立てることができる。

既存の製品や素材の売上高と利益を増やすために計画された活動の多くは、それに対する消費者の受容態度から見た最適点や、競争上最も有利と想定される点など、それぞれの活動の相互の関係やタイミングにあまり注意を払うことなく実施される。こうした活動が必要になるはるか前に、注意深く計画を立てておくことで、状況に適したタイミングや取り扱い方や労力のかけ方できるように準備することが可能になる。

たとえば、ヘア・スプレーやスタイリング剤が流行するよりも前に、女性向けカラーリングや毛染め関連製品の販促努力が行われていたら、これほど大流行したかどうかははなはだ疑わしい。つまり、スタイリング剤の流行により、比較的簡単にファッショナブルなヘア・スタイルに整えられるようになったことで、ヘア・ファッションに対する消費者の関心は高まった。

女性がおしゃれなヘア・スタイルを簡単に楽しめるようになり、ヘア・ファッションへの関心が高まっていけば、ヘア・カラー製品に関心を向けてもらうことが容易になる。順序が逆だったとしたら、そうはいかない。ヘア・カラーの登場でヘア・ファッションへの関心が高まり、それによってヘア・スプレーやスタイリング剤の売上げが伸びるとは考えにくい。こうした順序を正しくとらえることは、初期段階で事前に寿命延長のための計画立案の重要性を理解するために不可欠なので、少し詳しく見ていきたい。まず次の状況を考えてみよう。

女性にとって、ヘア・スタイルを整えることは長年の課題だった。第一に、女性が男性との差をはっきりさせるための最も明確な手段の一つが、髪の毛の長さと髪型である。ゆえに、その差を好ましくアピールすることは、不可欠な命題となる。

第二に、髪の毛には顔を縁取って顔立ちを強調する働きがある。魅力的な額縁が美しい絵をよりいっそう際立たせるのと同じ理屈である。

第三に、髪の毛は長くて柔らかいので、魅力的な髪型をそのままの形に保つのは難しい。睡眠、風、湿気、スポーツなどの体の動きなどによって簡単に崩れてしまう。

したがって、髪の毛のアレンジメントは、女性にとってヘア・ケアの最優先課題だと理解できる。いくら魅力的なブロンドに染めたところで、手入れをしないバサバサの状態では効果はない。ブロンドの人が少ない国で、ばさばさの黒髪をばさばさのブロンドにすれば、かえってだらしなさを強調することになる。しかし、スプレーやスタイリング剤の登場で、アレンジメントの問題が簡単に「解決」できるようになると、特に白髪が目立ち始めた女性を対象に、カラーリングはビッグ・ビジネスになりうる。

同じく優先順位の問題は工業製品にも当てはまる。たとえば、人がつきっきりで操作しなくてはならない旧式の単軸ねじ切り盤を、コンピュータ化されたテープ操作式の多軸盤にいきなり買い換えたいと考える工場はそう多くはないだろう。その間に、機械操作式の多軸盤というステップを踏むことが不可欠である。なぜなら、導入する企業や機械を扱う人々にとって、ワーク・フロー上の変更点が少ないだけでなく、考え方の飛躍も大きくないので抵抗が少なくて済むからである。

〈ジェロー〉に関して言えば、ゼラチン食品をサラダのベースに使うという考え方が一般に広まる前に、野菜味の製品が成功したとは考えにくい。同様に、デパートが顧客サービス強化によりマス・マーチャンダイザーに対する競争力をつけようとした結果として、工夫を凝らしたラッピングやギフトのデコレーションを導入したからこそ、その後に登場したプレゼントのラッピング用の色つきや柄つきの〈スコッチ・テープ〉が成功したのである。

③発売前に、製品ライフ・サイクルの後の段階における売上拡大や市場拡張の活動計画を立てておくことの最も大きな利点は、おそらく、それによって企業が取り扱い製品の特質について幅広い視野を持てるようになることだろう。

実際に、その企業のビジネス全体についても、より幅広い視野を獲得できる場合もある。〈ジェロー〉の例を見てみよう。〈ジェロー〉は長い間にさまざまなデザート製品の包括的ブランドへと成長した。コーンスターチ・ベースのプディングやパイ・フィリング、新製品の〈ホイップン・チル〉、ババロア・クリームやフレンチ・ムースに似た軽いデザート製品などさまざまな製品を基盤として、ゼネラル・フーズの〈ジェロー〉部門はいまや「デザート・テクノロジー」のビジネスに携わっているといえるかもしれない。

セロハン・テープでは、3Mは自社の有する特定の専門知識（テクノロジー）を用いて、継続的に拡大するビジネスを構築したのである。同社の専門知識とは、ある部分（〈スコッチ・テープ〉の場合はテープについているのり）を他のもの、特に薄い物体に接着する、というものだ。これを利用して、3Mは電子記録用テープ（電子感応性物質をテープに接着）、「サーモファクス」複製用機器と消耗品（熱反応性物質を紙に接着）といった収益性の高い製品を開発していった。

製品ライフ・サイクルを有効に活用するために

持続的な成長と利益を望むのであれば、成功につながる新製品戦略は、数年先を見越した全体構想を持たせる必要があると認識すべきである。新製品戦略を策定する時は、計画そのものを機能させるためにも、競争や市場で何か起こる可能性、特徴、タイミングを、何らかの方法で予測するよう努めなければならない。予測は常に危険を伴い、正確に的中することは稀だが、まったく予測しないよりははるかにましである。

実際に、あらゆる製品戦略と経営上の意思決定には必ず、将来、市場、競合相手についての予測が伴う。自身の立てた予測をより組織的に認識することで、その予測に基づいて、防衛的や受動的にはならずに、攻撃的に行動する――それこそが市場伸張と製品の延命のための計画を事前に立てておくことの真の長所である。したがって、製品戦略には条件つきの時系列の行動計画が含まれることになる。

開拓段階に入る前でさえも、パイオニア企業は製品の通常の寿命を予測し、その用途とユーザーを拡大する可能性をも考慮に入れたうえで判断を下さなくてはならない。この判断は、他にも多くの事柄を決定する際に役立つ。たとえば、製品の価格設定を一部の消費者のみに限定して行うか、それとも製品を広く浸透させることを意図して価格設定するか、ということもその一つである。または、企業が再販売業者とどのような関係を築くかといった判断も含まれる。

これらの点を考慮することは非常に重要である。なぜなら、製品ライフ・サイクルの各段階の経営判断の一つひとつが、次の段階の競争上の要件を考慮しなくてはならないからである。それため、たとえば成長段階で強力なブランド戦略を構築するという意思決定は、その後の激しい価格競争を回避するのに役立つ可能性がある。また、開拓段階でディーラー保護の戦略を確立しようと判断すれば、成長段階に店頭での販促活動が容易になる可能性がある、というように他にも多くの例が挙げることができる。要するに、将来の製品開発の可能性と市場開拓の機会について、明確な考えを持つことで、後から好ましくない状況が判明するパターンにはまる可能性を減らせる。

この種の新製品戦略に関する先を見越した考え方は、経営者が他の陥穽を防ぐのにも役立つ。たとえば、短期的に成功すると思われた広告キャンペーンが、ライフ・サイクルの次の段階で悪影響を及ぼすことも考えられる。たとえば、低カロリー食品の〈メトレカル〉は、きわめて医学的な色合いの強いテーマでの広告を最初に用いて成功した。しかし、類似の競合商品がファッショナブルなダイエット食品としての側面を強調して成功すると、〈メトレカル〉の売上げは伸び悩むようになった。肥満に悩む消費者のための食品としてのイメージを確立していたために、おしゃれに関心の高い人々が用いるものというイメージに勝てなかったのだ。〈メトレカル〉の最初の訴求は非常に強力でかつ完成度も高かったので、後から人々が製品に抱いた印象を一変させるのは無理な話であった。慎重な長期計画を最初から立てていれば、製品イメージをもっと注意深く設定して、より明確な目的に基づく広告活動が可能だったのは明らかだ。

新製品を販促するための「行動」を導入する際に、秩序立った一連のステップを踏むことの重要性を認識することは、長期的な製品計画の中心となる要素である。事前に注意深く計画された市場拡大プログラムは、すでに新製品が発売される前から、強力な長所を備えている。将来に向けての合理的な計画の確立は、製品を支援するために行う技術的な研究の方向とペースを決定する際にも役立つ。予想外の出来事や判断の変更などに合わせて、計画から逸脱することももちろん必要となるが、計画があることで、企業はただ降りかかってくる事柄に対処し続けるのではなく、こちらから仕掛けることが可能になる。

パイオニア企業がこの長期計画を製品発売前に完成させておくことは重要である。製品をどのように発売するか、さまざまな用途を当初どのように販促するかは、提案する製品の訴求や製品用途について最適な行動を取るのに役立つ。ただ最適な選択をするだけでなく、最適な順番にも注意を払うことが重要である。どの順番でさまざまな訴求をしていくか、どんな順序で製品用途を提案していくか、といったことだ。もし〈ジェロー〉が最初に提案した用途がダイエット食品だったとしたら、後からゼラチン・デザート市場で大きなインパクトを与えるのは難しかっただろう。同様に、ナイロン製ストッキングが最初から機能的な日常着として販促されていたら、ファッション性の高い靴下として絹を代替するチャンスは限定的だったはずである。

段階ごとの行動計画の例

ある企業が特許性のない新製品、たとえば、ごく普通の食卓塩のソルト・シェーカーを発売するとしよう。さらに、現在の市場にはいかなる種類のソルト・シェーカーも発売されていないものとする。ここでたとえば、①潜在的市場として何百万もの一般消費者と法人顧客があり、②二年以内に市場は成熟段階に入り、③一年以内に競合相手の参入によって利幅が縮小する、といったことが発売前に予測されていたとしよう。これに沿って、以下のような計画を立てることが可能になる。

①一年目の終わり——既存ユーザーの間で市場を拡大する。

たとえば、フォーマルな席で使う銀製シェーカー、バーベキュー用の「丈夫な」シェーカー、アーリー・アメリカン調インテリアに合わせたアンティーク風シェーカー、テーブルの各席に置くミニ・サイズのシェーカー、浜辺のピクニック用の防湿性に優れたシェーカーなど、新たなデザインを用意する。

②二年目の終わり――新規ユーザーに市場を拡大する。

たとえば、子ども向けのデザイン、バーでビールを飲むのが好きな人向けの大型デザイン、苛虐嗜好者が傷に塩を塗りこむ時に使用できるデザインなど。

③三年目の終わり――新規ユーザーを開拓する。

たとえば、同じような製品を胡椒ディスペンサー、おしゃれなガーリック・ソルト・シェーカー、家庭用研磨剤のディスペンサー、工場で加工箇所に粉末シリコンをふりかける容器などとして売り出す。

このように、鈍化しそうな売上曲線を再活性化させるための手段を、実際に横ばいになるはるか前に考えておくことで、製品を計画している人は、それぞれの課題の優先順位をつけ、将来の生産拡大や資本やマーケティングの要件を組織的に計画することが可能になる。何もかもを一度にやらなくてはならないような状態に陥るのを防ぎ、思いついたことを行き当たりばったりで実行するのではなく、合理的に決定された優先順位に沿って実行し、売上拡大を支援するための製品開発の努力と、その持続的な成功のために必要なマーケティング努力をきちんとしたかたちで実施できるようになる。

【注】
本稿は、Lee Adler編*Marketing Vision*に収録予定。
(1) マーケティングの科学的な主張または可能性についての詳しい理論は、George Schwartz, *Development of Marketing Theory,*

Cincinnati, Ohio, South-Western Publishing Co., 1963.' Reavis Cox, Wroe Anderson and Stanley J. Shapiro, editors, *Theory in Marketing*, Homewood, Illinois, Richard D. Irwin, Inc., Second Series, 1964.を参照。

(2)

Philip Kotler, "Phasing out Weak Products", HBR, March-April 1965, p.107を参照。

(3)

世の中は甘くないことを示す究極の例としては、実際に改良ネズミ捕りを開発した男の後悔に満ちた実例を参照されたい。John B. Matthews, Jr., R.D. Buzzell, Theodore Levitt and Ronald E. Frank, *Marketing: An Introductory Analysis*, New York, McGraw-Hill Book Comapny, Inc., 1964. p.4.

(4)

製品を再活性化する機会を見極めるという考え方は、以下を参照のこと。Lee Adler, "A New Orientation for Plotting a Marketing Strategy," *Business Horizons*, Winter 1964, p.37.

(5)

これらの事例や有益な助言を提供してくれた同僚のDerek A. Newton博士に感謝したい。

第5章

Branding on Trial

岐路に立つブランディング

Branding on Trial
HBR, March-April 1966.

危機にさらされるブランド

アメリカの企業は、何年もの歳月をかけて商標やブランドを生み出し、守り育ててきた。これまでにも、この国の産業にとってブランドがいかに大きな価値を持っているかという議論がしきりにされてきたので、もう聞き飽きたかもしれない。しかし、ブランドが経済面で重要な役割を果たしているのは事実であり、それを疑う人はきわめて偏狭な考えに凝り固まっているか、深刻な情報不足に陥っているかのいずれかだろう。本稿ではこうした点に加えて、ブランドがいかに役に立つか、社会的にどれほど望ましい役割を果たしてきたかを紹介する。近年は政府による規制や法律のせいで、無情にもブランド・マーケティングに存亡の危機が迫っている。

過去数年というもの、さまざまなかたちでブランドや商標の意義に疑問が投げかけられている。しかし、そうした動きがかえって、ブランドが危機にさらされている事実を見えにくくしている。フランチャイズ店や販売代理店の守備範囲をめぐる訴訟では、とりわけこの傾向が強いようである。(注1)これらの案件は表向きにはフランチャイズ特有のテーマを扱っているように見える。しかし実際には、商標やブランドは本来どうあるべきか、その真価とは何か、ブランド所有者はどのような権利を有するか、といった問題を掘り下げる絶好の機会にもなる。もっと具体的に言うと、商標やブランドを冠した製品が消費者の手に届くまでの、流通や販売プロモーションのあり方を決める権利がはたしてメーカー側にあるのかという大きなテーマである。

このように書くと、この問題になじみの薄い人々は、突拍子もないとまでは言わないにせよ、穏やかならないことだと感じるのではないだろうか。しかし本稿が読者の目に触れる頃には、連邦最高裁判所の判断が示され、その結果いかんでは、一〇〇年近くにわたって培われてきたブランド・マーケティングのあり方が、根底から揺さぶられかねない。

現在係争中の案件では、ボーデンによる差別価格はロビンソン・パットマン法第二条a項に照らして違法だと、FTC（連邦取引委員会）が主張している。ボーデンは自社ブランドのエバミルクに、中身が同一のプライベート・ブランド（PB）製品よりも割高な価格を設定したうえ、「PB製品の入手を事実上、一部の消費者のみに制限した」(注2)という。

ここで注目されるのは、二つの商品には等級や品質面での違いは見られず、ブランド名がついたからといってそれほどの価値はない、とFTCが主張している点である。すなわち、ボーデンがPB製品をブランド製品よりも安く販売しているせいで、競争が阻害されており、違法な価格差別に当たる、というのだ。

裁判所がFTCの主張を支持すれば、以後は間違いなくそれが正しいと見なされるだろう。そうなれば、ブランドの価値は損なわれる（逆に、本件で裁判所がボーデンに有利な判決を下したとしても、商標やブランドをめぐる問題全体が解決したとはとうていいえない）。そのうえ、ブランド製品をノーブランド製品よりも高く販売してはいけないとされたり、非強制的方法で流通チャネルを守ることが認められないとするなら、ブランドには所有企業が想定していた価値はなくなってしまう。

皮肉きわまりないことに、アメリカでブランド・マーケティングが攻撃されているのと時を同じくして、アメリカとは水と油ほども異なる価値観に支えられたソビエト連邦で、ブランド・マーケティングの萌芽が見られる。詳しくは後述するが、ソ連でのこの分野の動きは非常に意義深く、学ぶべき点に満ちている。ソ連では、マス・テクノロジーとマス・マーケットという避けようのない現実の力に突き動かされるようにして、ブランド・マーケティングが台頭しつつあるが、かたやアメリカでは、おそらくは偶然のいたずらによって、その灯が消えかかっている。したがって、このあたりで現状を振り返って、その意味合いを探っておくのが有益ではないだろうか。特に、健全な競争や公共の福祉との関連に注目すべきだろう。

ブランドの評判をいかに保つか

商標やブランドは、製品名や企業名を想起させるほかにも、さまざまな役割を担っている。製品や商標のマネジメントがうまくいくと、ブランドは製品の価値を伝える力を持つ。ところが、小売チャネルによる扱いが不適切なら、ブランド、ひいてはそれを冠した製品の価値が、消費者に十分に伝わらなくなってしまう。

アメリカの法律は、この問題を小売りの慣行と明確に結びつけてとらえている。ブランド所有企業はそれを後ろ盾にして、不当に製品の価値をおとしめようとする流通業者への対策、つまり、古くなった生鮮食品を意図的かつ組織的に売り続ける小売店や、客先である家庭や工場への製品の設置を手抜きをする流通業者に対して、メーカーはどう対処すべきかという問いへの答えが見えてくる。メーカーには、ブランドや製品の評判を守るために、このような小売店や流通業者との取引を拒む権利が認められる。

ブランドの評判を築き守っていく方法は、いくつもある。高品質はもとより、広告、パッケージ、価格設定、小売店での気の利いた売り方、といった方策が広く用いられている。

ラジオやテレビを製造するマグナボックスのように、評判のよい小売店だけに販売チャネルを絞る企業もある。ブランドの名声が高まるだけでなく、それに見合ったサービスを提供してくれるだろう、との狙いからだ。化粧品業界などでは、評判の高さを示す広告を打つ、豪華な製品パッケージを用意する、高級店の一角に自社コーナーを設ける、店頭でデモンストレーションを行うなど、強力な施策をいくつも組み合わせて用いている。

もっとも、どのブランド保有企業や製品カテゴリーでも、あらゆるプロモーション手法が利用できるわけではない。この点を議論しておくのは、問題全体をよく理解するために欠かせない。というのも、このテーマは多くの人々が考えているよりも、はるかに複雑である。それを解きほぐすのに、次の簡潔な分析が役に立つだろう。関心の薄い読者は重複が多くて細かすぎると感じるかもしれないが、問題そのものが複雑なので、適切な分析をしようとすれば、どうしてもそうなってしまうことをご了承いただきたい。

小規模企業や新興企業の場合

ブランドの名声を築くうえで、大々的な広告を打つという手法があるが、これを実践できる企業は多くはない。とりわけ、小さな消費財メーカー、新興企業、さらには需要が少なく流通チャネルが限られているような製品を扱う企業などにとって、広告に莫大な資金を投じるのは現実的ではない。

市場と競合他社の規模が共に大きい場合、小規模企業や新興企業にとって最も不利になるのは、製造コストでも、製品の品質でもなく、広告予算の面で強大な競合他社の足下にも及ばないことである。そこで、ブランドの名声を守り育てたり、流通チャネルを確保してその支援を取りつけたりするためには、別の方法を探さなくてはならない。派手に広告を打つ企業は、消費者の心にじかに訴えかけようとするが、小規模企業や新興企業はまずは流通業者の心をとらえなくてはならない。工夫を凝らして流通業者と二人三脚の体制を築き、有利な陳列棚の確保、購入意欲をそそるディスプレー、店舗での販売促進などを実現できるようにする。

市場が小さい場合、一つのブランドに費やせる広告努力や効果には限界がある。このため、たとえば芝生用の肥料のような製品カテゴリーで、ブランドの評判を守り育て、小売チャネルを開拓するには、流通業者とのきわめて緊密な連携、さらには小売店による熱心な協力と努力が求められる。そのうえ、市場規模が小さい製品は、一般に購入頻度が低く、購入時期にもこれといった規則性が見られず、往々にして特殊で専門性が高いといった特徴を持つ。このような製品をディスプレーに配慮しながら陳列しておくためには、メーカーと小売店が密接に力を合わせる必要があり、コーヒーのように回転の速い製品を扱うのとは事情が異なる。それなりのインセンティブや動機づけがなければ、小売店は在庫を維持してディスプレーに手間をかけたりしないだろう。

まとまった数量が出ず、しかも特殊で専門性の高い製品を販売するには、消費者に手厚いアドバイスとサポートをする心構えも必要である。したがって、長い期間にわたって小売店からこうした後押しを得られれば、そのブランドは競合ブランドよりも売れ行きを伸ばせるばかりか、評判を高め、やがては消費者に信頼され選ばれるようになる。

このように小規模メーカーにとっては、巨大市場で巨大なライバルと戦っていようが、小さな市場で小さなライバルと競っていようが、小売店から後押しを得られるかどうかが生命線なのである。ブランドの評判を高めようとの戦略を取る企業にとっては、小売店による支援はより重要性が高い。

小売店の側では、生き残っていくためには当然、ブランド支援のための経費を何とかして捻出しなくてはならない。ところが、もしも一部の小売店が販促のために値引きを行い、他店の顧客を奪ったとしたら、どうだろうか。「小売チャネルが在庫やサービスを維持するためには、この程度の水準が必要だろう」との判断を基にメーカー設定価格を守っていた小売店は、顧客を奪われたせいでそのブランドの取り扱いをやめたり、サービスの水準を落としたりするかもしれない。すると、メーカーにとっては小売チャネルが狭まり、販売やサービス面での支援が減ってしまうため、顧客に十分な価値を届けられなくなる。

その結果待っているのは、ブランドの競争力の低下、ひいてはブランド所有者にとっての価値の減少である。これが高じると、ついにはその企業自体が破綻へと追いやられかねない。

その意味で、目先の出費と長い目で見た時の必要性とを区別することが重要である。小売店としては、メーカー・ブランドが消滅したとしてもほとんど打撃を受けないばかりか、ブランドが破滅に至るプロセスで大きな利益を手にするだろう。そのブランドを特価品として客寄せに使い、当面の売上げを確保すると共に、ブランドの評判をいっそう損ない、他の小売店の取り扱い意欲を削ぐのである。広告予算が限られているブランドはなおさら犠牲になりやすい。ブランドは消えても、小売店は存続し、別の不運なメーカーに対して同じことが繰り返される。

こうした状況を考えると、たとえメーカーにとって事業の支障となり、いずれは業界全体の活力を削ぎかねない小売店があったとしても、自社ブランドを引き上げられないように法律で縛るのは、公平性や良識に欠けるのではないだろうか。

小規模なブランド所有者は小売店による支援の大切さを認識し、それ相応の対価を支払うべきだと考えており、これがいわゆる「コルゲート原則」(訳注:「再販価格を維持する目的で、メーカーが設定した価格を守らない流通業者との取引を拒否するのは違法ではない」としたコルゲート事件判決の考え方)に奥行きをもたらしている。[注3] このような理由から、ブランドの評判や信用を傷つける流通業者や小売店から製品を引き上げる権利がずっと以前から認められている、とメーカーは理解しているのだ。ブランド所有者は、「価格設定や流通手法を通して他の小売店の足を引っ張ったり、必要な支援をおこたったりする小売店とは、場合によっては取引を打ち切るのも致し方ない」と主張している。

大規模企業の場合

裁判所や規制当局からコルゲート原則に準じたお墨付きを得ようと動いているのは、主として小規模なブランド所有者である。だが、この問題は大規模企業にとっても見過ごせない意味を持っている。大規模企業は、広告に多大な経営資源を投じて、ブランドの評判や意味合いを強めることができるが、それでもやはり、小売店からの支援がなくては立ち行かなくなる。複雑で購入頻度の低い製品の場合はなおさらである。

大企業のブランドを扱う小売店が身勝手な売り方をして、まっとうな売り方をする他の小売店に損害を与えたとしたら、損害を受けた小売店はそのブランドを支えようとの意欲を失い、ブランドの効果や評判を損ねるだろう。在庫を減らして消費者の選択肢を狭め、サービス・コーナーを縮小し、顧客への支援を減らすため、ブランドの評判は落ち、信頼性も失われていく。ひとたびこうなってしまうと、どれほど広告に力を入れたとしても、ブランドの価値は取り戻せない。

ソビエト連邦におけるブランド活動

ソビエト連邦ではブランディングが急速に普及しているが、その理由を探ってみることで、本稿のテーマをさらに掘り下げられるだろう。筆者の考えでは、法律の専門家、経済学者やエコノミスト、学者、財界人、政策担当者などがここ数年来展開してきた難しい講釈に耳を傾けるよりも、ソ連の現状に目を向けたほうが、大きな教訓を得られる。ニキータ・フルシチョフ（訳注：旧ソ連の政治家。スターリンの死後、ソ連の最高指導者として共産党第一書記と首相を兼任した。一九七一年没）は一貫して、実利をきわめて重んじていた。アイオワ州のトウモロコシが自国よりもおいしく、たわわに実っているのを知ると、それまでソ連共産党が公認していたルイセンコ学説をあっさりと捨てて、イデオロギー的に中立なロズウェル・ガーストの手法を取り入れた（訳注：ルイセンコはソ連の農学者。ロズウェル・ガーストは農業分野でさまざまな革新を成し遂げたアメリカ人）。これと同じようにテレビ業界にも、共産党が紡いできた伝統ではなく、実利重視の手法を導入したのは、実に意義深い動向である。

数年前にソ連の複数の工場が同じ仕様の一七インチ・テレビを製造した。消費者はしきりにテレビを欲しがっていたにもかかわらず、売れ行きはさっぱりという状態が続き、在庫が積み上がっていった。理由を探っても、いっこうに、らちが明かなかったが、ようやく答えが見えてきた。個々の製品がどこの工場でつくられたものか、消費者には知るよしもなかったのだが、そうした状況で工場が欠陥品ばかりを市場に送り出したため、一七インチ・テレビ全体の売れ行きが鈍ったのだった。消費者にしてみれば、買わないようにすることが唯一の自衛手段だった。これをきっかけに、ソ連の中央集権的な計画経済の綻びが目立つようになり、さらに悪いことに、消費者の間で政府高官への不満が高まっていった。

製造元を識別するための商標

ソ連で商標が用いられるようになったのは、この一件以後である。商標といっても最初は、政府にとって便利なように、製造工場を識別する印にすぎなかったが、やがて予想以上の効用を持つようになった。具体的に挙げてみよう。

①消費者は商標を基に、評判のよい工場の製品を選び、評判の悪い工場の製品を避けるようになった。

②評判のよくない工場は販売が落ち込み、経済プランを達成できなかったが、以前とは違って業界全体の販売が低迷したわけではないため、経済への影響は小さかった。

③消費者の怒りの矛先が、粗悪品をつくった工場へと向かい、共産党の上層部への不満は鎮まった。

④商標を基に製造元を容易に特定できるので、良質の製品を賞賛し、粗悪品を嫌うというかたちで、消費者が大きな力を持つようになった。

要するに、商標が登場したおかげで、品質や効率性の高さが注目され、粗悪品や無駄が攻撃されるようになったのである。良品を提供する企業の商標は消費者からの信頼を得て、製品を売りやすくなった。消費者は「ウェスチングハウスなら安心だ」といった類の教訓を、身をもって学んだのだ。

ブランド価値を高める取り組み

この一件以来、ソ連では各工場の製品にブランドや商標をつけて区別する慣行が広まっている。工場長たちはいまや、商標に傷をつけまいとそれは熱心に取り組んでおり、その様子はかつて懸命に革命の鎮圧に当たったコサック騎兵の姿をほうふつとさせる。ブランドの輝きを守ることに、予算管理と同じくらい厳しく目を光らせている。彼らのボーナスは、ブランド価値と予算の両方に強く連動しているのだ。

ごく自然な流れとして、消費者向けの広告もすぐに目につくようになった。以前のソ連では、広告は消費者を食い物にしようとする資本主義特有の「悪魔のツール」と見なされていたが、現在では国営の広告会社が少なくとも二五社に上り、一部の大学では広告論を扱うコースも設けられている。それどころか、共産党の若手注目株のなかには、聡明で楽観的で活発な一派がいて、最近では新聞、雑誌、テレビ番組、各種文献などでも紹介されているのだが、彼らは「マディソン街で働く若手」のイメージに驚くほど似通っている。

アメリカにおける広告のメッカ、マディソン街では、ソ連で消費者向け広告が伸びている事実はどうとらえられているのだろうか。アメリカが経済成長と繁栄を謳歌してきた陰には、広告業界が創造性を発揮して、大きな役割を果たしてきたという事情があり、いかにソ連といえどもそれを無視するわけにはいかないだろう、と受け止めているようである。アメリカに追い着こうとするなら、ソ連はアメリカを手本として模倣せざるをえない、というのだ。

しかし、事実は違う。ソ連はアメリカ流の商標や広告を取り入れてきたが、それはアメリカに倣おうとしたからではない。競馬で先頭を走る馬に、猛烈な勢いで迫ろうとする騎手を思い浮かべてみるとよい。彼はおそらく内側のレーンを必死に目指すが、それは先頭の馬が内側レーンにいるから真似しようという発想からではない。ほかの馬よりも先にゴールするには、内側に入るのが何よりの近道で、理にかなっているからである。

ソ連がブランドや広告を取り入れたのは、経済や技術の原理や良識に従ったからにすぎない。時代遅れのイデオロギーに染まった空理空論から解き放たれたのである。それだけではない。ブランドの力を借りれば、計画経済の下で独善的な品質基準を設けて技術者に遵守させようとしなくても、消費者の強大な力によって品質基準が自然に生まれ、それが守られることをソ連は学んだ。

ソ連の消費者は、商標が登場したその時から、メーカーを選べる立場になった。消費者がこうした強大な力を手にした以上、各工場が安価な製品を豊富に供給しているかどうかだけでなく、顧客が本当に求める価値ある製品をいかに効率的に生み出しているかが、重要なテーマとして浮かび上がってきた。すると、工場の業績を適切に評価するために、投資対効果が問われるようになった。

このような動きの結果、ソ連では製品の品質とデザインが黙っていても改善され、その傾向が途切れずに続いているばかりか、製品の品質や魅力を消費者に伝え、売上げと利益を伸ばす手段としてブランド名を広告するという流れが加速している。

ソ連での動向は、消費者は期待水準に満たないメーカーに背を向け、自分たちを守るための手段としてブランドを活用している、という事実を浮き彫りにしている。資本主義の始祖ともいえるアダム・スミスの唱えた「見えざる手」の導きによって、消費者の福祉が守られ増進したわけで、これはソ連当局者にとっては想定外の出来事だった。ブランドは手段となった。さらに特筆すべきは、ブランドが消費者の力によって無から生み出された点である。ソ連の消費者は事実上、当局者が便宜のためにつけた商標を、消費者に利益をもたらすブランドへと変貌させた。ブランドは、品質や誠実さを推し量る尺度となり、満足できない場合には、消費者はブランド所有者に対応を求めることができる。それと同時に、ブランドは信頼と満足に足る企業を見極めるための手がかりでもある。

ブランドを守る意味

ただしアメリカと同じくソ連でも、法律を盾にしてブランドの評判やイメージを守らない限り、ブランドは消費者にとっての意味を失うばかりか、購入を促し、効率化を推し進めるという経済面での機能をも果たさなくなってしまう。このため、ブランドや商標を他からの妨害から守れるように、ブランド所有者に最小限の権利を認めるのは、社会の利益にも沿うと考えられる。

今日では企業の巨大化が進んでいる。経営者自身が認めているように、大規模企業は小規模な他社と比べて優位にあり、消費財ブランドの分野ではとりわけその傾向が強い。小規模企業や新興企業はブランドの評判を守り育てる手立てが限られており、どうしても不利なのである。

小規模企業やニッチ製品を扱う企業は、「希望小売価格を守ってほしい」というような、昔ながらの「公正競争」の権利を振りかざしているのではなく、それよりもはるかに価値ある権利を求めて闘っている。評判こそがブランドの死命を制するため、それを台無しにしかねない流通業者や小売店に対しては、製品の供給を拒めるようにしてほしい、というのである。

値崩れを防ぎたいという時代に合わない競争条件を求めるのではなく、ブランドの評判や消費者からの信用を守りたいと考えている。小売店の販売慣行がブランドの評判を左右するので、取引先を望ましい店舗だけに絞り込みたいわけである。大企業も同じ発想から広告の手法や媒体を絞り込んでいる。小規模企業やニッチ企業は、大々的に広告を打つ企業から身を守ろうとするのではなく、他の手段で対等な競争条件を勝ち取ろうとしている。その際の大きな狙いは、①ブランドの評判や信用を損ないかねない流通業者や小売店から製品を引き上げる、②流通業者や小売店からのブランド支援を受け続ける、といった手法を通してブランドの評判を守ることだ。

アメリカ企業はかなり前から、在庫は揃っているか、売れ行きはどうか、といった小売環境が消費者から見たブランドの価値や信用を左右すると見なしてきた。自分の評判は人柄や容姿だけでなく、他にも数多くの要素によって決まる、と我々が知っているのと同じように、企業もブランドの評判を決めるのは製品品質だけではないことを心得ている。服装、髪型、ネクタイ、居住地域、自動車の車種、休暇先などを、人々が慎重に決めるのは当然のことだ。外見は無視できない意味を持つのである。

同様に、他の条件がすべて一定であれば、小売店での扱いもブランドの評判に相当な影響を及ぼす。悪影響が及んだ時は、大々的なブランド広告によってかなりの程度まで盛り返せるが、小さな企業にはそれができないので、競争していくためには他の手段を必要とする。

多額の広告予算を注ぎ込むかたちの競争では、小規模企業や新興企業は苦戦を避けられない。その一方で、消費者の心に特定のイメージを刻み込むために、広告やパッケージングにそれ相応の金額を投じるのは、当然ながら法的に問題がないうえに、理にもかなっている。仮にその企業の戦略、経営資源、市場環境によって、あるいはこれらが組み合わさった結果、適切な小売手法によるまったく無害な方法で製品イメージや競争力が培われたのなら、それもまた適法とされるべきだろう。

一部には、こうしたやり方は不合理だと考える向きもあるかもしれないが、だからといって禁じる理由にはならない。一部には効果が疑わしい広告があったとしても、企業の広告投資をする権利を奪うべきではないのと同じである。自由を認めたとしても、社会的コストがさほど大きくないなら、自分の誤った行いや考えに足をすくわれる人々を法律で守るのは適切とはいえない。

社会的コストの大きさを正確に見極めるのは難しいが、さほど大きくないことだけは容易にわかる。これまで社会がうまく機能してきたのは明らかだろう。愚行にきわめて寛容であるためには、分別に支えられた大いなる自尊心が必要であるはずだ。自由主義につきもののあいまいさや混乱を我慢できないのは、病的なまでの完璧主義者か、偏屈なエリート主義者だけだろう。このような人々は、自分の完璧主義を貫くために、他者の自由を犠牲にすることをいとわない。言うまでもなく、だれかにとっての自由は、時と場合によっては別の人にとっての不自由を意味する。

公正さと法律

ブランド所有者に対して、方針の異なる小売店との取引の打ち切りを認めた場合、何が犠牲になるだろうか。明白なのは次の二点だろう。

①小売店は、希望どおりにブランドを取り扱えなくなる。
②小売店が希望するブランドを扱うためには、相手の決めた要件を満たさなくてはならない。資本関係がないにもかかわらず、メーカー側の要求にある程度は合わせるかたちで商売を行う必要がある。

①については単純明快だろう。こうなれば、小売店の商売は打撃を受けかねない。大がかりなブランド広告が展開されている場合、小売店はそのブランドを扱いたいがためにメーカーの意のままに動く。②もほぼ同じである。メーカーの多くは小売店よりもはるかに規模が大きいため、小売店はきわめて不利な立場に追い込まれるおそれがある。

企業側と流通側の相互の自由

ここで一つの問いが生じる。ブランド所有者が、最低限の要求条件をも満たさない流通業者や小売店から製品を引き上げて、ブランドや商標の価値を守ろうとすると、流通チャネルの権利を奪うことにならないだろうか。

重要な点については権利の侵害はまったく起こらない、というのが答えだろう。これは「相互の自由」の問題にすぎない。ブランド所有者は法律上、小売店に製品を卸す義務を負わず、小売店もそのブランドを仕入れたり、来店者に勧めたりする義務を負わない、というのが望ましいあり方だろう。

小規模な企業が現在求めているのは、まさにこのような相互の自由である。自社に協力的な流通業者との関係や消費者からの信用を壊すおそれがある相手とは、取引を打ち切りたいのだ。小売店は消費者とメーカー、両方のために業務を行っているが、メーカーにとっては顧客であるだけでなく、事実上、大切な事業パートナーでもあるのが一般的である。メーカーと小売店は依存し合っており、互いの恩恵を受けながら事業を続けている。相手の業績次第で自社の命運も変わってくるのだ。

事業パートナー間の関係は、相互依存と信頼に支えられているが、法律による支えも見過ごすわけにはいかない。メーカーは製品の流通を望むが、それに伴って信用が損なわれる危険が生じるのであれば、危険の小さい小売店だけに取引を絞る権利を認められて当然だろう。同じく小売店の側でも、店の信用を損ないかねないブランドについては、取り扱いを拒否できるべきである。

一般には、メーカーのほうが小売店よりも強大であるが、その事実を引き合いに出して、前述の議論を不公平だと見なすのは、真実を突いておらず、必ずしも適切ではない。メーカーをはるかにしのぐ規模とパワーを持った流通チャネルが徐々に増えてきている。さらに、ブランドを冠した製品は持ち主がさまざまに変わるが、ブランドそのものの所有者は不変であり、そのことは法的に認められている。(注4) したがって、ブランドの信用を守ることは、保有者にとって必要な関心事であり続ける。

すでに述べたように、適切な取り扱いをする小売店だけに製品を供給する権利は、今日のような競争環境の下で小規模メーカーが生き残っていくために、なくてはならないものである。短期的には、それによってブランドの価格が上昇するかもしれないが、やがては競争を――妨げるのではなく――促す効果を発揮するだろう。といっても、高価格によって非効率なメーカーが守られるからではない。むしろ、小売店が大きな利幅を利用して、あまり有名ではないブランドにも陳列スペースを割き、消費者に幅広い選択肢を提供するからである。こうなると、どのブランドを選ぶかは消費者にかかっている。高価格が災いして売れ行きが低迷すれば、そのブランドは市場から消えていくに違いない。ただし、判断したのはあくまでも消費者であって、法律でも、裁判所でも、政府でもない。

裁判所は明確な判断を示している。製品がメーカーから小売店の手に渡っても、ブランドそのものは依然としてメーカーのものである。メーカーが、顧客を引きつけると共に、小売店の協力をうまく取りつけるための手段としてブランドを生かそうとするなら、小売店が取り扱いブランドを選べるのと同じように、メーカーにも小売店を選ぶ権利は当然認められるべきだろう。

万一、ブランドの評判や他の販売チャネルとの関係を損ないがちな小売店に対し、取引を拒めないとすれば、メーカー側は非常に不利な立場に陥り、渦中のブランドだけでなく、事業全体が壊滅的な打撃を受けかねない。アメリカの慣習や法律はこれまで、企業のこうした「自殺行為」を見過ごさずにきた。ましてや、容認や後押しなどけっしてしていない。それをいまになって変えるだけの理由は見当たらない。

ソ連のイデオロギーは、商標やブランドの価値を守ろうとする動きに逆行する内容だが、そのソ連においてすら、商標を生かし、守り、普及させるのは、いまや重要な事業活動となりつつある。経済上の合理性があり、競争や効率アップを促し、ひいては人々の福祉にも役立つからである。

司法内部の混乱した見解

商標をめぐる司法の判断はひどく混乱している。商標の意味合いについても、商標所有者の重要な権利についても、状況は同じである。

かつて一九三六年には、サザーランド判事が法廷の総意としてこのように述べた。

「信用は財産にほかならず、それを傷つけるのは、他のあらゆる財産を傷つけるのと同じく、法律による処罰の対象となりうる。信用は事業を支えるうえで貴重なものであり、メーカーや流通業者にとっては何にも増して重要な場合もある。際立った商標、ロゴ、ブランドなどは、大切な信用を生み出し増進させるための合法的な手段である。信用を保持する者は、それを損なおうとする者から身を守る権利を有する(注5)」

ところが近年、裁判所はこの見解に反対はしないにせよ、大きな意味を見出しているとは言いがたい。事実、オレゴン州の最高裁判所は五六年の重大な判決のなかで、公共の福祉に関してはこの見解は妥当ではないとした(注6)。こう断じた後で裁判所は、その理由を説明するために、ミシガン州最高裁判所の決定を引用している。

「商標の役割は、メーカーや販売元を明らかにして、他の製品がその企業の製品として売られるのを防ぎ、信用を守ることに尽きる。製造元を見分けやすくして、消費者の混乱を避けるのである(注7)」

ソ連での状況からも見て取れるとおり、商標は、単に製造元や販売元を明らかにして混乱を避けるだけではなく、はるかに幅広い役割を担っている。ソ連経済は実に雄弁にそのことを物語っている。商標の導入に伴って生じたさまざまな経済事象から、「製造元を見分けやすくして消費者の混乱を避ける」という取り組みが、確実に公共の福祉を増進させている様子がうかがえる。しかも、それは少なくとも二つのかたちで実現されている。①国家経済の効率性を高め、粗悪品への無駄な消費支出を減らす、②長期的に経済全体に利益をもたらす、のである。このようなプロセスを通して商標は徐々に、アメリカ人と同じくらい、ソ連の人々にとっても重要な意味を持つに至った。

ブランドを守るための取引停止は認めるべきである

本稿で紹介してきた議論は、自由取引を賛美する使い古された論調とは著しく異なっている。ある意味では一八〇度異なっており、経済プロセスにまったく別の角度から光を当てている。「公正取引」関連の法律は、各ブランドを一定の価格で販売するようにと小売店に強いている。それを嫌う小売店は、販売を諦めるしかない。しかし昨今の小規模メーカーは、「小売店はあらかじめ決まった価格で製品を販売すべきだ」などとは主張していない。それどころか、自社製品を販売すべきだとも述べていない。むしろブランド所有者の主張は、自社の事業にとってマイナスな――あるいはマイナスだと考えられる――相手との取引を強制されるのはおかしい、というものである。ブランドの評判に傷をつけかねない流通チャネルからは、製品を引き上げさせてほしい、と訴えているだけなのだ。

理由のいかんにかかわらず、あるいは経済よりも優先される国家の重点政策に反してまで、取引を拒む自由を認めるべきだ、というのではない。たとえば、人種、宗教、政治的信条などを理由に小売店との取引を拒むのは、国民の権利に関する国の政策に反しており、許されないだろう。要するに、勝手な理由をつけて小売店との取引を打ち切ったり、断ったりすることは許されるべきではないが、ブランドや商標の信用を守るためなら問題はないと考えられる。こうしたやり方は、アメリカでの過去の慣例に沿うばかりか、今日の複雑な経済の下で健全な競争を促し、公共の福祉にも役立つのである。

【注】

（1）FTCとスナップ・オン・ツールズの係争の判例321F.2d 825 C.A. 7（1963）、連邦政府とホワイト・モーターの係争の判例 83S.Ct.696（1963）、サッサーとカーベルの係争の判例85S.Ct.1364（1965）。

（2）FTCとボーデンの係争の連邦最高裁判所判決 #106, "Brief for the Federal Trade Commission," November 1965, p. 21.

（3）連邦政府とコルゲートの係争の判例250U.S.300（1919）.

（4）オールド・ディアボーン・ディストリビューティングとシーグラム・ディスティラーズの係争の判例299U.S.193, 194, 195（1936）.

（5）同右。

（6）ゼネラル・エレクトリックとホエールの係争の取引判例選68, 333（1956）.

（7）シェークスピアとリップマンズ・ツールショップ・スポーティング・グッズの係争の判例334 Mich.109（1952）.

第6章

Innovative Imitation

模倣戦略の優位性

Innovative Imitation
HBR, September-October 1966.
模倣戦略の優位性
『DIAMOND ハーバード・ビジネス・レビュー』2001年11月号
【1966年度マッキンゼー賞受賞論文】

イミテーションを見てイノベーションを知る

今日のビジネス界には、偉大な神であるイノベーションを、もろ手を挙げて歓迎するだけでなく、企業の存続と成長の必要条件としてあがめたてまつる風潮が強まっている。イノベーションにはあらゆるものを呪縛から解き放つ効力があるという信仰は、企業によってはナチェス・インディアンの太陽崇拝に劣らず強いものがある。人間は必要に応じて神を創り出す。ビジネスマンの新たなる神とナチェス族の歴史上重要な尊い神が、同じもの——再生と生命——を約束しているという事実は意味深長である。

しかし、R&Dのエネルギーをすべてイノベーションの創出に傾けるよりも、ビジネスの現実に目を向けるほうが実際的ではないだろうか。イノベーションはそれほど信頼できるものなのだろうか。イノベーションは本当にすべてを解き放ってくれるのだろうか。約束を守るという観点から、もう少し控えめな願望を比較検討してみてはどうだろうか。

現在我々は——全体あるいは部分的に——新製品や新しいアプローチが、恐ろしい勢いで押し寄せてくるのを目のあたりにしている。その一つに、イノベーションよりもはるかに勢いのある流れがある。「イミテーション」（模倣）の潮流である。周囲をさっと見渡しただけでも、イノベーションよりも模倣が多いことに気がつく。これこそビジネスの成長と利益創出の方法として広く普及していることは明らかである。

ＩＢＭはコンピュータ業界において、テキサス・インスツルメンツはトランジスター分野において、それぞれ模倣者だった。ホテル業界におけるホリデイ・イン（訳注：現インターコンチネンタル　ホテルズグループ）、テレビ製造におけるＲＣＡ（訳注：現トムソン）、Ｓ＆Ｌ（貯蓄貸付組合）におけるリットン、これらもすべて模倣者として市場参入した。プレイボーイは、主要事業部門である出版とエンタテインメントの双方において模倣者だった。小規模ではあるが、我々が日頃目にしている玩具や新しいパッケージ食品のプライベート・ブランドは、厳密に言えばほとんどが模倣品である。模倣がはびこる一方、イノベーションはごくわずかなのが現実だ。

模倣品があふれている理由は容易に理解できる。孤高のイノベーターの一人ひとりが、熱心な模倣者の大群に行動を起こさせるのだ。いわゆる「新製品」が多くの人の目に留まるのは、それが市場に出回ってかなりの時間が経ってからである。目に留まるのは、それが新鮮であるからではなく、あくどい模倣者の数が多いからである。消費者が気づく新製品は通常、模倣なのである。すでに時間が経った後の新しさであって、革新的でタイムリーなものではけっしてない。

コストの差を考えて戦略を選択する

概してイノベーションは、少なくとも次に挙げる二つの優位性の見地から評価される。

①世の中で初めての試みである。
②業界またはその企業にとって初めての試みである。

厳密に言うとイノベーションは、いままでに試みられたことがない、まったく初めてのものだけを指す。この定義をやや緩めれば、どこかですでに試みられたが、ある業界では初めて手がけるものもイノベーションと呼べよう。これに対して、同業他社がイノベーターをまねた場合は、たとえその企業にとっては初めてであっても、イノベーションではなく模倣である。例を挙げれば、次のようになる。

●照明器具の透明包装は、他業界ではすでに数年前から採用されているが、照明器具業界では「新しい」と認められる。――イノベーション

●照明器具業界のある企業にとっては新しい包装方法でも、同業他社は以前から採用している。――模倣

両者の違いは、重箱の隅をほじくるような空疎な議論ではない。R&Dの予算編成、R&Dの方向づけ、商品企画の策定にとって、最も重要な案件である。何に影響を及ぼすのかを、初めに指摘しておくことは、相違の重要性を明確にするばかりでなく、後半で提案するシステム構築を考える一助となろう。

R&Dには資金と時間がかかり、いらだたしい思いをしがちである。これまでにないものを生み出そうとすれば、莫大な人手と資金が必要になる。しかも、それらを費やしても、確実に報われる保証はない。

一方、R&Dの方向性が、すでにどこかで行われたことを、自社あるいは業界に取り込もうというものであれば、やるべきことの性質とコストは大きく変わってくる。特に、イノベーターのR&Dの成果を、自社向けに改造するという場合はかなり違う。まず、スピードに重点が置かれる。成功したイノベーターに早く追いつくためだけでなく、同じように模倣戦略を取ろうとしている他社よりも先に模倣品を発売することが重要だからである。

このような考え方や開発の性質を「イノベーション」と呼ぶのは、鋤をパワー・ショベルと混同するようなものだ。パワー・ショベルは一面において大型の鋤だが、両者の特性は全然違う。鋤の購入費は取るに足りないものであり、

ユーザーは取り立てて訓練を要せず、メインテナンス・コストもかからない。しかし、一定期間中に多くの鋤を使ってパワー・ショベル一台分の仕事をこなさなければならないとしたら、それは高価な固定資産をフル稼働させることから、大勢の人間を管理する体制が必要になることを意味する。

同様に、「ブレークスルー（革新）的新しさ」を生み出すR&Dと、模倣のためのR&Dとは大きく違うのである。後者は「D&D」（デザイン開発）に毛の生えた程度のものである。せいぜい「リバース・エンジニアリング」、すなわち既存製品を分析することで、その製品の製造を可能としたR&Dにたどり着こうとするものである。

このように、イノベーションと模倣の間には必要な努力とコミットメントの性質に（時として理不尽な信念と相まって）大きな相違があるから、成長戦略を考えるに当たってはまず慎重に自己分析しなければならない。

イノベーターであり続けるのは不可能

リスクを伴う場合が多いにせよ、イノベーションは生産的であり、成功への道となりうるものである。今日、イノベーションの可能性を積極的かつ注意深く探っていない企業は、競争上、かなり危険を冒していることになる。社風や社員の行動スタイルが偏狭になるおそれもある。イノベーション――特に新しい製品や製品特性、顧客サービスにおける――の探求は、企業がマーケティング志向であるためには不可欠な部分である。

したがって、モービル石油（訳注：現エクソン・モービル）が開発した自動車検査・修理センターのような大規模なものであれ、ミードジョンソン（訳注：現ブリストル・マイヤーズ スクイブ）の乳児用調整乳〈エンファミル〉ように成熟製品のライフ・サイクルを延ばしたり、市場を拡張したりする適度なイノベーションであれ、イノベーションを求める社風や企業姿勢があって、初めて企業に優れたセンスが生み出されるのである。

洞察力に富みながら無視された、ジョン・B・スチュワートの競争的模倣に関する論文で、次のことがはっきりと指摘されている。(注1) すなわち、そうしたセンスがあれば、イノベーションは、進取の気象に富み、強力なリーダーシップに導かれた企業イメージを構築するうえで効果的な方法になる。

今日ではイノベーションに賛成する立場を示すことは、母になることを承諾するのと同じくらい刺激的である。同時に、イノベーションに反対の立場を明らかにしようとすれば、母になることを拒否する以上の驚きをもって迎えられるだろう。ピル(経口避妊薬)、リング、電子カレンダー時計、低年齢層への性教育などが普及した時代にあって、思わぬ妊娠は許しがたい不注意か、抑えがたい情熱が原因ということになる。同じように、科学、エンジニアリング、市場調査が発展した今日、イノベーションへの反対は、愚直あるいは、救いがたい無知と思われるだろう。

求められるのは、バランスの取れた見識である。このようなイノベーションの流れは定着し、また必要不可欠であり、優れたセンスを生み出すが、それでいて経営資源のすべてを使い果たしてしまうものではない。ある業界のなかの一社が、イノベーションにおいて常にリーダーであり続けるのは不可能である。業界のイノベーターたらんと身を粉に努力し続けることの危険性を認識すべきである。「業界初」といわれるものを次々と生み出し、すべてのイノベーションにおいて常にライバルを打ち負かすのは、たとえ不退転の決意、エネルギー、想像力あるいは経営資源に恵まれていようと不可能である。

重要なのは、一企業が常に当該分野で最初に試みようとすることすら無理であるという点である。そうした試みには、莫大なコストがかかってしまうからだ。それが可能になるほど想像力やエネルギー、経営ノウハウは業界内で偏って分配されているわけではない。この事実を大半の人が暗黙のうちに理解している。しかし筆者は、みずからが実施した調査の結果、必ずしも全員がそれに応じた行動を取っているわけではない、という確信を抱くに至った。

リバース・エンジニアリングの基準を確立すべき

一企業内でのイノベーションには限界があると認識した時点で、存続と成長のために企業は競って模倣に走る。いまや競争環境の圧力に押され、規模や経営、あるいは資金力の面で最良、最大の企業といえども、模倣に関わらざるをえないばかりか、戦略として入念に検討し、それを実践しなければならない。

つまり、製品やプロセスに関する限り、リバース・エンジニアリングに積極的に取り組み、競合他社が創り出したイノベーティブな製品に匹敵する自社独自の模倣品をつくるよう努力しなければならないのだ。さらに、分野を問わず、真の意味での新製品が発表されるスピードが速ければ速いほど、競合他社にとっては明確な模倣戦略――事業判断ばかりでなく、リバース・エンジニアリングに当たって何をすべきかを決めるための指針――の展開がますます緊急課題となる。

どの業界も競争が激しく、存続と成長が急務である以上、各社ともイノベーターの新製品をいち早く模倣する。企業が手にできるマージンは、模倣のスピードが増すにつれて小さくなる傾向にある。それゆえ、模倣者は迅速に市場参入することがきわめて重要である。しかし、強力なR&D部門を有する新製品志向の強い企業――アイデア段階から製品発表まで通常一～三年かけている企業――を対象に筆者が実施した調査によると、競合他社のイノベーションへの対応策を、非公式あるいはそれとなくでも示している企業は一社としてなかった。

リバース・エンジニアリングに取り組むうえで、何らかの基準を設けておくのが有益である、と考えられるようになってきている。にもかかわらず、調査企業のうち、体系的あるいは一貫性のある考えを持っていたところは一社としてなかった。この事実は、以下に挙げる調査の結果からしても意外だった。

●これらの企業はいずれも、何らかの正式な新製品企画プロセスを持っていた。
●いずれの企業も、最近のある時点において、模倣製品の発売が遅れたために、かなりの利益機会を失っていた。

換言すれば、イノベーションを企てるに当たって最新の注意を払う一方、より重要な模倣に関する基準はいっさい設けていないのである。リバース・エンジニアリングは計画されてもいなければ、重要視もされていなかった。単に発生したにすぎないのである。無作為に、時には競合他社が行ったことへの無計画な反応として実施されている。調査企業の事例では、模倣者はいずれも模倣のタイミングが早すぎたか、遅すぎたがゆえに大きなつけを払わされている。特に後者のケースが多い。

遅きに失した模倣の多くが、もしも一年早く発表されていたら巨額の利益に結実していただろう。さらに早い時期ならば高価格を設定して高マージンを稼ぐことも可能だっただろう。

「かじりかけリンゴ戦術」でリスクを極小化する

新製品にリスクがつきものであることはだれもが知っている。予想されるとおり、成功よりも失敗の数が多い。この事実が、競争的模倣の大幅な遅れの原因になっている。模倣を志向する者はそばに控えて、「イノベーティブな製品の運命はいかに」と固唾を呑んで見守っている。売れ行き好調と判断できたところでようやく行動に移る。もちろん、注意深く待つことはまっとうな事業戦略である。

以前、筆者は「かじりかけリンゴ戦術」なるものに言及したことがある。(注2) この戦術では、熟慮の末、新製品の開発をいっさい試みないことに徹する。要するに、「成功するために、リンゴを最初にかじる必要はない。果汁たっぷりの二口目か三口目で十分だ。ただし、果汁の涸れた一〇口目ではダメ」なのである。市場開拓は他人に任せる。そうすれば、たとえイノベーターの製品が腐ったリンゴだったとしても、模倣者は何ら痛手を被らない。果汁たっぷりのおいしいリンゴならば早々に行動を起こし、早い段階で甘い汁をたっぷりいただく、という戦略だ。

ライバルが少なく、マージンも魅力的な「早い段階」というのがミソである。事業の立ち上げにまつわる問題も少なく、必要な資本もわずかで済み、製品を迅速にコピーできる業界ならば、早い段階での模倣も容易である。アパレル産業などはその典型である。

しかし、立ち上げに問題が多く、必要な資本も大きく、長時間のリバース・エンジニアリングが必要となると、果汁たっぷりの二口目か三口目を口にするためにも数年の歳月と大きなリスクを覚悟しなければならない。また、実証済み製品の模倣だからといって、自動的にリスクが減るわけではない。単にリスクの性質が変わるだけである。

イノベーターの場合は、みずからの製品を受け入れてくれる市場があるかどうかというリスクに直面するが、模倣者の場合は、すでに多くの競争相手がひしめく市場にアクセスするリスクを負う。しばしば強引に値下げする競合がいると、なおさらである。他企業よりも大幅に計画期間を短縮できる模倣者が優位に立つことは言うまでもない。ライバルも少ないし、より高く安定した価格で販売でき、何事も有利に事業展開できる。

模倣も計画的に

規模が大きく経営基盤のしっかりした企業は、R&Dあるいは製品開発プロセスに細心の注意を払う傾向にある。

純粋にイノベーティブな製品は、入念に編み出した企業戦略の賜物である。このイノベーションは意図され、計画されたものであって、偶然の産物ではない。にもかかわらず、製品の模倣となるとほとんどがまぐれ当たりであったり偶然であったりする。模倣者が計画したとおりの結果ではなく、ライバルのイノベーターが計画した結果である。

イノベーターが計画し、実現させた画期的製品は、往々にして競合他社から疑いの目をもって見られる。一例を挙げてみよう。

数年前、電動歯ブラシが初めて登場した時に、携帯用家電やパーソナル・ケア分野のメーカーの多くは、予想どおりの反応を示した。「当社が考え出したものではない」ということで、もっともらしい失敗の理由を数多く挙げた。しかし電動歯ブラシはたちまち評判となり、人気小型家電の仲間入りを果たした。

もちろん、すべての携帯用家電メーカーが電動歯ブラシの成り行きを眺めていたわけではない。すぐさまユーザーや潜在顧客にインタビュー調査した企業もあった。しかし、そうした活動はきわめて懐疑的な状況で実施されたものが多く、経営者は無関心とはいわないまでも、軽く見ていた。小型家電メーカーの一部が――確かな根拠があるわけでもなく――好奇心から製品を扱うのがせいぜいだった。大多数のメーカーにとっては「自社が考え出した」独自プロジェクト――慎重に練り上げ、苦労してつくった経営計画の一部であるイノベーション――のほうが、緊急かつエキサイティングに思えたのである。

これらの小型家電メーカーが、競合他社のイノベーションに対するアプローチについて、もっとしっかりした計画やプログラム、あるいは手順を設けていたら、電動歯ブラシのビジネスにもっと早く参入し、より多くの利益を上げていただろう。

図表6-1 典型的なプロダクト・ライフ・サイクル

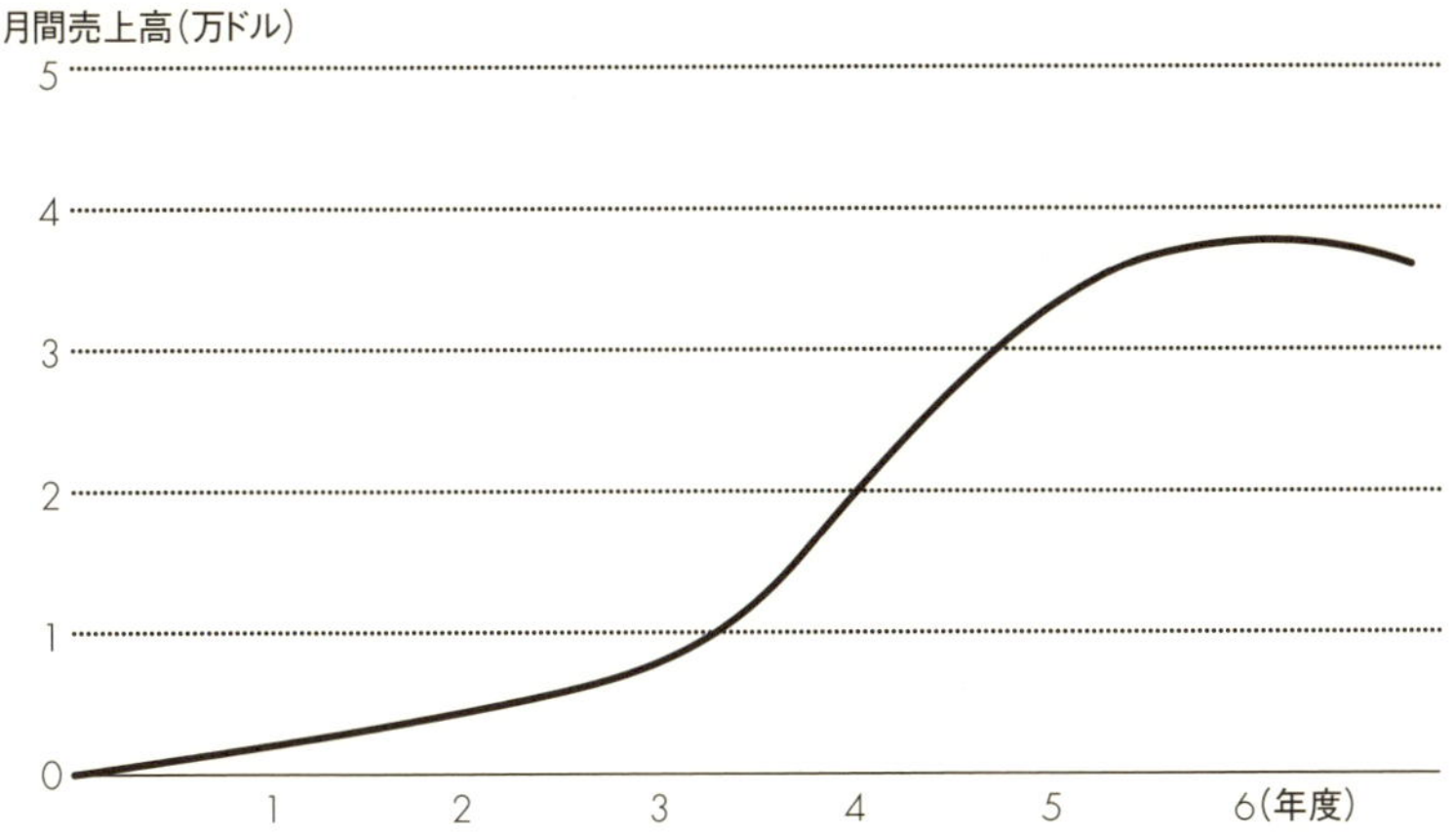

模倣戦略の実践

次に、模倣品の計画および創造の積極的アプローチ——筆者は「イノベーティブ・イミテーション戦略」と呼んでいる——の概要を述べよう。

説明を簡単にするために、イノベーターが発表する（真の意味での）新製品は**図表6-1**「典型的なプロダクト・ライフ・サイクル」に示されたように、だいたい標準的な曲線を描いて最終的には成功すると想定しよう。製品は、図の原点、ゼロの時点で発表される。

競合X社がいち早くその存在に気づく。ただし、この価格帯の製品が、市場全体で月間二万個以上売れると予想されない限り市場参入しない、とX社が決めていると想定しよう。三万個を超えれば、きわめて魅力的な市場と見る。

イノベーションが初めて姿を現すと、X社のような企業——同社製品には大規模な設備投資と多額のリバース・エンジニアリング費、多大の時間を要する——は、通常次のようなパターンを示す。

ゼロ年度には、意思決定者たる経営者は、単にこう述べるだけだ。「売れるかどうか怪しいものだ。まあ、目を離さずにおこう」。初年度（業界と状況によっては六カ月後）には、意思決定を下すべきX社は、製品がまだ生き延びているのに少々驚く。それでも、「なあに、小さな市場にしがみついているだけでうまくいくはずないさ。そう言っただろう」というのがこの時点での典型的なコメントである。

二年度には、次のように展開する。「少し売れてきたようだぞ。どうやらY社も参入するそうだ。二社がやっていけるほど市場は大きくないから、これでおしまいだな」

三年度には、明らかに右上がりの伸びを示していることに多少いらついてきて、次のような反応を示す。「ジョージ、ちょっと気をつけたほうがいいんじゃないか。君の部下にすぐに調べるように言ってくれ」

三年度と四年度の間のある時点で大規模な緊急計画に着手する。

五年度になって、ようやくX社は、他の六社と共に市場に参入する。

何が起きたのか、振り返ってみよう。ゼロ年度の時点でX社はこの製品の成功確率をゼロパーセントと見ていた。模倣品の製造・販売について何ら積極的なアクションを取らなかったのだから、X社は同製品の成功確率をゼロパーセントと判断していたといえる。わずかながらでも成功する確率があるとしていたら、たとえ試験的な方法にせよ、何らかの模倣的手段が講じられていたはずである。しかし、この時点はもちろん、初年度、二年度においても動こうとはしなかった。各年度において、X社は常にイノベーターの成功確率をゼロパーセントとしたアクションを取った。

ここで重要なのは、X社の意思決定者が三年度に至って大いに不安を感じながらも、実際には成功確率を依然ゼロパーセントとしていたことである。「ジョージ、ちょっと気をつけたほうがいいんじゃないか。君の部下にすぐに調べるように言ってくれ」という発言に見られるように、明らかに心配しながらも、三年度に至ってなおX社は、成功確率をゼロパーセントと見ていた。というのは、模倣において最も複雑かつ時間のかかる仕事、すなわちリバース・エンジニアリングに取り組もうとしなかったことからうかがえる。

製品をつくるのであれば、最も時間と労力を要すると考えられる段階で何の対策も講じないというのは嘘だ。イノベーターの成功確率を常にゼロパーセントと見ていたために、あえて危険を防ぐ手段を講じなかったのである。

成功確率予測に基づく対応投資額の算出

概して、新製品の命運については、この程度の確信しか持てないのである。最初から、あるいは初年度か二年度に、競合他社のイノベーションは絶対に失敗すると言い切れる人はいない。失敗か成功か、心の奥底でどちらかに現実的な判断を下しているのが普通である。この自信に欠ける態度を改め、まっとうなビジネスに向かわせることは可能であり、またそうすべきだと思う。

その分野の主要なイノベーターが発表する新製品の一つひとつについて、X社が自社のマーケティング担当者に成功の確率予測――たとえば売上高などの尺度によって――を入念に立てるよう命じたと想定しよう。この場合、判断を下すべき時期における確率予測は、**図表6-2**「リバース・エンジニアリング費の予算割当スケジュール」のとおりとする。これを、「成功確率予測」（success probability estimate）と名づけよう。

ゼロ年度の時点で、新製品に対する模倣品開発に要するリバース・エンジニアリング費を概算する。ここでは仮に一〇万ドルとするが、数百万ドルを要する状況であっても、この事例は適用できる。成功確率予測が更新されるたびに、それに応じたリバース・エンジニアリング費の予算を割り当てることが、この事例における適切な危険防止策である。図表6-2から明らかなように、リバース・エンジニアリングに必要な資金の半分は三年度までに充当され、

図表6-2 リバース・エンジニアリング費の予算割当スケジュール

年度	成功確率予測	リバース・エンジニアリング費(年間)	リバース・エンジニアリング費(累積)
0	5%	5000ドル	5000ドル
1	10	5000	10000
2	15	5000	15000
3	50	35000	50000

※ リバース・エンジニア費(累積)は、リバース・エンジニアリング費の総計に成功確率予測を乗じて算出する。たとえばゼロ年度は10万ドル×5%=5000ドル。

一部は使われ始める。

R&Dの経済性は業界やプロジェクトによって異なる——五〇〇〇ドルでは事業を立ち上げるには不十分で、ゼロ年度の成功確率予測が五パーセントであっても、たとえば一万ドルを割り当てなければならない場合もありうる。その他の問題もあるだろうが、いずれにせよ、戦略は明らかである。すなわち、危険を防ぐために競争感覚を養い、競合他社の新たな活動の成功に対抗して、まず保険をかけるのである。

この保険の額面金額と保険料は、リバース・エンジニアリングへの投資規模に表れる。これは、模倣品をいち早く市場へ出すように想定したものである。時間の経過と共に、修正されるイノベーターの成功確率と模倣者の予測R&D費を反映させて、額面金額と保険料を毎年修正する。

模倣者の損失防御策

この保険プログラムを、「模倣者の損失防御策」(imitator's hedge)と名づけよう。X社がそうした方策を持っていたら、市場成長率が鈍化し始め、競争が激化し、マージンが低下した五年度に至ってようやく市場参入するのではなく、四年度には参入してコストをより早く回収できていただろう。このような明快かつ決定的な方策があれば、新製品の評価プロセスを慎重かつ子細に設計していただろう。また、成功の確率を見極めるうえでも、表れた兆候をもっと有意義に活用できただろう。その結果、X

社は三年度中に市場参入したはずだ。

複雑な（少なくとも比較的ハイテクの）模倣品の発売には、リバース・エンジニアリング以上のものが関係してくる。金型をつくり、工場を稼働できる状態にする以外にも、時間と人と資金を要することが多々ある。特に、設計と開発のプロセスに時間がかかる場合が多い。新製品に類似した特徴を持つ製品がつくれるよう、既存の生産ラインの変更が可能な業界では、特にそうである。

たとえば、電気カミソリの製造工場は電動歯ブラシ製造への転換性が高いし、空気調整装置のメーカーにとって実験用プロセス・ポンプの生産は畑違いではない。ただし、どちらの場合もリバース・エンジニアリング以外の部分に多くの問題があって、多大の時間を要するだろう。

模倣者が損失防御策を講じるのはそう簡単ではない。目的が正しいからといってうまく機能するわけではなく、何らかの不足があると実行できない。さまざま問題を伴う場合が多く、時間を考慮することがきわめて重要となるので、競合他社の動きをうかがいつつ、模倣品にからむ問題と投入時間をいかに最小限に抑えるか、あらゆる方法を考えるべきである。

理論的あるいは難解なことを言っているのではない。先進工業国の軍隊では、兵器の計画・開発にこの種のプログラムを用いるケースがとみに増えてきている。一瞬の節約が国を救う。ビジネスでも、一瞬が巨額の利益を手にするか否かを決める。リバース・エンジニアリングを早期に着手したにもかかわらず、製品が失敗に終わったとしよう。その損失は生産を始める前なら、慎重な企業が他のかたちの保険にかけた金に比べると、けっして無駄金にはならないだろう。

業界によっては新製品が発表される頻度は高いので、すべてに防御策を施すのでは金がかかりすぎる場合がある。その一方で、すべての企業があらゆる製品機会に防御策を設けたいと思っているわけではない。それでも、保険料の支払いに追われる可能性はある。だからこそ、保険をかけるか否かを判断する基準を設定することが必要となる。

リバース・エンジニアリングを行うべき新しい競争的製品と、そうではない製品との選別基準である。この基準はさまざまだろう。新しい競争的製品を手がけるにしても自社がどれくらいの能力を有しているか、自社の重要な既存製品と代替品はどれくらい類似しているか、その市場潜在力の大きさ、開発費の金額、それなりに市場に受け入れられるまでに要する時間などが考えられる。

これら一つひとつに付加しておくと有効な基準が別途ある。それは、自社の中核的製品の一つに対する直接の潜在的脅威がある場合を除いて、今後五年間は新規の損失防御策の初年度費用の合計がYドルを上回らないという方針である。その企業の損失防御策の年間総額がYドルを超えることはあっても、新規案件の初年度費用の合計はYドルを超えてはならない。

この方針に従えば、予算の上限であるYドルを、ゼロ年度における成功確率予測の最も高い提案のなかで配分することになるだろう。巨額資金を要する損失防御策プロジェクトは除外するという結果になるならば、最初の基準、または損失防御策予算総額の規模、あるいはそれら双方の見直しが必要となるかもしれない。

創造的模倣者の価値を正当に評価する

イノベーションや新製品の開発、あるいは新しい特徴・スタイル・パッケージ・価格設定による既存商品の延命と市場拡大――これらはすべて、現代企業が戦闘手段として蓄えてきたものばかりである。イノベーションは我々の社会にふんだんにあるが、多くの人が思うほど豊富にあるものではないかもしれない。一人のイノベーターが最初に発表した新製品が、数年後に大量に出回り、注目を集めるようになると、実はまったくの模倣であったにもかかわらず、それをイノベーションと見誤るからだ。

イノベーションよりも模倣がはるかに多いことは、簡単な計算をすればすぐにわかる。真の意味で新製品やプロセス、あるいはサービスは通常一人のイノベーターの考案によるものだが、後にそれを模倣する人間は数知れないからだ。一企業が常にイノベーターであり続けるのは不可能で、時には模倣者にならざるをえない。

イノベーションにつきまとうリスクは広く認識されているが、模倣にまつわるそれは不十分である。ある企業が多数の競合他社と同時に、模倣品を市場に投入するリスクはきわめて大きい。

イノベーションを身上とする企業ならば、成果主義による大胆な報酬制度を導入できよう。称賛、高い評価、昇進は明らかにイノベーティブな人間に与えられるし、そうあってしかるべきである。

ここで留意すべきは、考えられるマイナス面である。模倣手段を頻繁に提案する人を価値がないとか、能力が劣っていると見る環境は最も不幸な負の結果といえよう。このような環境下では、たとえ早期に模倣手段に訴えたからこそ今日の成功がある事実が存在していたにしても、社員は模倣戦略を意識して避けるだろう。

したがって、きちんとしたかたちで模倣戦略を支持する方策があれば、必要な模倣活動を早期に実行に移せるばかりか、イノベーターのみならず、創造的模倣者の価値を企業全体に広く知らせることになるだろう。これにより、計画的な模倣思考は、魅力的なイノベーティブ思考と同様に正当化される。

だからこそイノベーティブな模倣を生み出す方法を明快かつ入念に練り上げることは、イノベーションそのものと同様に有意義である。そのような施策には、模倣者の損失防御策が強く求められることになろう。この提案はその目新しさゆえに、奇妙でいささか専門的に響くかもしれないが、すでに関連分野で行っていることと比べてみるとよい。

保険を例に取ってみよう。損失防御策の原理とその有用性は損害賠償保険の原理と同様に一般的であり、成功と管理について予算を組むという考え方と何ら変わるところはない。

イノベーションを偽りの救世主とするのは誇張であり、模倣こそ新たな救世主とするのは誤りかもしれない。しかし、イノベーションこそ救世主と考え、計画的な模倣の持つ実現力に関する現実的評価を無視して、偏った行動に走ることのほうがさらに大きな誤りである。

【注】

(1) "Functional Features in Product Strategy," HBR, March-April 1959.

(2) "Exploit the Product Life Cycle," HBR, November-December 1965.(邦訳は本書第4章として収録)

第7章

The New Markets
—Think Before Your Leap

新市場への参入は慎重に

The New Markets–Think Before Your Leap
HBR, May-June 1969.

もてはやされる将来予測の専門家

手っ取り早く何かのエキスパートになりたいと思うなら、将来予測の専門家を目指してみるとよいだろう。将来予測に必要なものは、想像力と表現力の二つだけである。言うまでもないが、予測は実行とはまったく違う。見事なまでにリスクとは無縁なのである。だからこそ、世の中には未来学者、つまり未来予測の専門家を名乗る人たちがあふれ返っているのだろう。

彼らは実に恵まれている。未来学者が増えれば増えるほど、先々を予測してほしいとの熱心な要望が押し寄せるようになる。世の中には、首をかしげるほど旧態依然とした分野もあるものだ。科学やテクノロジーがこれだけ進歩したというのに、預言者や占い師は行列ができるほど繁盛している。彼らは装いを別にすれば、中央ヨーロッパの同業者とまったく同じである。

いつの時代にも、人間は未知のものに何よりも大きな関心を寄せずにはいられない。昔ながらのしきたりが失われ、大きな変化にさらされると、我々は耳に心地よい予言をしてくれる人にすがろうとする。将来予測そのものが一つの産業へと発展し、いまやとても羽振りのよい成長産業となっている。そのだれよりも熱心な顧客は経営者たちである。彼らは将来に対応してうまくチャンスを生かすという、魅惑的だがそら恐ろしい責任を担っている。

にもかかわらず、法外な価格で経営者に示される予測の中身はといえば、新鮮味に欠けるか、馬鹿げているか、どちらかである。もちろんどれも経営者の興味を引くような仕上がりになっているが、行動の基盤にできる中身はごく一握りにすぎない。本来の狙いかどうかは別として、少なくともアドレナリンの分泌を促す利点はあるが、その効果とて長続きはしない。経営者はたいてい、差し迫った課題への対応に追われているのだ。

「二〇〇〇年には、食糧の三〇パーセント超は海洋で栽培されるようになっているだろう」という予測を聞かされれば、我々はやはり、海洋生物学にどれくらいの可能性が秘められているか、新しい食物を探す競争に負けてはならない、といった興味や意識を呼び覚まされる。インターナショナル・ハーベスター、ラルストン・ピュリナ（訳注：現ネスレ）、バス鉄工所（訳注：現ジェネラル・ダイナミクス）、ボルト・ベラネック・ニューマン（訳注：現レベル3）ほか、成長のチャンスをうかがう企業は、予測のなかに行動に結びつくシナリオを読み取るかもしれない。特に科学や生命において、いまにも起こりそうな出来事に基づいている場合には、予測にも有用性がある。

ところが、肝心の土台となるものがもろい場合があまりにも多い。海洋は食物の宝庫かもしれないが、なじみの薄い海産物に消費者の人気が集まるとは考えにくい。たとえ食糧がひどく不足したとしても、食習慣はやすやすとは変えられない。それを如実に示す悲惨な実例がある。近年、栄養不足に苦しむ南米やインドの人々に向けて、安くて栄養価の高い食品が開発されたが、まったく鳴かず飛ばずだった（注1）。

海洋が将来の生活にどれだけ役立つかという予測は、科学や技術の可能性だけに目を奪われて、人々がどう生活しているか、何に価値を見出すか、習慣をどのように変えるか、といった視点が欠けていたのでは、誤解を招きかねない。インドでは、牛の頭数が世界で最も多く、あちらこちらに牛がいるにもかかわらず、日々何千人もの哀れな人々が飢え死にしている。テクノロジーの可能性だけに基づいて考えていたのでは、消費行動や生活について的外れな予測しかできないだろう。

市場は存在するが、買い手がいない

ニーズがあるのに市場が存在しなかったり、市場はあるのに買い手が見当たらなかったりすることが起こりうる。ピッツバーグの製鉄所が真昼の日差しを遮る方策を講じた三〇年前、汚染を抑制するというニーズはたしかにあったが、市場は存在しなかった。スモッグを抑制する手法がないわけではなかったが、だれもスモッグに対処しようと思いつかなかったのである。今日では、水質汚染をコントロールするために市場が生まれているが、後に詳しく説明するとおり、必ずしも買い手がいるとは限らない。

単純な推測のみに頼っていては、将来をうまく見通すのは無理だろう。想像力を働かせて、さまざまな要因を考え合わせる必要がある。それを怠ると、とんでもない予測結果を生み出しかねない。近年の格好の事例として、住宅建設業界が挙げられる。

一九五〇年代半ば、結婚・出産ブームがいまにも起きるだろうというバラ色の予測があった。ブームの主役になりそうな若者層が存在したにもかかわらず、その予測は見事に外れた。アメリカ産業界は巨額を投じて各種の製品や製造設備をつくったが、待ち焦がれた住宅ブームはついに訪れず、ほとんどが無駄に終わった。

どこで歯車が狂ったのだろうか。いま振り返ってみると、予測の落とし穴が浮き彫りになる。想像力を働かせて、さまざまな要因を考え合わせなくてはならない意味がよくわかる。

この場合、いくつもの変化が複雑に絡み合い、過去の延長線上にある明るいトレンドを打ち消してしまったのだ。

まず、予想を超えて晩婚化が進んだ。大学進学率が上がり、在学期間が延びたことが、その理由として考えられる。家族計画が容易になり、世の中でも認められてきたため、結婚から第一子出産までの期間が長くなった。大学進学率の上昇そのものも、互いに関係した以下の三つの要因によって促された。

①若者の数が増えて就職競争が激しさを増したため、高い学歴を身につけたほうが、よい仕事に就きやすい。
②このため、キャリアで成功を収めるためのカギが、熱意から知識へと移り変わった。
③社会全体がより重い負担を背負っても、安い学費で高等教育を受けられる仕組みを設けようとの気運が高まった。

進学率の向上と家族計画の普及によって、初産年齢が上がっただけでなく、若者が幅広い就業機会を持てるようになった。従来と違い、地元ばかりか全国から求人が舞い込むようになったのである。子どものいない夫婦であれば、移動しやすく、遠方での就職にも制約が少ない。スピードに優れた飛行機、プライバシーを保ちやすい自動車など、移動手段の充実によって、転居に伴う面倒は大幅に軽減された。地元の親しい人たちと離れる不安もなくなった。安定した職を手に入れ、将来の年金が約束され、遠方の人とも電話で手軽に会話ができ、週末には飛行機に乗って短時間で孫の顔を見に行ける。そのうえ、地元を離れるのは物珍しい冒険ではなく、ありふれた光景となった。

景気がよいうえに、地理的な制約に縛られずに職を探せる状況に背中を押されて、若い夫婦は、キャリアの形成期にはできるだけ長く身軽さを保ち、さまざまな職に挑戦したいと考えた。こうして若い夫婦のライフスタイルは、第二次世界大戦の直後とはまったく様変わりした。

退役軍人は大恐慌のさなかに育ち、おぞましい戦争のせいで、先行きへの不透明感が漂う環境に放り出されたため、自分の家に落ち着きたいとの強い思いで故郷を目指した。ところが六〇年代になると、彼らの子どもたちの世代はまったく逆の道を選ぼうとした。生まれ育った土地を離れ、自分の世界を探し求め、自立した生活を試す、という自由を追い求めたのである。くわえて彼らは、家を持ってさまざまな制約を抱え込むよりも、貸し家を移り住むことを好んだ。こうして住宅建設、建設資材といった産業は業績低迷にあえぎ、活気を失った。

将来の事業予測をめぐって、「よどみなく予測を述べる専門家には注意しよう」という一般則がある。「答え」を説く人というのは常に霊感に頼っている。テントを携えて放浪を続ける「救済者」と同じく、霊験あらたかに福音を告げる才能を武器に成功している。しかし、霊感に基づく答えはまず参考にならない。

バック・ロジャーズ流の未来論や手軽な予測をこれ以上はびこらせる代わりに、マーケティングの視点に立って、先行きについてそれなりに信頼の置ける見方をしてみよう。未来は、前触れもなく天から降ってくるものではない。ある晴れた春の朝に、ベートーベンの「喜びの歌」に乗って予言が届くことは起こりえないのだ。未来は否が応にも、現在を土台にしてゆっくりと紡がれていく。

本稿では、大胆な予言や現実からの飛躍は行わない。西暦二〇〇〇年はおろか、いまから約一〇年後の一九八〇年についてさえ予測するつもりはなく、むしろ現状から少しだけ前進することを目指す。むやみに将来を見通そうとするよりも、目の前の現実に基づいて将来を考える方法を示すのが、ここでの狙いである。

公共サービス市場の難しさ

昨今、産業界が最も心を躍らせるのは、教育、公害防止、都市部での大量輸送、医療など、いわゆる公共セクターで大きな新市場が生まれるとの予測に接した時である。しかしすでに明らかになってきているように、この予測ほど我々を落胆させられるものはない。

六五年、ゼネラル・エレクトリック（GE）と『タイム』誌が共同でゼネラル・ラーニング・コーポレーションを設立して、工夫を凝らした広告宣伝を行った。新会社には、退任したばかりの教育長官をトップとして迎えたほか、一〇〇〇万ドルの資本、多数のGE製の電子機器、タイムの保有する膨大な教材類、熱意と才能にあふれた人材などが投入された。にもかかわらず、わずか二年後にはゼネラル・ラーニング・コーポレーションは存亡の危機に立たされた。組織と戦略を全面的に見直し、対象顧客層を大幅に広げ、無情にもレイオフを断行せざるをえなかった。唯一の慰めは、やはり楽観的な見通しを持っていた競合他社もまた、同じような業績低迷にあえいでいたという事実だ。

なぜこれほど派手に失敗したかというと、予測が誤っていたからではない。大規模な教育市場はたしかに存在する。しかし、市場があれば当然のように買い手がいるわけではない。要するに、技術者や教育専門家が夢見た複雑な教育技術を先を争って買うほど、規模の大きな市場ではなかったのである。これは予言者の見落とした大きな盲点だった。熱心な見込み客が大勢いたとしても、そのうち実際に対価を支払える顧客は皆無に近いかもしれないのだ。

レイセオンやGEなどの企業が、大きな期待を抱いて教育市場に熱い視線を注ぐのは、教育分野でテクノロジーが素晴らしい威力を発揮できるはずだ、と見抜いているからである。そのテクノロジーとは、昔からの小さな教室で対面で教えるのが一般的とされてきた語学、読解力、数学などさまざまな分野の教育用機器、たとえばLL機器である。さらに、人材不足のせいでより効率的な教育手法へのニーズが高まっており、新しいテクノロジーが有望だとの見通しには反対しにくい。それでも、教育市場が明らかに拡大しているにもかかわらず、人材不足を補う最新テクノロジーには買い手がつきにくい状況なのである。

なぜ買い手がつかないかといえば、生産に細心の注意を要する製品はコストがかかりすぎて、価格も高くなるからである。それに見合うだけの購買力を持った顧客がいないなら、生産するわけにはいかない。

ハーバード大学は教育・技術分野から何十人もの専門家を集めて「物理学プロジェクト」を推し進め、五年の歳月をかけて、高校生向けの新しい基礎物理コース（一年間）を企画した。このコースは洗練された最新テクノロジーを駆使していた。教室での実験機器だけではない。生徒への教材配付、生徒からの課題の提出、課題へのフィードバックには通信機能を用いる。このコースを運用するためには、教える側もみっちり訓練を受ける必要があった。

コース開発には一二〇〇万ドル以上が投じられた。ちなみに今日、従来型の物理の教科書は約三万ドルで出版できる。もっとも、教科書の出版の場合、コストのほとんどは目に見えない。教科書の執筆者は週末や夜間に作業をして、人知れずコストを背負っている。しかし、ハーバード大学が開発したような、洗練された電子技術を駆使した物理コースは、週末のみ開発や試験をしたくらいではとうていつくれるものではなく、大勢の専門家がつきっ切りで作業をしなくてはならないはずだ。しかも、善意の奉仕に頼るのではなく、金銭の対価を支払う必要がある。

学校市場の規模が小さい理由

ニューヨークの学校制度は全米で最も大きく、生徒の数は高校だけで約四七万人に上る。しかし、基礎物理学のコースを設けたり、民間企業にそれを促したりするためには、この規模でもまだ小さすぎる。仮にそのようなコースを採用して、二〇年にわたって毎年の使用料を支払うと約束し、さらにその間に新しい知識などを追加する必要はないとの条件をつけたとしても、企業が「コースの開発をぜひとも請け負いたい」と何度も営業訪問に訪れるとは考えにくい。どの地域の学校も規模が小さすぎて、予想される開発コストを負担できないのである。

カリフォルニア州のすべての学校が参加するのであれば、ハイテクを駆使した最先端のコースを開発しようとの企業が現れるかもしれない。だが、どこの州でも学校間の足並みは十分には揃っていない。そのうえ、こうした開発に耐えられるだけの規模を持った企業も見当たらない。これを教科書出版と同じように位置づけ、社会奉仕のために腰を上げようという企業もなさそうである。しかも、仮にカリフォルニア州の学校が足並みを揃えて新しいコースの導入に踏み切ったとしても、コースに合わせて新しい教室、実験室、きわめて高価な機器を用意して、大勢の先生を訓練する、という別のハードルが待ち構えている。

レイセオンや他の企業がカンファレンスの場で「資金さえ出してもらえれば、当社にはできる」と常々口にする背景には、こうした事情がある。企業は基礎コースやその運用に必要な機器を、リスクを負ってまで開発しようとはしないだろう。単にコストがかさみすぎるからではない。コストに関しては、よりリスクの大きな事業にも乗り出してきた。問題は顧客が不在だということにある。

学校にはこのような製品を購入するだけの資金がない。たとえ資金があったとしても、昔ながらのやり方へのこだわりや抵抗を克服するには、何年もかかりかねない。製品が大ヒットするとも考えにくい。こうしてハーバード大学教育学部大学院のセオドア・R・サイザー学部長は、六八年の年次報告書で、教育技術を新たな事業と利益の源として生かそうとしていた大企業が、すでに期待水準を引き下げ、予算を縮小したと述べるに至った。

こうした教育コースの開発には、一般からの大きな支持が必要である。連邦政府は二〇〇億ドル規模とされる超音速旅客機の開発に一八億ドルの拠出を決めたが、それと同じような支持がない限り、電子教育という華々しい構想は実現しないだろう。この製品を実現できる顧客は、アメリカ広しといえども唯一、国民が疑いの眼差しを向ける連邦政府しかない。

学校だけの力では無理である。資金が足りないからというよりも、民間企業の腰を上げさせるために他の学校と歩調を合わせそうもないからだ。学校同士が結集しないのは、自主独立を存在理由にしているからである。アメリカには一万九〇〇〇以上の学校区があり、シカゴの中心部だけでも二五を超える。学校区は周囲の市町村の税収や判断基準に影響されることなく、独自のシステムを保とうとする地元自治体の努力に支えられている。教育者やコスト削減を狙う政治家たちが学校区の統合を目指して長年戦ってきたが、まったく成果を上げていない。

公害防止への自治体の取り組み方

大気汚染、水質汚濁といった分野も、同じく顧客の不在という問題を抱えている。個別の企業は、周囲からの圧力を受け、排出物による汚染防止に乗り出さざるをえなくなるかもしれないが、自治体に対してはだれも説得を試みない。他方で自治体は、納税者である企業に、万全の汚染対策を求めたりしないだろう。汚染対策を徹底するには多大なコストがかかるからだ。

マサチューセッツ州のチャールズ川といえば、ハーバード大学とラドクリフ大学の恋人たちが川辺で憩うことで知られているが、美しい風景に似つかわしくない異臭を放っている。この無残なまでに汚れた川をわざわざきれいにしようとする人などいるだろうか。チャールズ川はケンブリッジ、ウォータータウン、ニュートン、オールストン、ブライトン、ウォルザム、ウェストロクスベリー、デダム、ドーバーなどの町を経て、汚い状態のままボストンの町へと流れ込む。ボストンではすでに、べらぼうに高い固定資産税を徴収しているというのに。この美しいがひどく汚れた川のせいで周辺のすべての町が迷惑を被っているが、どの自治体も単独ではこの問題を解決するだけの予算がない。仮に予算があったとしても、目的を達成できる自治体はないだろう。個々の町というよりも、地域全体の問題だからである。

各自治体が他の自治体の問題や要求に関わるまいとしている限り、この仕事はけっして成し遂げられないだろう。

チャールズ川をきれいにしようというニーズは、間違いなく大きいはずだが、顧客がいないのである。この件に関して、周辺地域と手を取り合って予算を確保し、腰を上げようとする自治体は皆無だ。実のところ、チャールズ川流域の自治体は何年か前に、この問題を解決する仕組みを設けたつもりだった。大都市地域委員会（ＭＤＣ：Metropolitan District Commission）という広域にまたがる強力な公的機関を設けて、チャールズ川全体を維持・管理する責任などを負わせた。ところが、ＭＤＣは骨抜きになりつつある。任務を遂行するのに必要な費用が、各自治体から集まらないのだ。どの自治体も、チャールズ川を汚した元凶は自分たちではなく他の自治体だと考え、費用負担を増やそうとはしない。

その一方で、特筆すべき現象が起きている。チャールズ川流域の自治体は、都市交通という共通の利害を守る目的では手を組んでいるのだ。ニューヨーク州が港湾管理委員会を設けたように、マサチューセッツ州東部の自治体が共同でマサチューセッツ湾交通機構（ＭＢＴＡ：Massachusetts Bay Transit Authority）を設立した。ＭＢＴＡは便利で効率のよいバス、路面電車、地下鉄網を大規模に運用している。その迅速さをいかんなく発揮して毎朝、ウェルズリーに住む金融マンをボストンのステート街にある重厚なたたずまいのオフィスへと送り、夕方には、美しく進歩的な学校があり、冬には除雪車が活躍する落ち着いた住宅地へと速やかに連れ戻す。

ウェルズリー、ニュートン、レキシントン、ビバリー、マーブルヘッドほか、郊外の洗練された自治体は、ボストン市と協力しながらＭＢＴＡを創設し支援していくという約束を、熱心に取り交わした。金融業界の人々、大学教員、ビジネスパーソンは毎日あわただしくボストンへ通勤し、仕事が終わると朝よりもいっそうあわただしく家路へと急ぐ。周辺の自治体にとって、こうした市民を支えるために協力し合って交通網を整備するのは、何よりも意味ある施策だった。

しかし残念ながら、汚染防止や教育改革はこれと比べると優先度が低いと見なされ、その結果、明らかにニーズがあるにもかかわらず、対処されないままになっている。どう考えても大きな市場があるのに、懐の温かい顧客がいない。アメリカの大都市圏はどこも自治体があまりに細分化されすぎていて、それぞれが自己利益を追求するせいで、問題の解決が足踏みしてしまっている。自治体を小分けにしたのは本来、そうした問題を避ける目的が大きかったはずなのに。自治体の上層部でさえも、協力しようとする姿勢は見られない。だから、ニューヨーク市教育委員会のウィリアム・F・ハダドが、市内の公立学校制度をさらに細分化し、学校ごとの独立性を強めるべきだと主張したりするのだ。

「(自分の住む)マンハッタン・ウェストサイド地区で、いまよりも地元に根差した学校運営が実現すれば、もっと安心して子どもを学校に通わせることができる。(中略)立ち上がって、絶対に子どものためによりよい学校づくりを進めたい[注2]」

連邦政府による支援の必要性

教育や広域に及ぶ公害防止のほか、人々の生活に関わる大きな課題をめぐって、巨大な市場が存在しても、資金力の豊かな顧客が現れない限り、民間企業にとっての収益機会は大きくなりそうもない。大都市圏はどこも多数の小さな自治体に分かれている。各自治体は大きな力を持つ一方で、ひどく視野が狭いため、資金力を強化するための再編を検討しようとしない。

さまざまな公共プロジェクトについて、十分な資金力を兼ね備えた顧客を生み出すのがいかに難しいかは、シカゴが一〇六〇もの自治体に分かれ、必ずしも全体の歩調が合っていないという事実からもわかる。

しかし連邦政府が介入することには、産業界はまるで信念であるかのように、断固拒否してきた。連邦政府にほぼ無条件に悪役のレッテルを貼り、抵抗すべき相手と見なす。国防の分野では連邦政府の独占的な力への反発は見られないが、それは国防が外からの脅威に立ち向かうことを目的としているからにほかならない。国内の脅威については、連邦政府が活動領域を広げることへの反発を抑えるほどの理由とは見なしていない。

それでも、どのような方策が可能なのかをより現実に即して見極めれば、必要な変革をいまよりも速やかに成し遂げられるかもしれない。実際に、権限をさほど拡大せずに、連邦政府の活動領域を大幅に広げることは可能である。すでに一部の分野では実現しているのだが、一般にはこのような効果は理解されていない。

失業保険は、その性質上も、管理上も、州の権限に属すべきである。しかし、これは連邦政府によるきわめて有益なイノベーションの賜物である。すべての州に失業保険制度の整備を促し、全米で統一を図って最低限の基準を満たすために、失業補償法では給与に対して連邦税を課すと定めている。その一方、充実した失業保険制度を導入した州には、徴収した税金の九〇パーセントを払い戻すとしている。実際に制度を運用するのは各州の役割とされ、今日でもそれは変わっていない。適切な失業保険制度の導入に向けて、はっきりとしたインセンティブが用意されたわけで、各州は対応に向けてすぐに動いた。

同じような仕組みは他のさまざまな分野でも設けられており、教育や各地の公害防止にも威力を発揮するはずである。州の権限や地方自治をめぐる旧来の論理にどれだけ長所があろうとも、新しい時代の要請には新しい視点で対応を考えていかなくてはならない。二〇世紀の今日、最新のテクノロジーや知識が要求し実現可能とするものをやり遂げるためには、連邦政府を顧客にする仕組みがぜひとも必要である。だが、そのことに気づかない限り、ウェルズリー、アッパーモントクレア、ウィルメット、サンタモニカなどの地域に住む人々がどれほど望んでも、一般市場からビジネス上の利益を引き出すことはできないだろう。

六〇年代半ばに産業界は、新しいテクノロジーを大規模なかたちで教育に導入するという構想を抱いたが、そこから利益を上げるためには、まず顧客を生み出さなくてはならない。ところがこれは、明るい見通しだった以前と一転して、現在では厳しさを増している。前出のサイザー学長は六八年の年次報告書にこう記している。

「白人、黒人を問わず、一部の貧しい人々が怒りを露にして、暴動にまで訴えたため、連邦政府は教育改革を延期したほうがよいと判断した。（中略）連邦政府の計画では、よりよい学校の実現よりも、警官や州兵の増強のほうが優先度は高い。教育改革には時間がかかりすぎるようだ」

産業界は、技術力や組織を築く能力を教育分野でいかんなく発揮しようとするのなら、それに先立って、顧客の不在という問題を解消しなくてはならない。そのためには、連邦政府への見方を一八〇度改める必要がある。これまでは政府を抵抗し戦うべき敵と見なしてきたが、そうではなく、明るい国づくりの手段として考え始めたほうがよい。つまり、適切な指導、助言、支援などを通して、我々の可能性を引き出し、自由を増進させ、ひいては企業の利益を押し上げる可能性がある存在としてとらえるのである。

幻のレジャー市場

最近では、いわゆるレジャー市場での事業機会に、大きな期待が集まっている。有頂天になりすぎると、またしても後から大々的なリストラを余儀なくされるだろう。

たしかにスキー、ボート、〈コールマン〉のバーナーなどは、かつてない売れ行きを見せている。だがこれは、余暇が増えたからなのか、世の中が豊かになったからなのかは、定かではない。この点はよく考えてみるべきだろう。

余暇が増えたからだとする見方は通常、レジャー市場が拡大するとの見通しに立っている。労働時間が短くなれば、一般的に自由な時間が増え、そうなればレジャー市場も拡大するとの予想がされる。しかし現実は、それほど単純ではない。

実際には、六七年のアメリカ人の労働時間は四〇年時点よりも長くなっていて、余暇の時間は大幅に減っている。三九年の工場での平均労働時間は週三七・七時間だったが、六七年には週四〇・六時間へと伸びている。にもかかわらず、スキー、ボート遊び、キャンプ、アメリカン・フットボール観戦などに興じたり、グラスを傾けたりする時間は、三九年のほうが少なかった。当時は大恐慌のさなかだったので、意欲も能力もある一二〇〇万人もの労働者が、職探しに明け暮れていた。就業者も翌週には首を切られるかもしれないとの不安から、なけなしの預金を後生大事に取っていた。しかし、六七年には失業者は減り、パートタイムで働くどころか、残業に追われるほどだった。自由になる時間は短くなったが、遊びに費やせる時間と金額は増えたのである。

レジャーが盛んだからといって、余暇の時間が豊富にあるとは限らない。四〇年と六九年を比べてみると、仮に労働時間が週四〇時間で同じだったとしても、六九年のほうが自由になる時間は少ない。製鋼所への通勤時間は、以前なら歩いて五分、あるいは路面電車で一五分ほどだったが、いまでは晴れた日に最新モデルの乗用車を運転しても三〇分はかかる。フリーウェイの整備された都会で、今後一〇年間に労働時間が短縮されると仮定しても、通勤時間の伸びのほうが大きいだろう。

たとえ労働時間と通勤時間が共に減ったとしても、予見できる将来において、注目に値するほど余暇が増えるかどうかは疑わしい。重要なのは、自由になる時間がどれだけあるか、という点である。各企業はあれこれと想像力を膨らませて、目を見張るような製品を矢継ぎ早に出してくるが、そうしたものをすべて使う時間が残っているだろうか。

この問いの答えを知るためには、人々の生活がどう変わるかを見極めなくてはならない。貧しかった時代には、ウイスキーを購入するのは大晦日や結婚式など特別な時だけで、土曜日の夜にお酒を飲んではめを外すのは飛び切りの贅沢だった。土曜日の夜にウイスキーを買うのが当たり前になって初めて、今度は平日に酒を飲むのが贅沢になる。やがて毎晩のように食事前にグラスを傾けるようになると、文化的な生活に欠かせない習慣と見なされるようになる。もはや特別なことではなく、三度の食事と同じようにお決まりの日課となるのだ。こうした新しいスタイルはすぐに日々の生活に根づく。最初は贅沢に思えた消費パターンも、当たり前で欠かせないものとなっていく。新しい消費パターンが定着すると、そのための時間は、仕事外であったとしても、もはや余暇の一部とはとらえにくい。

いわゆる余暇向けの製品やサービスの需要は今後伸びていくと思われるが、それは主として豊かさが増すからであって、余暇が増えるからではないだろう。どれだけ豊かになるかわかったとしても、それだけを元に将来の余暇の過ごし方を正しく予測するのは難しそうである。

所得水準の罠

デトロイトの自動車工場に勤めている夫の年間所得が八五〇〇ドル、妻も働いていて五〇〇〇ドルの収入があるという夫婦を考えてみたい。この夫婦の合計収入は一万三五〇〇ドルで、マサチューセッツ工科大学で電気工学の修士号を取得した若手ビジネスマンと比べても、かなり多いといえる。従来の税制上の分類によれば、どちらの家庭も上流中産階級《アッパーミドルクラス》に属している。だが、実際の消費行動を考えるうえでは、税制上の区分はあまり意味をなさない。

デトロイトの共働き夫婦は、おそらく全体から見れば例外的な新しいタイプで、「特権的な中産階級」とでも呼ぶべきだろう。その所得水準は、『ルック』誌の購読者層、つまりアメリカの富裕層上位一〇〇万人に匹敵するほど高い。ところがこの家庭の消費スタイルは、『ルック』に広告を出すメルセデス・ベンツにとっては、およそ魅力的とはいえない。消費行動を見た限り、高級住宅地に住む年収一万三五〇〇ドルの自動車会社の若手マネジャーの世帯というよりも、年収八五〇〇ドルの工場労働者の世帯に近い。アルコールよりも食材、高尚な娯楽よりもボウリングにお金を使い、スーツやドレスを買うよりは貯金をしようと考える。だが、調査機関のカンファレンス・ボードによれば、世帯年収が一万ドルから一万五〇〇〇ドルの世帯では、二軒に一軒の割合で妻が働いているのだという。

このように、収入は消費行動を推し量る物差しとしてはあまり役立たない。それと同じで、職場で仕事をする時間が減ったからといって、自由になる時間が多いとは限らない。職場での拘束時間が短くなると、我々は自分で新しい義務を抱え込む。たとえば、正規の労働時間が短くなったのは、一つには知識が増えて、生産性が向上したからである。ところが、たえず最新の知識を身につけていくためには、自分の時間を学習に充てなくてはならない。

こうして、余暇が増えても、学習時間の増加ペースがそれを上回る事態が想定される。自己啓発により新しい知識の活用法を身につける必要に迫られるわけだが、残りの時間も、新しい娯楽や社会貢献などにたちどころに消えていくだろう。それ以外の製品やサービスに使える時間が残ったとしても、バラ色の予測とは裏腹に、膨大なレジャー関連消費を生み出すとは考えにくい。

レジャー活動の特性

本稿では、レジャー製品の需要を生み出すうえで時間よりもお金が大きな意味を持っている、今後は物事を表面的にしかとらえない楽観的な見通しとは反対に、余暇は減っていくだろう、と述べてきた。ただし、一部のレジャー製品はきわめて好調な売れ行きを見せている。それはお金の動きだけでは説明し切れないのも事実である。たとえば、スキー、ゴルフ、ヨット、キャンプ用品、スポーツ・カー、日曜大工用品、油絵、ハワイでの休日、ヨーロッパ旅行などに人々がお金を使うのはなぜだろうか。自宅の家具を充実させる、教会に寄付をする、ホーム・パーティを開く、といったことに、なぜもっとお金を使わないのだろうか。

その答えのヒントは、人気のレジャー活動を行っている人々の特徴を見るとわかる。彼らには一つの共通点がある。それは、大勢で動くのではなく、自分らしさを大切にする個人主義者だ、という点である。スキーやゴルフに興じたり、絵筆を走らせたりするのは、孤独な活動である。腕を上げれば、それはもっぱら自分一人の成果であって、仲間やチームの協業として紛れてしまうことはない。地下の作業場にランプをつければ、間違いなく夫一人の創造活動の成果である。同じように、料理本、ハーブ、調味料などを使っておいしい食事を用意すれば、それは妻一人の手柄である。ミネアポリスの工場でつくられた惣菜とはわけが違うのだ。

今日のレジャー市場では、特定の活動だけが選ばれている。その陰には、横並びで没個性化した現代生活への静かな反逆や、そこからの逃避が見え隠れする。集団の意思ではなく自分の意思を示したい。画一的な世の中で自分なりの持ち味を出したい。周囲にわかるかたちで自分の特技を試し、示すことで、日頃の不満を解消したい。通常は個人の貢献は十分に評価されず、委員会、タスク・フォース、組立ライン、研究所など、グループの成果として埋もれてしまうので、その鬱憤をここで晴らそうというのである。

現代を生きる我々は、いたるところで規則、時間、スケジュール、信号機、窮屈な因習などに縛られている。ほかの人々の行動も、一見すると気ままなようでありながら、実は判で押したように同じことを繰り返している。企業の社長や一国の大統領ですら、いやそのような人々は特に、そうした状況から逃れられずにいる。

もっとも、何もかもががんじがらめであるかというと、そうとも限らない。周りに合わせた窮屈な生活を強いられ、集団での活動が増えて、個人の成果が見極めにくくなるにつれて、我々は自分の価値を訴える術を見出すようになった。グループ活動とは距離を置いて自分らしさを出せるレジャーは、言わば「逃げ道」であり、人々はそこに自由を求めている。

いま人気のレジャーが、自分からすすんで行うものばかりで、受け身のグループ活動ではないことを見れば、筆者の主張を理解していただけるだろう。地元の教会仲間とバスケットボールをする、近所の人々とホッケー・チームをつくって試合をする、といった動きはほとんど見られない。個人の活動と成果がはっきりわかる、そんな個人プレーを好む人たちが多数派なのである。チーム活動に参加するとしても、ボウリングのように、仲間の助けを借りずにスコアを上げ、個人の貢献がはっきりと示せる種目を選ぶ。

同じように、特定の顧客に向けた製品オプションやカスタマイゼーションが重視されている。このことから、製品ラインを絞り込んだ企業に、新しい事業機会がもたらされるだろう。自動車業界でのフォルクスワーゲンの好調ぶりが、それをよく物語っている。

貧しさから抜け出せない人々

ほかにも、見逃されてきた顧客層がある。人々の心理をより深く分析してみると、世の中で広く見られるある現象に産業界も注目するだろう。その現象とは「貧しさから抜け出せない人々」の存在である。アメリカは経済大国となり、教育の面でも民主化が進んでいるにもかかわらず、貧富の差が開いている。

たとえば、豊かな社会になったといわれるが、それを裏づける数字をすべて、税額控除を考慮して調整すると、驚くような結果が得られる。六七年三月時点、妻子三人を養う労働者の場合、一週間の可処分所得は平均八八ドル七五セントだった。これを年額に直すと四六一五ドルとなり、連邦労働統計局が都市部で普通の暮らしをするのに必要だとする金額の半分にも満たなかった。六六年に労働統計局が発表したところでは、都市部で四人家族が暮らすには年間九二〇〇ドル程度かかる。これでは、副業をする人が現れたり、妻が働きに出たりするのも当然だろう。くわえて六七年には、アメリカの成人のうち小学校しか出ていない人が約一二〇〇万人、まったく学校に通った経験のない人が二七〇万人、一度は通ったが卒業しなかった人が二三〇〇万人もいた。

これではたしかに、いつまでたってもプロレタリア階級から抜け出せない。一般の労働者のうち、経済的に恵まれているのはごく一握りにすぎず、大多数は厳しい労働条件の下で搾取されている。みんなが豊かになったというのは幻想であり、高級志向も一部だけのものだ。それ以外の層に目を移すと、豊かになるための手立てを持たない人々が圧倒的に多い。貧しさにあえぎ続けるほか、ほとんどなす術がないのである。

このような数字を示して、事業機会を取り巻く現実に産業界の目を向けさせようとするのは、心を鬼にしなくてはできないことだ。それでもなお、今後は社会不安が高まり、平等や改革を求める声が大きくなるだろう。一般には、技術の進展によって人々の自由度が増すと予想されているが、それは大きなうねりとはならない。こうした予想には美しい表現がつきものだが、これからの産業界が経験するのは、技術的なブレークスルーや、恵まれた階層がさらに豊かさを加速させるといった現象よりも、世の中の動きに取り残される運命にある層がさまざまな不公平に不満を示すという、憂鬱なシナリオのはずである。

六七年に都市部で起きた激しい暴動は、さらなる暴動を誘いはしなかったにせよ、いっそうの社会改革を求めるきっかけとなったことは間違いない。魅惑的なテレビCMは、企業に利益をもたらすだろうと一般には見られているが、むしろ、テレビで見る豊かな生活に憧れながらも、けっして実現できそうもない人々の間に激しい不満をかき立てるだろう。CMが効果的であればあるほど、不満は激しく燃え上がる。

これはけっして明るい見通しとはいえない。この見通しに従えば、これから先、アメリカ企業は事業環境の改善よりも、事業の舞台となる世の中をよくすることに目を向けるのが、最も賢明ではないだろうか。以前から、社会の上層部が豊かになると、その波及効果で下層も豊かになるといわれているが、実際にはその効果は怪しい。好景気、繁栄、経済成長などが実現しても、すべての人の生活が豊かになるとは限らない。それどころか大多数の人が豊かになるかどうかも怪しいことは、いまや明白である。

顧客はいるが、セールス担当者がいない

ニーズはあるが市場がない。市場はあるのに顧客がいない。あるいは、潜在顧客はいるのに、セールス担当者がいない、という場合もありえる。

「セールス担当者の不在」ほど、事業を舵取りするうえで注目を集め続け、大きな頭痛の種となってきた問題はないだろう。セールスのための人材をどこから獲得すればよいのか。業績はどのように評価・改善すればよいのか。人材流出はどうすれば防げるのか――。巷には心理テスト、セミナー、インセンティブ制度などがあふれている。先行きをめぐっては不安と期待が交錯している。もっと想像力を働かせて熱心に取り組みさえすれば、事態はよくなるはずだ、との期待が常に存在する。

しかし現実には、いま行われている、あるいは検討されている対策によって「セールス担当者の不在」という問題が解決するとは思えない。新たに決め手となる解決策も現れそうにない。これは産業界始まって以来の難題である。大恐慌の嵐が吹き荒れて、一二〇〇万人もの失業者が街にあふれていた時ですら、企業は人材の供給量と質に満足しなかった。なぜこのようなわびしい状況なのか、理由を探ろうではないか。理由を知ったからといって問題が解決す

るわけではないが、ストレスの軽減にはつながるかもしれない。

セールス部門の責任者が担当者に不満を抱くのは、社長がセールス責任者に不満を持つ理由と重なる部分がある。最大の理由は、売上げには天井がないから、もっと伸ばせるはずだという、ごく自然な考え方にある。つまり、現状はまだ十分ではないのだ。販売以外の企業活動には、こうした理屈は当てはまらない。コストの削減にも、機械による部品の生産数にも、限界があると見なされている。販売だけが、どこまでも伸ばせるはずだ、と考えられている。

セールス担当者に対して上司が不満をくすぶらせる第二の理由は、業績そのものより、管理のしにくさにある。販売活動は各担当者に任され、上司が細かく目を光らすわけにはいかない。セールス担当者はあちこちを飛び回ったり、店舗で顧客対応をしたりする。その活動は自律性が高く、すぐそばで上司が目を光らせているわけではない。

このため「自分がボスだ」と自負する人々が、部下に思いどおりに権限を及ぼせずにいらだつ気持ちも、理解できなくはない。建前の上では上司であっても、実際には目に見えるかたちで相手を従わせることはできないのだ。自分の目の届かないところで、思うままに仕事をしてよいとされる部下に対しては、マネジメントは及ばない。だからこそ、セールス・マネジャーは現場に出ると浮き浮きした気分になる。自分が現場に行くと売上げが伸びるからではなく、みずから場を取り仕切り、マネジャーらしく振る舞えるからである。

セールス担当者は指示を与えたり、従わせたりするのが難しいだけでなく、売上げや利益も自分で管理する。十分な成果を上げたと思えば、おそらく社費で見込み客を誘って、野球観戦に出かけたりするだろう。

くわえて、セールスというのは、たとえ一ドル紙幣を五〇セントで売るとしても、骨の折れる仕事である。見込み客はセールス担当者の話を聞く時、必ずといってよいほど懐疑的である。商談の中身が魅力的であればなおさらである。このためセールスには勤勉さ、忍耐、愛想のよさ、人や物を見る目、粘り強さなどが大いに求められる。このプレッシャーやフラストレーション、そして何よりも、見込み客の疑いのまなざしや敵意に耐えられる者はごく少数である。このような事情から、セールスの仕事に関心を示す人材はけっして多くない。給与水準を引き上げれば、多少は効果があるかもしれないが、決め手にはならないだろう。

セールス担当者をなくす方法

セールス担当者の不足という問題には、真の解決策は存在しない。あったとしても、気休めにすぎないだろう。解決に最も近いのは、問題そのものを避けるという方法である。つまり、セールス担当者の業績を伸ばそうとするのではなく、担当者そのものを置かずに済ませるのだ。

自動販売機が好例であり、テクノロジーが人の代役を果たしている。企業が体系的に知恵を絞れば、打ち手はいくつも見つかるはずである。セルフサービス方式の小売店も、工夫によって売り子に頼らない体制を実現した。スーパーマーケットの精肉コーナーも、肉を小分けのパックにして売るという機能的な仕組みによって、売り子を不要にした。カタログ販売企業も同種の事例を提供している。より複雑な環境でもこうした仕組みは実現できる。ガソリン・スタンドを例に取ってみよう。

アメリカでは、数百万人がガソリン・スタンドで働いているが、彼らの仕事は、自動車が誕生してすぐの頃に祖父の代の人々がやっていたことと、ほとんど変わらない。容器に管を入れ、売り手から自動車の持ち主にガソリンを渡すのだ。この進歩のなさがどれだけ貧しい発想によるものかは、次の二点を考えれば、嫌でも浮き彫りになるだろう。①同じ期間に産業界では激しい変化が起こった。②石油会社は、ガソリン・スタンドの運営者や店員が足りないとたえず嘆いている。

多くの理由から、セルフサービスの導入は有望な解決策とはいえそうにない。購入頻度の少なくて済む別の燃料や、スタンドのような施設を必要としない動力源を開発する可能性もあるだろう。あまりにも単純な解決策だが、自動車のガソリン・タンクをいまよりもずっと大きくすることも考えられる。国内の主要な石油会社が歩調を合わせれば、デトロイトの自動車業界を説得するのは不可能ではないと思われる。

とはいえ、ガソリン・スタンドを完全に無人化するのが目標であるなら、そのための技術はすでに存在する。自動給油ができるように、スタンドを設計すればよいのである。自動車が給油用のスペースに進入して停まると、自動的に車体を固定する仕組みにするのだ。自動車のガソリン・タンクにも、自動的に開閉するふたをつけ、スタンドのノズルが伸びて電子的にふたを検知し給油する。給油後、運転者がメーターにクレジット・カードを挿入して、支払い処理を済ませると、車体を固定していたロックを解除する。

言うまでもなく、このような仕組みを設けるためには、石油会社と比べて自動車メーカーの負担がかなり重くなるうえ、自動車メーカーには石油会社と違ってほとんどコスト削減効果が生じない。しかし、二つの業界が共同開発を行い、それに伴う費用を分かち合うのは、初めての試みではないだろう。もっとも、双方にとって手慣れた領域で安易な提携をするのとは、わけが違うが。

セールス業務を簡素化する

セールス担当者の不足を解消するうえでは、業務の簡素化も一つの案である。この戦術は、他の分野と比べてセールス分野で効果が出やすい。

セールスの業務を簡素化するためには、売り手と買い手の結びつきが弱い状況で大きな成果を上げてきたセールス手法を対面販売にも持ち込むとよい。これは、「コントロールの効いた提案の原則」とでも呼ぶべきものだ。これこそが、メディア広告の本質といえる。入念に準備したメッセージを、十分に注意しながら、確実に発信し標準化する。広告を通して、注意深く標準化されたメッセージを世の中に伝えれば、広告を見た顧客にとっても、顧客に対応する担当者にとっても、負担は大幅に軽減される。広告が仕事の一部を肩代わりしてくれるのである。この「コントロールの効いた提案の原則」を武器にする手法は、さまざまな対面販売にそのまま応用できるだろう。

たとえば、セールス担当者が客先でアタッシェ・ケース大のプロジェクターを取り出して、製品の詳細を綿密に効果的に示した映像やスライドを見せるというやり方もある。こうして標準化されたメッセージを伝えたうえで、その場の状況に応じて詳しさや洗練度を加減すればよい。似たような手法としては、店舗の電話機を使って、顧客が関心を持った製品の説明テープを聞いてもらってもよいだろう。すでにセールスの現場では、ブラウン管を通して製品やそのデモンストレーションの様子を紹介する、客先の通信端末から注文を受ける、といった取り組みがなされている。これらの事例はみな、テクノロジーの力を借りてセールス業務を簡素化し、セールス担当者を減らす（あるいは不要にする）のに実際に役立っている。あるいはその可能性を秘めている。

オンライン販売、カタログ販売どちらの場合にも、コンピュータは威力満点の武器となる。カタログ販売では、コンピュータのおかげで、見込み客のリストを常に更新しておく作業が格段に楽になり、職業、年齢、収入、家族構成、購入履歴などを元に顧客を絞り込みやすくなった。しかも法人顧客、個人顧客の両方に活用できる。この結果、我々の元に舞い込むダイレクト・メール（ＤＭ）の数は増えるが、興味がないのに一方的に送りつけられるものは減るだろう。なぜなら、コンピュータが「ふさわしい」と判断した基準に沿って送付されるからである。小学生の子どもが三人いる男性と、高校生の子どもが三人いる男性には、別々のＤＭが届く。ゴルフの愛好者とビールの愛飲者、音楽ファンとバレエ・ファンもそれぞれ区別される。

さらに、業界や顧客の規模に応じてセールス担当者の専門化が進み、ごく限られた分野のエキスパートとして薄く広く散らばるだろう。すると個々の見込み客への対応が向上し、よりよい仕事ができるため、本人たちも仕事への満足度が高まるはずだ。

こうした事例はいずれも、煎じ詰めていけば業務の簡素化につながる。研修を充実させれば、セールス現場の弊害は改善するかもしれないが、業務そのものが簡素化されればその効果はいっそう高まるはずだ。こうした動きはすでに始まっており、将来的に加速するだろう。その動きを支えているのは、ニーズが高まり、しかも世の中が変化を受け入れる準備を整えた格好のタイミングで、技術が登場したという事実である。

垂直統合型の「バーグロマリット」の登場

セールス担当者の役割が変化している一方で、市場は新たな困難を抱える定めにある。大手法人顧客が、規模のメリットを存分に生かして、調達を有利に進めようとする傾向が強まっている。この流れの延長として、企業のコングロマリット化や垂直統合が加速するだろう。その次の段階として、コングロマリットの垂直統合が考えられる。これを筆者は「バーグロマリット」(verglomerate)と呼ぶ。

今日、ビジネス帝国を築こうとしている人々は、レバレッジ(テコの原理)と相乗効果《シナジー》を強く意識している。これら二つの概念が実務レベル、つまりコングロマリットが完成したあかつきに実務を動かしていく層に浸透するのは、時間の問題だろう。彼らは、規模を背景にすれば仕入先に対して大きな交渉力を発揮できることに、じきに気づく。するとやがて、これまでにない新しいタイプの法人顧客が生まれる。販売活動と同じくらい細心の注意を、調達活動にも向けるのである。

実際に、著名なコングロマリットがその規模を生かして、傘下の企業に調達面で多大な力をもたらす事例が生じている。ガルフ・アンド・ウェスタン・インダストリーズは、チャールズ・G・ブルドーンの下で自動車のアフターサービス・チェーンとして再生を果たしたが、その際には特に仕入先に対する交渉力の強化が図られた。メーカーでも、他社から調達した資材やサービスが全出荷額の五七パーセントを占めている（製造業全体の平均、出典は六四年の工業調査）と知れば、同じように交渉力を発揮できるだろう。売上げ五〇〇〇ドル、営業利益率四〇パーセントの企業を例に取ると、売上げを一二パーセント伸ばさなくては手の届かない利益を、調達コストを五パーセント抑えるだけで確保できるのだ。これはとうてい無視できない数字である。

このような方法で利益を押し上げられるとの理解が広まれば、企業活動に大きな変化が起きるに違いない。フーカー・ケミカルの例を紹介しよう。

フーカーは六七年に三億ドルを超える売上げを計上した。というのも、この年の初めには、それまでばらばらだった調達部門を一元化しているのだ。調達戦略を文書化し、機械・設備、素材、容器などの分野ごとに、全社を統括する専門家を任命した。現場や工場の調達活動はすべて、一人の本社マネジャーに任せた。さらに本社に調達部門を設けて、仕入先の仕事ぶりに目を光らせると共に、自社の調達活動をたえずモニタリングする役割を担わせた。

その結果、調達の専門化が著しく進み、仕入先に新たな要求を突きつけたほか、自社の調達活動の無駄も省いた。調達全体の足並みを揃え、可能な限り一元化を図ったことで、大規模企業ならではの利益を引き出したのである。

フーカーの試みは大いに注目に値する。一元化によって仕入先よりも優位に立ったばかりか、仕入先のフーカー対応業務にも大きな変化をもたらしたのである。

大口の仕入先は、購買を一元化した顧客には、通常よりも大幅な譲歩を示すことになるが、その一方で、仕入先にも一元化によって予想外のメリットが生まれる可能性がある。たとえば、顧客が仕入先に、「原材料や部品を在庫として持ち、納品スケジュールを正確に守るように」と説得しやすいということは、取りも直さず、仕入先としても顧客からの契約を得やすいのである。仕入先が顧客の要望を受け入れて、業務面で相手との連携を強めれば、顧客側も業務を円滑に進めるために、仕入先との結びつきを緊密にせざるをえない。購買契約はその保証を表すものだ。これによって仕入先は、一定期間にわたって取引を約束される。

大口の法人顧客の間では、長期の購買契約を結ぼうとする傾向が強まっているが、それには十分な理由がある。このような試みは、仕入先から有利な取引条件を引き出すのに、大きな効果があるだろう。

理由として何よりも説得力があるのは、売上予測や生産スケジュールを立てやすい点だろう。予測精度が上がれば、生産スケジュールを正確に立てられるようになり、ひいては原材料や部品の購入計画も立てやすくなる。顧客は原材料や部品の必要時期を慎重に見積もり、仕入先もそれにきめ細かく対応する。このように綿密なスケジュールに沿って確実に納品してくれる仕入先があれば、顧客は長期契約を結んで、生産計画や在庫計画にしっかりと組み込もうとするだろう。結果として、在庫水準が下がり、在庫管理スペースが縮小し、コストが削減できる。すると、よりよい契約条件を提示できるようになる。

購買契約の新しい形態

買い手と売り手の双方にとっての利点は明らかだが、このような契約を交わすためには、簡単な交渉では済まなくなってきている。一元的な購買活動は、各事業部に自律性を与える、各プロフィット・センターの独立性を高めるといったアイデアとは、表面上は相容れないものだ。しかし、コスト削減に素晴らしい威力を発揮し、そのメリットを享受するためには、従来の考え方を改めざるをえないだろう。この流れを受けて、大規模な買い手と売り手の契約交渉も、昔ながらのやり方では通用しなくなるだろう。

仕入先が顧客の生産スケジュールとの連携を強めれば、顧客の業績は仕入先の仕事ぶりに左右される度合いを強める。すると、双方ともこれまでにないまったく新しい内容の譲歩を相手に示すだろう。言うまでもなく、価格面での譲歩も含まれる。ただし、担当者間の昔ながらの交渉ではなく、あくまでもビジネスライクに洗練された交渉を粛々と進めるのだ。

なぜ洗練されるのかというと、提案には価格のみならず、さまざまな条件が含まれるからである。今後、防衛・航空宇宙業界の契約形態が他の業界にも広まっていくだろう。価格はきわめて重要な要素だが、契約の内容は価格だけにはとどまらない。厳密なスケジュールに沿って物流をこなせるかどうかも、価格と並んでカギを握ると考えられる。このため、軍需調達と同じように効率や性能が重要性を増すにつれて、民間企業の調達においても、スケジュール、物流、保守・サービスなどの要件を満たすかどうかが、評価の際に重視される。これは買い手にとって、けっして軽視できない点であり、受注提案を作成する際には念には念を入れて作成しなくてはならない。

これからの購買契約には、従来は暗黙の信頼関係に委ねられてきた事柄が明記されるようになるだろう。出荷から納品に至る方法がこと細かに定められるのである。顧客サービスも、これまでは付随的な要素と見なされ、必要な場合、あるいは顧客の求めがあった場合に提供されていたが、そうではなく、売り手側が詳細を決めて実行を約束するようになるだろう。契約書には、サービスの内容と関連事柄が子細に書き連ねられる。こうして、企業や個人が購入するのはモノだけでなく、それにまつわる便益、サービス、価値をすべてを含むという事実が、契約上の了解事項となる。これに関連して、筆者は別の場で、顧客は「無形の製品」を購入することを論じた。(注3)

購買の一元化がさらに進めば、また本社の旗振りによっていま以上に全社の足並みが揃えば、こうした契約は頻繁に交わされるようになるだろう。言うまでもなく、これは主に複数の事業部や子会社を抱える大企業の間で広まると予想される。昔ながらの地味な分析手法に加えて、コンピュータ、価値分析、費用対効果分析、ライフ・サイクル・コスト分析などが、企業の調達活動に革命を起こすだろう。すると組織の集権化が進み、実務面では、詳しい購買内容が契約に明確に盛り込まれる。

売り手にできることは何か

ベンダーは一般に、このような結果を望まないだろう。とはいえ、こうした動きに反対することは慎まなくてはいけない。みずから墓穴を掘るだけだからである。実際に、自滅を避けるために、すでに顧客に購買の一元化を強く働きかけ始めた企業もある。

カーボランダムは、購買の一元化は必然の流れだといち早く気づいて、その流れにうまく乗って利益を得ようと、目覚ましい取り組みをしている。「無形の製品」というコンセプトを実務に生かそうと、何年も前から果敢な努力を重ね、成果を上げてきた。購買の一元化、入札方式の導入、受注提案などの普及を受けて、価格の重要性が高まると共に、顧客サービスの向上をめぐる競争が激しさを増すだろう、と予想しているのだ。

カーボランダムはまた、製品の「無形の特徴」を決めるうえでは、買い手の関与が強まる、と見ている。このため、ベンダーが自分たちの一存で無形の特徴を製品に盛り込んでも、以前とは違って競合相手よりも優位に立てるとは限らない。売り手としては顧客サービスを手厚くしたつもりが、買い手側はそれをヒントに、「他のベンダーにも同じようなサービスを求めるべきだ」と知恵をつけるだけだろう。

このような考えに沿ってカーボランダムは、既存と新規、両方の顧客との関係を有利に持っていくために、多国籍企業や事業部制を採用した企業に向けて、購買の一元化や入札方式の導入方法を助言するプログラムを開発している。その背景には、購買一元化に向けた顧客の取り組みに関われば、顧客の業務方法、方針、調達先の選定方法などを競合相手よりも深く探れるだろう、との戦略的発想がある。入札や提案を有利に進められるだろう、というわけである。（注4）

財務面とマーケティング面の相乗効果

バーグロマリット化がどこまでも進むと、コングロマリットの傘下がすべて垂直統合企業となる。製鉄会社が鉱山、鉱石輸送のための鉄道、加工工場、倉庫など、何もかもを自前で持つのである。垂直統合された各セグメントは、互いに大切な顧客・仕入先となる。他方で、水平統合された各セグメントは、力を合わせて製品やサービスを生み出し、販売、客先への設置などでも協力する。このような仕組みは、マーケティング慣行にも深い影響を及ぼす可能性がある。これから紹介するように、あるバーグロマリットが実際にその道筋を示している。

リットン・インダストリーズ（訳注：現ノースロップ・グラマン）はキンボールを買収した。リットンは「モンロー・スウィーダ」ブランドのキャッシュ・レジスターや計算機などを製造・販売し、キンボールのチケット制御カードがそれを補完・拡充する。リットンは、ストリーター・インダストリーズにも触手を伸ばしたが、こちらは小売店向けのショー・ケースを製造している。このような戦略はいまだ進行途上だが、完結したあかつきには、百貨店などに向けて小売設備一式を販売するバーグロマリットとなるだろう。

この過程で小売店側は、リットンから提供されるシステムをうまく生かすために、不慣れなやり方で調達計画を立てる必要が生まれる。従来であれば、計算機、キャッシュ・レジスター、商品陳列棚、値札表示用の機械などの購入は個別に決めていたが、これからは全体での判断を優先させることになる。リットンは、顧客の購買慣行を変えたのである。

　これらの変革には痛みが伴い、時間もかかると考えられる。プロフィット・センターの自律性を重んじる企業では、激しい抵抗も生まれるだろう。抵抗が長引く事例が多いことも予想される。誇りや昔ながらの嗜好を犠牲にすると、大きなツケを払わされるに違いない。

　バーグロマリットという新しい企業形態は、業務オペレーション面では、ヨーロッパに以前からある複合企業に等しい性格を帯びるだろう（背景にある発想は明らかに異なるが）。複合企業は、名門の血を引く厚かましいマネジャーたちが、現場から遠く離れた本社の奥深くから一元的なコントロールを及ぼすことで知られている。マネジャーのオフィスは多くの場合、銀行の内部にある。銀行と密接な関わりがあるのは、けっして偶然ではない。今日のコングロマリットと同じように、本社は主として銀行的な機能を果たしている。予算の要求を認め、業績基準を定め、全社の利益を一元的に吸い上げる。

　昔ながらのビジネス帝国は、目先の財務にばかり目を奪われがちだとの批判があり、たしかに一理ある。しかし、このような批判をすると、ともすればこの仕組みの利点を見落としてしまうことになる。中央集権化が進んでも、企業は目先の利益だけを追うとは限らない。

　日本企業がそのよい例である。あまり知られていないが、日本企業はヨーロッパに近い財務手法を用いているにもかかわらず、市場に受け入れられる製品やサービスを提供するという、強い信念に支えられている。内向きの発想や、時として政治的な狙いを基に、見掛け倒しの品物を市場に送り出すことはない。「あらゆる誤りは組織形態に根差しているため、組織を変えれば結果も変わる」などと考える必要はない。古くからの人間関係を断ち切るには組織を再編すべきだ、という主張もあるが、ビジネスの世界でこれほど耳に心地よく、しかし実効性のない考え方も珍しい。

　すでに起きている動きから推測すると、財務面のレバレッジを生かそうとするコングロマリット的発想は、購買やマーケティングの判断に影響を与え、マーケティング面での相乗効果を狙ったM&Aを増やすと予想される。その結果、バーグロマリットという新しい企業形態が生まれるだろう。これこそ、ヨーロッパ的な昔ながらの組織形態をアメリカ流に衣替えしたものである。

経営者は自分の判断能力を磨くべきである

我々は人生の重みに耐えられるように、いやそれどころか前向きな人生を可能にするために、物事を一般化しようとする。さもなければ、何か問題にぶつかったり、行動を求められたりすると、そのつどゼロからやり直さなくてはならない。荒波をうまく乗り切って前進するためには、すべての世代が自力でゼロから立ち上がらなくてはならない。そのやり方はあまりにも悲惨で、人間はいつまでもたっても、木の上での生活をやめて地上を歩き回ることができなかっただろう。

このため、過去から学ぶという考え方に沿った手法や理念には大きな魅力がある。だからこそ、マネジメントの教科書はよく売れ、手っ取り早い答え、負担の軽いチェックリスト、まやかしの近道を紹介するマネジメント・セミナーが人気を集めるのだ。

だが今日の経営者やビジネスパーソンは、かつてなく激しい変化にさらされ、これまでにない新しい環境に置かれている。きわめて重大な意思決定を不透明な状況で下さなくてはならない。意思決定に求められるスピードも加速するばかりである。過去の指針は、今後は役に立たないのかもしれない。

これは明らかに危険な状況である。進歩するためには、過去から学ぶことが欠かせない。しかし、過去から教訓を得て進歩を遂げる際に、時代が変わったにもかかわらず、カビの生えた発想に従おうとする罠に陥りかねない。大切なのは、その知識やノウハウが周囲に伝えやすいかどうかではなく、現状に当てはめられるかどうかである。

つまり、法律や医学とは異なり、マネジメントの分野では、原則を頭に入れる能力よりも、問題の本質を見抜く力こそが、以前にも増して重要性を高めている。これこそが、ＣＥＯに求められる能力である。原則を頭に入れることよりも、物事を理解する能力のほうが大切である。

イギリスの作家であるオーブリー・メネンはかつて、兵士は正しいかどうかの判断を下せる必要はないと論じた。右と左の区別がつけば、任務を遂行できるというのだ。ただし上官は、部下が何を知っているべきか、心得ていなくてはならない。正しいか否かという判断は、倫理的な意味で絶対的に確かだということではない。事業上のルールや原則も同じである。指揮官は、状況を自分で分析したうえで、一人で懸命に正しい判断を探す努力をしなくてはならない。五感すべてを働かせて、ささいな兆候もいっさい逃さずに現状を見極めたうえで、自分の決めた目標を果たすためには何が適切であるかを、一人で考えなくてはならない。

大きな組織をマネジメントするのは、たいていの経営者が思っているよりもはるかに難しい。本当の経営者と呼べる人はごく一握りで、大多数は単なる管理者にすぎない。というのも、そこそこの経営状態が続いていたとしても、通常はライバル企業とどんぐりの背比べをしているだけだからである。残念ながら、大多数の経営者は仕事でほとんど頭を使っていない。自分たちが慣習、常識、原則、教科書的な教え、ありきたりの手法にいかに頼り切っているか、それによって、人間を動物と区分する「考える」という営みを放棄してしまっているか、まったく気づいていない。いとも容易に物事を一般化して、業務の負担が重いというのを言い訳にする。しかし、言い訳すれば許されるわけではない。

ある程度成熟してくると、我々は鏡をのぞいて自分の存在を確かめたいと思うものだ。事業を動かしているのは自分であって、時代がかった予言者を操る腹話術師ではない、と確認しようとする。どの企業にもいつか、昔ながらのやり方を捨てて、時代に合った手法を取り入れるべき時期が訪れる。

(本稿は筆者が書いた*The Marketing Mode—Pathways to Corporate Growth*, McGraw-Hill Book Company, Inc., 1969. から一部を抜粋したものである)

【注】

(1) Ray A. Goldberg, "Agribusiness for Developing Countries," HBR, September-October 1966, p.81を参照。

(2) *The New York Times*, September 1, 1968.

(3) Theodore Levitt, *The Marketing Mode—Pathways to Corporate Growth*, McGraw-Hill Book Company, Inc., 1969. を参照。

(4) カーボランダムのマーケティングの別の側面については、以下も参照。Joseph W. Thompson and William W. Evans, "Behavioral Approach to Industrial Selling," HBR, March-April 1969, p.137.

第II部 1970年代

1970s

第8章

The Morality (?) of Advertising

広告の倫理性をめぐる考察

The Morality (?) of Advertising
HBR, July-August 1970.

広告には規制が必要である

本年（一九七〇年）、アメリカにおける広告出稿額は二〇〇億ドルに達する見通しである。ところが、そのなかで消費者に歓迎されるものはごく一握りにすぎない。広告は行く先々で我々を待ち構えていては、「いつもと違った行動を取るように」「いつもと違った方法を選ぶように」と、視覚や聴覚にうるさく迫ってくる。そうでなくても緊張の連続だというのに、我々は朝から晩まで広告による怒涛の攻撃に執拗にさらされ、その勢いは激しさを増す一方である。そして案の定、当然の反応が起こった。多くの人々が、やかましい宣伝広告はやめてほしい、せめて緩和してほしいと思うようになったのだ。

人々は広告の一掃や間違った中身の訂正を求めている。消費者のはかない財布の中身を狙って、新製品が競い合うように次々と投入されるなか、より大胆な広告が増えている。昨年、アメリカのスーパーマーケットの店頭には、一週間に一〇〇アイテムもの割合で新商品が登場した。これを年間ベースに換算すると、すでに出回っているアイテムと同じ数が新たに加わったことになる。これだけ大量の品を売りさばくのは至難の業なので、広告がつい行きすぎとなり、消費者の堪忍袋の緒が切れて「誇大広告だ」「偽りがある」との苦情が噴出するのは無理もないことである。

誇張や偽りのない、中身の確かな広告は、一般の人々が出す案内広告だけだといってもよい。そのほかの広告はどれも、嘘八百ではないにせよ、意図的な脚色が施されている。

広告に対する批判は各方面から寄せられている。実際に最近の調査によれば、最も多くの広告に接触するのは高収入層で、彼らの富は大量の広告を生み出す産業からもたらされている。(注1) また、生活の隅々にまで広告が入り込んでいる現状に関しては、それほど多くの人が頭を痛めているわけではなく、人々を最もいらだたせているのは広告内容の偏りや偽りにあるという。

このような不満を受けて、フィリップ・ハート、ウィリアム・プロクスマイア両上院議員が、「消費者保護および景品表示法案」を議会に提出する運びとなった。両議員によれば、消費者は製品やサービスに関する虚偽を嫌い、真実を知りたいと望んでいる。こじつけや歪曲ではなく適正な説明を求めるのと同時に、押しつけがましく無作法な広告にたえず悩まされる状態からの解放を願っている。

競争にゆだねているだけでは好ましい状態は実現しそうにないので、法律によって規制するのが適切だと思われる。競争によって、いずれは虚偽や見せかけの類は一掃されるだろうが、だまされる側はそれを悠長に待ってなどいられない。だまされる側は、財力も教養も乏しい層とは限らない。我々の多くは生活の糧を得るために働くのに忙しく、競合する製品やサービスについてのさまざまな主張に対して、その正否を専門的な観点から判断することはまずできない。

供給側が専門家であるのに対して、消費者はしょせんアマチュアである。商売の世界では、消費者は無力で小さな存在にすぎず、けっして王様ではない。これに対して供給者は強大な力を持つため、両者は対等な関係を持ちえない。このような状況では、競争によって消費者の利益になる方向に事態が進むとは、まず考えられない。とりわけ短期的な改善は期待できず、その間にも消費を通して弱者から強者へと富が移転する。売り手間の競争によっても、広告による「迷惑」は解消されないだろう。むしろ競争が激しくなるほど、広告の害は広がると予想される。

我々は広告に何を期待するのか

たいていの人は慎重にお金を使う。当然ながら、だまされないように警戒もしている。人々が広告に関して何らかの規制を望むのは、少なくともより正確な情報やより充実した消費者保護を求めるのは、当然の権利であり、賢明さの表れともいえる。この点に関しては、産業界からもまず異論は出ないだろう。

ただし、消費者保護と虚偽・誇大広告について同時に語ろうとすると、まったく別個の二つの事柄を混同するおそれがある。広告の正当な利用とその濫用とが区別できなくなるのだ。本稿では、広告に歪曲や誇張があることを否定するのではなく、むしろ、飾り立てた表現や思わせぶりな表現はあって当然で、社会にとっても望ましいものだと論じていく。広告に許されないのは、詐欺を狙った虚偽の類だけである。たしかに現実には、許される範囲の歪曲と紛れもない虚偽とを線引きするのは難しいが、筆者としては、この二つの違いをしっかりと見極めていきたい。特に強調したいのは、両者の違いは一般に考えられているよりも判別しにくく、紙一重だということである。

広告にせよほかの分野にせよ、真実と虚偽をめぐる問題は複雑でとらえどころがない。ビジネスパーソンにはなじみが薄いかもしれないが、哲学的な視点で検討する必要がある。根底にある問題は、実利的というよりも、むしろ哲学的な性質のものなのだ。産業界のモラルについて真剣に考える人はみな、この事実を避けては通れない。読者の方にも、こうした視点は役立つうえに新鮮だと感じていただけるものと願っている。

事実の歪曲と創造的な装飾との違い

事実とは何だろうか。詩について考えていただきたい。詩の狙いは広告と同じく、読み手に影響を及ぼすことにある。読み手の知覚や感受性に訴えかけ、おそらく気持ちまでも変えさせようとする。巧言や美辞麗句と同じように、説得や誘惑の目的のために詩は詠まれる。詩心の限りを尽くし、さまざまな凝った手法で飛躍した表現を編み出すが、詩人には罪の意識はなく、批判も恐れていない。ジョン・キーツ（訳注：イギリス・ロマン派の詩人。一七九五～一八二一年）がギリシャの壷を題材に詩を詠む際には、技術的な視点に立ってそのつくりを忠実に表現するわけではない。その代わりに、格調、幻想、響き、押韻、引喩、隠喩などに細心の注意を払いながら、叙情的で大げさな、明らかに事実とは異なる表現を編み出す。それに対して、世の中から惜しみない賛辞が贈られる。他の芸術家やアーティストたちも、表現の手段や技法は違っても、詩人と同じことを見事に成し遂げれば絶賛される。

産業界も芸術家と同じように事実を歪曲してもよい――そう正々堂々と主張してもかまわないだろう。違いがあるとすれば、産業界では自分たちの創作物を広告、意匠、パッケージなどと呼ぶことくらいだ。芸術と同じくその目的は、幻想、暗示、象徴的なイメージなどを駆使して、素っ気ない機能だけではない何かを約束し、受け手の心を揺さぶることにある。

レブロンの創業者チャールズ・レブソンはかつて、自社の事業について問われて、「工場では化粧品をつくります。店舗では希望を売ります」という実に意味深い返答をした。もとより、レブソンは思い違いをしていたのではない。女性たちが求めるのは化学物質としての化粧品ではなく、人を惹きつける魅力である。その魅力は、人目を引く華美なパッケージや、夢をかき立てる広告として、化学物質に添えられたうっとりするようなシンボル（象徴）によって約束される。

企業は一般に、製品を三度にわたって飾り立てる。第一に、製品そのものをデザインする際に、見た目の美しさや信頼性などを持たせる。第二に、パッケージをできる限り魅力的なものにする。第三に、その魅力的なパッケージを、訴求力のある絵、写真、コピー、表現、音楽などを総動員して宣伝する。

一例として、古代ギリシャの壺は水などの液体を運ぶのに使われたが、そのためだけなら、優美な曲線形にしたり、赤や黒で絵付けをしたりする必要はなかっただろう。女性用コンパクトには、精製されたタルカム・パウダーが入っているが、それだけでは、コンパクトに美しい装飾を施す理由にはならない。

詩人も広告制作者も、自分たちの作品の味気ない機能性を称えたりしない。その代わりに、創造的な装飾を用いて、奥深い情感を表そうとする。そうした情感は、事実を忠実に説明するだけではとらえ切れない。広告、詩、その他の手法によるコミュニケーションには、自由な発想に基づく解釈が含まれ、象徴的な表現を通して、受け手を見知らぬ世界を体験したような気分にさせる。コミュニケーションは、それが表現しようとする事物とはあくまでも独立している。このためコミュニケーションはすべて、何らかのかたちで現実と遊離することが避けられない。

ありのままの状態では耐えられない

詩人、小説家、劇作家、作曲家、ファッション・デザイナーなどには共通点がある。みな記号的なコミュニケーションを扱い、天地が創造された直後のようなありのままの自然には満足していない。案内広告のようにただ事実を述べるだけでは飽き足らない。芸術はすべて、自然の外見に手を加え、飾り立て、粗野な自然の姿に彩りを添えたうえで、人々の前に披露する。人間はそれをほめ称え、魅惑的な広告に惹かれてレブロンの化粧品を熱心に買い求める。

たいていの人は、神によって創造されたありのままの自分を受け入れていない。さまざまな目的を同時に果たすために、慎重に着る物を選ぶ。防寒のためだけでなく、たしなみや体面のため、あるいは周りの人々から好感を持たれたいという目的があるのは言うまでもない。女性は化粧水、パウダー、口紅などを使っておしゃれをする。男女ともさまざまな方法で髪型を整える。これまで広告に煩わされた経験などいっさいない、アフリカの奥地の住人と同じように、我々はみな指輪、ペンダント、ブレスレット、さらにはネクタイやネクタイ・ピンなどで自分を飾る。

我々は粗布を身にまとっているわけでも、みすぼらしい掘っ立て小屋に住んでいるわけでもない。もちろんそれが、パリッとした服や、人々であふれ汚染された町にある暖房の利きすぎた家よりも劣っているということではない。しかしどこにいようと、人はみな気まぐれな自然の恵みを拒む。本来は粗野でぱっとしないつらい現実を、自分なりに文明化されたものにしようと型をつくり、外見を装う。創造主の意図に逆らって、人生の耐えがたさを和らげようとする。T・S・エリオットの詩の一節にあるように、「ありのままの現実ばかりを見せつけられると、人間は耐えられない」のである（訳注：T・S・エリオットはイギリスの詩人、劇作家、批評家。一八八八〜一九六五年）。

立派な聖堂を建てる理由

エリオットによるこの一節は、職業を問わずあらゆる人に当てはまる。歴代のローマ法王はみな、莫大な建造費をかけたサン・ピエトロ大聖堂や、その内部の贅をきわめた装飾を容認してきた。世界を見渡しても、法王が節制や禁欲を説くのに使う当の聖堂ほど、人間の物欲を強く象徴したものはない。キリストと仏陀はともに慎ましい暮らしをし、現世のものとは思われない無私の心を持っていたとされるが、聖職者たちは、信者たちを啓発し、高潔さを培い、結束させるにはそれだけでは足りないと考えている。「聖堂をより壮大に見せたい」というきわめて現実的な発想を基に、組織を挙げて、神を祭った聖堂に豪華なデザインと高価な装飾を施していった。自動車メーカーが〈キャデラック〉に、高級車にふさわしい外観や内装を用意するのと同じように。

社会、文化、民族、発展段階を問わず、人間はみな、原始のままの自然に手を加えようと忙しく立ち働いている。この点を理解するのに、社会人類学の博士号など要らない。国や地域を問わずだれもが、自分を取り巻く世界を飾り、充実させ、つくり直したいと考えている。現状をあえて歪め、過酷さや退屈さを和らげようというのだ。人間にとって文明化とは、古来の獣性を乗り越えようとする試みであり、芸術や広告もその一環である。

「聖なる」こじつけと「世俗的な」こじつけ

しかし、文明化の洗礼を受けた人は間違いなく、革新的な芸術家も、上品な貴婦人も、「現実を歪めている」わけではないと言うだろう。彼らはただ、より美しく、より輝かしく、より優れたものを目指しているだけだと。だが、これら三つの言葉は、芸術について語る時と、世俗的な試みについて語る時とでは、大きく異なった意味に用いられているはずだ。

とはいえこの区別は、見せかけや取りつくろいでしかない。人間は文明化し、情緒が豊かになるにつれて、客観的には区別できない、いくつもの対象の微妙な違いを見極めようと、実にさまざまな方法を見出してきた。「聖なる」こじつけと「世俗的な」こじつけがどう違うのかを見ていこう。

鋭い感性を持った教養人はおそらく、芸術家の仕事に無限に近い重要性や美徳を認め、賛美するだろう。ところがその一方、広告類の発展性や大きな美徳はけっして認めず、「広告はどれもみな、似たような手法で我々をだまそうとする」という主張に頷くのだ。では、そのような人はどれだけ「判断力を備えている」のだろうか。

さしあたり、芸術家による誇張や装飾と広告制作者のそれとの間に、目的や仕事の進め方に違いはない、という前提を設けたい。つまり、「どちらも、主観を排して事実に沿った説明を行うのではなく、イメージや感情を紡ぎ出そうとしている」と考える。この前提に立つと、芸術家の作品に広告よりも大きな美徳があるとすれば、その美徳は主観的な要素から生み出される。具体的にそれは何か。

芸術はより高尚な目的を持っているから、人類にとっての価値も大きいはずだ、との意見もあるだろう。たしかに、芸術家は哲学的な真実や英知に興味を抱き、広告マンは商品やサービスを売ろうとする。ミケランジェロはシスティナ礼拝堂の天井画の構想を練る際に、人間の魂の昇華について思いをめぐらせたが、化粧品のパッケージのデザインに携わるエドワード・レビーにとって大切なのは、いかに消費者の心をなびかせ、財布のひもを緩めさせるかである。

しかし、芸術の価値と広告の価値の違いについてのこの説明は、まったく参考にならない。「より高尚な」目的さえあれば、すべてが許されるのだろうか。

そうではないはずだ。おそらく、その逆こそ真実に近いと思われる。広告マンやデザイナーは、受け手を顧客に変えようとするだけだが、ミケランジェロは受け手の魂を揺さぶろうとした。どちらがより大きな冒涜だろうか。人々のエロティックな欲望をもてあそぶのと、魂を揺さぶろうとするのと、どちらが世の中へのより深刻な侮辱だろうか。どちらの行動が吟味、正当化しやすいだろうか。

目的の違いで正当化されるのか

「芸術はよいが、広告はあまり感心しない」というように、目的が異なるという理由で似たような手段を区別することに、どれだけ意味があるのだろうか。これらを区別したところで、目の前の課題の解決には少しも役に立たない。「目的が正しければ手段も正当化される」という不可解な規範を受け入れる意思を、我々はどれだけ持ち合わせているだろうか。

たしかに、これにきわめて積極的な人々も大勢いる。聖職者、画家、詩人ばかりか、企業経営者も、「目的が正しければ手段は正当化される」という教義を信じているようだ。経営者が唯一ほかの人々と違うのは、反対派の攻撃にもかかわらず、商業上の目的を正当なものととらえている、という点である。反対派は、美術や文学における装飾的な表現を、人間の精神に及ぼす影響に照らして正当化するが、経営者は、産業デザインや広告における装飾やうたい文句、演出などを、人間の財布に及ぼす影響に照らして正当化する。

経営者はイマジネーションを限界まで引き出し、「販売促進や広告は、経済を拡大させ、雇用を生み出し、生活水準を高めるから、世の中のためになる」という自分たちに都合のよい理屈を、目に見えない蜘蛛の巣のように、ここかしこに巧妙に張りめぐらす。経営者はいつでも「自分たちの目的は、音楽家、詩人、画家、司祭などの目的を達成するための手段としても役立つ」という自由な議論を展開できるし、実際にそうするだろう。目的が正しければ手段も正しいという論法は、当然ながら、微妙な側面を合わせ持っている。

経営者も芸術家も、仕事そのものに打ち込むよりも、自分の仕事や作品を正当化する理由を見つけ、語りたくなるところが、人間により大きな価値をもたらさない限り、自分たちの努力を正当化できない。芸術愛好者の「芸術のための芸術」という威勢のよいスローガンは、「自己利益を追求しているわけではない」という、体裁を気にする言葉を添えてもなお、最後は自身にとっても空しく響くだけなのだ。結局、コミュニケーションはすべて受け手に向けられる。したがって、芸術は受け手に有益で神聖な影響を及ぼすという証拠を示して、たえず自己の存在意義を正当化しなくてはならない。

受け手のニーズを考えよ

芸術でさえ正当化する必要がある。このきわめて意味深い事実は、芸術の目的、そして他のすべてのコミュニケーションの目的に関して、我々に多くのことを教えてくれる。繰り返しになるが、詩人や画家は、特別な方法によって、読む人や見る人の心に感情をかき立てたり、隠れた真実を伝えたりしようとする。ただし、受け手との交流を通してしか、その努力の効果が検証されないし、真実も明らかにされない。森の木が倒れる時に音がするかどうかは学術的に論じられても、詩や絵画に価値があるかどうかは学問では語れない。それを判断できるのは受け手だけである。

クリエイティブな仕事に携わる人々は、周囲の反応を通してしか自分の仕事に意義を見出せない。エズラ・パウンド（訳注：アメリカの詩人。一八八五〜一九七二年）は「偉大な作品のなかで最も輝きを放つのは、作者が思いのままに言葉を紡いだ部分である。逆に精彩を欠くのは、読み手を惹きつけたり、つなぎとめたりするために、仕方なく書いた箇所である」という言葉を残している。我々はパウンドを、二〇世紀において「芸術のための芸術」をひたむきに訴えた芸術家と理解しており、ここで紹介した言葉はそうしたパウンド像とたしかに重なり合う。

だがパウンドの生涯をたどってみると、優れた詩人の作品を発表する場を探すために、より大きな熱意を費やしたことがわかる。なぜなら、だれの目にも触れず、だれの耳にも入らない芸術は、限りなく無価値に等しいからである。価値は芸術作品そのものに宿るのではなく、受け手によって授けられるものなのだ。

広告に関しても同じことがいえる。期待どおりの機能を果たす製品だと受け手を納得させない限り、その広告に価値はない。

こうした議論から導き出されるのは、芸術と広告に共通の特徴ばかりである。どちらも事実を忠実に表現しているわけではなく、誇張に満ちている。「素のまま」よりも深い、感性に響く現実を掘り起こそうとしている。共に方向性の違いはあっても、「より高尚な」目的を掲げている。出来栄えのよし悪しは、受け手への影響の度合い、つまりは受け手の心をどれだけ動かせるかで決まる。

芸術と広告が根本的に同じだと言いたいのではない。筆者が主張したいのは、両者は共に普遍的な人間の性《さが》を映し出している、という点である。人は、自分が目にするもの、気づくものすべてに、シンボルや装飾を通した解釈を必要としている。それが得られなければ、「興味がない」として切り捨てる。

広告はシンボルを用いて製品を礼賛する。シンボルと製品との関連をよりはっきりととらえるためには、企業に「美しく装ったメッセージ」を求める消費者の姿勢について、さらに説明すべきだろう。

イメージや約束が付加する価値

すでに述べたように、人間はありのままの自然を超えようとする志向を普遍的に持っている。国や地域、時代を問わず人は、芸術、文学、音楽、神秘主義など、何らかの空想的なイメージに惹かれてきた。そうしたイメージには何らかの約束を、詩人や司祭のメッセージには何らかの象徴的意味合いを求めてきた。原始的で野蛮な生活も、味も素っ気もない機能一点張りの生活も、御免なのだ。

オイル・サーディンの缶に、化粧品のパウダーが詰まっていたら、どうだろう。連邦規格基準局が「この缶の中身は、ペイズリー柄の美しい容器に入った化粧用パウダーとまったく同じものだ」というお墨付きを与えたとしても、売れ行きはさっぱりのはずである。徹底した倹約ぶりで知られるボストンの婦人ですら、見向きもしないだろう。表向きはきっぱりと否定するかもしれないが、彼女たちもまた、大げさな広告、凝ったパッケージ、魅力的なファッションなどが紡ぎ出すイメージや約束を切望し必要としている。

美しく飾り立てたいというニーズは、自分たちの外見だけに限ったものではない。何年か前、エレクトロニクス分野のある企業が、試験用デバイスを七〇〇ドルで発売したが、この製品のフロント・パネルには当初、二種類の設計案があった。一つはデバイス本体を設計したエンジニア、もう一つは産業デザインのプロに依頼したものである。二種類のサンプルが出来上がり、博士号を持つ取締役たちの前に披露された。すると、産業デザイナーによる設計案が、もう一方の案の二倍以上の支持を得た。マサチューセッツ工科大学でサイエンスの洗礼を受けた取締役も、ボストンの婦人と同じく、パッケージに容易に魅了されるのだ。

両者とも明らかに、工場のエンジニアよりも洗練された視点で製品を眺める。女性にとって、サーディンの缶に入った化粧パウダーは、人目を引くペイズリー模様のパッケージに入ったパウダーとは同じものではありえない。エレクトロニクス企業の取締役にとっても、エンジニアが設計したパネルつきの試験用デバイスは、美しく仕上げられた外装のデバイスと、中身は同じでもやはり別物なのだ。

形は「理想的な」機能に従う

ありのままの機能や中身を見せただけでは、消費者はけっして満足しないだろう。「形は機能に従う」とは、まったく的外れな表現である。ほかの常套句と同様、英知が詰まっているからではなく、語感のよさや簡潔な表現だという理由で、多くの人に記憶されているだけなのだろう。この言葉に真実があるとすれば、「機能」をきわめて柔軟に解釈して、想像上の機能にまで広げた時のみである。我々は特定の製品を購入しようとするのではない。人生の課題を解決する「ツール」として、機能への期待を購入するのである。

通常の状況では、購入判断を下す際にはまず、製品を単なる機械として物理的な視点から眺めるだけではなく、それがどのような効用を持つのかを見極めなくてはならない。実際に使ってみたうえで製品を購入することは稀である。ほぼ例外なく、使用前に購入判断を下さなくてはならない。実体験による裏づけのないまま、相手からの約束を基に選択するのだ。

したがって、その約束を我々に伝え、記憶させておくためのシンボルは何であれ、大きな役割を担っている。工夫に富んだ広告や凝ったパッケージは、我々の心にさまざまな約束やイメージを焼きつける。それらは、物理的なモノではなく、売り物としての製品にまつわるものでもある。言い換えれば、広告やパッケージは製品の「豊かさ」や「充実度」を我々に伝える。そして、製品についての抽象的で多面的なイメージが我々の心のなかに形成される。イマニュエル・カント（訳注：ドイツの哲学者。『純粋理性批判』などの著作がある。一七二四〜一八〇四年）風の表現を用いれば、「経験に依存しない完璧さの概念」とでもなるだろうか。

だが、「約束やイメージはそもそも実質を伴わない」と言ってもおそらく過言ではないだろう。熱愛を経験した人なら心当たりがあるように、何かの約束を信じてひたすら相手を追いかけたとしても、約束がそのまま実現されることはまずない。我々は人生経験から、思いどおりにいかなくて落胆するのはよくあることだと学び、予防線を張ったり、失望を抑えようとする。そして芸術、建築物、文学、さらには広告などにすがって、これから直面するであろう荒涼たる現実から逃避する。我々は、絶対に手に入らない虚構の「夢の城」に憧れる。すでに起こった現実を再確認しても仕方ない。我々は自分にないものを求めるのだ。

世界のだれもが、自分なりのやり方で人生の大きな課題を解決しようとする。おのれの小ささをいかに乗り越えるか。気まぐれな自然の脅威からいかに身を守るか。生きていくうえで避けて通れない義務や仕事に、どのように意味、安心、快適さなどを見出すか……。

広告、製品デザイン、パッケージなどには誇張や歪みがあるといわれる。しかし、その多くには、我々が何とか生き抜こうとして周囲の環境に示す反応が、集約されているのではないか。誇張や装飾なしには、人生は単調で味気なく、苦しく、悪夢のようなものだろう。

シンボルの重要性

シンボルがなければ、人生はよりいっそう波乱と不安に満ちたものになるだろう。歩兵はよきにつけ悪しきにつけ、だれが司令官であるかを見極める目を持たなくてはいけない。なぜなら、司令官が権力を握っているからだ。しかし、胸に輝く勲章やお付きの者の存在によって、一兵卒との違いが示されなければ、司令官といえども権威や信頼性を失ってしまう。吸血鬼《ドラキュラ》柄のパッケージに入った香水や、ルーブ・ゴールドバーグ（訳注：アメリカの漫画家。機械文明を皮肉り、奇妙な装置の数々を描いたことで知られる。一八八三〜一九七〇年）が設計したコンピュータと同じである。下級兵士や一般人がシャワー室で司令官と鉢合わせすると、司令官はばつの悪そうな素振りを見せるだろう。こうした経験のある人ならわかるように、服装や見かけによって人の印象はがらりと変わるものなのだ。

言葉によるシンボルもまた、モノを売れる製品へと仕立て上げ、我々が日常生活のなかの不確実性に対処するのを助けてくれる。「ご安心ください。ウエスチングハウスですから」という宣伝文句は、タービン発電機を発注する企業にとっても、電気かみそりを購入する個人にとっても、判断のよりどころになる。企業はさまざまな趣向を凝らして、見込み客に品質を請け合おうとする。これに批判的な目を向け、「やらせ」というレッテルを貼る人々も少なくないが、賢明とはいえないだろう。さらに困ったことに、このような姿勢は、人間の率直なニーズや価値観を、事実による数々の裏づけを無視して否定しようとするものだ。宗教団体が信者を集めたり惹きつけたりするために、中身や体裁に工夫を凝らし、美しい言葉や旋律で演出しなくてはならないなら、あるいは、女性が人目を惹くために香水、化粧用パウダー、スプレーなどで身づくろいしなくてはならないなら、産業界がこれと似通った趣向をより控えめに取り入れることを否定するのは、理屈に合わない。

それでもなお、「企業が発信するメッセージは、受け手を惑わし、往々にして度を越している」との批判があるかもしれない。なかにはそうしたメッセージもあるが、すべてがそうだとはいえない。このテーマは、頭に血が上った批判者が考えているほど単純ではない。人間は、魅力的な演出、粋なパッケージ、創意に富んだメッセージなどによって、心を浮き立たせたいと望み、それを必要としている。親しみあるブランド名がもたらす安心感。デザイナーのオレグ・カッシーニからファッションを、デール・カーネギーから話し方を教わったセールスマンの醸し出す信頼感。そうしたものが欠かせないのだ。もちろん下品で見え透いた嘘をつくセールスマンや広告マンもいるだろう。それは、芸術家、聖職者、それどころか大学教授も同じである。だが、偽りについて軽率に語る前に、物事とその説明とを区別しておくと役に立つ。

偽りとは何か

詩的なかたちでの物事の説明は、物事そのものと同じであるかのようなたたずまいはしていない。どれほど柔軟な解釈を試みても、広告もそのように装ってはいない。広告は人間の願望を象徴している。広告は製品の実物とは違うし、そうと装うつもりもない。人々から実物と同じだと見られているわけでもない。センター・フォー・リサーチ・

イン・マーケティングが何年か前に行った調査によれば、消費者はこの点を心の奥底で見事なまでに理解しており、広告はあくまでも広告であって、事実に基づく報道とは違うと心得ている。

ガルブレイス教授でさえこの点を認めている。「現代人は大量の情報にさらされ、その信頼性はまちまちであるため（中略）ほとんど無意識のうちに、さまざまな情報源の信頼性を割り引いて考えるようにしてきた。あらゆる広告形態に関して、一〇〇パーセントに近い割引が行われている。ほんの小さな子どもでも、テレビから『朝食用シリアルは健康増進や体調維持につながる』というメッセージが送られてくると、『CMだからね』と受け流す(注2)」

言うまでもなく、ガルブレイスは広告の効果まで割り引いて考えているわけではない。むしろまったく逆である。「(CMを) 信じてもらえないからといって、消費財の需要マネジメントが暗礁に乗り上げるわけではない。消費者の心のなかに、うっとりするような製品イメージを生み出すのも、需要マネジメントの一環である。深く考えずに購入するような製品に関しては、消費者はおおむね無意識のうちにイメージに反応する。そのようなイメージを紡ぐためには、バラ色の夢物語のほうが、詳しい事実データよりも価値があるかもしれない(注3)」

言語学者などコミュニケーションの専門家は、センター・フォー・リサーチ・イン・マーケティングが導き出した次のような結論に賛同するだろう。「広告は象徴の世界に存在する象徴体系である。そのリアリティは、象徴であるという事実をよりどころにしている。（中略）広告の中身はけっして現実そのままではなく、現実に関して何かを伝えるだけである。あるいは、受け手との間に絆を築き、それによって受け手の実生活に影響を及ぼすだけである」

消費者よ、なんじを知れ

消費は我々にとってきわめて日常的な行為であるため、消費者としての自覚を持つことが望ましい。

なぜ消費をするのかといえば、何らかの問題を解決するためである。医大に入学するとか、独身者だけを対象としたカリブ海ツアーに参加するなど、言わば新たなチャンスをつかみ取るための消費ですら、問題を解決したいという動機に基づいている。少なくとも、医学生はどうすれば健康に生活できるかという問題を解決しようとし、ツアーに参加する女性は人生の伴侶探しという課題を解決しようとしている。

製品の「目的」とは何か。それは、エンジニアが「これがこの製品の目的です」と表立って述べる中身ではなく、消費者が胸の内で「これがこの製品の目的であるべきだ」と考える中身である。したがって、消費者はモノを消費するのではなく、期待されるベネフィット（便益）を消費する。化粧品ではなく化粧品が約束する魅力を、直径四分の一インチのドリルではなくその大きさの穴を、株式ではなくキャピタル・ゲインを、数値制御によるフライス盤ではなく故障せずに正確に動く金属部品を、低カロリーのホイップ・クリームではなく非常に便利な「自分への贅沢なご褒美」を消費するのだ。

この区別は非常に重要であり、それをだれよりもよく知るのは自動車広告のクリエーターたちだ。彼らが訴えるのはクルマ本来のメリットというよりも、乗り手のステータスを高める、女性の気を引きやすい、といったメリットだろう。

自分で気づいているかどうかは別として、我々は実際に、シンボルを生み出すことを広告に期待し求めている。人生の可能性を示し、自分たちには見えない可能性をもたらし、殺伐とした現実を忘れさせてくれるように。「単調で説得力に欠ける説明に、巧みに真実味が添えられたらいい」と強く望んでいる。

広告とうまくつき合う方法

型にはまった、ありきたりなものがあふれている現状では、それ以外のものを「事実と違う」「詐欺まがいだ」「取るに足らない」などと片づけるのは不合理だろう。世の中は人々の期待やニーズに沿って動いている。時代錯誤で浮世離れした評論家による、小難しい説教調の理屈に沿って動いているわけではない。彼らは別の時代を念頭に置いているのではないだろうか。なぜなら、親の手厚い庇護の下、人生の厳しさにさらされずに生きていく、などということは現代ではありえないからだ。

この点を肝に銘じたからといって、広告、販売促進、パッケージング、製品デザインなどにありがちな無作法な側面、意図的にだまそうとする行為、半面だけの真理などを容認するわけではない。とはいえ、批判を展開するなら、その前に装飾と不誠実さとの違いを理解し、不誠実さがいまの時代にはいかに稀であるかを心得ておいたほうがよい。コミュニケーションが氾濫するこの時代、販売促進がうるさいほど盛んだが、それを深く考えないまま悪意と混同する必然性はない。

したがって焦点となるのは、いかに歪みを避けるかではない。どのような種類の歪みを自分たちが望んでいるかを確かめ、謝罪、不誠実さ、悪意などと距離を保って人生を耐え抜くことが重要である。だからといって、毎日のように接する商売用のプロパガンダをすべて受け入れよということではない。広告の氾濫は豊かさの代償として無条件に容認すべきというわけでもない。「企業には消費者との関係を改善することはできない」「政府も両者の関係を変えるべきではない」といったつまらない考えを受け入れる必然性もない。

これまで我々は、恥ずべき失敗を重ねてきた。消費者の保護。製品の等級、ラベル、パッケージなどの標準化。消費者による情報収集を容易にするための環境整備。広告にありがちな俗悪さやうっとうしさの緩和……。これらに向けて、強力で有意義な施策を導入できずにきた。同じような失敗をこのうえさらに重ねても平気でいられるのは、よほどつむじ曲がりな人だけである。

ただし、消費者は昔ながらのジレンマに苦しんでいる。「真実」を知りたいが、その一方で、広告主やデザイナーによる心なごむイメージや心強い誓いの言葉を期待し必要としているのだ。

企業はその板ばさみになる。「華やかな宣伝文句など使うものか」という企業は、まず確実に苦境に陥るだろう。純粋な機能だけを購入する人などいないからだ。とはいえ、大言壮語が横行したのでは、致命的な規制を招いてしまう。そこで、いかに中庸の道を探るかが課題となる。この探求に当たっては、これまでに慣れ親しんできたもの、あるいは実行が検討されているもの以外にも、実に多くの方策がある。

- ●支持者の多い合理的な規制に関しては、何とか「理由」をひねり出して適用除外を受けようとする業界が現れないように、釘を差す。
- ●行きすぎた広告を防ぐために、政府と手と携えながら、合理的な基準と効果的な制裁を設ける。
- ●製品の中身、パッケージ、価格などの比較に役立つ情報を消費者に提供するために、法律制定を後押しする。
- ●品質の安定化に向けて、法律の改定案を作成する作業を助ける。
- ●法的な是正措置が必要だと考えられる場合には、消費者がそのような措置を簡単に求められるように、法律の制定に向けた働きかけを行う。

●消費者が法律相談などを地元で手軽に受けられるよう、体制の整備を後押しする。とりわけ、自分たちの権利を行使する方法を知らず、十分な教育も受けていない貧困層に焦点を当てる。
●我々の感覚を鈍らせるタイプの、しゃくに障るうとましい広告に関しては、表現を和らげたり、露出を減らしたりする取り組みを支援する。

人間らしい生活を楽しめる環境をつくるために、広告の自由をわずかばかり制限したからといって、世界が破滅するわけでも、資本主義が終焉を迎えるわけでもないだろう。産業界は自分たちのためにも、この目的の実現に向けて熱心に努力できるはずだし、そうすべきである。ただしその際には、実現可能な範囲がどこまでかを押さえておいたほうがよい。

天上の楽園といえども、何もかもが自由に手に入ったわけではない。禁断の果実に手を伸ばした者は、その代償を支払うはめになった。

【注】
（1）以下の文献を参照のこと。Raymond A. Bauer and Stephen A. Greyser, *Advertising in America: The Consumer View*, Boston, Division of Research, Harvard Business School, 1968. および、Gary A. Steiner, *The People Look at Television*, New York, Alfred A. Knopf, Inc., 1963.
（2）John Kenneth Galbraith, *The New Industrial State*, Boston, Houghton Mifflin Company, 1967, pp.325-326.（邦訳『新しい産業国家』講談社、一九八四年）。
（3）同p.326.

第9章

Production-Line Approach to Service

サービス・マニュファクチャリング

Production-Line Approach to Service
HBR, September-October 1972.
サービス・マニュファクチャリング
『DIAMOND ハーバード・ビジネス・レビュー』2001年11月号
【1972年度マッキンゼー賞受賞論文】

どんな産業にもサービスの要素がある

経済全体におけるサービス部門は、規模は拡大しているが、その質は低下しているといわれている。サービスを提供する側からすると、サービス産業の課題は、他の産業の課題と根本的に違うと考える。サービスは人間に依存しているが、それ以外の産業は資本に依存しているというのである。しかし、このような区別の仕方は大変な間違いである。もともとサービス産業などというものは存在しない。他の産業に比べて、サービスの部分が大きいか小さいかの区別があるだけである。どんな産業にも、サービスの要素があるのだ。

サービスの要素が小さく見える産業ほど、実は大きなサービスを提供している場合が多い。製品が技術的に複雑になればなるほど（たとえば車やコンピュータ）、その売上げは、製品関連の顧客サービス（たとえば展示場、納品方法、修理メインテナンス、アプリケーションによる手助け、オペレーターの訓練、設置の際のアドバイス、保証など）の質に大きく左右される。この意味からすると、ゼネラルモーターズはおそらく、製造中心企業というよりも、サービス中心企業といえるのではないか。もしサービスがなかったとしたら、売上げは減少してしまうだろう。

だから経済全体におけるサービス部門は、銀行、航空会社、メインテナンス会社のような、いわゆるサービス産業だけから成り立っているのではない。製造業の提供する、行き届いた製品関連サービス、小売業の提供する販売関連サービスもこれに含まれる。ところが、時代遅れの産業分類法が一般に用いられているせいで、我々はどうも混同してしまい、実害も生じている。例を挙げよう。

●シティバンク

シティバンクは、世界最大の銀行の一つである。およそ三万七〇〇〇人の行員がいて、その半数以上は直接、顧客に接してモノ（ほとんどはカネと預金口座サービス）を販売するか、顧客がすでに購入したモノに関して手助け（小切手を現金に替える、預金口座の種類を増やす、信用状を作成する、貸金庫の鍵を開ける、会社の流動資金を管理する）をしている。ところが、残りの従業員の大部分は「工場」と呼ばれる場所で裏方として働いている――それはまさしく工業の現場で、人間と紙とコンピュータの膨大なかたまりが、顧客サービスを担当するグループのすべての仕事を整理し、記録し、確認し、検査している。国勢調査局を含めて、企業分類では例外なく、シティバンクはサービス企業に分類される。

●IBM

ＩＢＭは世界最大のコンピュータ・メーカーである。約二七万人の従業員のうち、その大半は直接に顧客に接してモノ（ほとんどハードウエア）を販売するか、すでに購入したモノを顧客が使いやすいよう手助け（コンピュータ本体を設置したり修理したりする、プログラムを作成する、顧客のトレーニングを引き受ける）する。残りの従業員の大部分は、工場――電線とマイクロ電子部品と技師と組立工からなる巨大集団――のなかで働いている。ＩＢＭは例外なく製造企業と分類される。

何かが間違っているが、国勢調査局だけに罪があるのではない。分類方法よりも産業界が急速に変化したのだ。事が分類方法だけだったら、いかに矛盾に満ちた分類をしようとも、その結果は大した問題にはならない。結局、人間は矛盾とうまく共存している。たとえば、神と科学とを同時に信じているし、企業が重要な決定を下す時には事実と論理に頼りながら、結婚という最も重要な人生における決定を下す場合には感覚と情緒に頼り切る。

本稿では、サービスについての矛盾に満ちた考え方が、いかに不幸な結果をもたらすかを明らかにしたい。この矛盾を正さない限り、いまのところ手に負えないように思われる問題を解決することはできないだろう。そのためには、企業がいわゆるサービス活動に直面した時、サービスも製造と同じ機能を果たすのだと考えなければならない。そう考えて、初めてサービスの質と効率の向上に大きな前進があるだろう。

製品は工場内で、サービスは工場の外で

サービスは、製造とまったく異なると認識されている。サービスは個人が他の個人のために、通常は一対一の関係で提供されるものと考えられている。製造は機械がするもので、従業員がかたわらで立ち働くこともあるが、その人数や配置そのものは、機械の条件次第で決まると考えられている。また、サービス（製品関連の顧客サービスでも、いわゆるサービス産業のサービスでも）は「外の世界」で、監督の行き届かない人々により、変化の激しい気まぐれな条件下で行われている。ところが製造は、高度に集中化され、慎重に組織され、緊密に統制され、精密に設計された状態の「工場内で」実施されている。

この違いによって、工場でつくられる製品が、外でつくられるサービス（たとえば生命保険の勧誘、機械の修理）や提供されるサービス（たとえばスペア部品との交換や牛乳の配達）よりも、品質や性能の点で画一的だとされる。これは、けっして的外れな指摘ではない。外の世界にいる代理店の行動をコントロールするのは容易ではない。顧客によって、

要求するものもみな違う。そのため、サービス業は製造業に比べて原始的で、鈍くて、ムダが多いと考えられている。まさに当然のことだろう。

しかし、すべてをお粗末だと考えてしまうことには疑問がある。外の世界が、工場内と同じように配慮されるとしたら、もっと新しいビジネスチャンスが生まれるようになるだろう。そのためにはまず、トップ・マネジメントがサービスの本質とその意味について考え直さなければならない。

サービスの問題は「心の姿勢」に帰せられるのか

サービスを提供する側——サービス産業であれ、メーカーや小売企業における顧客サービス部門であれ——の問題は、大昔の前産業時代の発想にとらわれていることである。さらに困ったことに、それをかたくなに守って放さないため、合理主義を自称する人の頭脳までもがマヒしかねない。

「サービス」という言葉を耳にすると、個人的奉仕という昔からの色あせたイメージが浮かんでくる。サービスは、ある個人が他の個人のために奉仕する行為だとされており、慈愛や義侠心、自己犠牲、または服従や従属、抑圧といった、昔ながらの連想が浮かんでくる。

この意味からすると、人は自分がそうしたいがためにサービスする（牧師や政治家のように）か、ほかから強制されているがためにサービスする（ウエーター、メード、ベルボーイ、掃除婦のように）。教会や軍隊のような、どちらかというと社会的地位の高いサービス業においては、非合理的に、決められたとおりに儀式的に行動することが多い。そうでないサービス業では、顧客に対する服従が求められる。

どちらの場合においても、独自の考え方をすれば仕事を失ってしまう。サービスを向上させるために最も重要なことは、エイビスのように「もっと額に汗して努力せよ」ということになる。いままでやってきたサービスを向上させるには、ただひたすら努力を重ねるほかない。

これは今日でも変わらない。昔の主人は労働を鼓舞するために神の意思か親方のムチを利用したのに、現代の産業社会ではトレーニング・プログラムやモラール向上のセミナーを利用する。長い年月を経たのに、サービス向上の方法も、その成果もほとんど進歩していない。つまり、サービスは人間の努力が中心に考えられるため、失敗の原因がみな個人の心の姿勢に帰せられてしまっているのだ。

製造の論理が約束するもの

次に、製造を考えてみよう。製造は他人への奉仕ではなく、効率的な生産を目指す。だから、人間関係はビジネスライクで、地位や人間性にまつわる面倒な含みはいっさいない。

製造方法の改善について考える時、仕事の成果を向上させることだけを考えるのではない。まったく新しい仕事の方法を発見するか、もっと徹底的に、仕事そのものを実際に変えてしまう方法を見つけ出そうとする。いままで以上にひたすらエネルギーを発揮する（奴隷のように重労働をする）とか、さらに自己犠牲の範囲を広げる（牧師のようにもっと献身的になる、もっと神に忠実になる）とか、もっと従順でありたいと主張する（番頭のごとく主人へのへつらいの程度を高める）などとは考えもしない。

代わりに、いままで以上に努力して、ある問題に対する別の見方を学ぼうとする。具体的に言うと、所期の生産目標をいちだんと高めるには、どんなツールが必要か、どんな技能、工程、組織編成、給与、管理、監査が考えられるかを問題とする。つまり、製造は技術の論理で考えられるから成果を上げているのだ。

製造は、これに必要な作業のなかにその解決法を探す。たとえば、低価格の車をつくろうとすれば、自動車の本質と構造そのものから解決策が生まれる（もし車が多数の部品の組み立てからできていないとしたら、組立ラインでは製造できない）。これに反してサービスでは、その解決策を作業の実施者のなかに求める。これは、人間が遠い祖先から引き継いできた奇妙な遺産である。サービス向上の決め手は、そのサービスを行う人間のスキルと態度を高める以外にない、と考えてしまう。

こう言うと語弊があるかもしれないが、技術の論理ではなくて人間の心の姿勢でサービスを考えている限り、現代経済のサービス部門は永久に非効率で、満足度も低いままだろう。我々はサービスを、個人的な奉仕であり、個人が他の個人のために直接行う何かである、と見ているのだ。

サービスを人間の心の姿勢だけから考えると、人の使い方、特に組織されたグループの使い方について考えなくなる。新しい解決策と定義を求める努力が難しくなる。作業を再設計し、新しいツール、業務プロセス、組織を創造し、問題を生んだ条件を排除することも難しくしてしまう。

製造業において、高コストの気まぐれな職人芸は、低コストで成果の予想が可能なメーカーに取って代わった。サービスの質と効率を向上させるには、この技術論的思考を応用せざるをえない。

サービスに製造の発想を取り入れたマクドナルド

経済のサービス部門を見渡しても、ファスト・フード・チェーン以上に、製造型思考が威力を発揮した例はほかにない。遠隔地に散らばった独立店の運営を、製造の方法を採用してこれほどうまく統制している例はない。これ以上素晴らしいサービスは、どこにも存在しない。

今日大成功を収めている新しいビジネスのなかでも、ハンバーガー・チェーンほど魅力的な事例はほかには見当らない。マクドナルドは、本来はマーケティングの問題であるものに、製造と技術の威力を応用した優れた事例である。一九六一年から七〇年にかけて、マクドナルドの売上高は、五四〇〇万ドルから五億八七〇〇万ドルに拡大した。マクドナルドの成長の間に、低価格で早いというハンバーガーの代名詞だったホワイト・タワー・チェーンは、事実上姿を消してしまった。

マクドナルドがこれほど大成功を収めた原因は何だろう。単なる財務管理上のうまさだけではない。地元の起業家による経営だから、いわゆるサラリーマン経営者よりも事業に心を砕いているし、エネルギーも注いでいるということだけでもない。また、地理的な有利さだけでもない。つまり、それぞれの店舗は比較的狭い地域内に住む顧客をターゲットにしているから、店舗の数を簡単に、また迅速に増やしていける、ということだけでもない。大成功の真の原因を知るためには、マクドナルドの店がなぜあれほど判で押したように成功するのか、なぜ揃いも揃って常連客を集めるのか、という問題の核心を考えてみる必要がある。

もちろん、地元の起業家による経営だということ、店の立地選択がよく練られていること、これも成功の要因の一つには違いない。しかし最も重要なのは、各店舗の機能一つひとつの運営がコントロールされていることだ——均一で良質な料理の数々が、清潔で整然と秩序正しく、しかも、明るい笑顔にあふれた雰囲気のなかで手早く出されることだ。

人力に代わる機械設備を組織的に採用し、テクノロジーを慎重な計画の下に活用することで、マクドナルドは先行企業や追随企業も真似のできなかった勢いで人気を勝ち取り、それを定着させた。その方式がどんなに素晴らしいものかを見てみよう。詳しく調べてみる値打ちが十分ある。

店主の意思を入れる余地のない店舗

よくわかるものから始めよう。ここで調理されるハンバーガー・パテは、あらかじめ細心の注意を払って包装され、計量されている。したがって店主も従業員も、大きさ、味、堅さについて自分たちの好みに合わせて自由に変えることができない。これは、ハンバーガーだけでなく、すべてのマクドナルドで出される料理に当てはまる。貯蔵庫、調理場、関連施設は、あらかじめ決められた製品ミックスに合うように設計され、余分な空間は少しもない。

このシステムのなかに入っていなければ、いかなる食品も飲み物もサービスも提供できないように、余分なスペースはいっさいない。サンドイッチ用の包丁さえもない。事実、包丁を置く場所がない。店主が、その店で販売できるものに関して自分の意思を入れる余地はない。これは契約上の決めごとではなく、設備上の制限からも不可能である。従業員も、調理法や料理提供などの接客において、自己流は通らない。

従業員の自由裁量は、秩序、標準化、品質の敵である。たとえば、車を組み立てる組立ラインにおいて、工員に自由裁量や行動の自由を許すとしたら、その人間の嗜好に沿った車をつくることになるだろう。どんな車が出来上がるか見当をつけることができなくなってしまう。車の設計や、組立ラインの構造や管理に十分な配慮がなされているからこそ、良質で低価格の、その生産台数から考えれば非常に信頼性の高い車が生産されているのだ。マクドナルドの場合も、事情は同じである。高度に自動化され、統制された条件の下で食品が調理されている。

フレンチ・フライド・ポテトのオートメーション

マクドナルドのフライ鍋は、一度に大量のポテトを揚げられるほど大きなものではない（大量に揚げすぎるとポテトの形が崩れてしまう）。また、たびたび少量を揚げて料理コストが高くなるほど小さくもない。揚がったポテトは、サービス・カウンターに接した広くて平たい受け皿に移される。この受け皿の位置が決め手である。

マクドナルドの秘訣は、フレンチ・フライド・ポテトを少しだけこぼれ落ちそうに盛って、たっぷりの中身と気前の良さを印象づけようとするところにある。サービス・カウンターに接した場所に受け皿を置くことによって、盛りすぎてこぼれたフライが床に落ちなくなる。もし床に落ちると、足下がすべる危険だけでなく、汚れても見える。それは従業員を不潔な環境に慣れさせてしまうことにもつながる。店が少しでも不潔になると、清潔基準のモラールは急速に低下し、店は汚なくなり、料理もまずそうに見えるようになる。

マクドナルドの狙いが、「たっぷり」という印象を持たせることにあるとはいっても、あまりたっぷり盛りすぎると、毎年膨大な量のポテトを購入している同社にとっては、ばかにならないコスト増になる。計画量よりも一袋当たり半オンスずつよけいに盛られると、会社の年間利益に目に見える影響を与える。さらに、従業員ごとの袋入れ作業に要する余分な労働時間を考えると、それが積もり積もって、カウンターでのサービスに支障を来しかねない。

そこで、マクドナルドは、取っ手の中が狭いジョウゴになっている特別の調理器具を開発した。カウンターに立つ従業員はその調理器具を手にすると、袋をはさんで壁に止めてあるクリップの中へ、取っ手の先を差し込む。取っ手には一枚だけ袋がかぶさる。続く動作で調理器具をポテトの中へ入れると、設計者が考えたとおりの正確な量がすくい取られる。先を上に向けて引き上げると、ポテトは取っ手の中のジョウゴを通って袋の中へ入り、ポテトの重みで自動的に取っ手から袋に吐き出される。袋の底は平たくつくられているから、しっかりとぐらつかずに安定する。

これで万事うまくいく。従業員は手を汚すこともなく、床はいつも清潔で、乾燥しており、足下がすべるということもなく、中身の定量が守られる。なかでも優れているのは、来店客は見るからにたっぷりと盛られた袋を素早く手にできること、従業員はてきぱきして愛想がよいこと、全般的な印象が、他の店では見られない親切なサービスと受け取られることである。

マーケティングの機械化

マクドナルドのマーケティングに対するテクノロジーのアプローチを、別の面から見てみよう。ハンバーガーを包むペーパーは、香辛料の配合の違いを明示して色分けされている。混雑した時に備えて、温蔵庫にはあらかじめ調理済みのハンバーガーが貯蔵されている。料理人のユニフォームが汚れないように、フライ器具には油はね防止装置がつけられている。偶然や従業員の自由裁量は何一つ入り込む余地はない。

システム全体が、厳密な技術的原理によって計画・実施され、素早くて清潔で信頼の置けるサービスを確かなものにしている。この雰囲気があるがために、ほどほどに安い給料の従業員にも、誇りや品格が備わっている。気の短い客が詰めかけても、どの従業員もうるさそうな表情や動作を少しも見せないから、客に悪い印象を持たせない。

しかしマクドナルドは、さらに上を目指している。建物の外観が食欲を減退させるようなものなら、お客は店の中へ入るのを躊躇する。そこで、店の構造のデザインや外観は、細かく配慮されている。

それでも、建築家の手では防ぎ切れないこともある。特に、駐車した車の中で食事する客の多い場所では、ともするとハンバーガーの包み紙やカラになった飲み物の容器が地面に捨てられる、ということになりがちだ。マクドナルドはそれも計算に入れている。駐車場を一面黒色に塗り、それにチェス盤のような線を引いて、その区画ごとに大型で、だれにでもわかるようなごみ箱をたくさん設置した。ごみ箱が何のために備えられているか、知らないふりをすることはできない。どんな無作法な客でも、自分のごみを地面に放り投げれば、罪の意識にとらわれるはずだ。なかには投げ捨てる者もいるかもしれないが、大規模な店舗には清掃車が備えられていて、すぐにきれいにしてしまう。

素晴らしい成功を収めているこの企業を理解する際に大切なことは、非常に洗練されたテクノロジーを創り出したということだけではない。本来、人間の労働に依存したサービスに、製造と似た発想を応用することで成功している、という点である。機械は、顧客を満足させる標準化製品を生み出す能力を持った装置と見なされているが、機械を扱う人間の自由裁量を最小に抑える装置ととらえ直すならば、マクドナルドの店舗はまさに機械そのものである。熟練を必要としない労働者の手を借りて、みごとな製品を生産する機械である。全体の設計と施設計画に努力を重ねることで、すべてのものが機械そのものへ、システムのテクノロジーへ、組み入れられている。機械を動かす者に許されている唯一の選択は、設計者の指示どおり正確に機械を動かすことだけだ。

サービスを道具で武装せよ

気づいている人は少ないが、人間に依存するサービスという問題に、製造の発想を応用して解決している例は多くある。例を示そう。

投資信託会社は、一回の顧客訪問で、すべての販売を済ませている。有望銘柄についての推奨や相談も一回で済ませる。たくさんの書類を作成することもなく、一枚の説明書で済ませている。同じことを顧客が行おうとすると、何度も混乱して、時には間違った株を選択してしまうが、専門家であれば一回の銘柄選択で済む。

クレジット・カードは、銀行からの借り入れの際、一回信用状態をチェックする（最初にカードを発行する）だけだ。銀行借り入れにつきまとう、手間がかかって、コストの高い人間に依存する多くの仕事を省いている。

スーパーマーケットの素早くムダのないセルフ・サービスは、昔ながらの小売店ののろのろした、ムダの多い、時には店員の気分に左右されるサービスに取って代わった。

これらはいずれも、技術的方法、つまり製造プロセスに用いられる方法が、人間の力と判断が必要と考えられていたものへと代替した例である。こうした方法を取れば、人間に依存したサービスが起こしてきた顧客との摩擦を和らげたり、解消したりできるようになるだろう。

厨房室の鏡――つが訓練以上の効果を示す

航空会社を考えてみよう。この業界には珍しい特徴がある。利用される商品（飛行機）を用意するためには膨大な資本が必要だ。ところが、その商品を顧客に提供する（飛行計画を作成し顧客を選ぶ）には、人間に依存しなければならない。一機が二〇〇〇万ドルもする飛行機が稼ぎ出してくれるはずの利益も、一人の意地悪で非協力的な予約係によって、あっという間に減ってしまう。料理長が念入りにつくった機内食で再度の搭乗を期待しても、一人のふくれっ面をした陰気な客室乗務員の手で台無しにされてしまう。

事実、客室乗務員の仕事は特に難しい。料金に見合うサービスを期待した一〇〇人からの旅行者はみな、当然それ相応の心遣いをしてもらえるものと期待している。この客たちにサービスするために三人の乗務員がいるけれども、三人だけの手によるサービスでは、飲み物と食事の手配が遅くなるのはやむをえない。旅慣れた客なら、三人の客室乗務員がてんてこ舞いしている事情を理解もし、許してもくれるだろう。しかし少数とはいえ、なかにはいらいらして責め立てる客もいる。すると、乗務員の表情や身ぶりにいらいらが出て、ぞんざいになる。ひいては、全部の客が投げやりな扱いをされたような気持ちになってしまう。人間なら当たり前のことである。それに乗務員は一日中立ちっ放しだし、あるいは前の晩、二、三時間しか眠っていないかもしれない。

「もっと多くの、もっと内容のある訓練を」と叫んでも、事態はあまり変わらないだろう。サービスに対する要求が殺到すると、サービスの質は低下する。どんなに心遣いや冷静さを保つ訓練を受けていても、また、制服がいかに美しいものであっても、サービス要求が一度に殺到したならば、明るいしぐさや表情はとたんに崩れてしまうだろう。

ところが、機内の厨房室に鏡を取りつけたらどうだろうか。乗務員が部屋に入るたびごとに自分の姿が見える。鏡の前を通るごとに鏡を見て、髪の乱れを直したり、口紅の崩れを整えたり、たけだけしい表情をにこやかにしたりするようになるのではないだろうか。立ちどころに事態はよくなるだろう。訓練など必要ではない。

ほかにも方法がある。乗務員が通路を足早に歩いて、手にラム酒入りボンボンを差し出しながら、「アイスクリームをお出しできるまで、こちらをどうぞ」と声をかける。こうすると機内の緊張はほぐれ、一種柔らかい雰囲気が醸し出される。「お客様が素早いサービスを待ち望んでいることは十分承知しています」というメッセージで、乗務員もベストを尽くして素早いサービスを提供しようとしていることを知らせるのだ。さらに、乗務員と乗客の間に親しみの込もった関係が生まれ、がみがみ責め立てられることも減るだろう。そうなれば、他の客をいらだたせることも少なくなる。

製造という観点から見れば、この二つの提案は、精神訓話に代えて道具(私はむしろテクノロジーと呼びたい)を整備したものである。鏡は、自発的なやる気を起こさせるための道具であって、ひとりでに乗務員の表情やしぐさの改善が期待できる。ボンボンは柔らかい人間同士の関係をつくり出す道具であって、乗客のいらだちと他の乗客の乗務員に対するいらだちの双方を静めてくれる。

これら二つの提案はたいしたことではないが、実は社長の工場訪問も同じことなのである。両者とも、利点はだれの目にもはっきりしている。しかしそれを引き出すためには、問題の本質は何か、期待される成果は何かについて、まるで工場のエンジニアのように考えなければならない。工程をどう再設計すべきか。その作業がひとりでにできるような道具をどのように整備すべきか。人間の労働が必要な場合には、個々の行動をどのように「コントロール」して、彼らの選択をどのように一定の型にはめていくかを思いめぐらさなければならない。

ソフト・テクノロジーによるサービスの高品質化

人間の労働の代わりに利用されるいわゆる「ハード・テクノロジー」(設備機器の類)の例は、すでに無数にある——ウエートレスに代わるコーヒー自動販売機、銀行の出納係に代わるキャッシュ・ディスペンサー、事務員に代わる自動旅行保険契約機などだ。これらはサービスに対して製造と同じ考え方を応用したもので、まだまだ他の分野にも広がるに違いない。

それ以上に将来有望だと思われるのは、「ソフト・テクノロジー」(テクノロジーを利用したシステム)の応用である。マクドナルドは、まさにソフト・テクノロジーの例である。投資信託会社もそうだ。曇りのない目で見さえすれば、他に例はいくらでもある。生命保険業の例を取り上げてみよう。

生命保険の営業担当者は、サービス業といわれている。しかし、実際にしていることは何だろうか。まず見込み客と話し合ってそのニーズを調べる。同時に、それに合った、いくつかの契約モデルを設計する。そのモデルに対する客の反応を探りながら、モデルの「顧客使用テスト」を実施する。その後で、最終モデルをつくり直し、顧客に売り込む。この方法は、突きつめてみると、工場外で製造する例にはならないのだろうか。この場合、工場は顧客の応接室のなかにあり、製造者は保険代理店である。我々はこれを営業担当者だと誤って考えている。しかし、営業担当者を製造者と考えると、保険をいかにうまく売るかではなくて、いかにうまく製品設計し製造するか、ということに考えが行き始める。

たとえば代理店は、その顧客と類似ニーズを持った人のための保険プランを図示した、きれいな小冊子を提供することもできる。これがあればより信頼性も高まり、情報も多くなってプランの選択もしやすくなる。やがては、電話に接続されたコンピュータに蓄えられたこのような情報を、電話一本で手に入れるようにもなるだろう。

つまり、代理店は口先だけで売り込むのではなく、顧客ニーズを正しくくみ取ることによって、製品を効率よく効果的に生産できるシステムをつくろうと考え始めるのである。

工場外で製造される製品の効力

これまで述べてきた発想法は、サービス業だけではなく、製造業にも応用できる。コンピュータ・メーカーが、機械の設置やメインテナンス・サービス、デバッグのための机上チェック、ソフトウエア・プログラムやオペレーターの訓練などを、販売計画の一部分として提供するとしよう。そのメーカーは、「製品」は工場でつくられたもののものからなっているとはっきり認識しているのだ。工場の外で行われることは、製造された機器そのものに劣らず、顧客にとって重要である。劣らないどころか、これらのサービスがなければ販売はできない。

こうしたケースでよく発生する問題は、メーカーが顧客サービスを顧客の購入する製品の欠かせない部分だと考えず、販売を伸ばすための末梢的なサービスだととらえることだ。顧客サービスが製品に不可欠なものだと認識され、その結果、ハードウエアの製造と同じように十分に配慮されるとしたら、成果は驚くほど上がるだろう。例を挙げてみよう。

グリーティング・カード産業のメーカーのなかには、小売店用陳列ケースに品切れ補充のための再注文ツールを備えつけているところがある。このツールがあれば、メーカーの営業担当者は必要なくなり、デパートの売り場係や小売店主のほうから発注してくれる。特製の色分けされたカードが上に飛び出て、在庫が減って品切れが間近いことを教えてくれる仕組みである。注文票と封筒もツールのなかに入っている。この方法が開発されるまでは、営業担当者が店を訪問して在庫を点検し、品物を整理して、注文書を書かなければならなかった。だから品切れはいつものことだった。

昔のやり方は「顧客サービスと販売」と呼ばれた。新しい方式にはそんな名称もないし、おそらく、これが人間に代わるテクノロジーの代用だとは考えられなかっただろう。しかし、人間が時々補うだけで、すべて効率よく自動的に作動する資本集約型のシステムが、ムダが多く信頼性の低い人間依存型のシステムに取って代わったのである。

もう少し複雑な例を挙げてみよう。A・O・スミス・カンパニーが、人間の作業をあらかじめ明確にし、画一化することで労力を節約する方法を導入した。同社の主力製品は、穀物貯蔵用サイロである。販売業者が地域ごとに販売し、据えつける。メインテナンスや資金調達の面倒も見る。そのうえ、穀物の収納、搬出、家畜飼料の自動混合を行う付属装置が多種多様なため、サイロの種類が膨大な数になる。地域ごとに販売業者兼建設業者が販売を担当するが、時間もかかり、熟練のいる仕事である。

広い地域に分散している販売業者を効果的に訓練することのみに頼るのをやめた。その代わりに、A・O・スミスは、カラフルで手の込んだ、差し替え可能な基本設計書をつくった。販売業者はこれで、農家が求めるサイロとそのコスト、必要資金の調達方法を決定できる。表は一目でわかるように、農場の規模、家畜の種類や頭数、家畜の目的（肉牛か乳牛か）別に細かく分かれている。サイロの大きさと効果を最大にするための装置の組み合わせが、たちどころにわかる。

このシステムは、非常に整っていて、利用もしやすく理解もしやすい。販売能力も向上するので、販売業者は我も我もとすすんで利用するようになった。こうして、A・O・スミスは、ミルウォーキーにいるだけで、遠く離れた販売業者が行うセールス・プレゼンテーションを、事実上コントロールしている。コストのかかる営業担当者を送り出して販売業者を訓練することもなく、販売業者への世辞や接待、おそらくもめごともない。代わりに、販売業者が自分の利益のために利用したくなるような道具をばらまいている。

製品ラインの変更によるサービスの効率化と質の向上

サービスが、販売される製品に欠かせない部分だと考えられるようになると、製品そのものが変わる。この成果はすさまじいものである。六一年、ハネウェル（アメリカ最大の制御装置等の機器メーカー）の建築用制御機器グループは、売上高の大半を取替用制御器の販売（補修市場）で稼いだ。この制御器の販売は、暖房器、エアコン販売代理店向けのものだった。代理店は、その製品を鉛管工事業者および他の取付業者ならびに補修専門業者に納品した。

当時、ハネウェルの製品は一万八〇〇〇近い種類があった。直接取引先の数はほぼ五〇〇〇を数え、どこも同社の全製品を完全に在庫することなど資金力からして無理だった。そこで、全国に一〇〇近くの倉庫を設け、そこに全製品を在庫として置き、代理店に対してすぐ納品する体制を取っていた。代理店が工事業者に部品を売るといっても、みずからは少しの在庫も持たずに商売していたのである。代理店は、近くのハネウェルの倉庫へ工事業者を直接連れていって必要な部品を選ばせるか、注文のあった部品だけを選んで代理店が倉庫から持ち帰って、それを工事業者に直接納品する。それだけの在庫を維持するハネウェルのコスト負担は大きかったが、事業運営のためには正当な経費だと考えられていた。

そのころ、ハネウェルは、大胆な行動に踏み切った――この新政策を、「トレードライン・ポリシー」（trade-line policy）と宣言した。これにより一〇〇近くあった市場倉庫を全部閉鎖した。部品の在庫はすべて代理店が持たなければならなくなる。だが一方で、これまでの製品を再設計し、三〇〇種類の標準的で交換可能な部品に変えた。これら部品は、単にハネウェルの制御装置のみに交換可能なわけではなく、主要な競合他社の製品にも使えるようになった。そのうえ、部品のパッケージには、その部品で補修可能なハネウェル製品と他メーカーの製品の種類が、明記されたのである。

倉庫の閉鎖により、言うまでもなく在庫保有コストは、代理店に転嫁された。しかし、代理店に新たな負担を課すのではなく、交換可能という特性を備えた新しい製品ラインを開発することにより、代理店の在庫量を劇的に減らした。特に、並行して補修を続けている競合他社の製品の種類を減らせば、さらに必要在庫量を圧縮できる。したがってハネウェルは、顧客である代理店に対して、以前よりも安いコストで速いサービスを提供することができたのだ。

しかし、代理店の全部が全部、このトレードライン・ポリシーの利点についてすんなりと納得したわけではない。脱落した業者もあった。このやり方を受け入れた業者は、売上げが急激に伸びたため、結局その先見の明は実証された。ハネウェルの補修市場専有率はおよそ倍になった。また、制御器のシェアはほぼ五〇パーセント上昇した。以前、補修用部品の売上げの八〇パーセントは、四〇〇〇の代理店に分散していたが、トレードライン・ポリシー導入後一〇年で、売上げの九〇パーセント（売上量は倍増した）が、約九〇〇の代理店に集中している。顧客数が減少したためにサービス・コストはいちじるしく減少し、販売用の在庫保有コストはゼロになり、代理店向けサービスの質は飛躍的に向上した。たった九〇〇社の代理店で、以前の効率が悪かった四〇〇〇の代理店の時代よりも、大きなシェアを獲得できたのである。

この例においても、人間に依存していたマーティング上の問題が、製造と同じ考え方を正しく応用すれば解決できるということがわかる。動機づけ、ハード・ワーク、訓練、仕入れのインセンティブはいらない。代わりに、系統だったプログラム、視野の広い計画、細部にまでわたる配慮が必要だ。特に顧客（この例では代理店）の抱える問題とニーズに対し、顧客の立場に立って関わることが求められる。

だれもが使いこなせるシステム

オーバーな表現にも、それなりのメリットがないわけではない。特に恋愛と戦争においてはそうだ。ところがビジネスにおいては、特に相手を納得させようとする場合には、オーバーな表現は慎まなければならない。製造の発想を正しく応用すれば、サービス業および製造業の顧客サービスが改善することは間違いない。しかし、テクノロジーを多く使えば使うほどサービスはよくなる、というわけではない。

経営者の歩んだ道を振り返ってみれば、〈T型フォード〉も扱えない者に〈キャデラック〉級のテクノロジーを組み込もうとして失敗した例が、いくつも見受けられる。大成功を収めたテクノロジー企業による、資金にも恵まれたジョイント・ベンチャー二社の失敗例を基に、右の提言について説明してみよう。

両社は、医者・病院向けに、コンピュータによる診断サービスを提供するために設立された。初めに、中央の診断用コンピュータに接続する小型端末機が開発された。これを使えば、どんな医者でも、患者の症状を診断するためにサンプルを病理学研究所に送り、頭を抱えて医学書をひっくり返す必要はなくなるはずだった。

失敗の原因は、病院と医者からの抵抗で、提供する製品の質が悪く信頼が置けなかったからではない。顧客（病院と医者）は、いままでの慣れたやり方を突然大きく変更しなければならないこと、しかも見たこともない不気味な機器を備えつけて、その使い方やアウトプットの解釈に特別訓練を受けなければならないことに、猛反対したのである。

先生と生徒が対話しながら学習するティーチング・マシンも、これと似た運命に遭遇しつつある。個人教授方式は、学習効果も目覚ましく、能力向上への欲求は明らかに高くなる。この方式による学習を受けたいという要望はますます広がりつつある。

ところが、ティーチング・マシンは、さっぱり売れない。その理由は、同機器が最先端のテクノロジーを採用したシステムによって、つくられたところにある。それら機器を使わなければならない教師や教育委員会は、これまでも新しいテクノロジーは簡単なものでも理解できなかったため、初めから気後れしてしまっている。教師や教育委員会にとっては、新しいキャデラック級のテクノロジーは、少しも問題を解決してくれない。新たな問題を生み出すだけなのである。

中途半端な妥協が失敗の原因

反対に、テクノロジーの可能性の探究を怠った場合も、同じような破局に見舞われることがある。アメリカ全国にほぼ三万のスタンドを抱える大手石油会社が、革命的ともいえる自動車修理サービス・システムについての提案を検討した際、原案を骨抜きにして採用したために、失敗を招いてしまった例がある。

このシステムの基本的な考え方は、専用の不良箇所診断および修理用の設備を利用して、どんなに作業が殺到してきてもさばけるだけの巨大な修理サービス・システムをつくろうというものだった。重労働でいつも急かされているガソリン・スタンドの従業員ではなく、このシステムを使って正確な不良箇所が発見できれば、車がいくら殺到しても、修理センターのしかるべき部署へと送られていくはずだった。車の問題別・部分別にそれぞれ専門家を配置し、最新設計の高速用具で修理してしまう。オイル交換は、組立ラインの低賃金の工員がやってくれるし、電気系統の修理は、専門の技術者がやってくれる。診断後のチェック・アップもすべて完璧で、完全修理の折り紙までついていた。

だが、このシステムで利益を生むには大量の車をさばく必要がある。したがってこのセンターは人口過密地域に設置しなければならない。このためにもともとの提案では、中心都市の古い倉庫街に特別な建物をつくる必要性をうたっていた。そこなら土地代も安く、大都市圏のどこからでも訪れやすい。サービス・センターの技術力の高さは透明ガラスを通じて顧客の目に焼きつけられるだろうから、付近がどんなにさびれた場所であっても、それを相殺してしまうに違いない。そのうえ、大量の修理を手がけるには、不定期的な修理案件よりも、計画的な修理案件に的を絞らなければならない。

また原案では、夜間を利用した修理引き渡しサービスが条件とされていた。こうすると、車が使われる昼間に修理するのではなく、ドライバーの眠っている夜のうちに片づけられる。さらに、このシステムを宣伝すると、同社とフランチャイズ契約を結んでいるガソリン・スタンド・ディーラーは、仕事が奪われると反発して、競合他社へとくら替えするだろうから、最初のサービス・センターは、同社のスタンドのない大都市につくるべきであるとされていた。

これら提案の内容は、サービスの場に、優れた製造の方法を応用しているように思われる。ところが、この会社は次の三点に致命的な変更を加えた。

第一に、コストの高い、交通利用の多い郊外の場所にセンターを置くことを決定した。その理由は「この実験にもし失敗したとしても、少なくとも建物だけは別の用途に使える場所に置きたい」ということだった。その結果はどうだったか。場所は不便で、原案に比べて土地取得コストは五倍になり、サービス・センターの損益分岐点が上昇してしまった。

第二に、夜間利用サービスはやめることにした。その理由は「本格的に操業を始める前に足ならしをしておいたほうがよい。そのうえ自分の大切な車を、名も知れない遠方のガレージに、しかも夜間に預けてくれるとは思えない」というものである。すでに評判の高い全国的に名の知られた石油会社が、だれの目にも明らかな先端テクノロジーを駆使した新型の顧客サービス企業を運営するのだから、そういう心配はないと説得したが、同社のトップは聞き入れようとしなかった。

第三に、最初のセンターは、同社のフランチャイズ・ディーラーが主力を占めている都市につくることを決定した。その理由は、「そこの事情によく通じているから」である。システムの場合、大々的な宣伝ができないという問題の埋め合わせとして、自社のディーラーに対して、センターに修理の仕事を回してくれたならコミッションを払おうと申し出た。ディーラーはそのとおりにした。ただし、自分のところではできないか、したくない仕事だけを回してきた。その結果、経費のかかる巨大センターを訪れる車の数は、話にならないほど少なかった。

サービスに製造のアプローチを応用しようと試みるならば、①企画と設計の段階で、テクノロジーの可能性を低めに見積もってしまったり、②現場における実施段階で、テクノロジーの複雑性を前面に押し出して混乱させてしまうと、おそらく失敗するだろう。人間とその神秘的な能力に代えて、テクノロジーとシステムを用いるには、基本原理の企画と設計においては複雑であっても、マクドナルドの例のように、現場においては単純でなければならない。

投資信託会社があれだけ成功したのも、その単純さに原因がある。一人の顧客係を通じて個人個人の株を売買するといっても、その基本原理は複雑だ。投資信託会社は、マクドナルドの金融版である。株の売り手と買い手、双方の仕事を単純化してくれるだけではなく、多数の買い手をつくり出して製品の生産をより有利にしてくれる一種のテクノロジーである。

大規模小売店による大量販売もこれに似ている。従来の街の小売店では、顧客は少ない品数から選ばなければならないうえ、店員は知識不足でサービスものろのろしている。大規模小売店はそれに代わって、豊富な品数とスピーディで効率的なセルフ・サービスを打ち出した。ＧＭＳ（総合小売業）などは、小売りという仕事に組立ラインと同じ考え方を持ち込んだ、新しいテクノロジーの一つである。顧客が思い思いに組み立てる点が違うだけである。

顧客が何を求めているかで製品を定義する

これまでの事例を通じたポイントは何だろう。製品というものは、一般的に考えられている内容とはまったく別のものということだ。「あなたの会社の仕事は何ですか」とレブロンの社長チャールズ・レブソンに尋ねると、いまではもう有名になってしまった次のような答えが返ってきた。「工場では化粧品をつくります。店舗では希望を売ります」

レブソンは、「顧客が何を求めているか」によって製品を定義したのであって、「何をつくっているか」で定義したのではない。マクドナルドも明らかにこれと同じだ。ハンバーガーだけではなく、スピード、清潔さ、信用、楽しい雰囲気、品質の一定さをも売っているのである。ハネウェルは、スペア部品としてその製品を定義したのでなく、代理店の要望、しかもそれを満たすことができれば同社の人気が高まるような要望として、その製品を定義した。つまり、人々の購入するものが製品ではなくて、人々が利用するツール――自分たちの問題を解決し、意図したことを果たしてくれるツールこそが製品なのである。

事態を誤らせているのは、会社が売っているものを正しく定義できないからだ。いわゆるサービス業と呼ばれる会社は一般的に、自社では製品を製造しているのではなく、サービスを提供しているのだと考える。そのため、メーカーのように顧客を満足させる製品を効率よく低コストで生産することには関心がなく、広い視野から考えたり、行動したりすることができない。

さらに、メーカーのほうも普通、その顧客サービスを、自社製品に欠かせない一部分だとは考えない。顧客サービスは、マーケティング部門が後から考えるべきものだとしている。

そうなると、マーケティング部門は、自分たちの任務は顧客サービスを提供することだと考えてしまう。表面には出ないものの、仕方なくタダで何かを与えてやる、という考えがその背後にある。人は好意から余分なことをする。これが企業のなかに暗黙に伝わると、その結果は予想どおりになる――気楽に気の向いた時にやればよいという態度、細かなことに配慮しなくともよいという気持ちが生まれる。ひいては、人間とその努力を、システムや事前のプランニングで置き換えられる可能性にさえ、関心を持とうとしない。

このことから、容易に取りつけも修理も変更もできないような製品が設計されるようになる（モトローラの「ボックスの取り替えだけで修理のできる」テレビ・セットは、部品の取り替えと修理のしやすさという訴求で大成功を収めた。設計と製造に正しい配慮さえすれば、いかに売上げが伸びるかという顕著な例である）。

アイスクリーム・メーカーの惨敗

会社がつくるものと、顧客が買うものを見事に取り違えて失敗したのは、スーパーマーケット・チェーンで売られるプライベート・ブランドのアイスクリーム・メーカーである。スーパーマーケットは、顧客を引きつけ維持するために、低価格という印象をつくり出さなければならない。だから、スーパーにうまく売り込むには、ぎりぎりの安い価格で納入できなければならない。

この会社（仮にエドワード社と呼ぼう）は、最低の価格でさまざまなアイスクリームを生産できるという点で、特に優れていた。他のメーカーの倒産を尻目に急速に成長した。一〇州に販路を広げ、工場および工場直営倉庫から小売店へ直接納入していた。しかし成長が続いたため、新たに別の場所で工場を建て、配送体制を整備し、マーケティング・センターをつくる必要に迫られた。新工場、新体制下で以前と同じように効率のよい生産を行ったにもかかわらず、結果は無惨なものになった。

元の場所では、社長が陣頭指揮を取り、電話で注文を受け、ただちに納入するというシステムがうまく進んでいた。これによってスーパーマーケットの、どちらかというと厳しい要請に応えられた。在庫量にも陳列スペースにも限度があるという理由から、スーパーマーケットは、定められた、客の混まない時間を指定して、週に数回納入することを要求した。売れ行きの鈍い期間の埋め合わせをするために、定期的な納入のほか、休日と夏季用の特別納入日を求めた。日が経つにつれ、こうした要求は、以前のエドワード社の工場の場所から自動的に、しかも効率よく満たせるようになり、この配送システムはルーチン化され、万事良好と考えられていた。

ところが、新工場を建てるに際して、社長ほか少数の経営陣が最も重視したことは、製造コストを最低に抑える方策であった。つまり、自社の売上げをここまで伸ばせたのは低価格にあると考えたわけだ。実は以前の工場でエドワード社がつくり出していたものは、低価格というよりも、顧客を満足させる、効率的で自動的な注文・納品システムだった。この事実をよく認識していなかったため、新工場、納入システム、マーケティング・センターで、これら「サービス」が隅々までうまく回るかを評価する際、本当に求めるべきものを見失ってしまったのである。

つまり、自社の製品が現実に何であるのか（なぜエドワード社が過去にこれほどまで成功したか）に気づかなかったのだ。エドワード社の成功はここまでだった。サービスは同社の製品にとって不可欠の部分だということを考慮しなかったのである。サービスは、商売をするのに付属した「何かほかのもの」としか考えなかった。したがって、サービスが不当に軽視され、そのことがエドワード社の失敗の原因となったのである。

工場の発想をサービス活動に

顧客サービスが、自由裁量に任されることはめったにあってはならない。サービスはものとしての製品と同じく、ビジネスを続けるための必要物である。顧客サービスが意識的に「工場の外での製造」と考えられるならば、製造と同じような細やかな配慮が受けられるはずである。すなわち、十分に計画され、可能な限り自動化され、品質管理のための監査が行われ、定期的に性能の向上と顧客からの反応を吟味するに違いない。さらに大切なことは、技術的かつ省力的でシステマティックなアプローチが、製造分野で脚光を浴びており、それと同じアプローチが顧客サービスやサービス業でも使われるきっかけとなることである。

サービス産業の経営者や顧客サービス・プランの発案者が、自分たちは現実に一つの製品を製造していると真剣に考え始めるとしたら、メーカーの製造担当者のような発想をするようになるだろう。すると、次のような質問が出るはずだ。「ここで採用できるのは、どんなテクノロジーとシステムか」「人間の代わりに機械を、人間の思いつきの代わりにシステムを利用できるようにするためには、どう設計すればよいのか」

顧客サービス担当者、保険代理店、銀行支店長、または「遠く離れて働く」営業担当者に対する訓練を充実させ、回数を増やす代わりに、彼らをどのようにして減らしたり補充したりするかについて考えるようになるだろう。

サービスは機械やシステムではなく個々の人間が行うものであるという考え方を捨てない限り、次の二つの歪んだ考え方による害を受けるだろう。

第一に、サービスは最終的な現物――有形財としての製品や、特殊な能力（ローンの評定、最適な保険契約の作成、医療のアドバイス、業務用食材の調理など）にとっておまけである、とする考え方である。そうなると、余剰物のような評価しか受けないうえ、おまけの配慮しか得られない。結果、余剰人員がする仕事になってしまう。

第二に、サービスを純粋に人間でなければできない仕事として扱う考え方である。そうなると、一人の人間がだれの助言も仰ぐことなく一人で判断し、実行するものだと考えられてしまう。せいぜい、訓練という初歩的な手助けがあったり、研修講師などの精神論を聞くくらいである。すると、有形財には存在する製造型の発想法はけっして取り入れられない。

サービスがいままでよりももっと実証的で、広範な視野をもって考えられない限り、工場外における製造と同様に考えられない限り、また工場で用いられているテクノロジーと同種のアプローチを取り入れない限り、生み出される成果は手仕事でコツコツとものを刻んで一人で仕事をする職人とおそらく変わらない。コストが高いうえに、仕上がりの一定しないものになってしまうだろう。

第10章

Marketing Tactics in a Time of Shortages

原材料の不足を逆手に取ったマーケティング

Marketing Tactics in a Time of Shortages
HBR, November-December 1974.

原材料不足はチャンスの到来

原材料が不足して価格が跳ね上がるという状況は、必ずしも企業にとって逆風とは限らない。製品ラインの再検討、価格の見直し、新規顧客の開拓などに取り組む、またとない機会になるからだ。ところが、大多数の企業は売り手市場に慣れていないため、マイナス面ばかりに目が行ってしまい、機会を見過ごしがちである。

原材料不足と価格上昇が、かつてのように一部の業界のみではなく、経済全体に広がると、企業にとっての機会はますます大きくなる。すべての買い手が品不足に悩まされ、その状態が長く続くだろうと予想した場合には、産業財メーカーや法人向けサービス企業にとっては、積年の課題を解決する格好のチャンスだといえる。製品ラインを整理する、利益率の高い製品の販売に注力する、製品や原材料を刷新する、新規顧客を開拓する、といった取り組みをすべき時が訪れたのだ。

製品ラインを整理する

企業の製品ラインはたいてい次の三つのカテゴリーを柱としている。

①かつての主力製品：以前は売れ行きがよく、大きな利益をもたらしたが、現在では需要の減少や競争の激化に見

舞われ、利益にほとんど貢献していない。
②現在の花形製品：売れ行きが好調で利益を稼ぎ、他の製品を支えている。
③将来の有望製品：開発途上や発売直後の製品。まだ一人立ちはできていないが、将来の花形として期待が集まる。

このうちで企業にとって頭痛の種は、かつての主力製品である。最盛期を過ぎた製品を「安楽死」させようとすれば、根強い反発が避けられないからだ。成長の原動力として企業に貢献した製品ラインを冷酷に見捨てるのは、いったいどういう神経か、というわけだ。そのうえ営業部門も、「お客様はこの製品の存続を望んでいる」「この製品がなくなったら、ほかの製品ラインも売れなくなる」などと強く反対する。

後者の主張は、スーパーマーケットでパンを扱う理由に相通じるものがある。パンそのものはたいして利益につながらないが、店先からパンが消えたら客足が遠のいてしまう。

このような状況を打開するうえで、原材料不足の広がりは慈雨となりうる。注文どおりに納品できなくても、あるいは納期が遅れたり納品量に不足が生じたりしても、顧客は理解を示してくれる。顧客は驚くほどの寛大さを見せて、ジョークにあるように、営業担当者を昼食に誘ってくれたりするかもしれない。このような時こそ、「かつての主力製品」の製造・販売を打ち切るまたとないチャンスである。「原材料が手に入らない」「他の製品ラインをつくるためには、売れ行きが振るわない製品を切って、より需要の大きな製品に原材料を振り向けざるをえない」といった説明を、顧客は理解してくれる。

同じ理屈は営業部門にも通用するに違いない。営業部門にとって、品切れや既存製品からの撤退を顧客に説明するのは、買い手市場よりも売り手市場のほうが、はるかに気が楽だろう。少ない販売努力で成果が上がる環境であればあるほど、製品ラインの統廃合に対する営業部門の抵抗は小さい。

利益率の高い製品に注力する

原材料不足と価格上昇が起きている時には、売れ行きが悪く利益率の低い「かつての主力製品」を大幅に値上げするのも一案だろう。「お客様はこの製品の存続を強く望んでいる」という言葉のとおりなら、あるいはスーパーマーケットのパンのような役割を本当に果たしているのなら、いまこそ大胆に価格を上げて、利益の上がる製品ラインへと生まれ変わらせる時である。

そうすれば、論点が明快になる。顧客は本当にこの製品にこだわるのか。それとも、この製品なしで済ませようとするのか。幸いにも、原材料不足の実態が広く知れ渡っているため、このような策に打って出ても、顧客の心証を害するおそれは小さい。

利益率の高い製品ラインの売り込みを強化するうえでも、機は十分に熟している。顧客側が「営業担当者にお昼をおごらないと、商品を回してもらえないのではないか」と気をもむようなら、売り手が完全に優位にあると言ってよいだろう。営業担当者は、顧客の気分を害さないように気をつけなくてはいけないが（いつか必ず買い手市場に逆戻りするため、その時に備えておくのだ）、利益率の高い製品を売り込むチャンスであるのは間違いない。それにそもそも、当面の販売環境では、これ以外に腕の見せ所はないだろう。

製品や原材料を刷新する

利益率の高い製品を売り込むのは、「顧客がこれまで使っていた製品を別の製品で代替できるのではないか」という前提による。もちろん代替が利く例は少なくないが、そのためには技術的な変更が求められるかもしれない。その必要がないのなら、顧客は品不足を乗り切るために、みずから代替する部品や資材を探し出すだろう。売り手側から見れば、クロス・セリングをしたり、代替品を勧めたりしやすい環境といえる。

一口に代替品と言っても、一般的には三つの形態に分けられる。①やや価格が高いが、従来と同じものがすぐに手に入るので、それを利用する。②従来とはやや異なるが、さほど支障なく使えて、すぐに入手できるものを購入する。③別の原材料でできたものを利用する。ポリ塩化ビニールの代わりにポリエチレンを、ステンレスの代わりにアルミニウムを、鉄の代わりにポリプロピレンを、といった具合である。肉の増量剤として大豆を活用する案も、真剣に検討されないとも限らない。

新規顧客を開拓する

原材料の生産者やOEMメーカーには、長年売り込みをかけてきたにもかかわらず、受注に至らなかった見込み客が必ずいるはずだ。これまではいくら努力しても、わずかなおこぼれにあずかるのが精一杯だった。ところが、原材料不足が慢性化すると、相手はそうそう調達先の選り好みをしていられなくなる。このため品薄は、手強い見込み客を攻略する絶好の機会をもたらすのである。

固定客向けには在庫を少なめに伝えて、浮かせた分を攻略したい見込み客に充てるという手もあるかもしれない。固定客の営業担当者には、割当量が減った理由は伝えなくてよい。一方、くだんの見込み客には、次のようなセールストークをすれば、効果はてきめんだろう。

「これまでは残念ながらお取引の機会がありませんでしたが、私どもでは御社をとても大切なお客様だと考えております。品不足の折ではありますが、何とかしてお役に立ちたいのです。精一杯の努力をして、月に少なくとも五〇〇トンはご用意しましょう。まずは、一万トンを正価ですぐにでも納入させていただきますが」

このように絶妙のタイミングで助け舟を出しておけば、いずれ品不足が和らいだとしても、顧客はこの時の借りを忘れないだろう。

もちろんこの手法にはリスクもある。上得意客が、自分たちよりも新規顧客が優先されたことを察知すれば、やがて風向きが変わった折に、しっぺ返しがあるかもしれない。このため、慎重を期さなくてはいけない。とはいえ、品不足の憶測が広まっている以上、供給できる量が少ない旨を一生懸命に説明すれば、顧客はおそらく納得してくれるだろう。

変革の時期を逃さない

昔ながらの流儀が通用しなくなると、変革はいとも容易に進む。慢性的な品不足とインフレは、そのような機会をもたらす。

顧客が新しいアイデアに関心を示すのと同じく、社内でも従来と異なる発想が受け入れられやすくなる。どの企業でも、新しく何かを導入するためには、社内に向けた「売り込み」が欠かせない。古いやり方が通用しなくなり、ある種の空白が生じたような場合には、新しい発想を取り入れる理想的な環境が整ったといえる。

たとえば、製品改良にエンジニアの協力を取りつけて、コストを下げたり、顧客に受け入れられる範囲で仕様を簡素化したりする。これまで難色を示してきたエンジニアリング部門や労働組合を説得して、新しい製造手法に切り替える。社内で抵抗の強かった販売手法や報告手順を取り入れる……。好業績の陰で温存されていた、コストのかさむオペレーションや業務手順の数々を、この機に取り除いてしまおう。

「人間の営みには潮時というものがある。うまく満ち潮に乗れば、素晴らしい結果が得られるだろう」

第11章

The Industrialization of Service

サービスの工業化

The Industrialization of Service
HBR, September-October 1976.
サービス活動の工業化
『ダイヤモンド・ハーバード・ビジネス』1977年2月号

サービス志向になると優位性を失う

先進国のサービス部門は過去七五年にわたって成長を続けてきた。アメリカでは過去一五年だけでも、製造業の労働者の伸びは三八パーセントにとどまっているのに対し、農業を除く非製造業の労働者は五二パーセント増えている。周知のとおり、アメリカではいわゆるサービス部門のGNPに占める割合が増えている。それは、政府や学区、他の公共部門の従事者が増えているからだけではない。たしかに、軍以外の公共部門の従事者は過去一五年で一四八パーセント増えてはいるが、実際には、もっと大きなサービス部門が隠されている。それは、名目的に「製造業」と呼ばれる部門である。同部門では、システム・プランニング、設置のサポート、「ソフトウエア」、修理、メインテナンス、配達、集金、経理などとして提供される、購入前後のサービスに対するコストや売上げが非常に大きい。

世界の発展途上国が進歩を続け、先進国と肩を並べるようになると、当然考えられるのは、先進国はじきに比較優位性を失うということだ。発展途上国で、職人から工場労働者へ、手工業から機械化へと移行するにつれ、生産性は大幅に増していく。

これに対して、先進国では人々が裕福になり贅沢品の支出が増えていくと、消費者や産業界の需要は、より生産性の低い労働集約型のサービス活動――自動車修理、旅行、宿泊、娯楽、レストラン、ショッピング、保健、医療、教育などへと向かう。その結果、当然の議論として、発展途上国が製造業を発展させるよりも速いスピードで、先進国はその優位性を失っていく。

先進国では最近、サービスへの需要が旺盛になり、大量生産方式の効率性がなじまなくなるという矛盾に直面している。そうなると、物価水準が上昇し、ついには生活水準を下げざるをえなくなるだろう。効率の低いサービスは高くつくので、我々の財布ではまかない切れなくなる。

これは世界経済の自動制御学《サイバネティックス》ともいうべきもので、先進国では優位性が高じて、高コストのサービスの充実へと向かうのに対し、発展途上国はサービスをいっさい排してひたすら追い上げに努める。最終的には、発展途上国は先進国に追いつくばかりか、テクノロジーの近代化が進み、先進国を凌駕してしまう。

日本、西ドイツ、香港はそのよい例である。イギリスは追いつかれた挙げ句に、無残にも取り残されてしまった例である。

主従関係に基づいたサービス観

イギリスの例を見ると、サービス中心の先進工業国において、優位性が急速に失われ、生活水準が低下するという恐怖が必ずしも実証済みではないことがわかる。とりわけアメリカと比較してみると、GNPに占めるサービス活動の比率が高まっても、生産性の低下が絶対値でも相対的にも、それに並行して等しく起こるわけではないようだ。アメリカでは、サービス部門にも生産性を向上させる素晴らしい能力が備わっていることが実証されているが、イギリスはその対極を行く。昔ながらのサービス習慣に固執するあまりに、競争力の衰退を招いてしまっている。イギリスでは、“serve”という言葉はいまだに、旧態依然の主従関係のような意味合いを含んでいる。

たとえば、イギリスの消費者物価は現在、驚くほど上昇しているが、小売業の効率化のお手本ともいえる巨大なセルフサービス業態のハイパーマルシェの進出を阻む法案が通過した。個人経営の小規模小売店と地方議員や国会議員が手を組んで、アメリカのスーパーマーケットや大規模小売店と比べてもはるかに効率的なハイパーマルシェをうまく押さえ込んだのである。

こうした類の小売業の効率化への抵抗は、長い歴史を持つ文化の根深さを示している。昔から"serve"といえば、一人の人が他の人のために尽くすかたちを取ってきた。執事、従僕、小間使い、女中頭、御用聞き、肉屋、八百屋、洋服屋、料理人など、いずれもワン・トゥ・ワンで個人仕様のサービスを提供する。洋服を仕立てるにしても、ロースト肉の塊を切るにしろ、顧客を知り尽くし、細かな要望にぴたりと合わせる。

今日でも、世界各地のそれほど高くないレストランでさえ、昔ながらのくたびれかけた制服を着た雑用係を何人も雇い、ドアを開ける係、コートを受け取ってクロークに運ぶ係（クロークには別の担当者がいる）、テーブルの灰皿を交換する係（料理の汚れた皿は下げない）というように、一つの仕事に専念させている。企業でもいまだに時代遅れの召使いを置き、使い走りや瑣末な個人サービスをさせている光景をそこかしこで目にする。これは浪費である。費用だけは確実にかかるが、そうした仕事には実質的な価値はなく、必要性が疑われる。

その結果、金銭的に測定可能なコストが増えるだけでなく、何をどうやらせるかも考えなくてはならないので、雑務が増えていく。

筆者は以前「サービス業」という記事のなかで、サービスについて取り上げ、全産業時代的な考え方に固執している限り、産業システムにおいて見事な効率性を生み出した合理性は働かず、産業システムの周辺にあるサービス分野を非効率性の迷路から抜け出せないと論じた（注1）。

いまだに多くの国で残っている無駄なサービスを示した先の例は、古いものはなかなか消え去らないという法則を示している。廃れかけていても、実際にはなかなか廃れないのだ。なるほど、アメリカではサービスの無駄は少ないかもしれない。しかし、サービスの考え方において、古くからの足かせでがんじがらめになって、それがサービスの質を決定するのだとすれば、どの国でも一つの共通の考え方が生き続けるだろう。すなわち、サービスはまるで主従関係のように、一人の人が別の人に直接個人的に仕えることであり、それが最善のかたちだ、とする考え方である。このような見方が優勢である限り、サービスは効率性、信頼性、品質の面で永久に中途半端なままだろう。サービスを改善する機会はあらゆるところにある。しかし、すでに多くの改善が実施されているアメリカでさえ、その機会が見過ごされてきた。英雄的な宇宙飛行士が、科学と技術を駆使して偉業を達成し、際立った恩恵をもたらせば、我々は惜しみなく称賛する。しかし、より少ない道具、より簡単な方法、より単純な組織で、平凡で際立った特徴はないものの、生産性の高いサービスを次々と生み出している人々の成果については、我々は見ようとしない。

本稿では、毎日目にしながら気に留めたことがないものから、我々がどれだけ大きな恩恵を受けているか、ということを論じていく。その恩恵とは、筆者が呼ぶ「サービスの工業化」の成果にほかならない。具体例を示しながら、サービス活動の効率性と生産性を高める余地がまだ十分にあることを説明していこう。

サービス分野は肥沃な大地である

再びハイパーマルシェの話に戻ろう。アメリカにおけるこの業態の先駆けは、スーパーマーケットと大型ディスカウント・ストアである。いずれもセルフサービスを用いたことで、小売業の効率を向上させた。これまで街角の雑貨店では、販売員がカウンターの奥で、顧客の個々の注文を聞いては品物を探し、計量し、袋に入れ、手渡していた。一方、今日のスーパーマーケットは、そうした作業のほとんどを顧客が行い、通路を歩きながら陳列棚から品物を取っていく。まさに自動車の組立工場で、生産ラインに沿って移動しながら、部品台から部品を集めていくのと同じである。

工場の生産ラインは従来の職人の仕事を工業化したものだが、それと同様に、スーパーマーケットも従来の小売店のサービスを工業化したものである。どちらも、驚くほど経済性や効率性が向上し、製品もはるかによくなっている。たとえば、現代の自動車は以前とは比べものにならない。故障は少なく、値段は安く、耐久性も増したにもかかわらず、大勢の顧客の要望に合わせたつくりになっている。しかも、顧客の個人的な好みに安価なコストで応えてくれる。

独立した職人なら、もっと個性的でおもしろい車をつくったかもしれない。とはいえ、ごてごてした装飾や大胆な実験など、独自のスタイルを表現するために凝った技巧が全体に施された、どちらかといえば特異な車に仕上がるに違いない。昔からの肉屋にしても同じだ。肉屋の主人は得意客にはロースト肉を少し多めに（あるいは、抜け目なく小さめに）切り分け、自分の親指を秤に乗せて、カサを多めに見せたりもしただろう。肉屋の主人はたしかに個別対応のサービスを行ったが、おそらく信頼性は低く、コストもきわめて高くついたはずだ。

サービスを工業化する三つの方法

スーパーマーケットはサービスの工業化の一例である。広い空間と資本を組み合わせ、少数の大規模店舗に集約して展開している。ほとんどの部分で昔ながらの「サービス」を一掃し、新しい効率性、低コスト、顧客満足の増大を図った。これらすべてが合わさって、創造的破壊が効果的に実践されているのだ。

ほかにもサービスの工業化の例はたくさんある。大勢の人がそうした事例を目にしているのだが、気づいている人は少ない。日常生活やビジネスにおいて、その革命的なまでの重要性を理解している人など、ほとんどいない。したがって、以前と比べてサービスの生産性を大幅に向上させた工業化の例に注目することには大いに意味がある。その原理を他のサービスに取り入れれば、重点的に注力したり、取り組みに弾みをつけたりするのに役立つことだろう。

サービスの工業化は、ハード、ソフト、ハイブリッドという三つのテクノロジーを用いて行われる。

●ハード・テクノロジー

これはもっとも目につきやすい方法で、人間集約的なサービスに代わって、機械、道具、その他の有形の加工品を用いる。

①給料の安い技師でも扱うことができ信頼性も高い心電図を、高給取りの医者による聴診器を用いた診断に代替させる。
②消費者向けのクレジット・カードと銀行残高確認用のＣＲＴ機器を、買い物のたびに手作業で時間のかかる信用調査に代替させる。
③空港にX線監視装置を設置して、時間がかかり、相手を不快な気持ちにさせることもある、人間による手荷物調査に代替させる。
④自動の車体洗浄とホット・ワックスがけを導入し、仕上がりにばらつきがあり、自尊心も傷つく、人手による作業に代替させる。
⑤ポラロイド・カメラを導入し、人間集約的なフイルムの現像作業を代替させる。
⑥利用料の徴収担当者が置かれている橋、高速道路の入り口、有料道路に、コイン式の自動集金装置を入れる。
⑦家庭もハード・テクノロジーであふれている――全自動洗濯機、調理済み即席食品、アイロンがけ不要の衣類、

汚れに強い加工衣類、フロア・カバー、布張り家具などが該当する。

●ソフト・テクノロジー

これは基本的な個人が行うサービスの代わりとなる、あらかじめきちんと計画されたシステムを指す。用いる道具（あるいはテクノロジー）に修正を加えることもあるが、基本的な特徴はシステムそのものにあり、望ましい結果が得られるように、特別なハードウエアや所定の手順が組まれる。

①スーパーマーケット、カフェテリア、レストランのサラダ・バー、工場内の共用の工具室、開架式図書館のように、だれもが自分自身ですばやく効率的に使える施設。

②マクドナルド、バーガーシェフ、ピザハット、ダンキンドーナツ、ケンタッキー・フライド・チキンなどのファスト・フード店。それぞれ分業化・専門化された共通の合理的なシステムが厳守され、スピード、品質管理、清潔さ、低価格などを実現している。

③時間のかかる個別販売、多数の異なるタイプの顧客に合わせた商品のカスタマイズ化、値切り交渉の労などをあらかじめ取り除いたパッケージ旅行。

アメリカン・エキスプレスは、パッケージ・ツアーの品揃えではおそらく最多で、雑誌大の冊子を用いながら詳細説明や販促活動をうまく行っている。重要なのは、これも基本的に工場の組立ラインと同様であることだ。アメリカン・エキスプレスはツアーの企画も実施も他社に任せ、自社では行わない。ただ情報を集めてパッケージ化し、旅行会社に代わって商品を販売するだけである。

④あらかじめパッケージ化された保険プログラム。内容を変更したい場合は、他のパッケージを選ぶしかない。

オールステート・インシュアランスはこうした商品でマス・マーケットを開拓した。もともと一軒ずつ訪問販売して毎週集金に行くという古いスタイルのセールスマンが、保険サービスの工業化を手がけた。最近では、郵送で契約手続きができる商品も登場している。

⑤ミューチュアル・ファンドは、一度に株式を一銘柄選ぶやり方に代わって登場した。株式購入につきものの、あいまいさや不安感を払拭し、取引のたびにセールス・トークを繰り返さなくてはならないといった手間も省いた。

⑥クリスマスに備えて小額を積み立てていくクリスマス・クラブや、給与天引き型の貯蓄制度は、一度販売して条件を決めれば、その後は自動的に、定期的な積み立てが安価に行われる。

⑦所得税申告サービス。完全に体系化された生産ラインとなっているが、予約なしで個別に対応してくれる。驚くほど正確で保証もつき、かつ低料金で利用できる。このサービスの開拓者で最大手は、もちろんH&Rブロックである。

●ハイブリッド・テクノロジー

これは、ハードの設備に慎重に計画された工業化のシステムを組み合わせて、サービスのプロセスに効率性と秩序とスピードをもたらす。

①コンピュータ制御された長距離輸送トラックの経路指示システム。道路の種類、駐車場の位置、道路の混み具合、有料道路の通行料金、インターチェンジの出入口などが、入念にプログラム化されたシステムで、トラックの運行を最適化し、コストを最小にする。これを最も広域で複雑なかたちにしたのが、カミンズ・エンジンの「パワー・マネジメント・プログラム」である。

②長距離トラックの経路指定、経路変更、運送情報があらかじめ組み込まれた無線システムは、テキサス・インダストリーズ・オブ・ダラスが初期に開発し、現在も最先端を行く。

③途中でほとんど停車せずに、一種類の商品だけを載せて長距離運ぶ貨物列車（たとえば、ボルチモア・オハイオ鉄道が石炭を、イリノイ・セントラル鉄道が穀物を運ぶ）。驚くほど効率よく高速で長距離を走れるので、空の貨車を引いて戻ることもなくなり、経費の節約に役立つ。

ボルチモア・オハイオ鉄道の場合、ウェストバージニアの炭鉱地帯からボルチモアまでの往復の輸送時間は、二一日から七日へと短縮された。

④生鮮食品の長距離先行輸送サービス。このシステムはサンキスト（訳注：現サンキスト・グロワーズ）が始めたもので、受注前にカリフォルニア東部からレモンを積んだ貨車を出発させて、天気予報サービスを参考にしながら経路を選び、気温が上がってレモネードやトムコリンズ（ジンに砂糖とレモンを加えたカクテル）の消費が増えると思われる都市で、傷まないうちにタイミングよく積み荷を降ろす。暑い日を逃してしまうと、売上げに大きく響く。

ウエアーハウザーも同じような木材出荷システムを開発し、在庫を持たない遠方の顧客にただちに木材を届けることができる。

⑤マフラーとトランスミッションの全国チェーン店のように、サービスの種類を限定して、すばやく安価に自動車を修理する施設。ミダスが始めたこのシステムは大量処理、機能の特化、専用の道具を特徴とし、短時間で安心したサービスを受けられる。

ここに挙げたものはいずれも、普段から目にしているが、ほとんど気に留めたことがない、ハード、ソフト、ハイブリッドのテクノロジー（つまり、機械、体系化されたシステム、あるいは両者の組み合わせ）の例である。いずれも以前は、職人技を伝授したり、ただ能力の小さな道具（例、馬や鍬）をより強力で効率性の高い機械（例、機関車や蒸気シャベル）に置き換えるだけの初期の工業化の手法が取られていた。

サービスの工業化の可能性を探れ

幸いにも現在、さらなるサービスの可能性は数限りなくある。なかには、可能性がはっきりしないものもあるが、初めから明らかに有望だとわかるものも多い。これほど多くの人々がこうした機会があることに気づかず、すでに成功したものすら評価しないというのは、我々が依然として古い足かせに縛られ、成功例で用いられている原理を手つかずの分野に応用する機会を見落としていることの表れである。

規模の原理

「信頼できる修理サービスなど、とても望めない」というのが決まり文句のようになっているが、これは果たして本当のことかと疑ってみたほうがいい。

ゼネラル・エレクトリック・サービス・コーポレーションの真っ白な修理サービスの無線トラックが自宅前の道に入ってくると、以前よりもずっと信頼できる良質なテレビの修理サービスを受けられることが実感できる。昔は、部品の在庫切れが多く、価格もまちまちなテレビ修理店に頼むと、ろくに訓練も受けていないようなサービスマンがおんぼろの小型トラックでやってきたものだ。

同じように、エクソンの修理センターも非常に安心して利用できる。修理センターには、設備が完備され、明るい照明の下で温度調整も効いた一二の作業室があり、保証済みの同じ機械が揃っている。修理費は事前にはっきりした見積もりが提示され、約束の日に修理が完了する。

しかし、まさにこの種のサービス活動に、改善の余地が残されている。効率性と低コストが前提条件なので、近代製造業の効率を高め低コストにした時と同じような法則や戦略が必要となる。つまり、①工業化の発想でサービスを体系化すること、②多額の資本を投入することが求められるのだ。

エクソンの修理センターを効率的に運営するには、何といっても分業体制が欠かせない。時給八ドルのトランスミッションの熟練修理工は、トランスミッション・オイルの交換といった低賃金の仕事をやるべきではない。また、低賃金のオイル交換担当者にトランスミッションの修理を任せるべきでもない。

分業体制の長所を生かすためには、まとまった量にすることが欠かせない。そのためには、広大な土地に、人員削減につながる高価で新しい道具や、診断や修理のための機械を完備した大きな工場を建てなくてはならない。さらに、専門知識を持った管理者が工場の運営に当たり、広い地域から大勢の顧客を集めるために、説得力のある宣伝広告活動を十分な頻度で実施しなくてはならない。その次には、おそらく遠方から来る客の利便性を高めるために、集配サービスも必要になるだろう。いずれにせよ、非常に高くつく。

このように、サービスの効率性を高めようとすると、かつて製造業の効率化に伴って工場、土地、設備、宣伝広告に投資した時と同じくらいの金額がかかる。車の修理サービスには、最初に車を製造した時のような、企画力、組織体制、研修、調整力、管理力が必要となる。つまり、サービスとは何か、何が可能になるか、どれだけサービスにお金をかけるかをめぐって、これまでとは異なる考え方をしなくてはならない。

重要なポイントは「量」――効率性を実現し、システムやテクノロジーを活用して信頼性が高く迅速で低コストのサービスを提供するのに十分な規模が必要だということだ。小さな店舗ではほとんど見られないような（実際に必要性もない）合理的な管理能力が求められるのである。

この規模の原理は、これから導入しようとする、高い可能性を秘めた他の分野にも当てはまる。たとえば、次のような分野である。

①専門性が高く自動化も進んだ医療診断を行う病院。マサチューセッツ州ニーダムハイツにあるデイモン・コーポレーション（訳注：その後ベイン・キャピタルが買収）は、全国に一二五の診療所を展開している。近代的な電子機器を用いながら、一二五人の専門医、二二人の心理学者、一四〇〇人の医療技士が多方面にわたる診断検査に携わっている。以前は、こうした診断検査を受けようとすると、患者はデイモン診療所の何倍もの時間とお金をかけて、複数の医者や診療所を訪ねなければならなかった。

②幅広い分野の専門家を擁する、前払い制のヘルス・サービス・センター。カリフォルニア州オークランドのカイザー・ファウンデーションが始めたもので、いまでは全米に数百ものヘルス・メインテナンスのための組織が誕生している。会員はあらかじめ「年会費」を前納すると、いつでも自由に、最新技術が装備された中央診療所で働く専門医や技師の診断を受けることができる。

低コストで簡便なヘルス・ケアは、外来患者のみに開放されているサービスではない。七〇年にアリゾナ州フェニックスで最初の移動式外科施設がつくられて以来、いまではアメリカ全土の移動病院は一〇〇近くに上る。通常は、だいたい一二五種類の簡単な手術が可能で、二つ以上の手術室と、回復室と診察室をそれぞれ一つ備えている。患者が（たとえば、扁桃腺の摘出のために）やってきて、検査と手術を受け、休息して自宅に帰るまでに、丸一日あればよい。

たとえばシカゴ地区の民営の移動病院、ノースウェスト・サージケアで扁桃腺の摘出手術を受けると、費用は全部で一六九ドルだが、公営のミカエル・リーズ病院では五四八ドルもかかる。団体保険契約者向けに二二の移動病院を利用するメトロポリタン・インシュアランス・カンパニーの推定によると、この施設のおかげで、過去三年間で一〇〇万ドルの節約になったという。

③文書処理サービス。まだ完全に成功したとはいえないが、オフィスのタイプ作業を集約させた新しいシステムで、コンピュータでの自動スペル・チェック機能もついている。大企業では至る所に大勢の秘書が配置されているが、作業量にはばらつきが多い。文書処理センターにタイプ業務を集中させて、常に作業が行われている状態にすることで、最高速の機器を導入しても十分に引き合い、きめ細かな作業計画や監督が可能になる。

④食品調理に特化した業態。つくりたてでおいしい惣菜やサンドウィッチを、多数の小さなコンビニエンス・ストア、会員制クラブ、事務所などに納品する。ウィスコンシン州フォンタナのスチュアート・インフラレッドのように、ルート配送システムを持ち、顧客に赤外線オーブンや電子レンジを貸与する調理センターもある。

製品と修理との結合

サービスをさらに改善するための別の機会は、製品購入後にサービスが必要になることの多い製品の設計方法にある。筆者はこれを「製品と修理の結合」と呼んでいる。修理サービスに関する問題の解決法として一番有名なのは、おそらく、モトローラ（現クエーザー）が「部品を取り替えられる」テレビとして大々的に宣伝した事例だろう。修理サービスを向上させるには、サービスマンに高度な訓練を受けさせなければならないとする従来の考え方を捨て、モトローラはサービスマンの必要性を排除しようとしたのだ。

モトローラのテレビ・セットは、モジュラーを合体させたつくりになっているので、不良個所のモジュラーを引き抜いて、新しいモジュラーに取り替えれば、すぐに修理ができる。これは高速復旧を重視した「第三部隊の保持」という軍事上の概念をそのまま真似たものである。

軍隊でそうしたニーズがあることは明らかである——前線における緊急任務に、すばやく確実に対応しなくてはならない。モトローラの発想もまさに同じで、テレビ・セットをすばやく確実に作動させることにあった。最初からこうした発想で設計された製品は販売訴求力が非常に強かっただけではなく、そうした意図や方向性で取り組んだ結果、非常に効率的で低コストのテレビ・セットが出来上がったのである。

しかし、特殊な例外を除くと、産業機器をざっと調べただけでも、購入後の修理やメインテナンスの問題に対して無神経な場合があまりにも多すぎる。これでは「サービスのコストが高い」、「サービスに時間がかかりすぎる」、「サービスがあまりにもお粗末だ」といった声が出てくるのもやむをえない。

サービスの工業化を実践する

アイデアやコンセプトは原理として理解しやすいが、それを現実に具体化するとなると、難しいことが多い。しかし、これはサービスの工業化だとすぐに見て取れるものもあれば、よく考えてみて初めてわかるものもある。あまりはっきりとはわからないかもしれないが、一見の価値がある事例を紹介しよう。

複雑な事務処理を改善する

トランスアメリカ・タイトル・インシュアランスには毎週、西海岸や南西部の多数の小さな代理店、コロラド州やミシガン州の営業所から、何千通もの契約申込書が送られてくる。これら申込書は事務員と代理人の手で処理される。古い所有権移転登録を見ながら不動産所有権調査を入念に行い、購入後の売り手へのクレームに備えて、買い手の権利を保証したり、貸し手を守ったりする。

こうした準備書類を用意するためには、電話で何度も問い合わせ、ひっきりなしに届く書類の山に埋もれつつ、迅速な対応や説明、不満の解消に努めなくてはならない。一つの取引でも、買い手、売り手、不動産業者、貸し手、税務署員、鑑定人、白アリ検査員など、多数の関係者に協力を仰ぐ必要がある。

ほうぼうからの騒音と大混乱のなかで、未納の税金、利息、他の査定額に応じて、債券や負債を割り当てるために、正確な計算をしなくてはならない。そして、関係者ごとに未払い金を割り出し、どこにどのように請求するかの指示書を発送する。しかも、効率よく、すばやく、誤りなくこれらの手続きを行う必要がある。こうして、一人の代理人は、朝から晩まで多数の取引を処理している。

ところが、トランスアメリカでは現在、この複雑でストレスのかかるプロセスの大半を体系的に工業化させた。各種機能を入念に分析して、それらを、所有権調査の徹底や契約時のミス防止など重要度に応じて分類し、数種類の作業に分けたのである。

オフィスに働く人がすべての作業や、作業の大部分を担当するのではなく、所有権調査、監査、契約書類のタイプ、保険証書の発行などに特化した部署を設けた。そのおかげで、生産性と正確さは見違えるほど向上した。現在では、必要な経理計算とタイプをコンピュータ化する計画が進行中である。

その一方で、作業の画一化によって懸念される規律や技能の低下を防ぐために、作業のローテーション・システムを導入した。これとは別に昇進制度もつくり、さまざまな専門技能を身につけた作業員に昇進と自己啓発の機会を与えるようにしている。

靴修理サービスを改善する

ヨーロッパに展開するアメリカの包装製品会社のプロダクト・マネジャーのD・ヒルストン・ライアンは、靴のかかとの交換に二週間もかかると言われて、腹を立てていた。そこで、彼は同僚と一緒に迅速な修理サービスを可能にする機器を考え出した。構想どおりに動く機械がなかったので、彼らはメーカーを説得して、特別仕様の機械をつくってもらった。この機械を使うと、靴一足分のかかとと靴底のつけ替えに二分もかからなかった。

その後、彼らはブリュッセル最大といわれるデパートを説得して店を出した。オープンの日には、ショーウインドーの中に、作業台を二つ並べた四〇平方フィートの靴修理店をつくってもらった。待っていればすぐに靴の修理が終わるというサービスは大当たりした。彼らは四年も経たないうちに、ヨーロッパじゅうのデパート、鉄道の駅、スーパーマーケットに一四〇〇店舗を展開するようになった。

成功の秘密はどこにあったのか。それは、機械を設計しただけではなく、機械の配置に合わせて修理用部品の在庫の配置も工夫して、迅速な靴修理システムを発明したところにある。顧客が待っている間に作業の進み具合を見られるように、椅子も用意した。とりわけ重要なのは、このシステムには低雑音の機械と、修理店や周辺の店に汚れをまき散らさないように掃除する自動集塵機が装備されていたことだ。そして、顧客が払う修理費はもちろん安かった。

セールスマンの問題を解決する

産業界では「販売コスト」、特に対面販売コストの激増ほど、頭を悩まされるものはない。もちろん、これまでにいくつも挙げてきたように、まったく解決策がないわけではない。セルフサービス店は、対面販売機能を完全に取り払った。投資信託は何度も日参しなくても、一度の販売訪問で済む。パッケージ旅行は、旅程を組んで業者と交渉する手間を省く。生産財の販売でも、セルフサービスで簡単に発注できる製品・部品カタログがあふれ返っている。凝ったダイレクト・メール販売やカタログ販売、新聞や雑誌に注文書を掲載し直接応募してもらう方式、電話やテレビによる販売などが急増している。

重要なのは、こうした事例の一部は、製品または製品ラインが販売に利用可能なメディアと直結している点だ。たとえば、生命保険、傷害保険、疾病保険のなかには、メール、新聞、テレビで販売するための特別仕様のものがある。直販用のレコード・アルバムが多数企画されているのも、同じ狙いである。Kテルのように、テレビと電話による販売に特化して、年間売上げが八七〇〇万ドルに達しているところまである。

実際に、電話で売り込んで注文を受ける方法は、現代の秘かな販売形式として、たちまちのうちにブームになった。アメリカでは七五年に、一日平均七〇〇万人の消費者が売り込みの電話を受けた。そのうち三〇〇万人近くの主婦や会社員が販売員の話に耳を傾け、四六万人がその場で注文を行っている。一人当たり平均購入額は六〇ドルなので、一日に総額二八〇〇万ドル、年間六〇億ドル近い売上げとなる。

電話によるマス・マーケティングのキャンペーンは、一〇年以上前に、フォード・モーターが開発した。その指揮を取ったのが、キャンペーン・コミュニケーションズ・インスティテュート現会長で、テレホン・マーケティングの第一人者のマレー・ローマンである。一万五〇〇〇人の主婦が雇われ、研修を受けた後にそれぞれ自宅から電話をかけた。その数は二〇〇〇万回に上る。注意深く用意された指示書どおりに、一日一〇〇万世帯に電話をかけ、自動車を購入しそうな有望な見込み客を探し出した。一回の通話時間は平均一分以内だった。

キャンペーンで獲得した見込み客は三四万人（フォードのディーラーのセールスマン二万三〇〇〇人がそれぞれ一日二人獲得した計算になる）で、そのうちの一八万七〇〇〇人は半年以内に車を購入したいと考えていたことから、電話によるキャンペーンの「有効性」が証明された。合計四万台の売上げ分はこのプログラムに帰するもので、キャンペーン費用の二八〇万ドルを差し引いても、二四〇〇万ドルの増益となった。(注2)

ベル・テレホン（訳注：現AT&T）はどの支店にも専門家を置き、個人や少人数のユーザー向けに無料でテレホン・マーケティングのテクニックや進め方について相談を受けたり、研修を行ったりしている。テレホン・マーケティングは他と同様、だれもが学ぶことのできるテクニックや道具を用いる技法である。実施の際には、自動車工場の組立ラインで行われているように、あらゆる部分で――電話をかける人の募集や訓練、電話のかけ方の工夫、労働条件の設定、成約をとるための売り文句の作成など――入念な計画と実行が求められる。

業界や業種を問わずほぼすべての企業で、電話という媒体の利用がますます盛んになっている。通常は電話活用の専門家の助言に基づいて、売り込みや注文取り、有望な見込み客の開拓、休眠顧客や古い顧客の再活性化、アップグレーディング、新しい事業分野の発見と絞り込み、特定対象者向けの録音メッセージの配信、施設や公衆のための基金募集、そして言うまでもなく投票の呼びかけを行っている。

広域電話サービス（WATS回線）、FXコール、800番（フリー・ダイヤル）サービスが利用できるようになり、さらに長距離通話料が安くなったこともあり、とりわけ郵送料や対面販売費用の上昇に伴い、工場の生産ラインの合理性が組み込まれた電話販売は、さまざまな販売活動や販売関連のコミュニケーションを工業化するための重要な手段となっている。

最終利用者ごとに専門化

コンピュータ業界は、特定の利用や産業の要望に合わせて活動を特化している点で、他の業界に一歩先んじている。メインフレームのメーカーでは、販売、プログラミング、機器サービスを中心に専門化が実施されているが、セールスマンとプログラマーは機種ごとではなく、顧客の業種とアプリケーションごとの担当となっている。一般的にはあまり見られないが、こうした分業体制は他の業界で生産性を高めている合理的な専門化と同じ種類のものである。

コンピュータ業界の例で特に重要なのは、トータルな製品パッケージの中心に「サービス」が置かれていることである。一つには（特に初期段階においては）、見込み客や顧客はコンピュータの性能や使い方について、ほとんど何も知らなかったことがある。そのため、サービスが製品のなかで重要な部分を占めるようになったのだ。

販売活動、プログラミング、機器サービスへの専門化を行った企業が、そうしなかった企業よりも、コンピュータの売上げがはるかに増え、顧客満足も生み出した。製造業では分業が低コストと信頼性の高い大量生産への第一歩となったように、専門化はサービスに同じものをもたらしている。

サイラス・マコーミック（訳注：刈り取り機の発明者）が考え出したのは、セールスマンが小麦農場に行って農機具を実演販売し、修理工も現場に随行させるというアイデアだった。デュポンは繊維衣料品メーカーにアプリケーションの専門家を初めて派遣した。いずれも「セールスマン」が売り込んだ「製品」は、工場で製造されたものというよりも、実際に利用される現場で協力や助言をするかたちで提供されたものである。つまり、サービスが製品なのである。今日でも多くの場面で、サービスは依然、認識されているよりも重要な製品である。顧客はモノではなく、問題を解決する手段を買う。顧客の悩みを知っている専門家のほうが、機械のみに精通する専門家よりも、よい解決法を提供できるはずだ。

サービスの専門化という考え方は、一般に意識されているよりも普及している。たとえば、貯蓄貸付機関が普通銀行と似通っているという見方に慣れてしまっているために、それぞれが別の市場に特化した金融機関だということに気づいていない。貯蓄貸付機関は主に住宅購入者に不動産金融を行うのに対し、普通銀行は短期の融資に関するあらゆるサービスを行う。

ほかにも、専門小売店（靴、美容健康器具、書籍、スポーツ用品）、専門サービス店（ドライクリーニング、保険、不動産）、油田探索会社（掘削、地震探査、地質分析）、コンピュータ会社（ソフトウエア、データベース、演算）、化学医療検査会社、投資の相談と斡旋会社など例を挙げればきりがない。

このことが物語っているのは、狭い機能に専門化するほうが、エネルギーや意識を集中させられるということだ。やみくもに範囲を広げてエネルギーを分散させて、経営管理者の注意や能力が行き渡らなくなってしまうよりもよい。

「発見」と「詳細な説明」に価値がある

いまから二〇〇年前、アダム・スミスは、これまで述べてきたような専門化と集中のことを「分業」と名づけた。それ以来、この呼び方は生産管理や経済学でずっと用いられてきた。本稿で挙げた事例がスミスの分業と違っているのは、そうした分化が具体的に表れるのが、別の企業や製品においてであることだ。つまり、企業内で分化された業務や、その周辺で生み出される製品を専門として特化するのだ。

したがって、我々が目にしているものは、特に目新しいわけではない。何が新しいのかというと、こうしたサービスに関する組織的な専門化や製品の専門化を生んだ進化の現象は、筆者の言う「工業化」の文脈で説明し熟考できる点だ。製造分野では至る所で、実際的な想像力が効果的に発揮され、それが経済合理性として具体化されている。サービス産業でも、努力さえすれば、そうした経済合理性により同じく素晴らしい成果を導き出すことが可能である。サービスの工業化が現実的に可能だという事例を我々は目のあたりにしている。それは遠い昔からすでに何らかのかたちで存在していたが、最近は加速度的に進展している。こうしたサービス企業や製品が成功し成長した理由を理解し、一般的な説明可能な合理性を見出したなら、かつてアントワーヌ・ラボアジエ（訳注：フランスの化学者、一七四三～一七九四年）が化学や生命科学の分野で持ったような革命的な影響力を、商業と工業の世界で我々は手にするだろう。

ラボアジエは古化学の燃素理論を打破し、酸素とその燃焼における役割を発見した。だれもが「空気」がモノの燃焼を助ける様子を見ていたが、そうした現象を科学的に説明できなかったため、神秘のベールに覆われていた。燃焼現象そのものは、プロメテウス（訳注：ギリシャ神話に登場する人物で、人間に火を与えたとされる）以来ずっと存在していたにもかかわらず、ラボアジエの説明によって初めて近代化学の基礎となったのである。

文字を書くのに使うインク、文字を印刷する紙、身につけているポリエステルの衣服、足下のポリプロピレン製の敷物、服用する医薬品――これらがみな、いまここにあるのは、人類が昔から生命を維持するために用いてきた燃焼現象に関するラボアジエの発見のおかげである。その発見と説明によって、人類の生活はその後、大きく変わり、解き放たれた。

工業化の概念はこれと非常によく似ている。以前から存在し、現在加速しているサービスの専門化をまさに説明するのが、この概念なのである。人はパンのみにて生きるものにあらず。セールス文句にかなり依存して生きている。心のなかで信じたり感じたりするもののほうが、物理的に所有するものよりも、決定的な力を持つ。

これまで紹介してきたように、非製造部門で専門化が成功裏に進んでいるのは、独自に体系化されたプロセスが取られているからだと、よく肝に銘じておくことが重要である。実はこうした活動の工業化は長い間、世界の先進国の製造部門で見事なまでの低コスト・大量生産が生んだ機能面の合理性（これを「マネジメント」と呼ぶ）とは相容れないものだと考えられてきた。したがって、実際的な観点でこの現象を認識し理解することは、新しい認知方法と運営スタイルを潜在的に解放し、現代の企業に取り入れることとなるのである。

サービス活動の工業化という概念がひとたび認識されると――我々は生誕以来、ずっとそばにあったこの概念に気づかずに暮らしてきた――我々が何を行い、どう振る舞い、どこに向かうかといったことが大きく変わるはずである。古くからの難題が一挙に解決されるかもしれない。今後はますますサービス優先の経済になるだろう。そして、過去に製造工場中心の経済が新しく興った時のように、生産性と生活水準の面で跳躍的な進歩をもたらすだろう。

【注】
（1）"Production Line Approach to Service," HBR, September-October, 1972, p.41.（邦訳は本書第9章として収録）を参照のこと。
（2）この段落で紹介した統計や電話販売や工業化のやり方の詳細については、Murray Roman, *Telephone Marketing: How to Build Your Business by Telephone*, New York: McGraw Hill. を参照のこと。

第12章

Marketing When Things Change

市場の変化に即したマーケティング

Marketing When Things Change
HBR, November-December 1977.
転換期のマーケティング
『ダイヤモンド・ハーバード・ビジネス』1978年4月号

顧客ニーズから始まるマーケティング発想

事業を繁栄へと導くためには、製品中心ではなく顧客中心の発想を心がけなくてはならない。製品やサービスを売るよりも、顧客の心をつかむのが肝要だとの意識を持たなくてはいけない。

こうしたマーケティング重視の姿勢は、いまやすっかり定着しているはずだ。その意味するところは、顧客から好ましい取引先と見なされるように、他社ではなく自社を選んでもらえるように、あらゆる努力を惜しまない、ということである。「何をつくって売ればよいか」と考えるのではなく、「顧客は何をどのような理由で購入するだろうか」と思いをめぐらすべきなのだ。

このように発想を転換すると、企業戦略に深みが出て、組織のすみずみに浸透していく。そして、業務の進め方の決定がすこぶる複雑になる。

実際にそれを経験した企業は、ひとかたならぬ痛みを感じるのが通例である。しかし、ひとたびその痛みを乗り越え、新しい発想になじむと、例外なく成果につながる。輝かしい成果を上げる例も少なくない。マーケティングは魔法のような力を持つのだ。

すでにだれもが知るとおり、マーケティングと販売（セリング）とは異なる。販売はすでにあるものを顧客に勧めることだが、マーケティングは顧客の望むものを望む場所、タイミング、形態、価格で用意することを指す。「役立つに違いない」という思い込みからではなく、買ってくれそうな対象がいてニーズやウオンツがあると考えた時にこそ、製品やサービスはつくっていくべきである。その際には、重箱の隅を突つくようにして、細部にまで注意を向ける必要がある。設計やデザインはどうあるべきか。包装はどうか。流通と販売方法、価格、小売店や販売担当者の研修やマネジメント、広告と販売促進活動、製品ラインの計画、成果や競争状況の見極め方……。

顧客志向といっても、古くからの「お客様は神様」という発想とは一線を画する。神様は、自分のウオンツや要望を知り尽くしていて、望みどおりに手に入れることが可能だが、現実の顧客がウオンツを自覚している例は稀である。まして製品やサービスの詳細など、念頭にあるはずがない。顧客は幸せ、快適さ、携帯性、安全性、機能性などを望んでいても、どうすれば手に入るのか、具体的なイメージは持っていないのだ。特定の製品やサービスを求めていたとしても、それらがどの程度ニーズを満たすかという点では誤解しているかもしれない。ニーズを自覚していない場合も少なくなく、たとえ自覚していたとしても、明確なウオンツとして表せるとは限らない。Aという製品がほしくても、実際に必要なのはBかもしれない。Xを購入したが、実際にはYを買うべきだったのかもしれない。

よく知られた例を挙げると、四分の一インチのドリルを購入した人々が必要としているのは、直径四分の一インチの穴である。化粧品を買った人々が本当に求めているのは、希望である――自分を磨く努力をすれば、人生の根深い悩みが解決するかもしれない。

マーケティングの概念を貫くと、自宅、工場、オフィスなどの諸問題よりもむしろ、顧客ニーズに嫌でも目を向けるようになる。ニーズの陰には何らかの問題が潜んでいるものだ。人々は製品、サービス、工場、システムなどを買うのではなく、問題を解決できる、予防できるという期待ないし保証を購入する。口臭予防ガムや口臭予防飴などを買う人々のほとんどが、「周囲の人に不快な印象を与えたくない」との動機を持っている。電力会社が四五〇〇万ドルも投じて火力の蒸気ボイラーを購入するのは、二つの相反する願いからだ。低コストで安定的に電力を供給するのと同時に、エコロジーや規制面でのおびただしい数の問題を避けながら、何とかして発電所を経済的に建設し、稼働させたい、と願っているのである。

マーケティングは忘れられたのか

アメリカの大企業のなかで、マーケティングの概念を最も鮮やかに実践してきたのは、ＩＢＭとレブロンである。ＩＢＭでは、ワトソン父子とその志を継ぐ人々が、専門的で人目につくやり方で綿密なマーケティングを展開してきた。レブロンはチャールズ・レブソンの指揮の下、起業家精神に満ちあふれた、さりげないやり方でマーケティングに取り組んできた。いずれも魔法のような効果を発揮した。

ところが両社とも、近年では不可解な動きをしている。自社に高い名声をもたらしてきたマーケティング慣行を捨て、他社を失敗へと導いてきた慣行を取り入れたように見えるのだ。

長年にわたって高業績を示してきた企業が突然別の動きをするようになったら、注目に値する。ましてＩＢＭとレブロンの事例では、マーケティングの基本原則が捨て去られたように見えるのだ。その一点だけでも、注意を払うだけの意味が十分にあるだろう。

ＩＢＭの方向転換

ＩＢＭはコンピュータの製造・販売で他社に先んじてきたわけではない。むしろひどく出遅れたのだが、ひとたび参入すると、瞬く間にメインフレーム市場（一九七六年の市場規模は二〇〇億ドル）で八〇パーセントのシェアを獲得した。それは主として、ＩＢＭがマーケティングに並々ならぬ熱意を注ぎ、見事な手腕を発揮したからだろう。七六年まで、ＩＢＭの経営陣はほぼ完全にマーケティング畑出身の人々で占められてきた。二人だけ例外がいるが、共に権力の頂点には立たなかった。

したがって、フォレスター社製の記憶ドラムが並外れて優れていたのだという意見もあるにせよ、ＩＢＭが成功して二〇世紀の科学技術を象徴する存在にまでなったのは、やはり洗練されたマーケティングによるところが大きい。ＩＢＭは産業別・顧客別に担当マネジャーを決めて、マーケティング・プラン、販売プログラム、販売研修などの企画立案に当たらせた。販売担当者はコンピュータに精通しているだけでなく、顧客の業界についても豊富な知識を有していた。ソフトウエアは製品パッケージに組み込まれ、ハードウエアと一体化された価格設定となっていた。こうすることで、仕様どおりの機能を保証すると共に、値崩れを避けたのである。値崩れが起きると、たとえきめ細やかなマーケティングが求められていても、売上げ優先へと走りかねないからだ。

きめ細やかなマーケティングの一環として、ＩＢＭは顧客に代わって設置場所を設計し、データ収集・報告のあり方を根本から見直し、データ処理担当者に研修を施し、システムの慣らし運転を行い、稼働後はさらに一歩踏み込んで、顧客の利便性を高めるためにＥＤＰ（電子データ処理システム）の開発にまで取り組んだ。この過程で顧客はＩＢＭへの依存を強め、取引額をさらに増やしていった。顧客には、所定の価格で製品を買い取るか、リースを受ける（キャンセル規定は存在しないも同然である）という選択肢が用意されていた。専門性に裏打ちされたマーケティングを徹底的に実践した企業といえば、やはりＩＢＭを置いてほかになく、これは魔法のような効果を生んだ。他社はＩＢＭの取り組みをそのまま模倣したにすぎなかった。

ところが七六年一一月、ＩＢＭは突如としてすべてを捨てた（世間の目にはそう映った）。少なくとも、〈シリーズ／

1〉と呼ばれるミニ・コンピュータの市場投入に際しては、そのように見えた。しかし実は〈シリーズ／1〉を発売するに当たって、ＩＢＭはマーケティングの基本理念を守っている。すなわち、「顧客の関心が競合製品に向いている時には、自社の原則やプライドにこだわるな」という精神に沿って、既存製品の市場を急速に縮小させかねないというリスクを取って、競合製品の後追いをしたのだ。言わば創造的破壊を試みたのだが、これまでのところ成果は上々といえそうである。

〈シリーズ／1〉に関しては、ＩＢＭの販売担当者は顧客中心ではなく、製品中心の姿勢を取った。製品を売ることに全精力を傾けたのだ。顧客セグメント別に担当を分けたわけでも、かゆいところに手の届く絶妙の顧客サービスを展開したわけでもない。ひたすらプッシュに徹して、買ってくれそうな人々に売って、売って、売りまくった。リース契約という選択肢は設けず、すべて売り切りにした。それまではずっと、豊富な資金力を背景に、条件の緩やかなリース契約を交わし、競争優位へと結びつけていたのだが。

あれほど長きにわたって目覚ましい成果をもたらしてきた戦略を、なぜ唐突に捨て去ったのだろうか。〈シリーズ／1〉の発売時、コンピュータ業界に最初に参入した際と同じように、ＩＢＭは模倣者だった。長い実績を持つ他社を追う立場だったのだ。コンピュータがまだなじみのない製品だった五〇年代初め、メーカーは用途や有用性について、潜在的な利用者よりもはるかに知識があった。潜在利用者のニーズを、実際のウオンツへと発展させる必要があった。ウオンツを購入へとつなげるためには、見込み客に懇切丁寧に製品知識を教え込み、使用法を伝えなくてはならなかった。

ＩＢＭは、販売担当者に顧客について学ばせる必要に迫られた。これらすべては、一〇年前にアイシャドーやアイライナーのマス・マーケットを開拓するために、化粧品会社に求められた努力と変わらない。当時、大手の化粧品会社はテレビ・コマーシャルを打ち、店舗ではデモ用のカウンターを設けて女性たちに製品の使い方を示さなくてはならなかった。

とはいえ、メーカーが啓蒙活動を行ったほか、市場の拡大と共にスクールや講座も次々と生まれたため、ＩＢＭとレブロンの顧客は自分が何を必要としているのか、製品をどのように使えばよいのかを学んでいった。このようにして、メーカーがうまく顧客のウオンツを掘り起こし、製品の使用方法を伝えると、利用者はメーカーへの依存を弱めていった。しかし世に出て間もない頃は、コンピュータも化粧品も、顧客への啓蒙・研修、実践的な支援、折に触れてのアドバイスなど、さまざまな活動を通して満足を引き出すことが欠かせない、複雑な「価値の束」として販売されていた。

やがて時を経て、買い手が洗練されてくると、「製品」は実にシンプルになる。何の変哲もない単純なものとはいわないまでも、複雑なものではなくなる。ただのコンピュータ、ただの美しく小さなアイシャドーになるのだ。

しかし、それで話が終わるわけではない。コンピュータが最初は主にメーカーの意見を受けて、後には社内の専門家の発案によって、数多くの用途に用いられるようになると、管理が難しくなり、まるで怪物のように手に負えなくなる。さまざまな利用者が互いに相反する要求を突きつけてくる。顧客企業の上層部では、各部門や担当者にどのようにコンピュータと付属ソフトウエアの使用料を請求すべきかをめぐって、意見の衝突が絶えない（付属ソフトウエアのコストは膨らむ一方である）。

このようなコンピュータの普及を背景に、特定用途向けのミニ・コンピュータが市場に投入された。各事業部、部門、それどころか個々の従業員でさえ、専用の小型コンピュータをあてがわれ、用途に適したプログラムを搭載できるようになったのだ。集積回路（ＩＣ）、さらにはマイクロプロセッサーの開発を追い風にして、このような動きが大きなトレンドとなっていった。

顧客がメーカーと同じくらいコンピュータやソフトウエアの知識を持ち、関連機器の価格が下がり、強力なライバル・メーカーが現れると、ＩＢＭはまさに理想的な動きに出た。さまざまな付随サービスを提供するという従来の方針を捨て、ハードウエアだけを売るという戦略に転じたのである。この打ち手は魔法のように効いた。

レブロンの方向転換

ＩＢＭが〈シリーズ／１〉を発売したのと奇しくも同じ週、『ビジネスウィーク』誌がトップ記事でレブロンを取り上げた。題して「華やかな化粧品業界に変化の波：コントロール、予算、プランニング重視の経営が始まった」(注1)。チャールズ・レブソンの数奇な生涯については、アンドリュー・トビアスが伝記を書いている。それを読むとわかるように、レブソンは恐怖政治を思わせるほどの徹底ぶりでマーケティング志向を貫いたのだが、晩年はそれを悔やんでいたようだ(注2)。

レブソンはさまざまな分野出身の経営者を何人も試した後、ＩＴＴのヨーロッパ事業を統括していたフランス人のミシェル・Ｃ・バージェラックをレブロンに引き抜き、ＩＢＭが〈シリーズ／１〉で見せたのと同じような方向転換に乗り出した。レブソンは管理や制度を導入することと、顧客だけでなく社内に注意を払うことの必要性を痛感していたため、バージェラックに契約金一五〇万ドル、年俸三二万五〇〇〇ドルの五年契約で、七万株のストック・オプション（三年間）もつけるという破格の条件を提示した。

レブロンの前には、他社が専門性を高めているという厳しい現実があった。大手化粧品会社のうち何社かが、製薬会社や消費財メーカーに買い取られていた。規制も強化される方向にあった。流通コストが突如として跳ね上がったが、競合他社や大手小売チェーンからの圧力を考えると、流通コストの上昇分を価格に転嫁するわけにはいかなかった。工場からの出荷量調整が、ある日突然、アイシャドーやリップスティックの色合いと同じくらいの重みを持つようになったのだ。

バージェラックは、レブロンの妖しいまでのマーケティング力を保ったまま、華やかな世界に生きる化粧品店経営者たちにＩＴＴ仕込みの厳格な経営手法を受け入れさせた。小売り側の論理も依然として幅を利かせてはいたが、それにも増して経営の論理が重んじられるようになった。あるべき姿が実現して、魔法のような力を発揮した。

問い直されるマーケティングの考え方

背後にある理由はひとまずおいて、表面的な現象だけをとらえると、ＩＢＭは「顧客志向よりも製品志向」、レブロンは「顧客だけに目を向けるのではなく、経営に注意を払え」と、それぞれやぶから棒に号令をかけ始めたように見えるかもしれない。

ところが、その理由を注意深く探っていくと、ＩＢＭとレブロンの動きは十分に説明がつくばかりか、きわめて的を射たものだということがわかる。両社が信奉する大本のマーケティングの考え方と比べてみても、完全に筋が通っているのだ。

各社がそれぞれの方針を持ちながら火花を散らす競争市場では、激しい変化が避けられない。マーケティングの概念はこの事実を我々に思い起こさせるのと同時に、生き残るためには変化の波に乗り遅れてはいけない、ということを教えてくれている。すなわち、「消費者は何に価値を見出し、何を求めているか」をたえず探り、それに応えると共に、競合他社の製品やサービスにも対抗しなくてはならないのだ。マーケティングの概念はまた、競争は往々にして業界の外から襲ってきて、やがて痛みをもたらすという事実を、とりわけ強く思い起こさせる。

これらの点は鉄道、電話、映画、真空管、投資信託、ホテル、クレジット・カード、リゾート地などにぴたりと当てはまる。今日では、冷凍食品や電子レンジ用食品についても同じことがいえる。安価で質のよいファスト・フード店や、テーマ・レストランなどが興隆して、スーパーマーケットの食品の売上げを脅かしているのだ。

マーケティングの概念には、何にも増して顧客を尊重するという考え方が深く根を下ろしている。顧客こそが企業の命運を握っているのだ。ただし、企業が抱える他の諸問題が重要ではない、という意味ではない。顧客より上位にはない、というだけである。

マーケティングの概念は、あらゆる事業コンセプト、物理学の諸法則、経済理論、哲学、イデオロギーなどと共通の問題を抱えている。これらはすべて、時と共に融通が利かなくなる傾向にある。教義へと祭り上げられ、徐々に柔軟性を失い、狭い意味で解釈されるようになる。マーケティングにとっては、硬直化はとりわけ大きな敵となる。なぜならマーケティングとは、全社の目的、戦略、方針を定める際の核となるものであるからだ。

企業がどのような行動を取るべきかを考える際には、マーケティングの意味するところを狭く解釈すべきではないし、一つの解釈にとらわれ続けるのも望ましいとはいえない。

IBM、レブロン共に、このような罠に陥らずに方針転換を遂げている。いずれも賢明このうえない動きだった。マーケティングの概念を正しく理解したうえで提唱している人々なら、この点に異論はないはずだ。両社が正しい動きをしたことは、歴史が証明している。過去にも、同じような動きをした企業が素晴らしい成果を上げているのだ。著名企業の事例をいくつか紹介したい。

アリゲニー・ラドラム・スチール

一九三〇年代には、ステンレス鋼はきわめて稀少だった。このためメーカーは、後のコンピュータ・メーカーと同じように、みずからの手で顧客を開拓しなくてはならず、製品の使用法、用途の拡大法、ひいては競争力を高める方法まで説いて回った。当時、「製品」として最も重要な部分は、ステンレスそのものよりも、それを用いた設計や応用を教えるサービスにあり、それをアリゲニーは提供したのである。それまで炭素鋼は、地元の卸業者から購入するのが一般的な慣行だった。小口での購入ができて配送も早かった。にもかかわらず、顧客は配送に時間がかかり、値引きもないという悪条件を受け入れてまで、アリゲニーのステンレスを購入するようになった。地元卸業者ならではの利便性や値引きよりも、アリゲニーによる助言や後押しを必要としていたのだ。

ところが五〇年代になると、独立系卸業者がステンレス市場でのシェアを伸ばした。この頃にはアリゲニーも全米一八カ所で独立系卸売業者を介して製品を提供していたが、地元の卸業者とより緊密な関係を築いたライバル企業に市場シェアを奪われたのである。ＩＢＭと同じように、アリゲニーも熱心に顧客を啓蒙したため、顧客のほうではメーカーによる手厚いサービスを必要としなくなっていた。製品を販売するうえで、伝統的な意味でのマーケティング志向はあまり求められなくなり、代わって製品志向や販売志向を強める必要があった。納期を短縮するために、物流拠点と在庫を増やさなくてはならなかった。売上げを伸ばすためには、製品知識ではなく、顧客理解を深めることが重要だった。

アリゲニーは方向転換を図った。しかし、マーケティングの概念を打ち捨てたわけではなく、むしろニーズや競争圧力の変化に応じて、新しいマーケティング手法に切り替えたのだ。顧客をないがしろにしたわけでも、無理に製品を押しつけようとしたわけでもなく、顧客の新しい要望に合わせて、「製品」を簡素化したのである。マーケティングの概念は以前と変わらず守られ、効果を上げていた。硬直化の見え始めた教義を捨てただけだ。この方向転換もまた、魔法のように効いた。

ゼネラルモーターズ・〈シボレー〉事業部

アルフレッド・P・スローン・ジュニアの自伝的著書『GMとともに』(注3)(ダイヤモンド社)をひも解くとわかるとおり、製品ラインというものは、すべて同じ原理に支えられていたとしても、独自の個性を持たせなくてはならない。スローンがGMの経営を指揮していた当時、〈シボレー〉は低価格車と位置づけられ、活動的な若者向けのつくりだが、少人数の家族ならゆったり乗れる実用性も備えていた。〈シボレー〉の上位車種〈ポンティアック〉は、〈シボレー〉に比べれば明らかに成熟した、暮らし向きのよい人々の車だった。サイズ、頑丈さ、個性の強さなどで〈ポンティアック〉の上をいく〈オールズモビル〉は、羽振りのよいプロフェッショナルや実業家、敏腕の中間管理職などが、さらに上位の車種を購入するまでの言わば「つなぎ」として選ぶ車種だった。〈オールズモビル〉を卒業した人々に向けては〈ビュイック〉が用意され、その上には最高級車の〈キャデラック〉が控えていた。各車種にふさわしいのはどのような人々か、各車種のオーナーであるということが何を意味するのかは、だれもが知っていた。たかが自動車、されど自動車である。

スローンが以上のような製品ポリシーを掲げ、輝かしい成果を上げてから二〇年近くが経過し、昨今では〈シボレー〉もすっかり様変わりしたが、依然として人気を集めている。一口に〈シボレー〉と言っても多彩なサイズ、価格、オプション、ブランドがある。その多彩さは、スローンがCEOとして目覚ましい経営手腕を振るっていた当時の、

GMの全製品ラインにも匹敵するほどである。

GMの製品ラインはすべて上下両方のセグメントへと拡張し、GM車同士の競合も生じているが、にもかかわらず、〈シボレー〉事業部は以前よりもさらに隆盛を誇り、GM全社も繁栄を謳歌している。しかもそれらはけっして、日和見主義に基づく砂上の楼閣ではないのだ。

〈シボレー〉にはマーケティング意識が欠けるとか、GMは迷走しているなどと述べるのは、無定見の極みだろう。『GMとともに』で現行とは別の戦略を示したスローンも、同意してくれるはずだ。スローンの著書は、自動車が成功の証あるいは野心の発露として、今日よりも重要だった時代に書かれたものである。それが今日では、安い小型車の購入者ですら、多種多様なアクセサリー、デザイン、パワー・オプションなどを求めるようになった。顧客の嗜好が変わった。そこでGMも発想を改め、素晴らしい成果を示したのである。

エクソンとガルフ石油

最後に、たとえアラブの砂漠の地下から石油がわいて出るという僥倖に恵まれたとしても、やはり適切な企業行動を取ることが欠かせないことを示すために、ニュージャージー・スタンダード石油（訳注：エクソンを経て、現エクソン・モービル）とガルフ石油（訳注：現シェブロン）が五〇年代末に見せた動きを比較したい。

ガルフ石油は当時、アラブ諸国の豊富な天然資源から多大な恩恵を受けており、石油から手っ取り早く利益を得たいと考えていた。そこで全米各地にガソリン・スタンドを設置していった。将来有望な地域では、土地を借りて立派なガソリン・スタンドを建てた。同じペースで、さびれゆく地域にも古くていかにも冴えないスタンドを賃借していった。それではまだ足りないとでもいうように、ガルフ石油はさらにレギュラー・ガソリンよりやや質の落ちる品種に〈ガルフテイン〉という名称をつけ、少し低い価格で売り出した。

他方のエクソンは、ガルフとは正反対の道を選んだ。ガソリン・スタンドを新設する際には、候補地選びに念を入れ、古いスタンドや売れ行きに翳りの見えるスタンドは計画的に閉鎖していった。ガソリン・スタンドの用地や建物の買い取りにも乗り出し、膨らみゆく遠隔地の固定資産と、地価上昇が続く「本拠地」の固定資産とのバランスを取った。くわえて、ガソリン・スタンドを賃借ではなく所有するという方針を取ったので、新規顧客の獲得や維持のために仕様変更が必要になった時も、柔軟に対応できた。現場スタッフの採用や研修にも大いに力を注いだ。スタンドの数を積極的に増やしていったのはガルフ石油と同じだが、エクソンは個々のスタンドを買い取るよりも、ガソリン・スタンドの運営会社ごと一括して傘下に収める方法を選んだ。そのうえで、スタンドの近代化を図り、徐々に自社ブランドへと置き換えていったのだ。

七三年一〇月、原油価格が四倍に急騰した。アメリカ以外の諸国も石油の権益獲得に腰を上げたため、ガルフの埋蔵量のシェアは低下した。だが、それよりもはるか前に、ガルフ石油はとんでもない失策を犯したことに気づいた。規模の小さいさびれたスタンドで安いガソリンを売るほうが、立地と効率に優れた大規模スタンドで値の張るガソリンを売るよりもコスト高だと判明したのだ。そんなことは、とうの昔に第三者が指摘していた。

しかし、ガルフ石油にとってさらに大きな痛手となったのは、市場シェアが低下、いや「崩落」したことだろう。低価格帯へと製品ラインを広げ（ちなみに、エクソンは「スーパー・プレミアム」を投入して高価格帯への進出を図った）、さまざまな種類のガソリン・スタンドを各地に展開したため、社内も顧客も混乱してしまった。消費者は大手の石油会社であれば、ブランドにはさほどこだわらなかったため、ガルフ石油は大打撃を受けることになった。

ガルフ石油はほどなく、誤った戦略を捨てた。多額のコストを投じて、従業員に精神的な痛みを与えながら、負の遺産を清算することにこの一〇年を費やしてきたのだ。

五〇年代にガルフ石油が出し抜けに製品志向に目覚め、猪突猛進した結果は、まるで魔力に絡め取られたように悲惨なものだった。

企業の事例が語る四つの教訓

本稿で紹介してきた事例からは四つの教訓が得られる。いずれも、我々は知ってはいても、必ずしも理解・実践できていないものばかりだ。

教訓1：マーケティング戦略の核心は、全社戦略の核心に影響を及ぼす。
教訓2：マーケティングを真剣に考えずして、全社戦略を立案することはできない。
教訓3：市場の発展段階によっては、表面的にはひどく製品中心で狭量に見える戦略を取るべき場合がある。
教訓4：どれほど変化や調整が生じようとも、どれほど状況が様変わりしようとも、頑固に守り通すべき秩序と道理がある。

以上がマーケティングの概念が意味するものだ。方向性を決めるのは、市場である。企業やマーケティング担当者は、その方向性に沿ってうまく市場を泳ぎ切らなくてはならない。

【注】

（1）*Business Week*, November 27, 1978, p.42.

（2）Andrew Tobias, *Fire and Ice:The Story of Charles Revson, The Man Who Built the Revlon Empire*, New York: Morrow, 1976.

（3）Alfred P. Sloan, Jr., *My Years with General Motors*, Doubleday & Co., 1963.（邦訳『［新訳］GMとともに』ダイヤモンド社、二〇〇三年）

第III部 1980年代

1980s

第13章

Marketing Success Through Differentiation–of Anything

マーケティングの成功条件は差別化にある

Marketing Success Through Differentiation–of Anything
HBR, January-February 1980.
差別化こそマーケティングの成功条件
『ダイヤモンド・ハーバード・ビジネス』1980年5-6月号

価格以外で競争する方法

差別化できない製品やサービスはない。どんなものでも必ず他との違いを際立たせることはできる。こう述べると一般に、産業財よりも消費財に当てはまる主張だと受け止められるが、現実はけっしてそうではない。市場では、製品やサービスの違いはいたるところで目につく。生産者、組立加工業者、販売元、仲介業者、代理店、小売店など関係者すべてが、何とか他社製品との違いを示そうとたゆまぬ努力を行っている。第一次金属、穀類、化学物質、プラスチック、貨幣ですら例外ではない。

消費財であろうと産業財であろうと、各メーカーは他社にはない特徴ある製品づくりを通して競争力を高めようとする。その特徴は、目で見たり測定したりしてわかる場合もあれば、体裁やデザインのよさとして伝わる場合もあるだろう。あるいは、有形無形の性質から他社製品にはない価値が生まれることを、広告宣伝活動を通して訴求していくのかもしれない。

同じことは、個人や法人を対象としたサービス――正確には「無形財」――についても当てはまる。例を挙げたい。金属、穀物、豚のわき腹肉などの取引では、ディーラーは商品自体については、他のディーラーとの差別化はいっさいできない。ディーラーたちが「売り」にするのは商品のさばき方で、取引における効率性の高さ、問い合わせ対応のよさ、内容確認の速さや明快さなどで勝負している。要するに、品物そのものは同じだが、提供方法に違いがあるのだ。

品物それ自体には差別化できる要素がないとしても、紹介の仕方によって顧客の心をとらえたり、配送の仕方で顧客を囲い込んだりするなどの違いが生じてくる。シカゴの有名証券会社の聡明なシニア・パートナーが、ニューヨーク市内の銀行に金融先物商品のセールスに訪れたが、ポリエステル製の薄緑のスーツにグッチの靴という姿だったため、当然ながら商談の結果は惨憺たるものだった。念入りにプレゼンテーションの準備をしたにもかかわらず、服装のせいで狙いとは異なる印象を相手に与えてしまったのだ。

トーマス・ワトソン・シニアは、ＩＢＭのセールス担当者に厳格な服装規定を守らせた（これは「ＩＢＭの制服」という呼び方すら生み出した）というが、それもうなずけるというものだろう。服装はセールス担当者の人となりまでは変えないにせよ、商談の成否は左右するようだ。

差別化できない第一次産品や原材料は、価格感度が非常に高い、というのが通説である。わずかな価格差が取引の行方を左右するといわれているが、それは経済学の教科書に描かれる理論上の世界の話にすぎない。現実の市場では、価格競争がどれほど熾烈であっても、価格以外の要素が必ず考慮されるものだ。

在庫がいつまでも積み上がったままで、生産設備に遊休が生じ、価格競争がいっこうに歯止めがかからない状況では、関係者の目は価格に釘づけになるようだ。というのも、価格は目に留まりやすく、判断が容易で、破壊的な影響力を秘めているからにほかならない。どの企業も価格以外には注意を払わないので、価格競争を避ける方法が見過ごされてしまう。

しかし、たとえ短期的であれ、価格競争を避ける方法はある。それも、販売担当者による熱心な販促活動、大々的な広告宣伝、やや漠然とした表現だが「サービス」の充実といった非価格競争にとどまらないのだ。

本稿では、価格競争をかわす方法を詳しく探っていくが、それに先立って製品について整理してみよう。

製品とは何か

製品はほぼ例外なく、有形財と無形財が組み合わさってできている。自動車はデザイン、大きさ、色、オプション類、馬力、燃費などを通して、見た目や測定値によって差別化でき、移動を主な目的としているが、それだけが自動車の本質ではない。オーナーの社会的地位、嗜好、実績、野心はどの程度か、外観だけでなく燃費にも気を配る「賢さ」を持ち合わせた人かどうかを表す、実に奥の深い象徴的な存在なのだ。

そのうえ買い手は、こうした自動車そのものの特性だけを見て購入を決めるのではない。自動車メーカーは、受注から納車までの期間を縮めたり、ディーラーを選定、訓練、監督し、士気を引き出したりするのに、気の遠くなるほどの精力を傾けているが、それというのも、こうした要素が製品と分かちがたく結びついて買い手の意思決定を左右し、製品の差別化につながるからだ。

同様にコンピュータについても、単にデータを蓄積・処理するための機械として見るのは、あまりにも一面的だ。オペレーティング・システム（OS）、アプリケーション・ソフトウエア、保守・修理の保証なども合わさって、製品を構成している。カーボン・ファイバーは他の材料と混ぜて化学混和材として用いると、繊維を軽量化し、高強度、高弾性を実現するほか、コストの低減にも役立つ。しかし、使いこなすためには経験が必要とされ、慣れないユーザーには、設計・応用面で経験豊富な売り手からの支援が欠かせない。

政府に提出する一〇〇〇ページの請負提案書でも、法人顧客向けの五ページのコンサルティング提案でも、「製品」

とは顧客への約束にほかならず、その商売上の真価は中身だけでなく、提案者が慎重に培ってきた評判（ないしは「イメージ」）、入念なプレゼンテーションや紹介の仕方にある。

物理的な製品を差別化するのが難しい場合には、評判で他を圧倒できるかどうかが営業力のカギとなる。その意味で、モルガン・スタンレー、ロッキード（現ロッキード・マーチン）、マッキンゼー・アンド・カンパニー、レブロンなどの取り組みには、本質的な違いはほとんどない。これら各社は「競合他社にあらゆる面で差をつけている」と主張するだろうが、どの企業も「見せ方」（パッケージ）の部分、つまり自社がいかに他社と異なるかという説明に大いに注力している点は共通する。各社とも実際に独自色を出してはいるが、その独自性が最も際立っているのは製品やサービスではなく、それ以外の面においてである。

投資銀行業務を例に取りながら考えたい。株式・公社債などの引受会社は、発行体に資金調達を約束し、購入者にも金銭的なメリットを約束する。しかし、約束の中身もさることながら、見せ方こそが発行体や購入者に深い影響を及ぼすだろう。業界に詳しい人物はこんな説明をしている。

「アメリカの某名門投資銀行には入り口が二つあり、それぞれ異なった通りに面している。これに合わせて、便箋、封筒なども二種類ずつ用意されている。片方の入り口はＶＩＰ専用であるため、顧客は自分の受け取ったレターヘッドにどちらの通りの名称が印刷されているかによって、この投資銀行からどの程度重視されているかを推し量ることができる（注1）」

このように待遇の違いを設けるのも、一種の営業手法といえる。受付で特定の顧客をＶＩＰ待遇すれば、それが功を奏して、後にそれ相応の受注を引き出せるかもしれない。

顧客は何を基に購買を決めるのか

潜在的な買い手は、さまざまな価値が複雑に絡み合いながら満足をもたらしてくれるものを、全体として「製品」と見なしている。取引の対象となるモノやサービスはその一部を占めるにすぎない。モノやサービスは言ってみればポーカーの掛け金のようなもので、ゲームに参戦するための必要最低限の条件である。戦いに加われなければ、戦果は得られるはずがなく、新規顧客も継続受注も手にすることはできない。

顧客は、問題の解決にどれだけ役立ちそうか、ニーズをどれだけ満たせそうかという観点で製品の価値を見極める。他の要素はすべて副次的な意味を持つにすぎない。産業財マーケティングの専門家が述べているように、「『製品』とは、購入者が受け取るベネフィット（便益）全体を指す」のである。(注2)

デトロイトの自動車メーカーが、鋼板の購入に際していかに実利を追い求めているかを見ていきたい。各メーカーとも、過剰ともいえるほど厳格に要求条件を定めているが、その対象は鋼板そのものに限らない。配送、価格、支払い、追加注文への対応などにも及び、配送については一定の条件に沿いつつ、買い手の要望に柔軟に対処することなどが求められている。自動車メーカーは、要求条件をどれだけ満たしたかを仕入先ごとに詳しく評価したうえで、数ある仕入先のどこからどれだけ購入するかを年ごとに見直す。その際には、新素材の紹介、パーツの設計変更の提案、さらには購入手続きなどに関して、相手側からの協力がどの程度あり、実際にどれだけ役立ったか、といった点まで考慮される。

以上からも明らかなように、デトロイトの各自動車メーカーは多彩な満足を買い求めており、鋼板はそのごく一部を占めているだけにすぎない。配送条件が守られない、融通が利かない、対応に不規則、不完全、消極的な傾向が見

図表13-1 **製品全体の概念図**

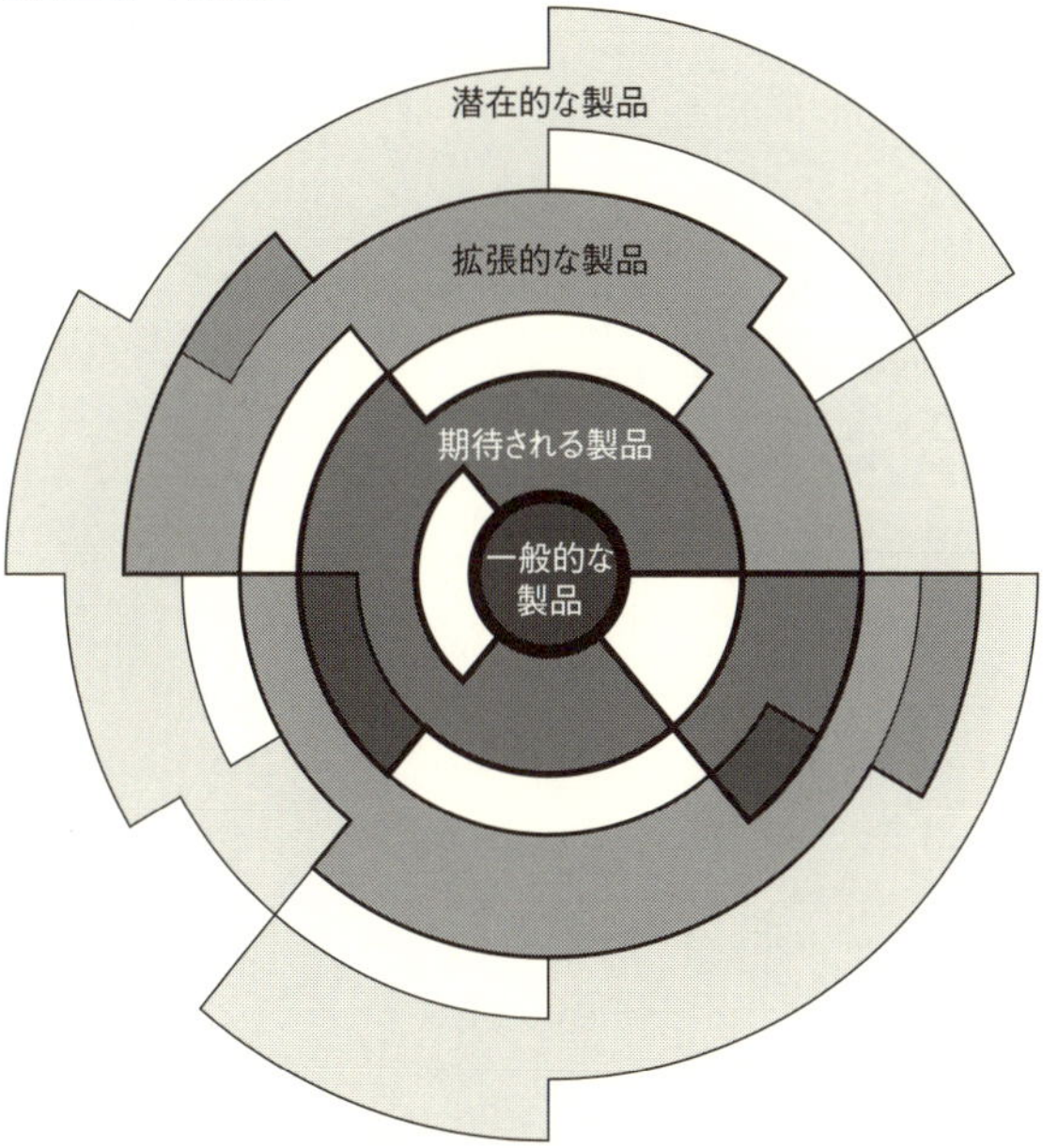

られるといった状況になれば、顧客は期待どおりの製品を得られなかったことになる。さらに言えば、効果的な後押しを惜しまない仕入先があれば、その仕入先の「製品」は他社のものよりも優れている。品番302の七二インチの熱間圧延鋼板がありきたりの製品ではないことを、自動車メーカーは肝に銘じている。それどころか、仕入先ごとに相当な違いがあると考えているはずだ。

鋼鉄、小麦、サブアセンブリー、投資銀行サービス、鎮痛剤、技術コンサルティング、ゴルフ・ボール、機械その他のメインテナンス・サービス、新聞用紙、化粧品、純度九九パーセントのイソプロピル・アルコール……何にせよ、顧客はその中身だけでなく、より価値ある何かを買い求める。そしてその「何か」こそ、どの仕入先からいくらで購入するかの決め手となり、さらには「ロイヤルティの高い顧客」になるか「一度限りの顧客」で終わるかを左右する。

売り手側は、顧客を獲得し、満足をもたらすというプロセス全体のなかで、この「何か」をマネジメントできる。その方法を知る際には、図解が役立つだろう。**図表13－1**「製品全体の概念図」に示したとおり、製品には多彩な可能性が詰まっている。この点について説明しよう。

一般的な製品

実体を持つが付加価値には乏しく、市場に参入するための前提条件となるものが「一般的な製品」（the generic product）である。鉄鋼メーカーにとっての鉄鋼や、デトロイトの自動車メーカーの例では品番３０２の七二インチ熱間圧延鋼板（および同等品）などが、これに該当する。銀行の貸出原資、不動産会社の土地・建物、小売業者の店舗に並ぶ品々なども同様である。弁護士の場合、法曹資格を有していることが、一般的な製品に相当するだろう。

一般的な製品と一口に言っても、まったく同じというわけではない。ニューヨーク州の法曹資格とコロラド州の法曹資格とでは違いがある。

自動車メーカーごとに製造プロセスが異なる以上、同じ品番３０２の鋼板といえども、仕入先による優劣があるかもしれない。特定のコーティング方法を用いた場合、一部仕入先の品番３０２のほうが他よりも短時間で容易に処理できる、ということもありうる。仕入先によって、製鋼所が一カ所の場合もあれば、複数に分散している場合もある。後者であれば、製鋼所ごとに光沢や色合いがわずかに異なる可能性があり、装飾品に用いるうえでは大きな優劣につながりかねない。

とはいえ、ほとんどの場合、このような違いはさほど目立たない。より大きな意味を持つのはむしろ、「期待される製品」の特徴だろう。

期待される製品

図表13 - 1に示した「期待される製品」(the expected product) は、一般的な製品をも包含している。これは、顧客が購入の際に求める最低限の条件を表している。鋼板を例に引きながら、買い手にとって絶対に外せない条件は何かを考えていきたい。

①配送

どの工場にいつまでに配送されるか。日にちだけでなく、時間も特定できなくてはならない。貴重な保管スペースを使う時間をできる限り抑えて、在庫コストを低減させるためだ。仕入先にも、買い手の立場に立った物流が求められるのである。適切な数量をきめ細かく配送すること、すなわち、スケジュールや納期が予期せず変更になったとしても何とか対応することも、やはり期待されているだろう。なお、品薄の際には優先的に製品を回してくれるようにとの条件がつくケースも想定される。

②取引条件

契約期間中、規定価格で規定量を納入する。定価が変わった折には交渉によって――おそらく屑鉄など原材料の一定期間の平均価格に応じて――納入価格を改める。早期に決済が行われた場合の割引条件、支払いが遅れた場合のペナルティなども定められるだろう。

③支援サービス

用途にもよるが、購入者は製品の活用法についてのアドバイスや支援を期待するだろう。

④新しいアイデア

一般的な製品（鋼板）を鉄鋼構造物、外板・建築外装材、ボルト・ナットなど多彩な用途に用いる際に、顧客はより効率がよくコストの低い方法がないか、仕入先からのアイデアや提案を求めている。

これらはすべて周知の事柄かもしれないが、その背後には幅広い期待が横たわっている。つかみ所のない期待だが、それに応え損なったがために、汎用的な製品そのものの取引にマイナスの影響が及ぶおそれもある。不動産業者の事務所がみすぼらしくては、客足が遠のくだろう。弁護士が優秀な成績で法曹資格試験に合格し、瀟洒な事務所を構えたとしても、その人柄に難があれば、見込み客との関係がギクシャクするかもしれない。工作機械が最先端の数値制御機能を搭載し、外観も申し分なかったとしても、あまりに精密すぎる数値制御があだとなって、「実用的ではない」と購入を見送られてしまうかもしれない。「過ぎたるは及ばざるが如し」とはよく言ったものだ。

一般的な製品を販売するには、顧客のさまざまな期待に応える必要があり、そのためには多彩な方法がありうるだろう。つまるところ差別化とは、顧客の期待に応えようとするところから出発するのである。

拡張的な製品

差別化とは、単に顧客の期待に応えるというだけでなく、より広い意味を持つ。期待される内容が、顧客自身が想像もしたことのないものによって広がっていく場合がある。コンピュータ・メーカーが製品に診断モジュールを組み込んで、不調や故障を自己診断すると（現実に一部のメーカーはこれを実践している）、顧客の期待や要求以上のことをしているわけで、これが「拡張的な製品」（the augmented product）である。

証券会社が顧客宛てに月次の取引明細書を送付する際に、その時々のバランス・シートと資金の出所・用途の分析を添付すれば、やはり顧客の期待や要求を超えたサービスを行っているといえる。美容・健康製品のメーカーが、流通業者の従業員に物流センターの管理についての助言や研修を施すのも同じだ。

このように提供者が自発的に生み出した拡張的な製品は、図表13－1では「期待される製品」を不規則に囲むかたちで描かれている。

拡張的な製品を提供する仕入先はいずれも、顧客の通常の期待を超えた何かを実現している。鋼板の事例では、組み立て、コーティングのよりよい手法を開発したり、厚みを減らして軽量化を図ったりする、というやり方があるだろう。買い手のかゆいところに手を伸ばす方法は、掘り起こせばほかにも予想外のものがいくつも見つかるはずだ。配送スケジュールの変更案や、より「興味深い」取引条件を提案すること。配送単位を見直して、買い手の管理上の問題やコストを軽減すること。請求書と共に、製品の使用量や使用形態を顧客の工場、事業部、ブランドごとに資料化して提供する、というのも一案だろう。

差別化を通して満足を届けようとの試みはとどまるところを知らないが、あらゆる製品について、あらゆる顧客をあらゆる局面で引きつけるのは、土台無理な話である。顧客によっては、付加価値をつけるよりも価格を下げてほしい、と考えるかもしれない。追加サービスを提案されても、利用しようがない、というケースもあるだろう。

たとえば、鋼板のユーザーは、当初は製品の活用法のアドバイスや技術支援を仕入先に頼っていても、徐々に知識や経験を身につけていき、いずれは自立していく。こうした自立をきっかけに、奇しくも、独立系の鉄鋼流通センターが急成長を遂げ、製鉄所と競合するようになった（それら流通センターは、標準サイズの規格品の迅速な配送、幅広い品揃え、小口注文への対応などを武器に製鉄所との差別化を図ってきたが、現在では細かい組立作業を引き受けたり、特殊な製品の活用支援サービスを展開したりして、「製品」の幅を広げている）。

一般に、使用法のアドバイスや支援を行って市場を広げれば広げるほど、顧客を失う可能性は高まっていく。顧客としては、仕入先に助けてもらう必要がなくなると、別の何かに重きを置くようになる。たとえば、より安価な仕入先を探すというように。

この段階では、顧客をつなぎとめておくために、体系的な付加価値プランを導入する意義が生まれる。あわせて、言うまでもないが、コストと価格を下げることにも力を入れるべきだろう。これが製品の成熟に伴うパラドックスである。つまり、価格競争が熾烈をきわめ、コスト低減の重要性が高まったまさにそのタイミングで、追加コストを支払ってでも製品を拡張させていく――付加価値をつける――意義が生じるのだ。

拡張的な製品は、顧客が経験を積み洗練度を増している環境下、あるいは成熟市場で提供される。顧客は付加的なサービスに反応しなかったり、ベネフィットを感じなかったりするわけではない。しかし、自分たちは何もかも知っていて独力で何でもできると顧客が考えている場合には、売り手はその前提が正しいかどうかを検証してみる必要がある。

さもなければ、価格だけで競争するはめに陥り、ひどく苦しむことになる。顧客は拡張的な製品に対するニーズやウオンツを、本当に持っていないのだろうか。それを検証するためには、その顧客に何か提供できるものがないか、思いをめぐらすとよい。

潜在的な製品

顧客を引きつけ、つなぎとめるためにできそうなことすべてを「潜在的な製品」(the potencial product)と呼びたい。鋼板のユーザーにとっての潜在的な製品を挙げてみよう。

- 技術面での改善案を示す。具体的には、部品の設計を変えて軽量化する、強度や耐久性を高める、たわみを小さくする、よりはがれにくい理想に近い塗料を開発する、安全性を高める、などである。
- 鋼板の代替財(プラスチック、アルミニウムなど)について顧客がどう考えているか、どのような点を問題視しているか、といった市場調査結果を紹介する。
- 鋼板同士、あるいは鋼板とプラスチックなどを張り合わせる際の成形、接合などに関して、新しい手法を提案する。
- 滑剤、防音材、緩衝材、ガスケット(詰め物)などのアイデアを示す。
- 迅速、低コスト、簡便な組立手法を試したうえで提案する。
- 商用車、タクシー、レンタル製品など、用途によって購入基準が異なるため、各顧客セグメントを意識した特徴づくりを示唆する。
- 鋼板とグラスファイバーなど、複数の素材を組み合わせてはどうかと、実現性を検証し具体的にアイデアを示す。

潜在的な製品はさまざまなものが考えられる。その幅を狭めるものがあるとすれば、予算と想像力だけだろう。ただし、製品にあらゆる面で競争力を持たせようとすれば、(望ましい)予算額はおのずと決まってくるものだ。

経済状況や競争状況なども無視できない。競争状況は、他の鉄鋼メーカーの動きだけでなく、代替財メーカーの動きによっても影響されるだろう。買い手は、メーカーが追加注文にどれだけ柔軟に応じるかを、常に重視しているわけではない。ただし、需要が旺盛で品薄が生じている好景気の折に、競合他社が大口顧客との取引の糸口を得ようとして戦略的な動きに出れば、事情が違ってくるが。

「製品とは何か」という問いの答えは、経済状況、事業戦略、顧客の望み、競争条件など、数多くの条件によって決まる。本稿では製品を四とおりの方法で定義したが、それぞれの範囲も常に一定とは限らない。ある顧客にとっての「拡張的な製品」が、別の顧客にとっては「期待される製品」であるかもしれない。ある状況の下で「拡張的な製品」であっても、他の状況では「潜在的な製品」と位置づけられることもあるだろう。さらには、品薄の時期には「一般的な製品」だったものが、供給過剰の時期には「期待される製品」に転じることも考えられる。

教科書ではまことしやかに、すべてが簡潔で一定であるかのように論じられているが、現実のビジネスではそのような事例は実に稀である。ただし、一つだけ確実に言えるのは、すべては差別化が可能だということである。少なくとも競争という観点からは、差別化できない製品などない。現実に、ほとんどの製品が差別化されている（章末「一般的な製品の奥深さ」を参照）。

マーケティング・マネジメントの意義

企業のマーケティング・マネジメントは、最強の差別化手段となりうる。事実、マーケティング手法の違いによって、同じ業界でも企業ごとにきわめて大きな違いが生じている事例がある。

ブランド・マネジメントや製品マネジメントは、ブランドや製品ごとの違いを無視した機能本位のマネジメントよりもはるかに優れている。同じことは市場マネジメントにも当てはまる。市場マネジメントとは、製品が単一ではなく複数の業界で用いられている場合に、広く取り入れられている手法だ。大きな市場セグメント向けの製品（小売チャネルを通して販売される洗剤など）や、いくつもの業界で異なった用途に使われる製品（メーカー直販または卸売業者経由で納められるイソプロピル・アルコールなど）の市場に責任者を配置するといった取り組みをすれば、配慮、責任、努力などがその市場に集中するはずだ。このようなマーケティングを実践している企業は、一般に他社を寄せつけない競争優位を持っている。

近年までメーカーやブランドによる違いがほとんど見られなかった製品でも、今日では強く差別化されている例が少なくない。消費財分野でも、コーヒー、石鹸、小麦粉、ビール、食塩、オートミール、ピクルス、フランクフルト・ソーセージ、バナナ、鶏肉、パインアップルなど、枚挙にいとまがない。消費者向けサービスの分野でも、バンキング、保険、クレジット・カード、証券取引、旅行サービス、美容、遊園地、少額ローンなどでブランドや企業による違いが際立ってきている。製品とサービスの融合分野でも同じ現象が起きている。テーマ・レストラン、メガネ・コンタクトレンズ店、食品小売店などがこれに当たる。宝飾品、スポーツ用品、書籍、健康・美容グッズ、ジーンズ・パンツ、音楽レコード・カセット、自動車用品、DIYセンターなど、個性を売り物にした小売店も勢いを得ている。

これらの事例、とりわけ消費財分野のものについて、見識に乏しい人々は「他社との主な違いはパッケージと広告にある」と考えがちである。一般的な製品そのものに大きな違いがあったとしても、それを十分に理解していないために、パッケージや広告を偏重してしまうのだ。

そのような姿勢は誤っている。ゼネラル・フーズ（訳注：現クラフト・フーズ）やプロクター・アンド・ギャンブル（Ｐ＆Ｇ）の多彩な製品がこれほど好調な売れ行きを示している理由は、広告に力を入れ、パッケージを工夫しているからだけではないはずだ。ＩＢＭ、ゼロックス、ＩＴＴ、テキサス・インスツルメンツ（ＴＩ）の成功も、一般的な製品が優れているというだけでは説明し切れない。他社との違いは、ほかならぬマネジメントにあるのだ。特にＰ＆Ｇ、ゼネラル・フーズ、ＩＢＭ、ゼロックスに関しては、マーケティング・マネジメントに成功の秘訣があるといえる。これら企業のマーケティング・マネジメントは丹念な分析、管理、フィールドワークなどを特徴としている。派手な広告や一般的な製品の特徴などに隠れて目立たないだけだ。

食品ブランドを擁する企業は大々的に広告を展開し、流通業者や小売店との協力に自動車メーカーと同じくらいの熱心さで取り組んでいる。いやむしろ往々にして、自動車メーカーよりも熱心かもしれない。食品の場合には、流通業者は競合各社の製品を幅広く取り扱っているうえ、流通経路も長く複雑なのである。周知のとおり、食品雑貨店の大多数は、似たような製品――あるいは役割の同じ製品――を多数のメーカーから仕入れて売っているのだ。パウダー・タイプの洗剤だけでも、ナショナル・ブランドの数は二〇を超えている。小売店の仕入先はスーパーマーケット・チェーンの物流センター、共同卸売業者、ボランタリー・ホールセラー、独立系卸売会社などで、いずれも競合各社の製品を取り扱っている。

ナショナル・ブランドは、広告や販促活動を通して消費者による「プル」を誘発する一方で、小売店や卸売業者による「プッシュ」を促そうとも試みている。小売店に広告面での後押しを求めたり、少しでも有利な商品棚を確保しようとたえず働きかけたりしている。卸売会社に対しては他にもさまざまな施策を展開している。

何年か前になるが、ゼネラル・フーズは卸売会社の物流について大規模な調査を実施して、結果と改善提案を各社に示した。その際には、専門家による詳しい研修を受けて、円滑に提案ができるように準備まで行った。その狙いは言うまでもなく、自社製品を優先的に取り扱ってもらうことにあった。ゼネラル・フーズは、小売店にも類似の取り組みをしている。販売スペース別の収益性を入念に調べて、その新しい分析手法をスーパーマーケットの経営者たちに伝授したのだ。小売店の売り場管理の効率化に一役買えば、自社製品の販売にも手厚い配慮が期待できるだろう。

ピルスベリーも、コンビニエンス・ストアの運営を効率化して、競争力強化を促すプログラムを導入した。ここでも狙いは当然、ピルスベリー製品を熱心にプッシュ販売してもらうことだ。

食品ブランドのマーケティングでは、同じような事例がここかしこで見られる。

●商品の配送形態を、パレット、台車、荷造りなどの工夫によってカスタマイズする。

●ハインツでは、病院、レストラン、ホテル、刑務所、学校、保育園などに給食・調理サービスを提供する企業にケチャップを卸す際には、共同卸業者向けとは違った方法で包装・配送している。あわせて、競合のハントフーズに差をつけることを意識しながら業務を進めているのだ。

●ゼネラル・フーズは、各種施設向けのフード・サービス事業を展開しており、この事業部は数年前に、学校給食のメニューに趣向をこらした「テーマ・ミール」を取り入れた。「サファリ・ミール」と名づけたテーマ・ミールでは、「豆スープ・ウガンダ風」「魚のモザンビーク風」などを提供する。各地の雰囲気を味わえるように、旅行ポスター、コンゴのお面、インド独特の日よけ帽、蓮の花飾り、紙製のサルなどを配るという趣向までこらしているのだ。

イソプロパノールのケース・スタディ

これまでに紹介してきた各企業のうち、ゼネラル・フーズ、P&G、IBM、ゼロックスの四社は、組織づくりに際しても、製品マネジメント、ブランド・マネジメントを柱に据えている。くわえてIBMとゼロックスは、市場別、地域別にマネジャーを置いている。これら各社が他から抜きん出ている秘密は、製品そのものにとどまらず、マーケティング・マネジメントへの取り組みにある。差別化の決め手は製品だけでなく、業務プロセスにあるのだ。

業務プロセスの重要性を知っていただくために、誤ったプロセスを用いたことで事業機会を逃した事例を紹介していきたい。取り上げるのはイソプロピル・アルコール（イソプロパノール）の大手メーカーである。

イソプロパノールは比較的単純な製品で、それ自体はまったく差別化されていない。石油分解ガス中に含まれるプロピレンを化学合成するという製法が広く用いられていて、精製度に応じて二種類の等級（それぞれ水分含有量が一パーセントと九パーセント）が存在する。アメリカでは七〇年に一九〇万ポンドが生産され、四三パーセントが主として水溶性アセトンの原料になり、残りの大部分が化学物質、塗料、保護塗装などに用いられていた。

クメン製法が開発されて、イソプロパノールを用いずにアセトンを生産できるようになったため、七〇年にはイソプロパノールは供給過剰に陥った。価格は大幅に落ち込み、需要が再び供給に追いつくまでの五年間はこの状態が続くと予想された。ある大手メーカーは、アセトンを製造するために自社製のイソプロパノールを大量に使用していて、七〇年には、合計三億一〇〇〇万トンにも上るアセトンとイソプロパノールを、他メーカーに直接卸していた。

ポンド当たりの市場価格はアセトンが四セント、イソプロパノールが六・七セントと低迷をきわめていたが、後に請求書を分析したところ、このメーカーは多様な価格を使い分けていたことが判明した。同一日の取引であっても、顧客によって価格に開きがあったのだ。ここから、①すべての顧客に同じ価格を伝えていたわけではない、②買い手によって価格感度が異なる、という二つの推論がなされた。

分析からは、業界や規模が同じ顧客には同一水準の価格を提示しているが、地域と価格の相関関係は薄いこともわかった。さらに詳しく調べたところ、同じ業界がいくつかのサブグループに分かれていた。異なるコーティング剤を扱うメーカーは、異なる価格を支払っていた。農業用化学製品とバイオケミカル製品のメーカーの間にも、購入価格に大幅な開きがあった。「その他」に分類された顧客も、取引価格を切り口にいくつものグループに分けられた。

しかしすべては後から判明した事柄で、当時はこうした分析はいっさい行われていなかった。マーケティング・プロセスを十分にマネジメントしていたなら、製品マネジャーは先に挙げた事実を把握できたはずだ。請求書に記載されている価格がまちまちで、いくつかの価格グループがあると知っていたら、賢明で探求心の旺盛な製品マネジャーは次のような問いかけをしただろう。

①最も価格弾性が低いのはどのような顧客で、購入量はどの程度か。具体的にどの顧客か。
②ロイヤルティの最も高い顧客と最も低い顧客はどこか。価格が変動しても常に発注してくれるのはどの顧客で、どのような理由によるのか。主に価格変動に影響されて取引量を変えているのは、どの顧客か。
③製品の応用方法を助言した場合、どのような顧客にメリットがあるか。
④何らかの支援を申し出た場合、打てば響くように反応するのはどの顧客か。
⑤一部の顧客に限って値上げをする場合、どの顧客なら可能か。特定の顧客向けには価格を据え置くべきか。
⑥以上の諸点について、販売部門にどう伝えればよいだろうか。販売部隊のマネジメントにどう生かすべきか。

このメーカーが洗練されたマネジメントを実践して、価格情報を持たない顧客、価格に敏感でない顧客に主として製品を販売していたとしよう。各顧客が実際よりもポンド当たり〇・一セント、〇・二セント、あるいは〇・五セントほど高い価格で製品を購入していたと仮定して、それぞれの場合の推定利益を示したのが**図表13-2**「イソプロパノールの販売を見直した場合の効果（推定）」である。

図表13-2 **イソプロパノールの販売を見直した場合の効果（推定）**

		ポンド単価を上げた場合の増益額		
顧客の業種・用途	販売量（百万ポンド）	0.001ドル	0.002ドル	0.005ドル
アセトン生産	124	124,000ドル	248,000ドル	620,000ドル
中間生成物として	20	20,000ドル	40,000ドル	100,000ドル
農業バイオテクノロジー	31	31,000ドル	62,000ドル	155,000ドル
塗装	86	86,000ドル	172,000ドル	430,000ドル
その他	49	49,000ドル	98,000ドル	245,000ドル
合計	310	310,000ドル	620,000ドル	1,550,000ドル
全体の50%をプレミアム価格で販売した場合		155,000ドル	310,000ドル	775,000ドル
全体の10%をプレミアム価格で販売した場合		31,000ドル	62,000ドル	155,000ドル

販売量全体の一〇パーセントを、実際よりもポンド当たり〇・一セント高く売っただけで、利益は三万一〇〇〇ドルも増えた計算になる。この比率を五〇パーセントにまで引き上げると、増益幅は一五万五〇〇〇ドル。販売量の五〇パーセントを実際よりも〇・二セント高く売っていたら、利益は実に三一万ドル多かったと推計される。

市場分析や顧客分析を実践すれば、この程度の増益は十分に可能だと思われる。市場分析を販売部門の日々の活動に織り込めば、計り知れない増益効果があるに違いない。

このようにマーケティングの詳細にまで目配りすることは、製品マネジャーや市場マネジャーの仕事の特徴である。差別化の難しいとされる製品のメーカー、とりわけ産業用の素材・原材料のメーカーにとっては、マーケティング・プロセスをいかにマネジメントするかが差別化のための大きな武器となる。消費財ブランドのマネジメントに長けた企業は、この武器を生かそうと、虎視眈々と機会をうかがっているのだ。

市場でどのような動きが見られるか。顧客は製品をどのように使い、改良しているか。どこでどのように購入しているか。だれが購入判断を下し、どのようにして判断が軌道修正されるか。このような点からけっして注意を逸らさないことだ。市場に隙間《ニッチ》があったら、すかさず参入しようと、折に触れて目配りをしておくとよい。他社製品よりも自社製品を選んでもらえるように、新しい方法を常に考えておくとよい。こうした努力をたゆまずに重ねると、「製品を差別化しよう」という発想で業務を進められるようになるはずだ。

差別化が最も見えやすいのは、消費財ブランドの分野である。産業財ではデザインや設計、操作方法、構造、無形財の特徴やサービスの充実度などが差別化のポイントとなるが、同時に、提供する側の事業のやり方そのものがきわめて大きな差別化をもたらすのである。マーケティング・マネジメントの進め方次第で、多くの企業が多大な事業機会をつかみ取れるだろう。とりわけ、製品やサービスそのものの差別化が難しい分野で、他社との違いを際立たせるには、マーケティング・マネジメントが切り札となるはずだ。

一般的な製品の奥深さ

小麦には、ノースダコタ州東部の三つの郡だけで生産されるマカロニコムギ（デュラムコムギ）という少量品種があり、主としてパスタに用いられている。マカロニコムギは収穫の後、トラックで穀物倉庫に運ばれ、そこから脱穀業者のもとに出荷される。ところが近年では、大規模な農場がみずから穀物倉庫を持つ傾向が強まってきた。そのような農場は、大型トレーラーを使って大口顧客の倉庫にじかに収穫物を納めるため、中間業者に保管料を支払わずに済むうえ、プレミアムが載った価格で顧客に高品質のマカロニコムギを買い取ってもらえる。

グレートプレーンズの穀物倉庫業者は、ミシシッピー州のメキシコ湾沿いまで商品を運ぶのに、ユニット・トレイン（長距離貨物固定編成列車。出発時の編成のままで目的地まで行き、石炭や小麦などの大量輸送に用いられる）を用いて、輸送コストの大幅削減を成し遂げている。このような取り組みは、倉庫業者が生産者から穀物を購入したり、引き取ったりする時期や量に影響を与え、生産者の側でも納品の方法や時期を工夫する必要に迫られる。

同じ等級のマカロニコムギでも、倉庫業者や脱穀業者の支払価格には大きなバラツキがある。倉庫業者は、コムギのタンパク質や水分含有量をそのつど調べ、検査結果に応じて値引きを求めたり、プレミアムを支払ったりするため、前回の取引価格あるいは相場、見積額などと同じ金額が適用されるとは限らない。プリンス・スパゲッティ・カンパニーのように、でんぷんやグルテンの含有量を独自に調べる顧客もあるほどで、作柄の善し悪しによって価格が変動するため、先物価格と開きがあるばかりか、先物価格よりも変動幅が大きいほどである。

【注】

（1）Samuel L. Hayes, III, "Investment Banking: Power Structure in Flux," HBR, March-April 1971, p.136

（2）E. Raymond Corey, "Key Opinions in Market Selection and Product Planning," HBR, September-October 1975, p.119. 詳しくはコーレイの著書、*Industrial Marketing: Cases and Concepts*, Englewood Cliffs, N.J.: Prentice-Hall, 1976, pp. 40-41. および Benson P. Shapiro, "Making Money Through Marketing," HBR, July-August 1979, p.136.（邦訳「マーケティングを成功させる三つのカギ」『ダイヤモンド・ハーバード・ビジネス』一九七九年一一－一二月号）を参照のこと。

第14章

Marketing Intangible Product and Product Intangibles

無形性のマーケティング

Marketing Intangible Product and Product Intangibles
HBR, May-June 1981.
無形性のマーケティング
『DIAMOND ハーバード・ビジネス・レビュー』2001年11月号

無形財と有形財

サービスを売るのか、製品を売るのかによって企業を分類しても、それほど経営の役には立たない。あえて分類するならば、表現を変えたほうが有意義である。「サービス」と「製品」と言う代わりに「無形財」(intangibles) と「有形財」(tangibles) と呼んだほうがよい。工場でつくられるものが何であれ、市場では例外なく製品の「無形性」が売買されているからだ。

無形財のマーケティングと有形財のそれがどう違うのかを考えてみると、この分類の有用性がはっきりする。もちろんこれら二つの違いは歴然としているが、重要な共通点がある。すなわち、有形財と無形財のいずれにも無形性が含まれているのだ。

マーケティングとは要するに顧客を獲得して、それを維持するための活動である。顧客を獲得するうえで決め手になるのが、無形性である。ただし顧客を維持する際に、無形性が多い製品には非常にやっかいな問題が持ち上がってくる。

本稿では、まず無形財と有形財のマーケティングに、どのような無形性が重要となるのかを明らかにする。次に、無形財の売り手が顧客の維持において直面する問題について考える。

無形性が顧客獲得の決め手となる

無形財には、旅行代理店、貨物輸送、保険、修理、コンサルティング、コンピュータ・ソフトウエア、投資や仲介サービス、教育、ヘルス・ケア、資産管理サービスなどが含まれる。これら無形財は、ほとんどの場合、前もって試用したり、点検したりできない。見込み客がこのサービスを買うと何が得られるのかを知るには、「別の何か」に頼らないわけにいかない。

旅行の行き先に迷っている時、キラキラ光る青い海辺に面した異国風のリゾート・ホテルの豪華な部屋を、みごとなアングルと色合いで表現した写真を見たりすることで、あれこれ思いをめぐらすことができる。あるソフトウエア・プログラムの秀逸さ、投資銀行や油田探査会社の仕事ぶりを知るためには、そのユーザーからアドバイスを仰ぐことができる。

エンジニアリング会社、信託会社、ロビイスト、教授、外科医、予備校、美容院、コンサルタント、修理業者、ビル・メインテナンス会社、運送業者、フランチャイザー、ゼネコン、葬儀屋、ケータリング会社、環境保全会社、建設業者などについては、過去に利用した経験者に尋ねることはできる。

有形財は無形財とは違って、手に取って調べる（見る、触る、嗅ぐ、味わう、またテストする）ことが、ある程度購入前に可能である場合が多い。車を試運転し、香水の匂いを嗅ぎ、製粉機の制御盤を動かし、売り手の工場にある蒸気発生プラントを点検し、射出成形機を事前にテストすることができる。

しかし実際には、無形性の少ない有形財でも、購入前に試用し、動かしてみただけで、十分な確信をもって判断できるわけでない。別の場所に設置されている蒸気発生プラントやコンピュータを前もって点検し、提案書や設計図を徹底的に点検するだけでは足りない。製品特性や設置方法以外に、まだまだ多くの問題があるものだ。

一般的に有形財と呼ばれている製品(コンピュータとか蒸気発生プラントなど)を買う場合、原始時代の岩石を調べるのと同じように、だいたいの検討はつけられる。顧客が資料を調べ、入念な交渉の末に何百万ドルにもなる購入に同意したとしよう。しかしそれを期日内に建設し、設置し、スムーズに作動させるまでには、特性だけでは決められないことがたくさんある。有形財の無形性が製品を成功させたり、失敗させたりする。皿洗い機、シャンプー、冷凍ピザのような、すでに成熟化した消費財も同様である。シャンプーが注意書どおりに使われなかったり、ピザが想定どおりに温められなかったりしたら、とんでもない結果が待っている。

同じように、イワシの缶詰や洗剤パックといった比較的安価な消費財も、前もって試してみることはできない。あらかじめ試用できない有形財について買い手を納得させるには、仕様書、広告、ラベルといった言葉や文字以外の「約束」を示して、安心させなければならない。

包装は、そのための一つの手段である。ピクルスを中身がそのまま見える透明のガラス器に入れる、クッキーをセロファンの窓のついた箱に収める、缶詰のラベルにはおいしそうな絵を印刷する、建築家は精巧で人の心に訴える設計図を描く。NASA(アメリカ航空宇宙局)に提案書を提出する時には、チロルの革職人がつくったようなバインダーに収める。いずれの場合も、購入前には手に取って試せないから、効用を約束する保証の代替物(前述の例はみな視覚的であるが)を提供しようというアイデアである。

だから、どんな製品――たとえば何トンもある巨大タービン・エンジン――でも、無形性が購買の決め手になるといってよい。いかに苦心して設計し、入念につくり上げた製品でも、設置場所を誤ったり、使用法を間違えたりしたら、失敗してしまう。顧客を失望させてしまうのだ。マーケティングにとって、この事実は非常に意味深長である。前もって試用できない製品の場合、見込み客はずばり「満足を与えます」という約束を買っている。有形で、テスト可能で、触ったり、匂いを嗅いだりできる製品であっても、購入前はすべてが約束にすぎないのである。

約束を「有形化」する

消費や使用によって得られる満足が、購入前の試用感や約束とまったく同じであることはまずない。しかも、約束の程度は製品によってまちまちだ。製品特性や設計、外観、宣伝、価格、あるいは顧客のニーズやウオンツの違いによって異なる。

製品によっては、約束よりも期待度が低い場合もある。このアイシャドーを使えば、どんな女性も、男性を悩殺する夜の牝虎に変身できるという宣伝コピー（約束）があったとしよう。たとえほしくてたまらないと思っても、そのコピーを文字どおりに信じたりはしない。しかし、これが販売を促進させる。

新築の本社が豪華な写真で紹介されたところで期待は高まらない。しかし、有名建築家による芸術味あふれるたたずまいを見せられると、労働意欲に燃えた社員たちが、緑あふれる中庭で、しゃれた洋服に身を包み、のんびりと昼食を取っている姿を想像してしまう。この比喩的な表現が、有能な人材を引きつけるのに役立つ。

こうした理由から、購入前の試用が不可能な製品の場合、比喩を用いて安心させることが、マーケティング活動には必要である。本来無形である約束は、販売の際に「有形化」されなければならない。これによって男を悩殺する牝虎にもなれば、人材募集に応募してくることにもなる。隠喩であろうと直喩であろうと、比喩は前もって提供も試用もできない有形財について、代弁する役割を果たす。

これと同じ考え方が次の現象を説明してくれる。

都心にある法律事務所は、堅固で黒を基調とした内装でエドワード七世時代を思わせる。投資銀行のオフィスは上品で整然としている。鋭い頭脳を誇る自信満々のコンサルタントはダーク・スーツに身を包む。

エンジニアリングやプロジェクトの提案書は、大きな文字で「経営者向け」タイプで印刷され、革のバインダーで綴じられている。新たに開発された制御装置には性能の高さを示す精巧な写真付き説明書がついている。

保険会社が「大きな岩」を写真で示して、「あなたが安心して眠れる毛布」や「雨を防ぐ傘」で守り、「強くて信頼できる手」で抱いてあげる、と宣伝する理屈も、これと同じである。

有形財といえども、シンボルや比喩を用いる必要を免除されてはいない。コンピュータは正確な機械と見られなければならない。そのパッケージは、信頼できる近代技術の粋を集めたという印象を伝えるものでなければならない。これらの背景には、見込み客はその外観を見ただけで機器の性能に確信を持つというコンセプトが貫かれている。

この点において一〇〇万ドルのコンピュータ、二〇〇万ドルのジェット・エンジン、五〇万ドルの最新式製粉機のパッケージに対するマーケティング・アイデアは、五〇ドルの電気カミソリ、二ドル五〇セントの口紅のパッケージに対するマーケティング・アイデアと、ほとんど変わらないのである。

印象が重要である

人々は製品の実体を判断する際、外観に大きく影響される。これは常識が教え、調査によって確認されている。価格、技術、購買知識の有無、私用か社用かはほとんど関係ない。だれもがある程度、製品の外観と印象に頼って購入している。

特性を提示できる製品――旋盤のスピード・多様性・精度のような技術特性、口紅の色となめらかさ、エビ・グラタンの見た目や濃厚さなど――だけで、印象の強さが決まるわけではない。たとえば、ある投資銀行を考えてみよう。同行の推奨情報は完璧で、投資の安全性について説得力がある。誠実さと実績の評価も昔から一貫している。にもかかわらず、何十億ドルも動かす企業のＣＦＯが、あまりにも若い紅顔の営業担当者を見て、その銀行に資金運用を任せることに不安を抱いたとしてもいたしかたない。

製品は、全部ではないにしても、その売り手――企業だけではなく、営業担当者がどんな人物かによっても判定されてしまう。売り手企業と営業担当者は、好むと好まざるとにかかわらず、「製品」の一部であり、見込み客が購入を決める際の判断材料なのだ。製品の有形性が小さいほど、製品に関する判定はパッケージによって大きく左右される。だれがどのようにパッケージしたか。隠喩や直喩、シンボルといった製品を代弁する要素が、どんな印象を与えるか。

同じことが、有形財にも当てはまる。ある電力会社が一億ドルのボイラーを発電所に設置しようとしたとする。その入札を任されたセールス・エンジニアもやはり製品の一部（約束）であり、投資銀行の営業担当者とまったく同じである。

理由は簡単だ。どちらの場合も、納入されるまで製品は存在しないからだ。有形財であっても、作動させてみるまで性能はわからないのだ。

購入後のことも想像しチェックする

投資銀行の場合も、ボイラーの場合も、買い手から指名を受けるためには、販売の過程でいくつかの関門を上手にくぐり抜けなければならない。これは求愛行動に似ていなくもない。どちらの場合の「顧客」も求愛の仕方がぐらついていると、将来のことが案じられる。求愛期間中に男のほうが十分な誠意と積極性を見せなければ、たとえば彼女の示す欲求やムードにさっぱり手応えが感じられないだろう。彼女が緊張したり、がっかりしたりしている時、薄情な態度を見せたり動揺したりすれば、結婚後も大きな問題を抱えることになる。

現実の結婚とは違って、投資銀行との契約やボイラーの設置に離婚の余地はなく、取引が成立してしまえば、ただちに結婚生活と妊娠が同時に始まる。そうなると、事態は元どおりにはならない。投資銀行はクライアント企業と契約を結ぶ前に――すなわち、赤ん坊が生まれる前に――緊密な折衝を何カ月も続ける。また、発電所の建設には何年もの日数がかかる。その期間、健やかな日もあるが病気で寝込む時もある。また、誕生という出来事には例外なく、必ず新しい問題が起きる。赤ん坊の時期は注意深く愛情深く育てなければならない。病気にならないように、病気になればすぐ治るように、心底努めなければならない。

同じく、投資を推奨した株や債券がすぐさま下落しないように、ボイラーの作動後、数週間か数カ月の間に故障を起こしたりしないように努めなければならない。もし故障が起こった時には、ただちに修理して完全作動させなければならない。見込み客は、求愛期間と同じように、熱心に愛を語る男性が将来どんな夫となり、どんな父親になるのかを判定するために、企業の一挙手一投足まで入念に見守るのである。

製品がどのようにパッケージされているか（約束が、どのようなパンフレット、文書、設計図で表現されているか）、だれがどんな語り口で製品を売り込むのか――これらはすべて製品の中心的要素である。というのは、顧客が最終的に買うか買わないかを決める際の判断材料だからだ。

製品には形以上の要素が存在する。一億ドルもするボイラー・システムでもそうだ。買い手の立場からすると、製品は一つの約束であり、その無形要素は有形の部分と同じく大切なのである。顧客が製品を買う前に、一定の条件で顧客に満足を与えなければならない。もしそれがかなわなければ、販売は成立しない。売り手と買い手の関係が確定しない段階（求愛中）に、営業担当者が顧客の特殊な立場や課題に対してトンチンカンな返答をしたり、まったく無知であったりしたら、投資銀行の場合も、ボイラー・メーカーの場合も、販売は成立しないだろう。

この場合、約束――製品の全体――は見込み客を満足させることができなかったのだ。製品に欠けるところがあったのではなく、むしろ約束の中身が的外れだったのである。交渉の途中でセールスマンを代えたところで、何の役にも立たない。売り手は企業として、それまでに「自社の製品」について誤ったことを「言ってしまっている」からである。求愛中に、見込み客が購入後を心配した場合――つまり契約の履行、納期の厳守、アフターサービスに不安がある、という印象を持ったとしたならば、納入される製品には「欠陥品」というメッセージが与えられたことにほかならない。

無形財だけに起こる難問

一言で言うと、取引を成立させること――顧客を獲得することは大変なことだ。一方、顧客を維持することは、まったく別の問題である。これを成功させるには、無形性が多い製品の場合、別の難しさがある。というのは、無形財は生産と納入の方法が、極度に人間に依存しているからである。銀行の企業財務に関するサービスは、この点で美容サービスやコンサルティングとあまり変わらない。製品が人間の力に依存するものであればあるほど、個人の裁量や性格の違いが表面化し、ミスや遅延が発生する危険性が増す。無形財の場合、顧客がだまされたと感じてしまったら、期待価値が十分満たされなかったことである。その顧客は二度と近づいてはくれない。リピート・オーダーは望むべくもない。

これに対して有形財は、工場で厳格な監督の下で製造され、きちんと整備された流通チャネルを通じて届けられる。期待価値の約束を満たすという点では、無形財よりはるかに有利である。したがって、リピート・オーダーが期待できなくなる可能性はほとんどない。

一般に有形財は、リサーチャーや科学者たちの意見を仰ぎながら設計を専門とするエンジニアによって、静かな個室の中で設計・開発される。その後は、別の製造担当者の手によって、厳しい監督と信頼できる品質管理の下、製造される。また顧客自身の手で設置され、使用されるにしても、製品に付随する指示書に従えば、とんでもない失敗を犯すことはめったにない。

無形財の場合はそうはいかない。コンピュータ・ソフトのプログラミングについて考えてみよう。プログラマーは、顧客企業に関する調査を実施して、各部門間の複雑な業務ネットワークやその関連性を理解しようとする。そのうえで、同じプログラマーがシステムとソフトウエアを一人で設計する。この場合、設計の仕事が製造の仕事でもある。無形財の設計と製造は普通、同一人物が担当する。その姿は仕事場に座って働く職人のようだ。

さらに無形財の場合、製造と納品とが区別できないことが多い。コンサルティング・サービスの場合、納品はクライアントの立場からすれば製造である。コンサルタントの分析が優れていても、その納品がお粗末だったら、コンサルタントのアドバイスは製造方法がまずいと受け取られる。結局それは不良品なのだ。

ブローカー、研修トレーナー、監査法人、エンジニアリング会社、建築家、弁護士、運送会社、病院や診療所、行政機関、銀行、信託会社、投信会社、レンタカー会社、保険会社、修理会社などの仕事はみな同様である。どれも納品と製造の区別がつかない。有形財と無形財の違いを、コーネル大学のJ・M・ラズウェル教授がみごとに指摘している。「製品は生産される、サービスは実行される(注1)」

人的作業の割合を抑え、品質管理を図る

無形財を提供する企業は人間に依存する部分が多いため、品質管理が大変難しい。

自動車の品質管理は、組立ラインのシステムに初めから組み込まれている。赤色の車に黄色のドアが取りつけられていれば、すぐにだれかが「黄色のドアは計画どおりなのか」と尋ねる。前方の左車輪がはめられていないと、車輪のボルトを締める担当者がラインをストップさせる。しかし、銀行員が目論見書に大切な何かを書き落としたり、説明が不十分だった場合、それは問題にはならないかもしれない。ただし後でわかっても手遅れだ。借りたレンタカーの灰皿が汚れていた場合、料金を先払いした顧客は非常に不快になることだろう。二度とこの会社を利用しようとはしないはずだ。

人間というものは、どれだけ訓練を受け、またやる気が十分だとしても、間違いを起こす。物忘れし、軽率にふるまい、当たり散らすこともある。そこで、人間にすべてを頼らない方法が模索される。

以前私は、『ハーバード・ビジネス・レビュー』誌で、サービス産業において人間に依存する割合を減らす提言をしたことがある。それを「サービスの工業化」（industrialization of service）と名づけ、人間に依存する作業では、ハ

ード・テクノロジー、ソフト・テクノロジー、あるいはこれらを混合した代替法を探すべきであるという提言だった。(注2)

●ハード・テクノロジーで言うと、電話交換手から機械による自動交換にする。小切手に代えてクレジット・カードにする。製造工程をコンピュータに監視させるなどである。この利点は計り知れない。実際、電話の自動交換によって料金が安くなっただけでなく、信頼性も高まった。

●ソフト・テクノロジーで言うと、生産において一人の職人が初めから終わりまで作業する代わりに分業制が導入された。たとえば、事務所ビルの清掃作業員を組織するのに、清掃場所を決めて一人の作業員にすべての作業を任せるのではなく、専門作業（汚れを落とす、ワックスをかける、ポリッシャーで磨く、窓を拭く）を作業員に割り当てる方法を取るなどだ。保険会社は、ずいぶん前から契約処理作業を登録、サイン、保険料の計算、保険証券の発行と、細かく分業している。

●混合テクノロジーは、ソフトとハードをミックスさせたものである。床のワックスがけを人手から機械に変える。フライド・ポテトはあらかじめ工場で刻んで、一人前ずつにパックし、ファスト・フード・レストランの深いフライ鍋で揚げる。出来上がりはシグナルが知らせてくれる。また、一般的な訓練を受けただけの事務担当者が、コンピュータに生データを入れるだけで、自動的に計算され、経理システムに記録させることもできる。

マネジメント革命

サービスの工業化は、品質管理を容易にし、コストを削減する。それは人間の労働の質を向上させるのではなく、労働の質を変えるように作業を再設計することである。最初は、一九世紀に財の生産に用いられたのと同じ経営合理性が、サービス——無形財の創造・生産・納入に適用されることになる。一九世紀の生産方法が意味するところは、家畜動力が機械動力に移ったという産業革命にあるのではなく、「マネジメント革命」にある。すなわち、職人が一人だけで得意な財をつくるやり方から、経営者による合理的な業務管理に移ったということだ。

一九世紀にこの方式の知恵が結実したものといえば、刈り入れ機、ミシン、そして自動車である。これらの製品は、一人の職人の特異な技能に頼って組み立てられる機械ではなく、一般の労働者が定められた仕様と方法に従って単純化・標準化された作業に従事することで組み立てられた機械であった。そのためには、管理計画が詳細に立案されると同時に、設計、製造方法、互換性部品による組立作業が適正に行われなければならない。すなわち、適正な人数が、適正な時に、適正な場所にいて、適正な方法で、適正に単純作業を行うように計画されなければならない。こうなると、生産量が膨大になり、流通チャネルも拡大し、販売後のサービスやそのための訓練も要求されるようになる。したがってマネジャーは、この大量生産された商品がうまくさばけるようなシステムを考案し、維持しなければならなかったのである。

無形財の存在を訴え続け、顧客の認知を促す

無形財の生産において、ほとんど顧みられてこなかったのが、産業革命の生みの親である「経営合理性」という点だ。このために、無形財の質に対する信頼性は予想以上に低く、コストは本来あるべき水準より高く、したがって顧客満足度は望ましい水準より下がってしまう。

私は、この点で大きな進歩が見られたことを指摘した。すなわち、無形財を提供する場合、顧客を長期に失わないために、特に注意を払うべき、一つの製品特性があるのだ。それは無形財ならではのもので、顧客は良質のサービスを受けているとほとんど意識しない、ということだ。契約期間中、休みなくサービスを受けている――すなわち、買ったり、使用したり、消費したりすることが恒常化している無形財の場合、とりわけ当てはまる。たとえば、ある種の銀行サービス、清掃サービス、運送業、電力会社、メインテナンス・サービス、電話などがそれである。

銀行との海外取引、保険契約、専門業者との清掃取引を考えてみるとよい。売り手と買い手の関係が良好な場合、買い手は自分が受けているサービスがよいとか悪いとかあまり意識しないはずだ。そうではない場合だけ（売り手のライバル会社が買い手にそう告げることもある）、買い手はその無形財の存在に気づく。信用状が間違って発行された、別の銀行からいま以上のサービスが申し込まれた、年一回の保険料の通知がまた来た、保険金の支払いを渋られた、清掃済みのはずなのに灰皿が汚れたままだった、愛用していた筆立てがなくなっていた――こうした場合にだけ、サービスの質が意識に上る。

無形財について知っておかなければならない重要なことがある。顧客は得ているものが得られなくなるまで得ているものを知らない、ということだ。不備があった時だけ、顧客は購入したものの存在に気づく。不満が起こった時だけ、じっくりと考える。満足している限り、何も考えないし、何も話さない。無形財の存在は失われて初めて気づくのである。

つまり、これが危険なのである。顧客は満足している時、すなわち首尾よく事が進んでいる時ではなく、不満のある時、すなわち失態が生じた時しか、サービスを意識しないからだ。そこにライバルが甘言をもって攻め込んでくると、たちどころに負けてしまう。ライバルはこちらより有利な融資案を持ちかけ、より魅力的な保険プランを提案し、事務所の壁にかけられた額の上にホコリを発見し、ちょっとしたミスが目につくと、陰に大きなミスが隠されているなどと中傷する。

無形財において顧客を獲得する際、有形な代理物または比喩をつくることが大切である。服装をどうするか。提案を口でどう伝え、文章でどう表現し、どう設計し、どう提出するか。見込み客にどう接し、質問にどう答え、どんなアイデアを提供するか。見込み客の事業をどれだけ深く理解しているかを、どのような態度で示すか。これらを考えてみるとよい。

無形財において顧客を維持する際、顧客が日頃得てきているサービスを、一定期間ごとに思い起こさせ、知らせることが大切である。こうしておけば、たまたままずいことが起こっても、決定的な不満に至らずに済む。こうした手を打たないと、顧客は自分の受けているサービスに気がつかない。自分が購入したサービスが途切れた時にのみ、その存在を知り、その時だけですべてを判定してしまう。

無形財は定期的に納入され、消費されるが、顧客を失わないためには、同様に顧客に提供しているサービスを常に振り返る必要がある。そして、顧客を獲得した時の約束を、そのつど繰り返さなければならない。だから、保険の見込み客がついに「結婚」させられた後、「一件落着」とそれ以後は口もきかず、無視してしまうのは、保険会社にとって自殺行為だ。ほとんどの顧客は、購入した生命保険契約についていつまでも覚えていることはなく、保険会社や代理店の名と同じように忘れてしまっている。一年後に保険料払込通知を受けて思い出し、求愛期間中の愛の行動と結婚後の冷めた現実との差異を、まざまざと見せつけられることが多いのである。

売り手と買い手のリレーションシップが強固になれば、売り手は資産を生み出したことになる。ようやく顧客を手に入れたのだ。この顧客をいつまでも失わないようにするには、売り手は、せっかく手に入れた資産の価値が下がったり、ライバルから狙われたりしないように、顧客リレーションシップという資産の価値を上げる手段を常に行使しなければならない。

強化策はいくらでもある。そのいくつかは体系化し、工業化することが可能だ。サービスの現状を顧客に思い起こさせる手紙や電話を定期的に送ることはあまりコストもかからず、驚くほど効果的な資産価値強化策となる。「これまで以上の内容が新たに付加されました」というニュース・レターを送ったり、訪問して話したりすることは有効である。ビジネスを離れた交際も大切だ――狩猟用ロッジ、ヨット、クラブ、夫婦同伴の会議、顧客ミーティングの費用は税控除にすべきだ、と内国歳入庁（ＩＲＳ）と争う会社が最近増えているのを見ても、よくわかる。

次に示すのは、顧客とのリレーションシップを強化した企業の例である。

- ある電力会社は、注目された社会ニュースを集めた「最新リポート」を定期的に顧客に発送して、漏電を発見・防止する方法、優れたモニター・システムの設置、コスト節約の方法をアドバイスしている。
- あるコンピュータ・サービス会社は、グループごとにアカウント（得意先担当）・マネジャーを分けて、二週間にわたる飛び込み営業を繰り返している。これは、新型コンピュータに取り代えると、翌年度からコスト増を抑えながら、顧客の望む利用範囲が広がることを「打ちとけた雰囲気でやさしく説明する」ためである。
- 高価な電子機器（コンピュータ、端末機、郵便物仕分機、ワープロ、医療診断装置）の長距離輸送会社は、荷主との輸送能力検討会を年四回開いている。その席上では顧客企業に講師として、自社の経験したサービスと期待するサービスを話してもらうことにしている。
- ある生命保険会社は、定期的に一通の通知書を保険契約者および保険金受取人に送っている。この通知書は普通、まず保険契約が何らの変更もなく続いていることについて「おめでとうございます」という短い文章で始まり、次に、保険に関係した最近の課税方法に触れてから、ファイナンシャル・プランについて提案し、別の保険を利用すると特別な恩恵があるという訴求まで行う。

こうしたやり方で、無形財の売り手は、顧客の心のなかに、自社の存在とサービスの中身を常に新しく意識させる。いつも後ろにいて、変わらぬサービスを黙々と提供しているのだということを顧客に思い出させている。

無形財を有形にする方法

すべての製品に有形と無形の要素がある。このことは何度繰り返しても足りない。有形財を売る企業は、例外なく、有形財そのもの以上のことを顧客に約束している。実際、無形性の向上に並々ならぬ努力を払っており、有形の製品特性よりも多くのベネフィットに浴することができると、約束しているのだ。

コダックが写真フィルムの買い手に向けて繰り返し強調し、約束するのは、いつまでも思い出として残り、写真を見るたびに鮮明な記憶が甦るという喜びである。コダックは写真の色彩の鮮やかさについては、ほとんど語ることはない。コダックが売る商品とは、思い出の喜びであって、フィルムでもなければ、現像された写真でもない。

自動車という製品は、その宣伝どおり、地位の象徴、快適さ、力強さといった意味を持っており、工場から出荷される有形財というより「心」という無形性が強い。一方、自動車ディーラーは、メーカーの宣伝によって人々の製品に対する期待は膨らんだと考えて、これ以外の購買動機、つまり値引きや品揃え、アフターサービスを中心に訴求する。こう考えると、ディーラーもメーカーも、有形財である自動車そのものを売っているのではない。売っているのは、たくさんのベネフィットをパッケージとした無形財なのである。

顧客を獲得するうえで有形財の訴求力を高めるにはそれを「無形財化」しなければならない。そして無形財は「有形財化」されなければならない。レオナルド・L・ベリー教授の言う「証拠固め」(注3)が必要になるわけである。理想を言うと、系統的にルーチン化する——すなわち、工業化されなければならない。

たとえばホテルでは、飲み物用グラスは真新しい紙袋またはフィルムで包み、トイレのシートには消毒済みの紙テープを巻き、トイレ用ティッシュの端は使い古しでないことを示すように三角形を外に出さなければならない。これらの心遣いは、無言ながらはっきりと「このお部屋は、あなたが心地よくお使いくださるように念を入れて清掃されています」と語っている。何も語らなくとも、宿泊客にこのメッセージが伝わるのである。いずれにしても、言葉だけで顧客を納得させられないし、ホテルの従業員がそのつど、言葉で表したとしても、宿泊客はそれをうのみにしたりはしない。ホテルは、このような心遣いによって約束を有形化するだけでなく、サービスのデリバリーを工業化しているのである。

家屋の断熱材を購入する例を挙げよう。壁面断熱材を買うのは、ほとんどの家の持ち主にとって頭が痛い。二社に頼んで、自宅の断熱材の見積もりを出してもらうことにしたとしよう。初めにやってきた業者は乗用車で訪れ、自信たっぷりに家の周りを目測した後、紙封筒の裏を使って素早く計算して、「六インチのグラスファイバーで総額二四〇〇ドル、ご満足いくまで手直しをすることを約束します」と自信ありげに言った。

一方の業者は、きれいに磨かれた白いトラックで乗りつけ、手にはクリップボードを持って、家の壁面を綿密に測定し、窓の大きさを計算し、屋根裏部屋を横ばいになって調べ、この地域の季節による温度幅と風速を気象記録簿で確認した。その後次々と質問をしながら、熱心にメモを取る。三日後に再訪問して見積もりを出しますと約束し、約束の時刻にきちんと現れ、「六インチのグラスファイバーで、二八〇〇ドル、ご満足いくまで手直しを約束します」とタイプ印刷された見積書を提出した。さて、断熱材を購入するとしたらどちらの業者だろう。

後者は無形財を有形化し、約束を「信頼できる期待」に変えたのである。さらに有形化された証拠も提出した。この業者は、断熱に関する必要な情報を小冊子にコンパクトにまとめて、提供価値を約束したのである。これを目にすれば、情報を分析してすぐ発注したくなるのは当然で、顧客は「これまでの断熱材業界にはなかった強力な販促ツール」だと感心するだろう。

もしこの顧客が電力会社の資材購買部のマネジャーだったら、大企業の財務担当者だったら、セメント会社の購買担当者だったら、化学肥料メーカーの輸送責任者だったら、あるいは、保険会社のデータ処理ディレクターだったらどうだろう。自宅用の断熱材を購入するのと同じアプローチで、売り手を決めるに違いない。だれでも無形財を有形化させることで、リスクを小さくしたという確信を持ちたいのだ。

このように、無形財の約束を有形化する確かな慣行がたくさんあるのだから、それを利用することは可能だ。有形財とはっきりしている製品においても同じことがいえる。特別に漂白力の強い点を訴求する洗剤ならば「ブルーの漂白剤の絵」を用いてユーザーがそれとわかるようにすれば、強力な漂白力に確信を持たせることができる。プロクター・アンド・ギャンブルのデカフェ〈ハイポイント〉は、「力強いコクと香り」という華やかなコーヒーのイメージを強く訴えている。ここで約束されている価値は、だれにでもわかる。

無形財の顧客を維持するには、事がうまく運んでいる間に継続的な販売努力が必要である。まずい事態が起こった時に顧客を失わないためにもそれが必要だ。そして、継続販売をするには、作業が工業化されなければならない。顧客とのリレーションシップをうまく維持するには、有形財の場合よりも無形財の場合こそ、より入念でより継続的な配慮が必要である。これは有形無形を問わず大切なことは言うまでもないが――。新製品で、特に複雑な特性を持った有形財になると、それがいちだんと重要になる。このような場合、「顧客リレーションシップのマネジメント」は特殊な技術になる。これは、別のマーケティングのテーマである。

本稿で述べてきたことの重要性を突き詰めれば、こう言えるだろう。顧客はバランス・シート上の有形資産よりも貴重な資産である。バランス・シートの資産はたいてい金で購うことができるし、熱心な売り手はいくらでもいる。顧客はそうたやすく購入を決定したりしない。多くの熱心な売り手は、見込み客に多くの選択肢を売り込んでいるからだ。さらに、顧客は二重の意味で資産である。第一に、顧客は販売によって得られるお金の源泉だ。第二に、固定客を多く抱えることによって、銀行や投資家から多くの資金を集めることができる。資金は有形資産に転化できるものだ。

古い言い伝え、「売ってから物を言え」は、一つの真理を物語っている。最初の販売に成功した後も売り続けるには、無形財を有形化し、そのベネフィットと売り手の存在を顧客に何度も伝えると同時に、そのプロセスを工業化すること以外には道はない。

【注】

（1）John M. Rathwell, *Marketing in the Service Sector*, Winthrop Publishers, 1974, p.58.

（2）Theodore Levitt, "The Industrialization of Service," HBR, September-October 1976.（邦訳は本書第11章として収録）

（3）Leonard L. Berry, "Service Marketing Is Different," *Business*, May-June 1980, p.24.

第15章

The Globalization of Markets

市場のグローバリゼーション

The Globalization of Markets
HBR, May-June 1983.
地球市場は同質化へ向かう
『ダイヤモンド・ハーバード・ビジネス』1983年9月号

グローバル時代が到来した

世界全体が大いなる力に突き動かされて、同質化へと向かっている。その力の源はテクノロジーだ。テクノロジーの恩恵によって、通信、輸送、旅行などがごく身近になった。最果ての地に暮らす人々も貧しい人々も、ひとしく近代化に魅了された。あらゆる国や地域のあらゆる人々がほぼ例外なく、新しいテクノロジーを介してさまざまな製品を見聞きし、体験して、それらすべてを手に入れたいと考えるようになった。

その結果、ビジネスは新しい局面を迎えた。消費財のグローバル市場が生まれ、未曾有の規模にまで拡大したのだ。この新しい現実にうまく対応した企業は、生産、流通、マーケティング、マネジメントなどの各分野で多大な規模の経済を享受している。その恩恵を生かして世界市場で価格を下げていけば、いまだに古い世界観から抜け出せずにいるライバル企業を衰退へと追いやるだろう。

国や地域による嗜好の違いは小さくなった。もはや、前年のモデルや数世代前の製品を発展途上国で売ろうとしても、通用しない。海外では国内よりも価格を上げて、大きな利益率と利益額を達成できるかといえば、それも過去の話だ。

市場はほどなくグローバル化する。裏を返せば、国ごとの違いが際立った時代も、多国籍企業の時代も、遠からず終わるということである。

多国籍企業とグローバル企業の違い

多国籍企業とグローバル企業は区別しなくてはいけない。多国籍企業は数多くの国で事業を展開し、高いコストをかけて、製品や商慣行を各国の事情に合わせて変えている。グローバル企業は、あまりコストをかけずに、一定のスタンスを貫いている。全世界を――あるいはその大部分を――一つの市場と見なして、すべての人に同じ製品を同じように販売するのである。

どちらの戦略がより適切かは、主観によってではなく、必然によって決まる。コミュニケーションの威力によって、よりよい仕事をより楽にこなせる可能性、生活水準を高め、余暇を楽しめる可能性など、現代の可能性がたえず全世界に喧伝されている。「わが国独自の文化を認め、評価してほしい」と世界に訴える国々が、他方では、近代的な製品、サービス、テクノロジーをぜひとも大がかりに輸入したいという。古代からの伝統や遺産を守ろうと、情熱や信仰に駆り立てられている人々が、近代化をただ望むだけでなく、実際に推し進めている。

一九七九年、我々は忘れがたい映像を目にした。この年に勃発したイラン革命では、しゃれたフレンチ・カットのズボンと光沢のあるシャツに身を包んだ若者たちが、イスラム原理主義を旗印に、近代兵器を掲げて流血も辞さずと叫んだのだ。

ブラジルでは、未開の地バイアから人口増加の著しい海沿いの町へと日々何千人もが移り住み、段ボールの小屋を所狭しと建てては、真っ先にテレビを据えつけ、ぽんこつのフォルクスワーゲンを手に入れる。そして、そのかたわらでロウソクを灯して、絞めたばかりのニワトリと果物をマクンバの神に捧げるのだ。

ビアフラで内戦が起きた際にも、イボ族と戦う兵士たちが、血染めの剣を携えながら〈コカ・コーラ〉を飲み、トランジスター・ラジオに耳を傾ける姿が、ブラウン管を通して毎日のように報じられた。

シベリアの果てクラスノヤルスクでは、舗装道路がなく、ニュースもすべて検閲されているが、時折西側の旅行者が訪れては、タバコやデジタル腕時計などを買わないかと密かに現地の人々に持ちかける。背負った荷物から衣類を取り出して売ろうとする旅行者もいるほどだ。

エレクトロニクス製品、中古車、欧米の衣類、映画の海賊版など、発展途上国への密輸が組織的に行われ、隆盛をきわめている。近代兵器や傭兵などを取引する地下経済をも凌ぐ勢いなのだ。

世界で最も優れた製品、つまり最も安くて品質と信頼性に抜きん出た製品を求める気持ちには国境がなく、その裏づけには事欠かない。世界中の人々のニーズやウオンツは同質化に向かっていて、その流れを押しとどめることはできない。こうして多国籍企業が時代遅れになり、グローバル企業の時代が幕を開けたのだ。

テクノロジー共和国に暮らす

偉大な三部作*The Americans*(注1)の著者ダニエル・J・ブーアスティンは、現代の特徴について「このテクノロジー共和国では、『差異の消滅』が絶対的な法則となっている。何もかもが、他のすべてのものに似通っていく」と記している。

このような潮流に促されて、ビジネスの世界では単一のグローバル市場が生まれている。企業は各国・各地域で同じ製品を同じように販売する。自動車、鉄鋼、化学薬品、石油、セメント、農産物、農業用機械、商業ビル、バンキング・保険、コンピュータ、半導体、輸送、電子機器、医薬品、通信ほか、具体例は数多い。

第一次産業やハイテク産業では、買い手や利用者が国を問わず同じ言葉を用いるため、標準化を進めやすいが、グローバリゼーションの大波は、これら分野にとどまらず、他の分野にまで押し寄せている。通信網や旅行者の行動範囲が世界のすみずみにまで広がっていることが、グローバリゼーションにいっそう拍車をかけている。

この点を何より雄弁に物語るのは、マクドナルドが銀座やシャンゼリゼ、コカ・コーラがバーレーン、ペプシ・コーラがモスクワに進出して、それぞれ成功しているという事実だろう。さらにはロックンロール、ギリシャ風サラダ、ハリウッド映画、レブロンの化粧品、ソニー製テレビ、リーバイスのジーンズなどが、各国で広く受け入れられている。ハイテクだけでなく、嗜好性の強い「ハイタッチ」な製品がいたるところに浸透しているのだ。

世界の同質化が進む中、ハイテクとハイタッチは正反対の位置から出発して、徐々に中間地帯を埋めていく。この動きに例外はなく、このプロセスを止められるものはない。あらゆる場所、あらゆる製品分野で標準化が進み、全世界の嗜好が一つに収斂していく。

具体例として、コカ・コーラとペプシ・コーラを考えてみたい。この二社は共に世界各地で同一の製品を販売して、多くの人々から愛されている。本来、味、香り、歯ごたえ、泡立ち、後味などの好みは国、地域、民族によって多種多様であるにもかかわらず、コークとペプシはその壁をうまく乗り越え、好調な売れ行きを見せている。タバコ分野でも、地場のブレンドが根強い人気を誇っていた市場に、アメリカ製のタバコなどが年々、普及してきている。

これはけっして特殊な事例ではなく（政策的な貿易障壁がなければ、市場のグローバリゼーションはさらに加速していただろう）、世界の同質化、企業の流通、資金調達、価格設定手法の標準化といった流れを象徴している。(注2) この流れはすべてを巻き込んでいく。産業化の進んだ国の製品や手法が笛を吹き、世界中がその調べに乗って踊るのだ。

国による嗜好や商慣行の違いは失われていく。嗜好の同質化はごく自然に製品、製造手法、貿易・商取引の標準化をもたらす。一国に閉じていた市場が変容、拡大していく。グローバル競争に勝ち残れるかどうかは生産、流通、マーケティング、マネジメントの効率によって決まり、やがて当然ながら価格が焦点となっていく。

日本企業が躍進した理由

世界市場で抜きん出た業績を上げるのは、コスト競争力に加えて、秀逸な品質と信頼性を実現する企業だろう。そのような企業は、自国（あるいは最大の輸出先）の製品に変更を加えずに、そのまま他の国々でも販売する。価格、品質、信頼性を絶妙に組み合わせ、設計・デザイン、機能、センスなどに秀でた「納得のいく製品」で勝負するのだ。

日本が多彩な製品分野で世界市場を席巻しているのも、こうした理由によるところが大きい。日本企業は鉄鋼、自動車、オーディオ機器、耕作機械、ロボット、マイクロプロセッサー、カーボン・ファイバー、繊維など有形の製品分野に限らず、金融、海運、総合建設といった無形のサービス分野でも他国の企業を圧倒している。世界のコンピュータ・ソフトウエア市場も、遠からず日本企業に支配されるだろう。認識の甘いコンサルタントやデータ・エンジニアによる熱心な主張とは裏腹に、低コストと高品質は両立できる。これまでに報告されているデータは正確さを欠き、矛盾をはらんでいるうえに、誤った分析がなされている。現実には、あらゆる面で高品質を追求し実現している企業では、低コスト・オペレーションが企業文化として浸透している。高品質と低コストはけっして相反するわけではなく、優れたオペレーションを実践するなかで同時に達成できるのだ。(注3)

日本企業について、本国では右ハンドルの車を売りながら（イギリス以外の）欧米では左ハンドル仕様にしている、本国ではオフィス機器を直販しながら、アメリカでは代理店を介在させている、ブラジルではポルトガル語でコミュニケーションを取っている、といった点を挙げつらって「グローバル化とはいえない」と断じるのは、「違い」の意味を取り違えた議論だ。同じように、アメリカのスーパーマーケットのセーフウェーやサウスランド（訳注：現セブン-イレブン）を批判するのも筋違いだろう。両社とも中東で高い業績を上げ、現地の住民だけでなく、韓国、フィリピン、パキスタン、インド、タイ、イギリス、アメリカなど他国出身者にも利用されている。交通規則が国によって違うように、流通チャネルも言葉も国によって異なるのだ。日本企業は、経済性と価値をあくことなく追求した点で際立っている。この姿勢から、各国で通用する質の高い製品が生まれたのだ。

〈T型フォード〉の意義を再考する

コストと価格を下げ、品質と信頼性を高め、地域別の事情にもある程度配慮すれば、各国にほぼ同じ製品を投入しても、十分に買い手の支持を得られるだろう。グローバリゼーションがここまで進んできた以上、従来の市場調査や社会通念から、国や地域による好み、ニーズ、慣行の違いが浮かび上がってきたとしても、そうした真実が揺らぐことはない。日本企業は繰り返しそれを証明してきたし、〈T型フォード〉を生産し続けたヘンリー・フォードも同じである。それらを模倣した企業、すなわち韓国（テレビと重工業）、マレーシア（電卓と小型コンピュータ）、ブラジル（自動車関連の部品やツール）、コロンビア（アパレル）、シンガポール（光学機械）、アメリカ（オフィス向けコピー機、コンピュータ、自転車、鋳物）、西ヨーロッパ（自動洗濯機）、ルーマニア（家庭雑貨）、ハンガリー（アパレル）、ユーゴスラビア（家具）、イスラエル（ページ・レイアウト編集機器）などの企業もしかりである。

言うまでもなく、一国、あるいは一都市のみを事業エリアとする企業であっても、製造、販売、その他の手法をすべて統一しているわけではない。製品は一種類にとどまらず、流通チャネルも複数にわたっているはずだ。大都市であれば、そのなかだけで地域性、民族性、慣習の違いなどがあるはずだ。たとえ市場セグメントごとに製品をカスタマイズしていても、グローバル市場でニーズの同質化が進んでいる以上、世界各地で似たセグメントを探して販売機会を求めないことには、競争に勝ち抜けるだけの規模の経済は得られない。

このような努力は実を結ぶ。というのも、一国だけの市場セグメントというのはごく稀で、同じようなセグメントが他国にもあるはずなのだ。テクノロジーに後押しされて、世界が同質化に向かっているからである。小さな地域市場ですら、似たような市場はどこかに必ず見つかるだろうから、いずれ競争、とりわけ価格競争にさらされるのは避けようがない。

グローバル企業は、すべての市場に同一製品を送り込もうとして、標準化の機会をたえずうかがうだろう。あらゆる可能性を探っても成果が上がらなければ、やがては標準化を諦めるだろうが、その後も機会を見ては標準化路線に戻ろうとするはずだ。「買い手は自分が何を望んでいるかを知り尽くしている」などとは考えないのである。

明確なグローバル志向を持たず、単純化と標準化による経済的メリットにも無頓着な企業の行く手には、暗雲が垂れ込めているはずだ。移り変わりの激しい世界で、最も大きな危険にさらされているのは、付加価値の高い製品分野で小さな国内市場をリードしているが、その製品には他国により小さい市場が存在する、といった企業だろう。現在でこそ市場は保護されているかもしれないが、輸送コストがさほど高くないため、規模の利益を生かして低価格を実現した企業が、他国から乗り込んでくると予想されるのだ。国内市場がどれほど小規模であったとしても、グローバル競争の圧力によって「開国」を迫られるのである。

グローバル・メーカーが低価格をひっさげて他国市場に乗り込めば、事業を飛躍的に広げられる。地理的に遠い市場に浸透できるだけではない。低価格を武器にして、それまで地元の嗜好に縛られていた買い手を引き寄せられるのだ。グローバル市場に向けて製品を標準化する戦略は、市場の同質化という世界規模の流れに応えるだけでなく、大胆な低価格により市場のパイそのものを広げる効果を持つ。テクノロジーという武器を得た現代の巨大企業は、「自国の通貨をできるだけ広く流通させたい」という昔ながらのモチベーションに駆り立てられる。これは普遍的な傾向で、モチベーションというよりもむしろニーズに近いのだ。

ハリネズミは知っている

イギリスの政治哲学者アイザイア・バーリン卿は、ドストエフスキーとトルストイの違いを説明するために、両者をそれぞれハリネズミとキツネになぞらえ、キツネは広い分野にわたって博識だが、ハリネズミは一つの重要分野についてすべてを知り尽くしていると述べた。多国籍企業は多くの国について幅広い知識を持っていて、いまだに残る国ごとの違いを積極的に受け入れ、適応しようとする。その国が今後変わっていく可能性を疑うこともなく、全世界が近代化の恩恵を受けたいと熱望している（特に価格水準が適正な場合）という事実も認めようとしない。国ごとの表面的な違いだけに合わせようとする、多国籍企業のこうした姿勢は、もはや時代遅れだろう。

対照的にグローバル企業は、一つの重要な事柄についてすべてを知っている。国内だけでなく、世界市場で勝ち残らなければならない、という切迫した必要性を認識し、製品や業務オペレーションの標準化を通して、たゆみなく価格の低減に努めている。世界を、地域性のある多数の市場の集まりではなく、互いに似通った少数の市場の集まりと見なし、全体を一つのグローバル市場に収斂させようと熱心に働きかけている。ハイエンド製品を売る場合ですら、現代感覚や流行、価格競争を追求することを使命としている。グローバル企業は、すべての国、すべての人々に共通する「稀少性」について知り尽くしているのだ。

稀少性を甘んじて受け入れようという人などいない。だれもが、より多くを手に入れたいと考えている。それが一因となって分業や生産の専門化が促され、貿易を通して国や人々にとって最も望ましい状況が実現する。通常は貨幣がそれを媒介する。

経験からもわかるように、貨幣には、①稀少である、②入手するのが難しい、③はかなく消えていく、という性質がある。人々が貨幣を大切にするのも当然だ。同質化を強める世界市場ではだれもが同じ製品や機能を求め、手の届く価格なら標準品を購入するだろう。たとえ母親から勧められた品、古くからの慣習に沿った品、市場調査が「望ましい」とした品とは異なっていようと、大きな問題ではないのだ。

今日では、有形財・無形財ともに、標準化して大量生産したほうが一般に、少量生産よりもコストを抑えられる。これは厳然とした事実だ。一部には、CAD（コンピュータ支援設計）やCAM（コンピュータ支援製造）を用いれば、少量のカスタマイズ製品でも低コストで生産できるとの議論もあるが、的を射ているとはいいがたい（詳しくは、**章末**「範囲の経済」を参照）。全世界が少数（一ないし二）の市場から成り立っていると考えたほうが、多数の市場の並存を前提としたよりも、事業経済性は上がるだろう。

なぜ違いが残るのか

文化的な違い、国による嗜好や規格の違い、商習慣の違い……。これらは過去の名残りである。なかには徐々に消えていくものもあれば、世界中に伝播するものもあるだろう。後者の典型がいわゆる「エスニック」である。中華料理、ピタパン、カントリー音楽、ウェスタン音楽、ピザ、ジャズなどは、いたるところに普及している。これらの市場セグメントは全世界にまたがり、世界の同質化という傾向に――逆行ではなく――調和しているのだ。

製品や機能には、国ごとの違いが残っているが、それは実のところ、多国籍企業が各地の「変わることのない嗜好」に合わせようと努力した結果なのである。「変わらない」と決めつけるのは、偏見にとらわれ、現実を直視できていないからだろう。多国籍企業の経営者はほとんどが、十分に考えもせずに、現地の嗜好に盲従している。「こういうものがほしい」と顧客に言われれば、そのとおりの製品を提供するのがマーケティングだと勘違いして、顧客が真に求めているのは何か、掘り下げようとしない。このため、グローバル市場に標準品を投入するという正しい努力を怠り、国ごとに製品や事業慣行を変えて、高コストに甘んじているのだ。

筆者は何も、地域や国による違いをあえて無視すべきだと唱えているのではない。違いに配慮しながらも、新しい、よりよい方法で事業を進められるはずだ。

たとえば、中東地域では国による違いが著しい。社会主義体制、王制、共和制など体制が異なるほか、法律の源流もナポレオン法典、オスマントルコの法律、英米法などまちまちである。イスラエルのように、すべてがイスラムの教えに発する国もある。この国では、相手の懐に飛び込み親密な関係を築かない限り、取引はおぼつかない。ラマダン月（断食月）には、商談は夜一〇時以降、断食を終えて疲れ切った人々が、ひとしきり食べ物を口にした後でなければ始められない。現地の事業パートナーを得なくてはならないだろうし、（ニューヨーク州と同じように）現地の弁護士との契約が義務づけられるだろう。取消不能信用状も欠かせないだろう。とはいえこんな意見もある。「アラブ人は、文化・宗教上の目的と、経済上の現実を実に巧みに区別できるのです。一般のイメージとは違うようですが、イスラム文化は、科学など近代的なものに背を向けているわけではありません」（コカ・コーラのシニア・バイスプレジデント、サム・アユーブ）。

グローバリゼーションへの障壁があるのは中東諸国だけではない。ヨーロッパ共同市場（ＥＣＭ）の加盟国間でも、法律面、金融面での障壁があるため、技術やデータの自由な行き来が妨げられている。ヨーロッパの隣国同士が、放送電波の干渉（「公害」）が原因でいがみ合う例もあるのだ。

だが、過去から将来へと時が流れるにつれて、物事はよい方向へと進んでいく。過去を振り返ればわかるように、適切な手段を用いて粘り強く対処すれば、いずれ必ず障壁は低くなり、優れた技術や経済体制に手が届く。史実に残されている限り、しかるべき努力を払えば、いかなる障壁も克服されてきた。時間と努力を惜しみさえしなければ、道は開けるのだ。

イマジネーションの欠如こそが大敵である

国内の製品や業務プロセスをそっくりそのまま輸出して、惨めな結果に終わるという事例が、後を絶たない。こうした企業に欠けている部分は、難題をうまく乗り越えられない愚鈍さの証拠として受け止められてきた。グローバル市場の標準化を推し進めようとする人々の目には、「実行に難がある」と映るのである。たしかに、実行力不足が大きな足かせとなっている場合も少なくない。しかし、より大きな原因は、想像力の欠如だと思われる。

この点を、半自動洗濯機ですら珍しかった時代の西欧市場に、全自動洗濯機がどのように投入されたかを見ながら説明していきたい。ここで取り上げるフーバー（親会社はオハイオ州ノースカントン）は、イギリスでは掃除機・洗濯機メーカーとして絶大な存在感を誇る。イギリス国内には十分な需要がなく、他のヨーロッパ諸国への輸出も振るわなかったため、イングランド地方の大規模な洗濯機工場はフル操業にほど遠い状態だった。半自動洗濯機、全自動洗

図表15-1 **全自動洗濯機に対する消費者の嗜好（1960年代）**

特徴	イギリス	イタリア	西ドイツ	フランス	スウェーデン
寸法※1	高さ約85cm 幅が狭い	低い 幅が狭い	高さ約85cm 幅が広い	高さ約85cm 幅が狭い	高さ約85cm 幅が広い
ドラムの素材	ほうろう	ほうろう	ステンレス	ほうろう	ステンレス
投入口	上部	正面	正面	正面	正面
正面の覗き窓	どちらでもよい	要	要	要	要
容量	5kg	4kg	6kg	5kg	6kg
回転スピード	700rpm	400rpm	850rpm	600rpm	800rpm
温水ヒーター	不要※2	要	要※3	要	不要※2
洗濯方式	かくはん	タンブル	タンブル	かくはん	タンブル
デザイン	地味な外観	鮮やかな色調	壊れにくさ重視	エレガント	頑丈

※1 ヨーロッパでは、システム・キッチン、洗面台などを85cmで統一する方向で標準化が進められていた。
※2 イギリスとスウェーデンでは、一般家庭のほとんどにセントラル・ヒーティングが行き渡っていた。
※3 西ドイツでもセントラル・ヒーティングは普及していたが、洗濯にはもっと高い温度の湯を使いたいという要望が多かった。

濯機ともに、何とか売上げを伸ばす必要があった。

フーバーは、「マーケティング志向」を持ち合わせていたため、イギリスほか、ヨーロッパの主要国で顧客の嗜好を調べた。その結果、各国でどのような製品特徴が求められているか、詳しく判明した（**図表15-1**「全自動洗濯機に対する消費者の嗜好（一九六〇年代）」を参照）。

各国で好まれる特徴の一部について、それに対応して製品をカスタマイズした場合に、洗濯機一台当たりいくらの追加コストがかかるかを示すと、以下のようになる。

ドラムの材質：ステンレス対ほうろう　一ポンド
投入口のガラス窓から内部が見える　一〇シリング
回転スピード（七〇〇回転を八〇〇回転に変える）　一五シリング
温水ヒーター　二ポンド一五シリング
容量（五キログラムから六キログラムに変える）　一ポンド一〇シリング
合計　六ポンド一〇シリング※
※当時の為替レートで換算すると、一八ドル二〇セントに

相当する（訳注：一ポンド＝二〇シリング）。

他の特徴を盛り込むには、多大な投資を必要とした。

各国の主要国内ブランドの最低価格（英ポンド換算）は次のとおりである。

イギリス	一一〇ポンド
フランス	一一四ポンド
西ドイツ	一一三ポンド
スウェーデン	一三四ポンド
イタリア	五七ポンド

フーバーが各国の嗜好に合わせようとしていたなら、それぞれの特徴を備えた製品を少量生産しなければならないので、価格面で不利になっていたはずである。当時はＥＣＭの関税軽減措置が不十分だったので、フーバーは他のヨーロッパ諸国への輸出にも関税を課されていた。

フーバーの取るべき道

フーバーの事例では、各国での洗濯機販売について想像力を駆使した分析をしていたなら、次のような事実が見えてきただろう。

①イタリア製の全自動洗濯機には、きわめて低価格の機種があった。サイズ・容量・パワーともに小さく、ドラムはほうろう製。温水ヒーターは内蔵されていないが、西ドイツを含むすべての対象国で大きな市場シェアを獲得していた。
②西ドイツで最も売れ行きのよい全自動洗濯機は、大々的に広告宣伝されていた（広告投下量は二番手に三倍もの差をつけていた）。すべての嗜好を満たす理想的な仕様だったが、価格も国内で販売される他製品を断然上回った。
③イタリアは、手動、半自動、全自動すべてを合わせた洗濯機の普及率が最も低く、手動、半自動を飛ばして初回から全自動を購入する顧客が急速に増えていた。
④アメリカでは洗濯に水やぬるま湯が用いられていて、洗剤メーカー各社も、それを勧め始めていた。

イタリア製の低価格帯の小型洗濯機は、容量、スピード、パワーで劣るにもかかわらず、破竹の勢いで売上げを伸ばし、西ドイツでは、大々的な広告を行っている理想に近い仕様の高価格なブランド製品とすら、好勝負を繰り広げていた。この事実は力強いメッセージを発していたのだが、「顧客が『ほしい』というものを提供する」という歪んだマーケティング志向に縛られた経営者には、届かなかったようだ。たしかに顧客はさまざまな特徴を望んでいたが、実際の行動を見る限り、プロモーションの打ち方や価格次第では、他の仕様を受け容れている。

この事例から明らかなのは、一般に消費者は、手動、半自動よりも全自動を好み、全自動洗濯機のなかでは、たとえ望む特徴がすべて備わっていなくても、価格の安い機種を選ぶということだ。「要望が多く細かいところにまでこだわる」とされるドイツ人ですら、あらゆる予想に反して、機能の少ない低価格のイタリア製機種を選んだのである。

同時に、全自動洗濯機の広告宣伝が消費者に深い影響を与えたのも、まぎれもない事実である。西ドイツでは、最も派手に広告宣伝活動を繰り広げた理想に近い製品が、高価格にもかかわらず最大の市場シェアを誇っていた。ということは、消費行動は明らかに、低価格と大々的な宣伝の二つに大きく影響されるのだ。望む条件が満たされていてもいなくても、人々は低価格に惹かれる。それと共に、価格が高くても低くても、大々的な宣伝にはやはり心を動かされる。このように価格と宣伝を参考にしながら、消費者は最も手に入れたかったもの、すなわち全自動洗濯機がもたらす大きなベネフィットを得たのだ。

フーバーは国別に仕様を変えるのではなく、機能を絞った高品質の製品をつくり、各国で低価格で販売すべきだった（先に紹介した六ポンド一〇シリング分の機能を削れば、変動費が一七パーセント減るため、価格を抑えられる）。希望小売価格は一〇〇ポンド以下に抑えられたはずだ。不必要な投資を避けることで浮かせたコストは、サービス体制の充実や宣伝活動の強化に充ててもよかっただろう。

メディアを通して、たとえばこんなメッセージを発信するのだ。「骨の折れる家事に日々汗を流す主婦のみなさん、これはあなたのための洗濯機です。家事を楽にして、かけがえのない時間をご家族と共に過ごしましょう」

夫に向けた宣伝活動も重要だろう。できればかたわらに妻がいる場面で、夫たちの心に「自分のためにマイカーを購入するよりも、まずは妻のために全自動洗濯機を買わなければ」という義務感を植えつけることができればなおよい。価格を大幅に下げ、こうした宣伝を熱心に展開すれば、別の種類の洗濯機に目を向けていた買い手のハートをもつかめたのではないだろうか。

フーバーの事例は、消費者がグローバル標準を求めているにもかかわらず、歪んだマーケティング志向と想像力の欠けたマーケティングが災いして、依然として「国別の嗜好への対応」がまかり通っている様子を浮き彫りにしている。この事例では、プロジェクトは動き始める前からすでにつまずいていた。顧客調査で、「どのようなライフスタイルをお望みですか」と尋ねるべきところを、「どのような機能・特徴をご要望ですか」と問いかけたのだ。国別に製品仕様を変えるのは、思慮深い売り方とはいえない。マーケティング志向に徹していると胸を張る経営者たちが、実はマーケティングの精神を少しも体現できていなかったのだ。

フーバーは誤った問いを顧客に投げかけ、知恵も想像力も働かせずに回答の字面だけをうのみにした。これでは、天動説を信じ切っていた中世の人々と同じである。他方コペルニクスは、データはなくとも旺盛な探求心を発揮して、ハリネズミと同じように、より説得力のある真実を導き出した。データがあったとしても、我々が知恵を働かせない限り、そこから情報を引き出すことはできない。そして想像力を駆使しなければ、情報から意味を読み取ることはできない。

逃れようのない現実を受け入れる

テクノロジーの力に促されて、世界各地の消費者が共通の目的に向けて突き進んでいる。その目的とは「日々の労働を軽くして、余暇や購買力を増やしたい」というもので、グローバル企業もこの流れをよきにつけ悪しきにつけ受け入れている。グローバル企業は、その短い歴史の間に激しい変化を経験し、従来の非グローバル企業とは大きく異なる役割を担うようになった。これからは、テクノロジーとグローバリゼーションという二つのベクトルをうまく調和させながら、世界の人々の利益を増進させなくてはならない。グローバル企業の役割は、運命、自然、神によってではなく、事業上の必要性によって決まるのだ。

アメリカでは、当事者が自覚するはるか以前から、二つの産業がグローバル化を成し遂げていた。労働界は三〇年以上にもわたって、激しい組合闘争を飽くことなく続けていたが、鉄鋼労働組合（USWA）は五九年以降、業界全体に波及する大規模ストライキを行っていない。自動車労働組合（UAW）も、七〇年を境に、ゼネラルモーターズの工場を操業停止に追い込むような労働争議を控えている。これらの労働組合は共に、グローバル・マインドを身につけ、国内の工場を部分的、あるいは全面的に閉鎖したとしても、海外のサプライヤーが控えているので、アメリカの消費者に軽微な影響しか及ぼせないことを悟った。

欧米市場の常識を打ち破る

マーケティング理論が芽生えたのは四半世紀ほど前だが、以来、先進企業の間には、単に便利なだけでなく、顧客が求める製品を提供するという傾向が広まってきた。そのような企業はマーケティング部門を設けて、しばしばコストを圧迫するほどのおびただしい数のマーケティング・リサーチの担当者を配置した。そのうえ、製品や業務オペレーションを非常に多くの種類に分けた。さまざまな国、市場、市場セグメントごとに、製品や流通の仕組みを変えたのである。

欧米ではマーケティング部門やマーケティング調査がもてはやされているが、特筆すべきことに、日本企業はこのような流れには乗っていないようだ。ゼネラル・エレクトリックのジャック・ウェルチ会長がいみじくも述べているように、日本は資源に乏しい島国で文化も欧米とはまったく異質、言葉にいたっては難解きわまりないが、その日本の企業が西欧市場に風穴を明けているのだ。それが可能になったのは、市場ごとの違いを機械的に見つけ出そうとするのではなく、知恵を深くめぐらせて「意味」を探ろうと努めたからだろう。

日本企業は、すべての市場に通じる偉大なる真実を探り当てた。信頼できる製品、各国共通の最先端の製品を、常識を超えた低価格で手に入れたい、というのが全市場のすべての人々の願望だったのだ。そこで日本企業は、抗しがたいほど魅力的な製品をひっさげて、世界各国の人々を惹きつけた。しかし、物事のうわべしか見ない市場調査の専門家たちは、それらの製品について「市場との相性が悪く、他社製品とは互角に戦えない」と否定した。

グローバル企業が事業の地理的範囲を広げれば広げるほど、製品の特徴、流通の仕組み、広告媒体などの面で、国や地域による違いに出会う機会は増えていくだろう。そうした違いには常に対応していく必要があり、「違いは超えられない」という多くの人々の見方は筋違いである。現地への適応を誤ったためにつまずいたとされる事例も、失敗の真因はえてして別のところにある。

レブロンが日本市場に参入した際のエピソードを紹介したい。レブロンは他国と同じ製品を一握りの高級化粧品店に卸して、不必要に小売店の反発を招いたうえ、消費者を混乱させた。その後、挽回を期して流通網を広げ、低価格で攻勢に出たが、社長が交代し、売上げがコストの上昇に追いつかなかったため、流通を縮小した。レブロンが失敗したのは、日本市場を理解していなかったからではない。見当違いの施策を打った挙げ句に、猫の目のように方針を変え、性急に利益を上げようとしたせいである。

対照的に、アウトボード・マリン・コーポレーション（訳注：ヨットの船外機メーカー）は、想像力、惜しみない努力、忍耐強さなどを武器にヨーロッパ市場に参入し、従来の三段階の流通制度を捨てて、コントロールが容易で的を絞りやすい二段階の仕組みを取り入れた。現地の業界団体から声高に反対されたにもかかわらず、それを押し切っての英断だった。小売店の種類と数も絞り込んだ。結果として、融資サービス、製品設置サービスが共に向上し、コストが大幅に低減し、売上げも伸びた。

スミスクライン（訳注：現グラクソ・スミスクライン）は、効き目の長い鼻炎薬〈コンタック600〉を日本市場に投入して大きな成功を収めた。従来の慣行では、一〇〇〇を超える卸売業者との取引が求められたのだが、スミスクラインはあえて卸売業者を三五に絞った。そして、卸売業者や主要小売店と毎日のように連絡を取り合った。この前例を破るやり方が功を奏したのである。

小型耕作機械メーカーの小松製作所（訳注：現コマツ）現は、アメリカ市場に参入する際に、既存の流通業者団体から取引を断られたため、サンベルト（バージニア州からカリフォルニア州南部にかけての地帯）の農業地域で、路上工事用機械を扱うディーラーを通して製品を販売した。この地域は農場の規模が小さく、砂の多い土壌であるため、農作業が比較的楽だという特徴がある。ディーラーは耕作機械の取り扱い経験が乏しかったが、小松製作所の製品と価格設定が秀でていたために、買い手を惹きつけることができた。

国ごとの違いをどう乗り越えるか

有力団体や一般慣行に挑んで成功した企業には、大胆果敢だというだけでなく、①高い信頼性と品質を誇る製品を持つ、②充実した支援を長く続ける、③思い切った低価格を実現する、④販売奨励制度を用意している、といった共通点がある。それらを武器にして、自国とは大きく異なった流通制度を迂回、打破、あるいは変革したところ、敵意ではなく、羨望のまなざしを向けられるようになったのだ。

とはいえ依然として、国による違いは根強く残っている。マイクロプロセッサーの世界ですら例外ではない。アメリカのマイクロプロセッサー・メーカーはほぼ全社が、「並列試験システム」を用いて信頼性試験を行っているが、日本ではまったく異なる段階式試験が普及している。このため、マイクロプロセッサー試験システムの世界最大メーカー、テラダインは、日米の顧客向けに二系統の生産ラインを使い分けている。これ自体は特段難しいことではない。

問題はむしろマーケティング面だった。テラダインはマーケティング組織をどうつくり、どうマネジメントするかをめぐって頭を悩ませた。製品別、地域別、機能別、あるいはそれらの組み合わせなど、さまざまな方法が考えられた。アメリカと日本という地理的市場で分けるのか、製品ごとに分けるのか。単一の製造施設やマーケティング組織を日米両方に対応させるのか、それとも、アメリカ向けと日本向けでマーケティング組織を分けるのか。

製品別に組織を設けた場合には、別の問題も持ち上がる。並列システムを扱う部門は、アメリカ企業を主な顧客としているが、はたして日本市場に参入して、段階式システム部門と競争すべきか。地域別に組織を分けた場合には、それぞれの組織は並列システム、段階式システムにどのように経営資源を振り分ければよいのか。機能別組織を取り入れた場合には、各製品のマーケティングにどうコミットメントを引き出せばよいのだろうか。

こうした問いには、正しい答えがあるわけではない。ある程度満足のいく答えすらないのだ。(注4)ある企業で成功したやり方を、同じ地域で別の企業が取り入れたとしても、うまくいくとは限らず、各社のケイパビリティ（能力）、沿革、名声、経営資源、文化などに成果が左右される。

「地球は平らだ」と考えよ

グローバリゼーションが進んでもやはり、国や地域による違いは世界の至る所で残る。この事実は「物事を動かすのは中心ではなく周縁部である」という、経済についての古くからの金言の正しさを裏づけている。したがって、競争力を分析するうえでは通常、平均価格よりも限界価格が、一般的な事例よりも目新しい事例が重要となる。商取引で大きな意味を持つのは、最前線の出来事なのだ。きわめて印象深いことに、最先端の嗜好は各国でほとんど違わないようである。それらがやがて大きなうねりとなって、全世界を巻き込んでいくのだ。

経済ナショナリズム（保護貿易、輸出助成金、特別関税、国内生産者保護のための輸入制限など）がはびこっているせいで市場のグローバリゼーションが妨げられている、という主張は、あながち見当違いではないだろう。たしかに経済ナショナリズムは根強いようだが、資本は国境を超えて自由に移動し、ほとんど障壁がないため、過去の延長線上で将来を読むことはできそうもない（資本の国際移動については、**章末**「日本の近視眼化」を参照されたい）。

状況は時と共に変化する。世の中は、太古からの慣習やそれに根差した発想に縛られているわけでも、強大な新勢力に無関心なわけでもない。世界の人々は、近代化が進めば大きな自由を手にでき、可能性が広がるのだと、徐々に悟りつつある。国ごとの違いはいまだに残ってはいるが、低効率、高コストほか、さまざまな制約が明らかになり、その土台は揺らぎつつある。過去も、これまでに築かれてきた国ごとの産業面の違いも、今日では比較的容易に超えられる。

もはや知的エリートや富裕層にとどまらず、世界中のあらゆる階層がコスモポリタン化している。これはきわめて強い傾向で、その結果、経済面での閉鎖性、ナショナリズム、盲目的な愛国心といったものが、ゆっくりとではあるが否応なく打ち破られつつある。たとえ産業ナショナリズムが燃え盛っていたとしても、それは時代遅れとなった制度や慣習の激しい断末魔にすぎない。

経済のグローバリゼーションへの対応を目指し、その波に乗る企業も、市場ごとの違いに目を留め、適応を図っている。国や地域による違いは根強いが、その底流には全世界を結ぶ共通性があり、両者は互いに関連している。物理学では、物質と反物質が調和しながら共存するとの理論があるが、同じようにビジネスでも、差異と共通性が反発するのではなく、補い合っている。

実際の地球は丸いが、「平らだ」と考えたほうが、大半の目的にはかなう。

成功するグローバル企業

従来からの商慣行はたえず破られている。多国籍企業は国境を超えて事業を展開しようと努力したが、何年も失敗を続けた挙げ句にすっかり意気消沈して、他国の商慣行に挑もうとする意欲をほとんど失ってしまった。むしろ「各国の慣行に逆らうのは愚かで無鉄砲だ」という時代錯誤の考え方にとらわれている。

高業績を謳歌するグローバル企業は、カスタマイズや差別化を否定してはいない。嗜好、支出パターン、購買行動の特徴といった面での市場ごとの違いに対応しているのだ。ただし、積極的にそうしたというよりは、市場ごとの違いを超えよう、現地の慣行を変えようと、熱心に努力を積み重ねた末に、やむなく選んだ道である。ヨーロッパ市場でのアウトボード・マリン・コーポレーション、日本市場でのスミスクライン、アメリカ市場での小松製作所の軌跡からもわかるとおりだ。

たとえ世界を股にかけて事業を行っていても、きわめて大きな意味があるのは製造と販売だけである。他の活動はすべて、この二つの活動から派生するか、副次的な位置づけにすぎない。

企業の目的は、顧客を獲得し維持することだ。ピーター・ドラッカーの洗練された表現を借りれば、「顧客を生み出し、惹きつけておく」ということになる。企業はイノベーションへの志を持ち続けなくてはいけない。方法、手段、場所などを組み合わせ、魅力的な価格で、より望ましい製品を提供することで、他社を抑えてお客様から選ばれる企業になるのだ。

嗜好はたえず変化している。世界が同質化を強めるなかでも、多様性がしきりに顔をのぞかせ、大きな勢いを得ている。世界最大市場であるアメリカ国内でも同じ傾向が見られる。世界の同質化が進むにつれて、通信や輸送がより安く、より便利になってきているため、従来とは違って、地域に閉じた小さな市場セグメントですら異国のライバル企業からの脅威にさらされている。グローバリゼーションと圧倒的な規模の経済は、すべての企業に影響を及ぼさずにはいられない。

テクノロジーとグローバリゼーションという二つのベクトルが、世界を突き動かしていく。テクノロジーは私たちの嗜好を左右し、グローバリゼーションは経済の実態を決定づける。どれだけ多くの嗜好が生まれ、分散しようとも、それらはやがて収斂していき、市場をかたちづくる。その市場では規模の経済が働き、コスト、ひいては価格が下がっていく。

最先端のグローバル企業は、古くからの多国籍企業とは一線を画している。国と国、あるいは(一国の)市場と市場の間に依然として残る表面的な違いに対応するのではなく、世界市場に適した製品を生み出し、個別市場に同一の製品を同じように投入するという正しい道を歩んでいるのだ。価格が安く、品質と信頼性が高ければ、世界は間違いなくそれを受け入れるだろう。ヘンリー・キッシンジャーは著書『キッシンジャー 激動の時代』(注5)で日本経済の躍進ぶりに触れて、「熱心に情報を集め、プレッシャーに負けず、実行の手をけっして緩めない」と記しているが、優れたグローバル企業はまさにこのとおりの行動を取るだろう。

事業目的が場所を問わずに同じである以上、グローバル企業はテクノロジーとグローバリゼーション、二つのベクトルをうまく操り、実り多い戦略を生み出すだろう。二つのベクトルを体系的に融合させ、標準化の進んだ高品質で低価格の製品をすべての人に同時期に提供すれば、その企業は大きな市場と利益を手にできる。反対に、グローバル市場の新しい現実に適応しない企業は、適応した企業に押しつぶされてしまうだろう。

範囲の経済

グローバリゼーションに懐疑的な見方をする人々からは、次のような声が聞かれる。工場をオートメーション化して柔軟に対応できるようにしておけば、巨大工場といえども製造ラインを止めることなく、短期間に別の製品に切り替えたり、製品の機能を変更したりできるだろう。こうした未来の工場は、同一の製品を多数つくるのと同じ規模の経済を享受しながら、幅広いカスタマイズ製品を市場に送り出せる。CAD、CAMとロボット工学が組み合わされば、かつてない機器やプロセス技術が生まれ、市場の近くに立地する小さな工場でも、市場から遠く離れた大きな工場でも、同じ効率を実現できるだろう。規模の経済よりもむしろ範囲の経済が働き、規模の大小を問わず、多彩なカスタマイズ製品を極端な低コストで製造できるようになる。そうすれば、顧客は妥協せずに嗜好を追い求められる、と。

こうした可能性を否定しようとは思わないが、可能性と確実性の間には大きな開きがある。柔軟なオートメーションが実現したとしても、標準化された製品を大量生産するための工場で、どのように範囲の経済を働かせるのか、そのための方法が思い浮かばない。デジタル化された最新の機器・プロセス技術は、だれもが利用可能だろう。多数のカスタマイズ製品をつくるよりも、少数の標準化された製品をつくるほうが、はるかにコストを抑えられるはずだ。

日本の近視眼化

通貨制度は、国際投資のプロセスと並んで、商取引のグローバリゼーションを強力に後押ししているが、あまり歓迎されていないのも事実である。

今日では通貨は電子的に移動する。光と同じくらいのスピードでいとも容易に、遠く離れた商業都市間を――そしてそれ以外の地域へも――移動できるのだ。債券の価格が〇・一パーセント変動しただけで、ロンドンから東京へと瞬時に大量の資金移動が起きる。このような仕組みは、世界を舞台に事業を行う企業を大きく揺るがす。

日本では一般に、負債資本比率の高さが容認されている。それは世の中で「長期的視点」が好意的に見られ、政策の追い風もあるからだ。その日本でさえ、他国の金利が上昇すれば資本がいっせいに海を越えて流出する。近年では、日本のグローバル企業の間で、海外の株式市場で資本を調達しようとする動きが加速している。金利の高い国で借り入れをすると、利払い負担が大きすぎる。金利の上昇局面では、借り入れよりも増資が望ましいのだ。

こうした流れは、長期的には日本企業にきわめて大きな影響を及ぼすだろう。自己資本比率が高まるにつれて、企業は短期の資本調達へと向かうのだ。こうして、これまでしきりに称賛されてきた長期的観点からの日本的経営慣行も、少しずつ失われていくだろう。

【注】

(1)
Daniel J. Boorstin, *The Americans*, Randam House, 1974〜.

(2)
ロバート・D・バゼルはその名論文で、標準化の障壁が急速に低くなりつつあると指摘している。先進的で低コストの手法が次々と生まれ、障壁を突き崩しているのだ。詳しくは、"Can You Standardize Multinational Marketing?," HBR, November-December 1968, p.102. を参照のこと。

(3)
本稿の主張は、PIMS分析の専門家たちがこの一〇年来主張してきた内容には反するが、最近になって実に心強い裏づけを得た。以下を参照のこと。Lynn W. Philips, Dae Chang and Robert D. Buzzell, "Product Quality: Cost Production and Business Performance — A Test of Some Key Hypotheses," Harvard Business School Working Paper, No.83-13.

(4)
多国籍企業の組織改編については、以下を参照のこと。Christopher A. Bartlet, "MNCs: Get Off the Reorganization Merry-Go-Round," HBR, March-April 1983, p.138.

(5)
Henry Kissinger, *Years of Upheaval*, Little Brown, 1982.(邦訳『キッシンジャー 激動の時代』一九八二年、小学館)

第16章

After the Sales Is Over…

顧客との絆をマネジメントする

After the Sales Is Over…
HBR, September-October 1983.
売り手に欠かせぬ買い手との関係強化
『ダイヤモンド・ハーバード・ビジネス』1994年6-7月号

契約は始まりにすぎない

売り手と買い手の関係は、取引が成約にこぎつけた段階で完結することはまずない。むしろ成約後に両者の関係が緊密化するケースが増えており、次回以降に買い手がどの売り手を選ぶか、その判断にも影響を及ぼしている。

このような傾向は、取引が頻繁に交わされる、長期に及ぶといった場合、特に強いようだ。金融サービス、コンサルティング、建設やエンジニアリング、軍事・宇宙関連、設備関連の取引などがこれに当たる。

成約は、言わばプロポーズにすぎず、結婚生活が始まるのはその後のことだ。幸せな結婚生活を送れるか否かは、売り手が買い手とのリレーションシップをいかにマネジメントするかにかかっている。

結婚生活が充実するかどうかで、リレーションシップは末広がりとなるか、あるいは険悪となるか、ついには離婚に至ることもある。とはいえ、大型ビルの建設や大規模な設備投資などは、プロジェクトが進行している間は離婚もままならないだろう。苦悩に満ちた結婚を続けるようなことになれば、売り手の評判に傷がつく。

このようなトラブルを避けるには、リレーションシップ・マネジメントの必要性を初めから認識しておくとよいだろう。そのためには、ともすれば忘れがちな「時間」という要素に、とりわけ大きな注意を払うべきだ。

需給関係をめぐる議論では一般に、時間、リレーションシップが共に置き去りにされている。あたかも人間的な要素などいっさい介在せず、需要曲線と供給曲線の交点で瞬時に取引が成立するかのように論じられる。これでは、現実を正しく映し出しているとはいえない。製品が複雑になり、買い手と売り手の依存関係が強まっているのだから、なおさらだろう。

ノミの市ならばいざ知らず、オートメーション機器の取引では、購入者みずから製品を持ち帰って使うということは考えにくく、納品や設置、使用に関するサポート、部品の提供、修理や定期メインテナンスといったアフターサービス、製品のアップグレード、R&Dなどをメーカーに期待するだろう。可能な限り、製品が陳腐化するのを遅らせ、ぎりぎりまで活用し、ひいては自社の競争力を維持したいと考えているからだ。

たとえば、冷凍食品メーカーはパッケージ用の箱を頻繁に仕入れる一方、金融機関のキャッシュ・マネジメント・サービス（資金調達や財務管理）を定期的に利用する。このように継続性の高い取引では、買い手は製品やサービスが問題なく提供されることだけでなく、取引プロセス全体がスムーズであることを望む。

アメリカ国防総省ですら、軍事機器の高度化を受けて、一回当たりの調達数はおおむね一〇〇単位以下であるため、小刻みな発注を繰り返さざるをえない。製品本体や主要部品の購入サイクルが長期化しているため、対応すべきニーズも変化してきた（**図表16-1**「取引期間と条件」を参照）。

このような購入サイクルおよび条件の移り変わりは、「かりそめの恋」とでも言うべき、その場限りの購買意思決定から、「結婚」のような深いリレーションシップを築くことへの変化なのである。したがって売り手としても、従来とは異なるアプローチを試みる必要があるだろう。

売り手と買い手の相互依存関係

従来の「売ってさよなら」というやり方は、もはや十分とはいえない。**図表16-2**「セリングからマーケティングへ」に示したように、新旧の手法には実に大きな開きがある。

セリング（営業や販売）では、売り手は買い手から距離を置いたまま、営業部門を通して購買を働きかける。このような売り方が基本であったため、「営業担当者にはカリスマ性が欠かせない。成約の決め手は、品質よりも売り手のカリスマ性なのだから」という考え方が生まれた。

一方マーケティングでは、売り手は取引先の近くにおり、そのニーズやウオンツ、不安などを探ろうとして、さらなる接近を試みる。そして、それらの情報を念頭に置きながら製品を設計し提供する。

既存の製品を売ろうとするよりも、買い手の求める製品をつくろうとするのだ。製品はもはや単体では大きな意味を持たず、さまざまな価値を付加して買い手に満足をもたらす必要がある。(注)また、売り手と買い手が相互依存を深めているため、取引関係において両者の長期的なリレーションシップが大きな役割を果たすようになってきている。

重要なのは、顧客を見つけてつなぎ止めておくよりも、むしろ望みどおりの価値をもたらすことだろう。買い手の側でも売り手に対して、常に約束を守り、製品やサービスをたゆみなく提供してくれるよう期待している。「かりそめの恋」はもはや主流ではなく、「結婚」が必要とされているばかりか、実際的でもあるのだ。

製品はあまりに複雑に絡み合い、売買のつど条件を交渉したのでは、気が遠くなるほどの労力とコストを要する。このような状況では、効果的なマーケティングは揺るぎないリレーションシップにつながる。顧客とその時々で接点を持つのではなく、継続的な関係を築いていく。こうなるともはや、従来の意味で優れたマーケターであっても、それだけでは十分に使命を果たしているとはいえない。

売り手と買い手が緊密に協力を続け、化学工場や通信システムを稼働させるまでに五年の歳月を費やすといったケースでは、受注を獲得するのは遠大なプロセスの第一歩にすぎず、はるかに大きなマーケティング努力が求められる。買い手にすれば、契約がすべて履行されるまで、長い期間にわたって売り手とうまく力を合わせながら仕事を進められるかどうか、初めに確証を得ておきたいだろう。

図表16-1 **取引期間と条件**

対象	取引期間(年)
油田開発	15〜20年
化学工場	10〜15年
EDPシステム	5〜10年
大規模軍事機器	20〜30年
製鉄所の大型設備	5〜10年
紙製品供給契約	5年

品目	従来の条件	現行の条件
タンカー	スポット	チャーター
集合住宅	賃貸	共同所有
自動車の保証	1万マイル	10万マイル
テクノロジー	購入	リース
労働力	雇用	期間契約
資材・原材料	随時購入	長期契約
機械・設備	修理	メインテナンス

図表16-2 **セリングからマーケティングへ**

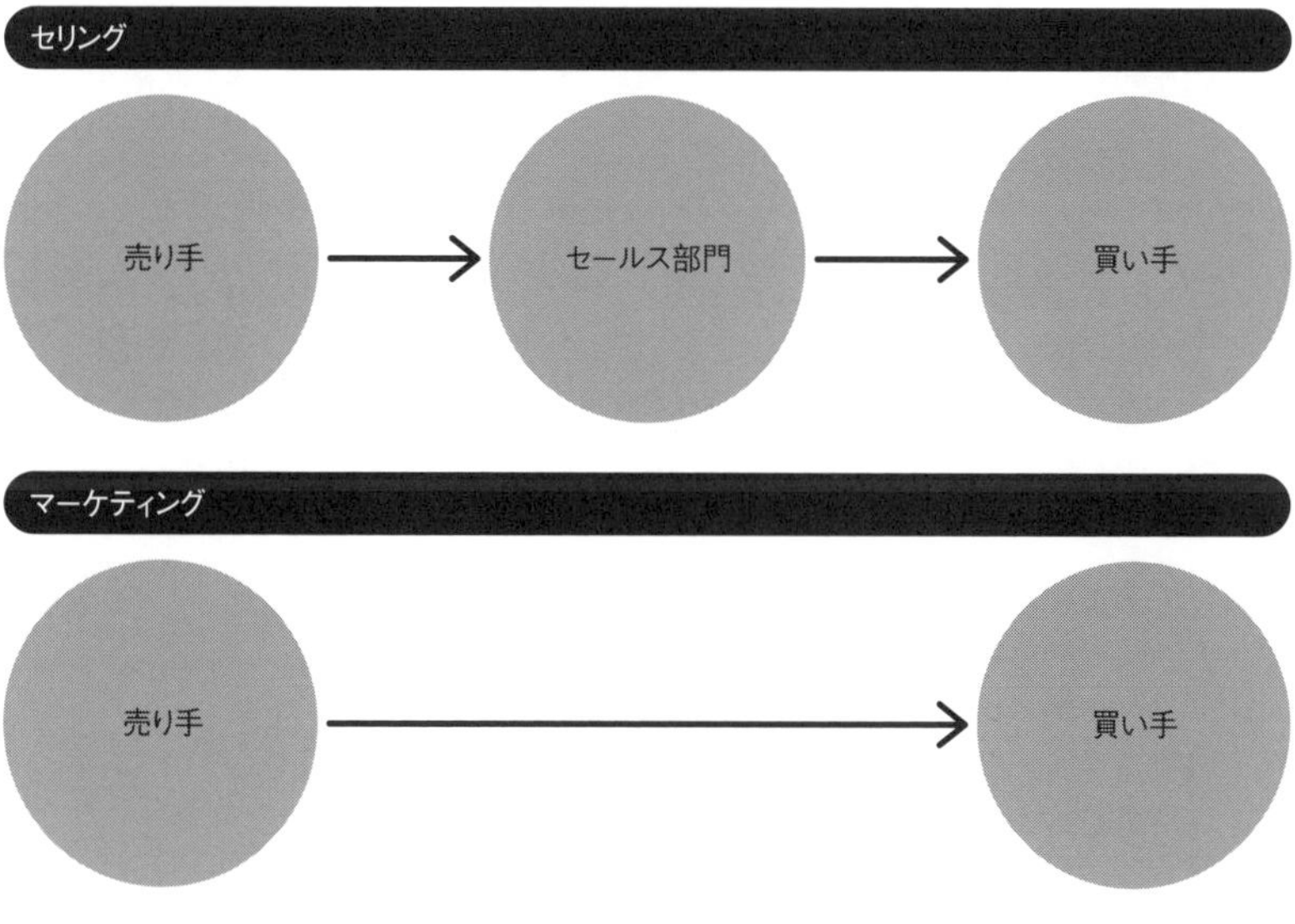

両当事者は、資本構成、競争環境、コスト構造、取引の動機などが異なる。かたや製品やサービスを売って利益を上げようとし、かたやツールを購入して製品をつくり、そこから利益を得ようとしている。売り手が目的を達した時点で、買い手はようやく目的に向けて走り始めるのだが、それでも両者は深い依存関係から逃れられない。

相互依存関係は異なる動機のうえに成り立っており、これを円滑に維持するには、売り手はリレーションシップの本質を理解し、結婚に踏み切る前にマネジメント・プランを立てておかなければならない。同床異夢が表面化してから対策マニュアルを持ち出しても遅いのだ。

顧客は製品ではなく「期待」を購入している

あらゆる製品分野において、売り手と買い手の関係は緊密度が深まっていくだろう。購入サイクルの短い消費財も例外ではない。プロクター・アンド・ギャンブルが、ゼネラル・ミルズの「ベティ・クロッカー・アドバイザリー・サービス」に倣って消費者向けホットラインを開設して、製品の特徴や使用方法を紹介したところ、ブランド・ロイヤルティの向上で成果があったという。また産業財については、製品に関する見方が変わってきたという事実だけからも、リレーションシップの重要性が見て取れる。

図表16-3「製品価値のとらえ方」における「将来」の項目では、時間が大きな意味を持っている。「取引の対象」の行に並ぶ内容は、従来であれば単独の価値だけを基に売買されていたが、最近では単体ではさしたる意味を持たず、広い意味での製品、すなわち付加価値のついた「パッケージ」として購入されるのだ。

図表16-3 製品価値のとらえ方

	従来	現在	将来
取引の対象	製品	広い意味での製品	包括契約
取引単位	単品	システム	長期の包括取引
購入の際に重視する点	機能の優位性	技術の優位性	システムの優位性
リード・タイム	短い	長い	非常に長い
サービスの重要性	さほどでもない	重要	きわめて重要
配送／提供先	一地域限定	全国	グローバル
配送／提供回数	一回限り	頻繁	継続的
戦略上の重点	セールス	マーケティング	リレーションシップ

これからの時代、包括契約が主流となり、売り手と買い手はたえず連絡を取り合いながらリレーションシップを深め、契約内容を実行していく。したがって営業という活動は、単に契約を獲得することではなく、長い時間をかけてその内容を実現することを指す。問題は、一連の活動を通してどれくらいの価値を生み出せるかにある。

顧客が経験を積むにつれて、テクノロジーそのものの重みは減り、代わってテクノロジーの恩恵を顧客に伝えるための仕掛けが重要となる。サービス、配送、信頼性、即応性、さらには組織や担当者として、売り手と買い手がどのような関係にあるかが、テクノロジーそのものより大きな意味を持つのだ。

包括契約が複雑であるほど、あるいはより多くの「ソフトウエア」、すなわち業務にまつわる手順やルール、マネジメント慣行、追加サービスなどが関係するほど、顧客の不安と期待は共に膨らんでいく。

顧客は、製品ではなく「期待」を購入する。言い換えれば、「売り手から約束されたとおりの便益が得られるだろう」という期待を買うのである。

特別仕様の新型ワークステーションの製造と納入など、約束が実現するまでに長い期間を要する場合、あるいは銀行取引、燃料や製造部品の購入など、継続的な性格を帯びた取引の場合、買い手は発注を決めた後に、「遅れなく納品されるのだろうか」「問題なく定期的に配送されるのだろうか」「いちばんの業者なのだろうか」と不安を募らせるものだ。

すれ違う期待

リレーションシップが続いている間、顧客から当初約束した以上のことを求められたとしよう。この場合、売り手は販売の全プロセスを通して、どのように行動すればよいだろうか。だれが何に責任を負うべきなのだろうか。

これらの問いに答えるには、ベンダーが販売する前に提示した約束や行動によって、顧客はどのような期待を抱くのかについて考えてみるとよい。たとえ売り手が守れない約束をしたにしても、顧客はそれを信じるだろう。ところが、すべての約束を果たす前に販売手数料が支払われると、売り手側では、顧客に一〇〇パーセントの満足を届けようという強い思いが薄れてしまう。契約が成立すると、すぐに次の「獲物」を探そうと奔走を始めるのだ。

マーケティング部門が販売計画を立て、営業部門がそれを実行に移し、製造部門が製品をつくり、サービス部門がメインテナンスを実施する場合、だれがプロセス全体に責任を負うのだろうか。

各部門とも、動機も視点もそれぞれ異なる。しかも、見方が一面的であるため、さまざまな問題が生じる。営業部門、マーケティング部門は例外かもしれないが、他の部門で働く人々は一般に、社外にまでは目を向けることはない。企業内に築かれた「組織の壁」で仕切られた業務をこなす。インセンティブやペナルティを与えられ、予算や計画を策定し、エンジニアリングと製造を行い、業績を測定し、仲間や同僚と集い、また壁の内側について管理する。ところが、壁の外側については「自分たちとは無関係」であり、「いっさい変えようがない」場所なのだ。

営業プロセスの各段階では、売り手と買い手の間にさまざまなすれ違いが生じる。これを単純化して示したのが、**図表16-4**「営業プロセスにおける売り手と買い手、それぞれの反応と受け止め方」である。

図表16-4 営業プロセスにおける売り手と買い手、それぞれの反応と受け止め方

初回取引時	
売り手	買い手
目的を達した	評価を下すのはまだ早い。時間をかけて見極めよう
販売は完了	購入プロセスは続いている
他の顧客に関心を切り替える	期待どおりの購入結果かどうか、関心を持ち続けている
緊張が緩む	緊張が高まる
リレーションシップは縮小・完了	コミットメントを深め、リレーションシップが強まる

営業プロセス全体を通して		
フェーズ	売り手	買い手
1 取引前	希望に胸を膨らませる	漠然としたニーズを抱く
2 ロマンス	熱い思い	期待しつつも様子見
3 成約	夢見心地	結果を固唾を飲んで見守る
4 成約後	次の売り込み先を探す	「こちらを気にかけてくれない」
5 一定期間経過後	無関心	「現状を何とかできないものか」
6 次の商談	「新しい製品をいかがですか」	「何だって!?」

成約後に何が起こるか

成約に至ると、それを機に当事者の力関係が変わる。買い手は「貸しをつくった」と思い、その恩を忘れないことを売り手に期待する。したがって、売り手にすれば、最初の第一歩がうまくいったからといって、「後はこちらのもの」と思うのは見当違いである。現実はむしろ逆で、買い手はその取引で売り手に「恩を売った」と思っており、売り手はそうした弱い立場から、リレーションシップを築き直さなければならないのだ。

効果的なリレーションシップ・マネジメントがないと、売り手と買い手の間には溝が生まれがちである。というのも、両者とも互いに目を向けるよりも、内向きになる傾向が強いのだ。結婚にせよ、ビジネスにせよ、リレーションシップでは、時と共に思い

やりや気配りが失われていくものだ。

売り手側の組織が内向きの発想に染まっていると、顧客とのリレーションシップに十分に配慮せず、鈍い対応しかできない。そこまでいかなくても、相手と正面から向き合わずに、型どおりの対応で済ますようになる。

これに対して、リレーションシップが健全であれば、営業活動の段階で育まれた人間関係や将来の可能性はむしろ広がっていくだろう。売り手が、それを妨げようとする力と絶え間なく戦い、油断を見せないからだ。

売り手は折に触れて、みずからに真剣な問いを向けなければいけない。リレーションシップはよりよい方向に発展しているだろうか。その逆ではないだろうか。顧客への約束を一〇〇パーセント果たしているか。何か取りこぼしがないだろうか。競合他社との力関係はどうだろうか。

買い手とのリレーションシップにプラス、あるいはマイナスの影響を及ぼす動きを、**図表16-5**「リレーションシップに影響を及ぼす動き」に例示しておく。

相互依存関係を築く

顧客から苦情がないのは、リレーションシップに軋みが生じている兆候の最たるものといえよう。一〇〇パーセント満足していることなどありえない。とりわけ長期のリレーションシップにおいてそうである。

顧客は不満を言葉に出さずにいるだけなのか、売り手から連絡がないため苦情を伝えずにいるのか、いやおそらく両方だろう。言葉に出さないのは、信頼が薄れていたり、リレーションシップに陰りが表れたりしている証拠である。

また、コミュニケーションのすれ違いはトラブルの兆候であるばかりか、引き金ともなり、水面下で事態はますます悪化していく。そして、いよいよ表面化した時には、通常はすでに手遅れであるか、修復のためのコストが膨らみ

図表16-5 リレーションシップに影響を及ぼす動き

プラスの動き	マイナスの動き
こちらから電話をかける	先方からの電話に折り返すのみ
積極的に勧奨する	弁解や正当化をするばかり
歯切れよい話し方をする	調子を合わせたり、適当にお茶を濁したりする
電話で連絡する	文書で連絡する
事実や意見をはっきりと伝える	美しい誤解を待つ
すすんでサービスを申し出る	求められたら初めてサービスに応じる
問題解決に前向きな姿勢を示す	木で鼻をくくった対応をする
自分から火中の栗を拾う	相談されて初めて問題解決に乗り出す
的を射た手短なコミュニケーションをする	回りくどい表現を用いる
属人的な問題を率直に明かす	属人的な問題を隠す
互いの将来について語る	過去の約束をいかに果たすかを語る
打てば響くような対応	言われてからあわてて対応する
責任を引き受ける	責任を転嫁する
将来プランを描く	過去の焼き直し

すぎていて手の施しようがない。

顧客リレーションシップというものは、先行投資できるだけでなく、前借りすることもできる。通常は両方を実践しているはずだが、これらの行動に責任を負うことは稀で、リレーションシップ・マネジメントに至ってはほとんどなされていない。

それでも、企業にとって最も貴重な資産とは、顧客リレーションシップにほかならない。カギを握るのは、どの顧客と接点があるかではなく、顧客からどのように受け止められているかであろう。

リレーションシップの長さや親しさの度合いはけっして一様ではなく、またそうである必要もない。むしろ、売り手と買い手がどれくらい依存し合っているか、あるいは依存し合っていると感じているか次第なのだ。もちろん、両者のつながりがどのようなものかによって、リレーションシップは広がりもすれば縮みもする。

いまや飛ぶ鳥を落とす勢いの薬局バーゲン・ブランズウィック（訳注：現アメリソースバーゲン）は、店頭にコンピュータ端末を設置して、来店者による発注を実現し、これを売上げや在庫情報にも瞬時に反映させた。これなどは、顧客接点が一つ増えたことを意味し、買い手を引きつけておくうえで効果的である。

売り手が買い手に大きく依存している場合もある。最も顕著なのは、売上げの相当部分を一部の顧客が占めているケースだ。また、顧客から重要な情報をもらっている場合も考えられるだろう。たとえば、顧客の事業は今後どのように変化するのか、それが将来の購買にどのような影響を及ぼすのか、どの競合他社が、代替品や原材料をどのような価格と追加サービスをつけて売り込んでいるのか。

買い手はさらに、「顧客ニーズに十分に応えているだろうか」「約束したとおりの成果を上げているか」「最近では製品をどのように使っているか」といった問いに答えてくれるかもしれない。

売り手が買い手の胸の内をどれだけ読めるかは、リレーションシップの質で決まる。リレーションシップが良好ならば、買い手は今後の計画や期待するところを売り手に明かすだろう。少なくとも、情報は提供するはずだ。その情報があれば、ベンダーはこれまで以上のサービスを提供できる。見通しが外れたり、相手の行動に不意を突かれたりするのは、すきま風が吹いている証拠である。そのような状況では、買い手を含め、すべての当事者が不利益を被る。

こうして相互依存関係は深まっていく。金銭を介した単純な関係で終わらずに、さらに深いリレーションシップへと踏み出せるかどうかは、売り手次第なのだ。健全なリレーションシップがあれば、売り手も買い手も双方が利益にあずかることができる。さもなければ、長続きはしないだろう。

あわせて当事者は、「売り手は通常、顧客を見つけた後も、コストを負い続ける」という事実を心得ておくべきだろう。すなわち、売り手は「極限まで値下げを迫るのではなく、長い目で見て適度の利益率を上げられるようにすることが大切だ」と買い手に納得させる必要があるのだ。

アフターサービスの費用が価格に含まれていない場合、買い手は金銭、納期遅れ、いらだちといったかたちで余計なコストを支払うはめに陥る。リレーションシップ・マネジメントに長けた売り手は、買い手に対して、長期的なライフ・サイクルにおけるコスト観に基づいてベンダーを評価するように促すだろう。

絆がもたらす恩恵

法律事務所、病院、建築事務所、コンサルティング会社、投資銀行、広告会社など、パートナーシップ経営の組織では、アソシエートはクライアントと良好な関係を築いているかどうかで評価され、報奨を与えられる。

このリレーションシップという資産は、他の資産と同じように価値が増減する。この資産価値を維持し向上させるには、マナーのよさ、PR、機転、愛想、手練手管などよりも、優れたマネジメントこそ役に立つ。

そのためには、全社を挙げてリレーションシップの維持や改善に努め、投資を怠らず、必要とあらば、担当者の首をすげ替える姿勢も求められるだろう。これを実践すれば、目覚ましい成果が上がるはずである。

北海油田の例を紹介したい。ノルウェーとイギリスは、北海油田の探査・開発を熱心に奨励して、石油各社に惜しみない援助を提供した。ところが石油会社の側は、そのプロジェクトに巨額の資金を投じながら、政府との関係を大切にはしなかった。ある時突然、油井から天然ガスと石油が噴き出すと、両国政府は市価の九〇パーセント超に当たる額を税金として課した。石油会社はキツネにつままれた気分だった。

しかし、驚くようなことだろうか。政府、政治家、有権者などを、利害を共にするパートナーと位置づけて、あら

図表16-6 **累積キャッシュフローの推移**

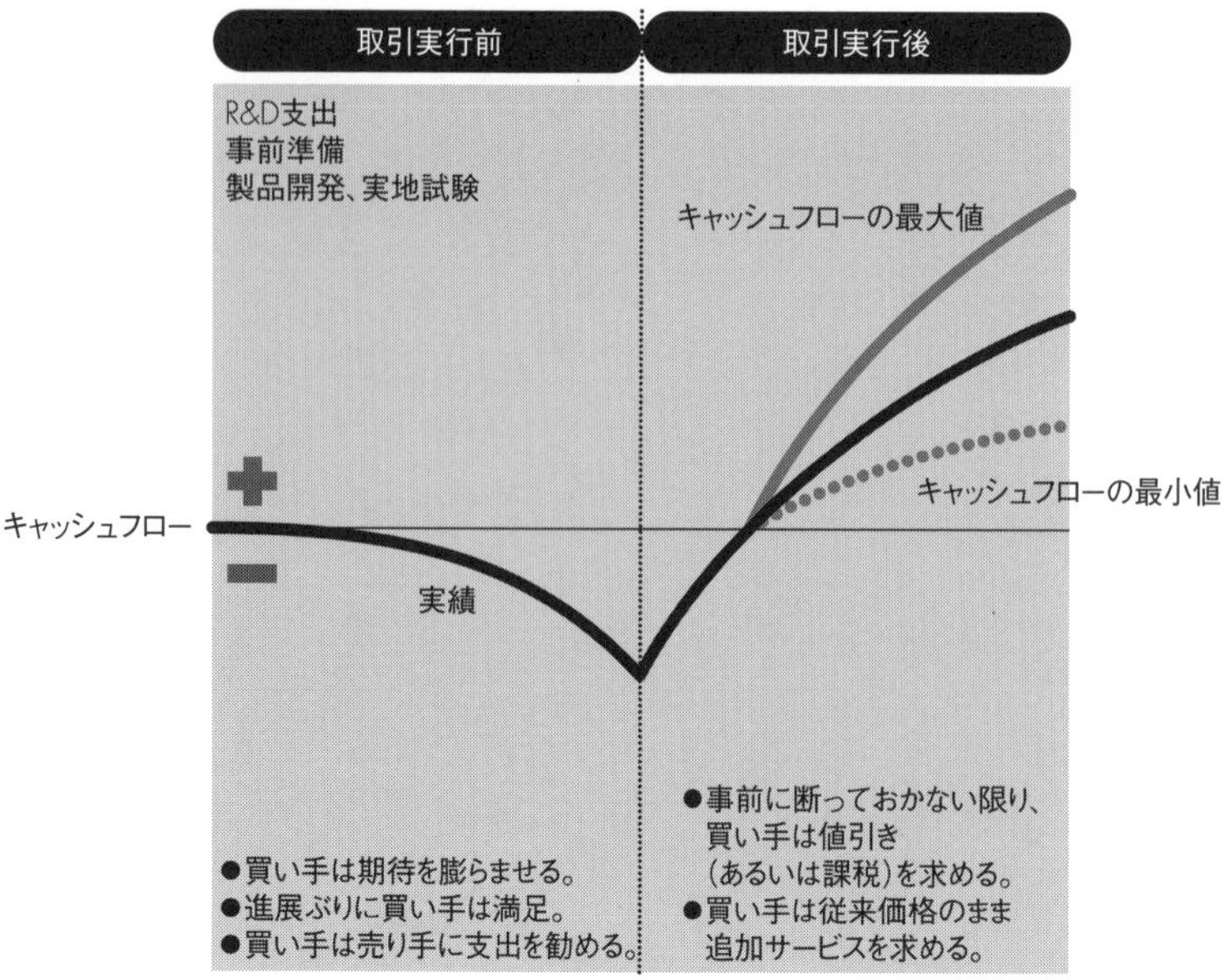

取引実行前
取引実行後
R&D支出
事前準備
製品開発、実地試験
キャッシュフローの最大値
キャッシュフローの最小値
キャッシュフロー
実績
●事前に断っておかない限り、
買い手は値引き
(あるいは課税)を求める。
●買い手は従来価格のまま
追加サービスを求める。
●買い手は期待を膨らませる。
●進展ぶりに買い手は満足。
●買い手は売り手に支出を勧める。

ゆる努力を傾けてリレーションシップを築こうとしていたら、税率を抑えられたかもしれない。そうすれば、どれほど大きな価値があっただろうか。

似たような事例は、ほかにも見受けられる。先の例と同じように、新規顧客を獲得したり、新製品を開発したりするために多大な支出を要する場合には、同じような問題が持ち上がる。

この種のベンダーのキャッシュフローの例を、**図表16-6**「累積キャッシュフローの推移」に示した。顧客を獲得し、リレーションシップを発展させる段階では、顧客からの圧力もあって、キャッシュフローはマイナスとなる。納品が完了すると、あるいは合弁事業が動き始めると、累積キャッシュフローは改善に転じて、やがてプラスになる。

北海油田の事例では、石油会社の予想最大利益と実績の間には、きわめて大きな開きがあるが、これは高額の税金が課せられたからだ。政府サイドとの関係がより険悪であれば、当然ながら利益はさらに目減りするはずである。

もう一つ、ジレット・ノースアメリカの事例を取り上げたい。同社の営業部門は四つに分かれていて、他に大口顧客向けに特別プログラムが用意されている。それによって、顧客の要望にスピーディかつ円滑に応えようというのだ。法人顧客担当バイス・プレジデントも配置され、主要な流通業者や小売店との関係強化を大きな使命としている。具体的には、業界の会合の際にはエンタテインメントを提供したり、大口顧客に向けて特別イベントを開催したりするなど、実に多彩な取り組みを行う。大リーグ野球のオールスター戦、スーパー・ボウル、NCAA（全米大学体育協会）のプレーオフなども利用する。こうしてビジネスパートナーや顧客との絆を深め、互いが期待する利益、果たすべき義務などをその時々で確かめ合う。

企業によっては、エンジニアリング、製造といった部門の従業員にも、顧客の購入部門やエンド・ユーザーと接するように求めている。製品への意見や、新製品のアイデアを聞き出すだけでなく、顧客を知り、その要望に応えることで、揺るぎないリレーションシップを築き、末永く育むためだ。

スペリー・コーポレーション（訳注：現ユニシス）は「リスニング・キャンペーン」（お客様の声に耳を傾けよう）を大々的にPRしたが、その際、社員たちは同僚や顧客の意見に十分に耳を傾け、コミュニケーション能力を高めるための研修も受けた。

しかし一般には、あまりにも勇み足が多いようだ。まず行動を起こして、後からリレーションシップを立て直そうとするほうが、その逆よりもはるかに手っ取り早いからかもしれない。

「調べてご連絡します」「そのうちにランチでもご一緒に」といったお愛想を言うのはだれにでもできるが、これではリレーションシップの構築とは呼べず、その場しのぎや時間稼ぎにすぎない。

ビール工場が、隣に缶工場を建てるように製缶メーカーに求めたり、アメリカ空軍が耐用年数二〇～三〇年のエンジンを購入したりというように購入サイクルが長い場合には、売り手、買い手ともに、取引が完了するまでに担当者が何度も交替する。双方の経営陣も、まず全員が入れ替わることだろう。

それでも、リレーションシップを損なわないためには、売り手にはどのような方策があるのだろうか。購買に直接関わった人たちが異動や退社によって外れたら、買い手にはどのような変化が起きるのだろうか。心がけるべきは、言うまでもなくすべての関係者と良好な関係を目指すことだろう。

リレーションシップ・マネジメントの実践

リレーションシップ・マネジメントを成功に導くカギは、以下の四つである。

①**気づき**：課題とチャンスの両方を察知し、理解する。

②**振り返り**：望ましい結果を得られそうか、たえず自社の現状について振り返る。

③**見極め**：顧客と好ましい関係を築いているかどうか、個人ごと、グループごとに定期的に評価し、業績評価指標に組み入れる。

④**行動**：リレーションシップにどのような影響があるかを見ながら、判断を下し、経営資源を割り当て、ルーチンやコミュニケーションを確立する。気づきや行動が途絶えないように、事あるごとに手綱を引き締める。

リレーションシップ・マネジメントは制度化も可能だが、人間味を失わないように注意しなければいけない。

ある企業は頻繁に、気配りの研修を施したり、ロール・プレイング・セミナーを通して営業担当者に顧客の立場を仮想体験させたりしている。顧客との打ち合わせ、折衝などの内容についても、報告を求めている。

あわせて、配送や代金請求などの担当者を含めて、顧客と接する社員全員に、折に触れて顧客に、次のような問いかけをするように指導している。

「当社との取引にどのようなご感想をお持ちですか」
「よい方向、悪い方向、どちらに向かっているでしょうか」
「適切な部門にご連絡差し上げているでしょうか」
「私どもに、最近何か手抜かりはありませんか」

「最近」という点にアクセントを置くのは、大きな意味がある。リレーションシップは放っておけば損なわれていくため、テコ入れが必要なのだ。

恩を受けても、こちらは忘れてしまうかもしれないが、相手はいつまでも覚えているだろう。こちらが貸しをつくれば、相手は恩を感じるだろうが、いずれは忘れてしまう。重要なのは、「最近、何をしてくれたか」ということである。リレーションシップにおける貸しは、時折積み足さなければならない。さもなければ有効期限が切れてしまう。そして、すぐに使わなければ、価値は失われていく。

リレーションシップ・マネジメントを社内に根づかせるために、適切な顧客対応をルーチン化するという方法もある。ウォールストリートの著名な投資会社では、証券アナリストや営業担当者に、法人顧客と定期的に有意義な接触をするように求めている。「有意義な」とは、顧客に役立つ情報をもたらすという意味だ。毎週月曜日の朝に、アナリスト、営業担当者が顧客向けに電話による「投資戦略解説」を行っている。

さらにアナリストには、業界動向、最新情報を定例リポートにまとめ、電話、郵送といった手段で顧客に届けるよう義務づけている。顧客とのやりとりはすべて記録に残し、編集・集計のうえ、週報で社内の全員に伝えられる。顧客への連絡を怠っていると、アナリストにせよ営業担当者にせよ、上司から理由を説明するように求められる。

年度末のボーナスの査定においては、手数料収入の額だけでなく、既存顧客や新規顧客とどのような取引を始めたか、どのようにリレーションシップを維持しているか、その内容や頻度が参考になる。多大な成果につながった事例があれば、分析を行い、全員に紹介する。こうして、リレーションシップ・マネジメント重視の姿勢をよりいっそう鮮明にしていくのだ。

リレーションシップ・マネジメントは独特のマネジメント分野だといえる。「信用」といった無形資産を守り育てるのは、有形資産の管理と同様にきわめて重要な意味を持ち、おそらくより難しいからこそ、より重要なのである。

【注】
詳しくは筆者による"Marketing Success Through Differentiation — of Anything," HBR, Jan.-Feb. 1980, p83.（邦訳は本書第13章として収録）を参照されたい。

第IV部 1990年代

1990s

17. 広告は夢を売るもの

Advertising: "The Poetry of Becoming"

第17章

Advertising: "The Poetry of Becoming"

広告は夢を売るもの

Advertising: "The Poetry of Becoming"
HBR, March-April 1993.
広告――その幻想と素顔
『ダイヤモンド・ハーバード・ビジネス』1993年11月号

広告の洪水のなかで

広告に寛容なのは、きわめて物わかりのよい人である。

というのも、広告は神経に障るものであるからだ。いつでもどこへでも、意図的に我々を追いかけてくる。広告はそれをみずからの使命としていて、こちらに心構えがあるかどうか、広告に接したい気分かどうかなどはお構いなしだ。よりによって、我々が気を緩めている折、あるいは少しも予期していないか望んでいない時に限って、広告が待ち構えている。

これではいかに商売に関心の強い人ですら、いらだちを募らせ、堪忍袋の緒が切れそうになるだろう。とはいえ、娯楽施設のまったくない無人島を訪れて、広告から一〇〇パーセント解放されるのを極上の休暇と考えているかというと、大多数の人々はそうではない。ただ、やっかいな問題や重責に常に追い立てられる状態から抜け出せれば、商業主義がはびこる現代社会の宿命から逃れられれば、それでよいのだ。その商業主義を最も目立ったかたちで容赦なく追求したのが広告といえる。

広告から、嫌というほどお目にかかるあのぶしつけさや悪趣味が影を潜めたとしよう。怪しげな考え方に迎合する広告が減ったとしよう。広告が、リビング・ルームなどで子どもたちの目に触れたり、たえず騒音や不快さをまき散らしたりしなくなり、望まない場面には現れなくなったとしよう。それでもやはり、広告は無人島ですら招かれざる客なのである。

ビジネスパーソンとしては、必ず自分の仕事や広告にすべて愛着を持たなくてはならない、というわけではない。「あらゆる芸術に強い関心を寄せるのは、オークション会社くらいだ」とはオスカー・ワイルドの言葉だが、同じことは商品、広告、企業、宗教、エンタテインメント、ウイスキーなどについても言える。だれにとっても常に心地よい、という条件を満たすものはありえないし、物によってはすべての人から疎んじられる。わが子に限りない愛情を注ぐ母親ですら、時にはそのわが子に憤りを覚えるのだ。

いらだちや怒りと無縁の人などいない。たとえ商品やサービスに好印象を持っていて、日頃は広告を楽しんだり、共感したり、情報源として生かしたりしていても、「どうも虫が好かない」と感じる時もある。結局のところ、広告の何が問題かといえば、至る所に繰り返し顔を出し、どうにも押しつけがましいことだろう。

もちろん、人々は広告を甘んじて受け入れている。広告に囲まれるのは、さまざまな選択肢と無償の情報を手にする代償なのだと考え、現状はそうひどくはないと達観している。広告がさまざまな意味で役立つということも知っている。情報源になり、楽しさやときめきを与えてくれ、癒しにつながる場合もある。たしかに広告は目障り、耳障りである。だが同時に、生活に幅を与えてくれ、リズムを変えるきっかけともなる。

ドラマ、ニュース、スポーツ、時事解説、MTVなどが延々と続いたら、我々はどこまで耐えられるだろうか。あるいは、文字がぎっしり詰まったページが果てしなく続いたらどうか。画面から音や映像がすっかり消えてしまうのも困りものだ。

我々はそれまでやっていたことを止めても、何もしなくなるわけではない。そんな隙間を埋めてくれるのが広告なのだ。

広告が与えてくれる癒しや楽しさ

広告はプロパガンダの類としては最も害が少ないといえる。というのも、広告主《スポンサー》の利益を代弁しているのが、だれの目にも明らかだからだ。広告が効果を発揮するのはまさに、広告主がいて、スローガンどおりの信頼性を約束するからだろう。商品の背後に広告主の姿があって、熱意と信頼性を醸し出しているため、顧客は何よりも必要としているもの、つまり「確信」を得られるのだ。資本家たちが大勢で何やら企てたり、狡猾な広告主が熱心に販売を仕掛けたりすれば、消費者が常に身を守れるとは限らない。しかし、常識を働かせさえすれば、大きな罠は避けられるだろう。マーク・トウェインも、無骨な田舎者が、見知らぬ都会人からわが身を守ろうと知恵を絞る様子を、愛情を込めて描いているではないか。

ラルフ・ネーダー（訳注：弁護士・消費者運動家）の力を借りなくてもわかるように、広告に代表される営利目的のコミュニケーションは、商品を技術的な観点から正確に表現したものではない。香水は、軟体動物の上皮とジャコウネコの尿からの抽出物を複雑に調合してできている、などと聞かされて嬉しい人がいるだろうか。香水には実用的な働きがあるなどと知る必要があるだろうか。もっぱら実用目的で使う商品についてでさえ、たいていは、単に機械的に動いて役目を果たすだけでなく、（これが特に大切なのだろうが）約束どおりの満足や安心、その商品ならではの何かを届けてくれることが期待されている。

大量消費社会で我々は、通常望みうる以上のものが手に入るのではないか、月並みではない何か、現実にはありえない何かが待っているかもしれない、と期待に胸を膨らませている。広告はこのような期待に応えようとして、画家がイーゼルに向かって絵を描くのとまさに同じことをする。単に商品を忠実に表すのではないのだ。

広告は、芸術と同じように、正確さよりも、比喩や象徴表現を持ち味とする。芸術と広告は共に、意図して装飾を試みる。凝った描写、拡大、修正などを通して、我々のウオンツに応えようとする。洞窟に素朴な壁画を描き、安全な岩棚の下で火を起こし、動物の毛皮を肩にはおった原始人たちを見れば、ありのままの自然がいかに猛々しいか、自然環境を変えて生活を楽にしたいとどれだけ強く願っていたかがわかる。現代の消費行動や営利目的のコミュニケーション、芸術活動なども、同じ衝動や願いの表れだといえる。

我々の活動はほぼ例外なく目的がある。商品はすべて、我々が何らかの結果を得る、ニーズを満たす、あるいは問題を解決するための道具なのだが、そこでの結果、ニーズ、問題などは機能に直接関わるわけではない。自動洗濯機は、衣類を洗い、単調な骨折り仕事を不要にし、時間を節約するだけにとどまらず、別のより大きな満足につながる何か、おそらくはより価値ある何かをする機会を生み出すだろう。よりよい身だしなみ、爽快感、健康などの実現にも一役買ってくれる。前向きな気持ちを高め、望みどおりの自分に近づけるという効用もあるかもしれない。同じことは、パソコンやトラクター、投資信託など、ほとんどの商品に当てはまるのかもしれない。

シアーズ・ローバックの一八九六年版通販カタログは、流行の最先端から遠く離れて暮らす地方在住の人々がまさに待ち望んでいたものだった。目の前に次々と現れる広告は、現代を生きる我々にとって、なりたい自分になるための「待望の書」のようなものだろう。

広告が売り込もうとする商品が、ニーズを満たす、悩みを解決する、頭痛の種を取り除くなどの道具になるのなら、広告は利用シーンを伝えることで、ニーズが満たされた世界へと利用者を誘う。広告は夢を売る。

あか抜けない女性に「女優のジェーン・フォンダのようになりたい」との思いを抱かせたなら、その広告は女性にエクササイズを始めさせるうえで、医師など足下にも及ばないほど大きな力を持つといえる。広告の魔法にかかれば、ジャンク・フードですら「健康によいに違いない」と思うようになる。世界中で日々消費される他の食品と比べても、栄養価が高いように感じられるのだ。このような広告は、おそらくミケランジェロやロバート・メイプルソープ（訳注：アメリカの写真家）の作品に負けず劣らず「やっかいな困りもの」だろう。

広告は最も実害の少ない訴求手段である

およそすべての広告は、芸術と同じで主観が入っている。現実を忠実に映し出したものではなく、歪んでいる。厳密には虚構だといえる。

だからこそプラトンも、統治をテーマにした著書『国家』で芸術を強く批判しているのだろう。その批判の激しさに比べれば、ジェシー・ヘルム上院議員など穏健に思えるほどだ（訳注：ジェシー・ヘルムは筋金入りのタカ派で、反共の急先鋒として知られた）。

広告が広告主の立場に立って現実をデフォルメしているため、その主張を割り引いて考えなくてはいけないことは、消費者も承知している。極端な場合、広告につられておもちゃをせがむ子どもに、親が「真に受けてはいけません。たかが広告なのだから」と諭すこともあるだろう。広告は虚構の世界を描いたまゆつば物だ、というわけだ。アメリカでは、一九六〇年代から七〇年代生まれの、テレビを見て育った最初の世代が成人した時期に、企業への冷めた見方や敵意が広まったが、先に述べた広告のあり方と関係しているのだろうか。

そう考えるのは筋違いだろう。プラトンですら、社会の一員となる条件に「聖人君子であること」などとは挙げていない。経営者、商売人、広告主、広告会社などにも、聖人君子であることなど求められていないはずだ。

企業の役割、広告の社会的な正当性、経営者の発言などをしたり顔で論評するのは、自転車をこぐのと同じように、哲学的な根拠も、宗教上や倫理上の根拠も求められない。ただ一つの真実を押さえておけばそれでよい。それは、世の中に普及しているものはすべて、長年にわたってさまざまな状況で利便性や効果などを認められ、受け入れられてきた、ということだ。物事はありのままにとらえればそれでよく、裏側を深読みする必要はない。

奇抜な理論をいくつも展開したジークムント・フロイトですら、自分の信奉者たちがありとあらゆる物について、何のシンボルであるかを論じ立てるのにうんざりして、ついに「美味しい葉巻は、美味しい葉巻にすぎない場合もある」と述べたという。この寛容な時代にあって広告は、きわめて節度があって無害このうえない。テレビ番組や新聞・雑誌記事よりも品位がある。

広告は公然と広告主の側に立って、人々に何かを信じてもらおう、何かをしてもらおうと働きかける。画家、詩人、宣教師、大学教授、あるいは物乞いなどと同じように、独特の衝動に突き動かされている。人々の考え方や行動を、自分たちの特定の信念に染めようとするのだ。そのなかで最も害が少ないのが広告で、人々が元来求めているものについて、強いメッセージを発している。

広告は消費者をストレートに購入へと誘い、財布のひもを緩めてもらうことだけを期待しているのだが、ほかのものは広告とはまったく違って、人々の共感、支持、真心といったものを求めている。どれ一つとして他を責めるほど道徳的に優れているわけではなく、もとより広告を批判する資格もない。

このように広告には高い倫理は求められていない。しかし、広告がたとえ稀にせよ低俗さ、狡猾さ、不快さ、不公正さ、反倫理性などをまき散らしたら、それを正当化するわけにはやはりいかないのだ。

世の中では道徳うんぬんよりも、現実こそがすべてに勝る意味を持つ。人類はたえず自然との闘いを繰り広げてきた。だれもが同じように緊張からの解放、気分転換、やすらぎなどを求め、壁を乗り越えたいと願っている。いやむしろ、そうしたことを必要としていると言ったほうがよいかもしれない。だれもが自分なりに、常により多くを望んでいるようだ。昨今のヒッピーたちは、空想にふけりがちで物質主義を憎み、「質素なほうがよい」と大真面目に主張していたが、その彼らですら、多くのものを欲しがる。多彩なものを少しずつ求めるのだ。例外といえば、大麻とアルミニウム製のカヌー（商売になりそうなマリファナを栽培するために、人里離れた場所へ楽に行けるアルミニウム製カヌーを求めるのだ）だけで、この二つはいくらあっても困らないようだが。

何年か前に筆者は、「どこを目指してよいかわからなければ、どの道を通っても同じだろう」と記し、誤ったことをいかに効率的に行ったとしても、大いなる無駄以外の何物でもないと書き添えた。

顧客の心を引きつけるには

事業に携わる人々は、消費者が生活のなかで求めているものの多くを提供している。あるいは、そういったものを生み出す手助けをしている。というのも、消費者のウオンツとかけ離れた商品を用意しても受け入れられないことを知っているからだ。受け入れられて成功するには、ウオンツの本質を見極めることが欠かせない。これは芸術家や伝道者が人々に支持されるための条件と同じで、違いがあるとすれば、事業を行っている組織は独特の性質と機能を持っているという点だけだろう。企業は成功をつかみ取るプロセスで、事業機会や雇用機会を生み出し、イノベーションを刺激し、何よりも、アダム・スミスの言う「自然的自由の制度」（何と絶妙な呼び名だろう）を発展させる。

こう述べたからといって、企業や広告を「倫理性が高い」として無理に称えようとしているのではない。日々証明されているように、人々は多くを望んでいる。とりわけ、願いをかなえたいとの思いが強い。経営者や実業家が専門性を生かしながら、しかも社会一般の期待する良識、嗜好、ＴＰＯ、自社の道徳基準などに沿ってこのような願いやウオンツに応えれば、終業後は少しも罪悪感や当惑などにさいなまれずに、胸を張ってすがすがしい気持ちで家路に就ける。これこそ、我々が互いに求めていることではないだろうか。

第V部 2000年代

2000s

第18章

マーケティングの針路(インタビュー)

マーケティングの針路
『DIAMOND ハーバード・ビジネス・レビュー』2001年11月号

いつの時代にあっても、マーケティングは再発見される。そのたびに新語やツールが紹介され、あたかもカレード・スコープ(万華鏡)が見せる模様のように様変わりする。とりわけ変革期には、「マーケティング志向の組織へ変わらなければならない」とその必要性が説かれてきた。

では、なぜマーケティングは不在なのか。理想のマーケティングと現実のそれはどれくらい乖離しているのか。そもそもその本質とは何なのか。

その答えを探るために、『DIAMONDハーバード・ビジネス・レビュー』は二〇〇一年六月、セオドア・レビット教授に、ハーバード・ビジネススクールでインタビューを行った。レビット教授は本インタビューのなかで、何が不易で何が流行なのか、何が正解で何が誤解なのか、マーケティングの本質を喝破している。

すべてがマーケティング、マーケティングがすべて

――レビット教授、あなたはこれまでに一〇余冊の書籍、数十の論考を執筆し、スタンダード・オイルをはじめ、数多くのアメリカ企業にその慧眼と知見を提供してきました。

アメリカ同様日本でも――残念ながら若いビジネスマンにあなたの存在を知る者は少ないですが――あなたの信奉者は数多くいます。

さて、あなたの活動は広範囲に及んでいるとはいえ、それらすべてが一つの信念に貫かれているのではないでしょうか。すなわち、「普遍性とは何か」という問題意識です。これは、ピーター・ドラッカー教授に相通ずるところです。

レビット：ビジネスを突き詰めれば、たった二つの要素、つまり「金」と「顧客」をめぐるものです。立ち上げるために金が必要で、続けるために顧客が必要で、既存顧客を維持し、新規顧客を獲得するためにまた金が必要となる。したがって、どのようなタイプのビジネスであろうと、「財務」と「マーケティング」が企業の二大活動なのです。

そしてマーケティングとは、最終的に――本当は出発点なのですが――顧客を獲得し、維持する活動すべてを意味しています。さまざまなニュー・コンセプトが提唱されてきましたが、そのいずれもが必然的かつ本質的には「顧客の獲得と維持」へと行き着くのです。

ビジネスとは、言うまでもなく、さまざまな活動から成る組織体系です。その存続と成功は、二つの能力、すなわち、何らかの方法によって「経済価値を提供する能力」、そして支払能力を有する顧客を必要数「獲得・維持する能力」に依存しています。

だからこそ、マーケティングにはビジネスプロセスに関する包括的な視点が不可欠であり、トップからボトムまで、すべての人々が常に振り返らなければなりません。いつの時代でも、マーケティングが再発見されるのはそれゆえです。にもかかわらず、みな一面的な理解にとどまってしまう。残念なことです。

いまも昔も、産業界はさまざまなジャーゴン（流行語）にあふれ、人々の関心や行動は右に振れたり左に振れたりしています。だれしも新しい物好きで、このたゆまぬ好奇心は大いに奨励されるべきです。

ですが、その知的エネルギーを、短期的な御利益、たとえば、スピードやコスト、株主価値ではなく、そこに隠されている、顧客とマーケティングに関する「暗黙の仮定」に向けてみてはいかがでしょう。

「タイム・ベース競争」というコンセプトがありますね。これは市場の反応をスピーディに把握し、生産から販売までのコストを低減させることを目的としています。

では、この真の意味とは何なのでしょうか。「時は金なり」と社員に徹底させるためでしょうか。マージンを下げるためのコスト・ダウンを狙ってのことでしょうか。価格を下げて売上高を増やすためでしょうか。それとも機敏に行動することで、コストを下げ、価格競争力を高め、新たな価値やベネフィットを顧客に提供するためでしょうか。答えはさらなりです。

多くの戦略コンセプトが、先の暗黙の仮定に立ったまま、語られ、理解され、導入され、実行されています。これが危険なのです。

すると、どうなるでしょう。たとえば、コスト・ダウンや品質管理は上意下達の押しつけとなる。機敏な対応は意味のある動機づけによるのではなく、プラグマティックな測定基準によって促される。市場シェアは生み出された成果ではなく、戦闘目標となる。自律組織は、目的意識に乏しい、心地よい甘やかしとなる。起業家精神は冒険的な企てへの挑戦ではなく、規律からの逃亡となる。リストラクチャリングはマーケティングの効果を高める努力ではなく、財務戦術となる。

何のために、これらの施策を講じるのか。それを理解し、行動に置き換えることがマーケティング・マインドを身につけるということではないでしょうか。間違いなく有害なのは、空騒ぎしたがる伝道師を招き入れて、最新の流行を社員たちに信じ込ませるといった愚を犯すことです。

マーケティングは飛躍しない

――インターネットによって地球は一つの巨大市場となり、従来のマーケティング理論は通用しないといった認識があります。

レビット：どこの国であろうと、どのような産業であろうと、あらゆる企業、あらゆる人々が第三者の参入によって打撃を被る可能性があります。

グローバリゼーションは、市場が地球規模に広がったがゆえに、そのような側面を合わせ持っています。もはや独占市場や保護市場というものは存続しえません。それらが、いかに小規模であろうと、遠く隔たっていようと、また専門化していようと何ら関係ありません。

瞬時に行われる通信や安価な輸送によって、競争範囲は広がり、小さなニッチ市場はつなぎ合わされています。その結果、消費は多元化し、小規模化しつつあります。しかし、グローバルにはその総量は拡大します。この新しい競争から逃れられる者はいないでしょう。

ですが、日々の業務に追われ、特に現場の人々や社内業務に携わる人たちはこの事実について意識することはありません。依然従来どおりに働いています。それは当然です。いくら頭ではわかっていても自身の問題として実感できないからです。ガンの脅威を知っていても、現実化しない限り、真剣に治療しようとはしないでしょう。

現在のように消費活動が同時化・多元化したという新世界を迎えて、異質な製品やサービスを追い求める消費者を狭いセグメントに分類してしまうのは大きな誤りでしょう。もっとダイナミックな存在のはずです。

あるいは、目の前の現象や出来事を機械的に要素に還元したり、あるいは増殖化と特徴づけたり、従来のように地域的あるいは民族的な消費選好を信じ込んでグローバルな同質化を否定したりするのも同じく間違いでしょう。

私が以前から主張していたことの一つですが、「変化と適応こそ生存する唯一の方法」なのです。これはインターネットが登場する以前からの真理であり、不可避なのです。

ですから「何をすべきか」の答えは、マネジャーの頭の中や社内に存在するのではなく、外部環境によって決まるのです。

ウディ・アレンは「成功の九〇パーセントは適切な場所とタイミングに依存する」と言っています。このことは、私の解釈では、いつも注意深く気を配り、常に起こっていることに俊敏に適応せよ、ということです。

商品やサービスのライフ・サイクルの短縮化、消費者のハイブリッド化など、不断に変化し続けるニーズや嗜好、これらに合わせて「バリュー・プロポジション」（価値の提供）の中身を変えていかなければならない。当然、組織も戦略も、あるいは人材要件にも影響があるでしょう。

ただし、常に兆候があります。「自然は飛躍しない」。ミクロ経済学の父、アルフレッド・マーシャルはこのように述べています。つまり、変化は多いが、変わらないことはもっと多い。物事の変化は速いが、瞬時に変わることはめったにないのです。

――それでもマーケティングというジャンルは特に流言蜚語が飛び交っており、常に変化しているかのようです。いったい何が正解なのか、あるいは誤解なのか、一見では判然としません。これまでの経験から、よくある「危険な誤解」とは何でしょう。

レビット：最近では、生産にかかる限界コストを低減させれば、利益が出てくるというコンセプトは危険です。それは自己欺瞞であり、かなり重症と言わざるをえません。つまり、顧客は大同小異であるという前提に立っているからです。

マーケティングの重要性、顧客への関心を否定する態度であり、成長企業にありがちな傲慢さです。

また旧くて新しい問題ですが、マーケティングと販売（selling）は言葉以上の違いがあることを再認識していただきたい。

販売は企業のニーズに力点が置かれ、マーケティングは顧客のそれに力点が置かれます。前者は商品やサービスによってキャッシュを、後者は顧客にベネフィットをもたらすことでキャッシュを手に入れようというコンセプトです。

両者の相克は、組織内では想像以上に激しく、また微妙です。プルかプッシュか、売上主義か利益主義か、はたまたキャッシュフローかという議論が用をなさないことは、賢明な読者の方々ならおわかりでしょう。

顧客は金で買うことはできない

――「プロダクト・アウト」から脱却し、「カスタマー・イン」あるいは「マーケット・イン」を目指す。しかし企業組織では、どうしても売上げや利益といった数値目標が優先されてしまいます。

レビット：そのようなモード（発想）を変えるためにも、顧客とはバランス・シートに計上される有形資産よりも貴重な資産であることを再認識すべきです。

オン・バランスされる資産はたいがい金で購入できますが、顧客はそうはいきません。企業に盛衰があるのはそのためです。いかに顧客を「購入」し、「維持」するか、それを考える企業行動がマーケティングなのです。

その際、顧客と企業のリレーションシップを考え直さなければなりません。それは、「インターフェース」（接触）

から「インターディペンデンス」（相互依存）へと、その関係を再構築することにほかなりません。
したがって、組織にはこの関係性を継続させる努力、言い換えれば、信頼と評判を保証する努力が要求されます。信頼と評判も大切な資産です。

同時に、その信頼と評判を勝ち取る資質を備えた人材も同じく大切な資産です。なぜなら、新規顧客を獲得するにも、既存顧客を維持するにも、最終的にはその人物にかかっているのですから。

多くの人が、顧客の苦情に追われている担当者を不当に評価しがちです。しかし、顧客から不満の声が上がらなくなったらそれはリレーションシップが悪化し始めた兆候です。すべて満足させることや長期にわたって満足させ続けることなど不可能です。反対に、そつなく対処している人こそ疑ってかかるべきです。

結局のところ、放っておいて売れるものなどありません。どのような商品であろうと、顧客とのリレーションシップの程度が大きく関係します。

「親しくなりすぎると相手から侮られるようになる」という俗諺がありますが、これは真実に反するものです。親しさが物事を育む。「去る者は日々に疎し」のほうが真実に近い。これは、B2CよりもB2Bにおいて顕著です。よく親しまれたブランド、知名度の高い企業のほうが、関係の薄い企業、無名の企業よりも選択される可能性が高い。トーマス・S・エリオット[注1]がこのように述べています。「人間は、ルーツや思い出、愛着、幻想、超越を必要としている」と。だれもが現代的な可能性に魅せられる一方、深く記憶に刻まれた伝統やロイヤルティにも強く引かれるという逆説性を持ち合わせているのです。

それでも、リレーションシップは管理することが可能です。ただし、顧客を軽んずることはリレーションシップの管理に失敗することを意味しています。また、有形資産の管理よりも難しいという事実が、いかにリレーションシップ・マネジメントの制度化やルーチン化が大切であるかを物語っています。

──いまだに「一度売ったら、さようなら」という企業が大多数を占めています。リレーションシップを管理するには製品よりもサービスの重要性を再認識すべきではないでしょうか。

有形財と無形財

レビット：そのとおりですが、製品を売るのか、サービスを売るのかという分類基準を持ち込んでしまうと、みずからを狭義に定義してしまい、かえって有害かもしれません。

私は「有形財」（tangibles）と「無形財」（intangibles）という視点から考えてきました。しかし、この区別すら無意味でしょう。工房や工場で何が製造されようと、市場では例外なく「商品の無形性」が売られているのですから。そしてこの無形性こそ、顧客を購入し、維持する決め手なのです。

多くの人が意外に思うかもしれませんが、法人の購買行動は、一般消費者が化粧品や洋服を購入する時以上に感情的なものです。

当たり前のことですが、買い手が購入の是非を意思決定する際、売り手が提示した製品やサービスの仕様、金銭的条件、納期やスケジュールを検討します。ただし、これらの一連のプロポーザルは、売り手のバリュー・プロポジションを便宜上単純化したものでしかありません。

問題は、そこに約束されたことが信頼できるのか、その約束事が技術的にも組織能力的にも実現可能なのか、言葉どおりの成果が実現するのか。つまり、約束した張本人である企業が信頼に値するのかを検討するのです。逆に企業にすれば、顧客の支払能力や購入の意思があるのかどうかが問題になります。

――先物買いであり、先物売りだということですね。

レビット：そうです。そして、約束が魅力的で説得力にあふれているほど、顧客は失望しやすいものです。利用してみて期待どおりに一〇〇パーセント満足したという話はあまり聞かないでしょう。約束が踏みにじられる可能性は、有形財よりも無形財のほうが高い。とりわけ、有形財と無形財がパッケージ化された場合がより顕著です。

無形財の場合、それを利用している顧客が「素晴らしいサービスを受けている」と意識することはほとんどありません。顧客は享受しているベネフィットが得られなくなった時、初めてそれを知るのです。つまり、失態や怠慢によって不満足を感じた時にしか、その存在を意識しないのです。

このことを裏返せば、顧客が求める企業とは、約束を守り、約束どおりのベネフィットを供給し続ける一方、陰ながら静かに見守ってくれる企業なのです。

しかし、その約束を反故にしたり、信頼に背いてしまったりすると、それは企業への攻撃が許されたことを意味します。顧客は失望させた責任を問うことよりも攻撃に向かいがちです。B2Bの場合、利用者は複数であり、購買の意思決定者はそれらの代表であり、自腹ではなく会社の金を投じたわけですから、みずからの正当性を主張するためにそうせざるをえない。

信頼や評判が高ければ高いほど、それを維持する努力も高く求められるわけです。とはいえ、その努力は差別化となって報われるはずです。

顧客は商品やサービスではなく「期待価値」を買う

――あなたは、鉄道会社はみずからの使命を車両を動かすことと考え、人々を目的地に運ぶことだと理解していなかったという話を、あの歴史的論文「マーケティング近視眼」(注2)のなかで述べています。また、メーカーは道具やハードを提供するのではなく、それを使用することで得られるベネフィットを販売していることを自覚しなければならないとも強調されています。

「まず顧客ありき」。すなわち、メーカーであろうと、サービス業であろうと、その業態にこだわることなく、顧客に提供するベネフィットから演繹して、戦略や行動を考えなければならないわけですね。

レビット：顧客は――どのような製品やサービスであろうと――自分が望むことを必ずや満たしてくれるという「事実」について、事前に一〇〇パーセント知ることはできません。したがって、企業は「我々はあなたを満足させます」という「約束」を売り、顧客はそれを購入することになります。

とはいえ、約束とは不可視で無形のものです。この約束という無形性を、何らかの手段で有形化し、信頼できる期待へと変えなければなりません。これは「無形性の有形化」「約束の有形化」というものです。

つまり商品とは、単に定義されたり説明されたりするモノ自体ではなく、いかにパッケージし、販売し、流通させ、送り届け、販売促進し、設置し、修理し、テクニカル・サポートを提供し、グレード・アップを図り、ユーザーを教育訓練するか、その他もろもろを含めた製品に関わることすべてであり、価値の複合体なのです。いくら製品単体が超一流でも、その複合体が二流三流では欠陥品です。

ですから、ブランドや価格、機能や特性、デザインやスタイリング、宣伝コピー、製品仕様書などもすべてが関わってきます。画竜点睛に欠けても、蛇に足があっても、それは「適切な商品」(right product)ではないのです。

――我々の世界も同様です。ユニークで素晴らしい内容の書籍でも、タイトルや装丁、用語や文章がまずければ売れません。「部分」と「全体」を切り離すことはできません。

レビット：そうでしょう。マーケティングとは、そのような一連の活動が統合されたものなのです。

取引を成立させることとは、顧客を開拓する、あるいは購入することです。これに、顧客を維持することが次なる活動となるわけですが、特に無形財の場合難しい。リピート・オーダーは望むべくもありません。

有形財のプロバイダー、すなわち製造業でも「ソリューション営業」とか「コンサルティング営業」の重要性が唱えられていますね。要するに、有形財もしくは有形材と無形財の組み合わせについて、その無形性を訴えなければならないわけです。

この場合、セールス・トークやプレゼンテーション、あるいはプロポーザルや見積書は、プロバイダーからすれば「納品」です。一方顧客からすれば「設計」あるいは「製造」です。そのソリューションが、相対的にも絶対的にも優れていたとしましょう。しかしその納品方法がお粗末だったとしたら、それは「不良品」以外の何物でもないのです。顧客にすれば、設計・製造方法に失敗したということになります。

このことは、あらゆる産業に当てはまることです。

くわえて、製品やサービスは企業のみならず、それらを直接提供する人物がどのような人かによって――それがすべてとは言いませんが――善し悪しや購入の是非が判断されます。顧客接点は商品やサービスの一部であり、またパッケージの一要素なのです。

かつてIBMの創業者であるトーマス・ワトソン翁は、たとえば、白のワイシャツにダーク・スーツ、指定のネクタイと帽子を着用すること、顧客とはけっして一緒に飲酒してはならないことなどを、営業担当者にルールとして課しました。これは規律というより、むしろ約束の有形化なのです。ですから、コンサルティングなどの知的サービスの場合、理路整然とした口調、清潔で洒脱な装い、高学歴などが必要になったりするわけです。

すべては差別化できる

――ブランド価値を維持するには、チャネル・マネジメントが決定的な役割を担うといわれますが、それも真実とはいえ、部分にすぎないわけですね。

レビット：私はコモディティというものは存在しないと考えています。いわゆるブランド品は差別化の賜物なのです。いわゆる産業財の場合、購入の意思決定は合理的に下されるという主張があります。はたして本当でしょうか。

アメリカでは、購買の意思決定者に関する調査が数多く実施されてきましたが、彼らが製品の外観的なデザインに強く影響されることが繰り返し確認されています。機能以外の「何か」も素晴らしいと、その機能や信頼性も高いだろうと判断しているのです。もちろん、それだけで競合他社に勝ることは難しいでしょうが、無形性に着目すれば、より選択の余地は広がるはずです。

無形財は、加工されたり製造されたりする有形財に比べると、はるかに簡単かつスピーディに仕様変更できるばかりか、より小額なコストでカスタマイズやコピーが可能です。これは議論するまでもないでしょう。

特定の個人やセグメント、あるいは市場のニーズやウオンツに、時間単位、日単位、曜日単位、季節単位で対応できる可能性があり、その結果、大きな差別化の余地が生まれてきます。

――差別化を議論する際、以前からサービスに大きな可能性があると指摘されていました。あなたも六〇年代からずっとそのように主張されています。

ここ数年、日本の大手メーカーは業績の悪化に伴って、付加価値の高いサービス・ビジネスに本腰を入れ始めています。

レビット：製品の技術特性が高度化すればするほど、その売上げや利益は、サービスの質と利便性に左右されるのです。ゼネラルモーターズやIBMはメーカーというよりもサービサーと呼ぶべきでしょう。ご指摘のとおり、これと同じことを繰り返し主張してきました。

しかし、多くのメーカーがサービスと製造はまったく異質なものだと勘違いしています。サービスは労働集約的であり、製造は資本集約的であるとか、サービスは工場の外で行われる管理できない活動で、製造は工場のなかで高度に集中化・組織化され、厳しく管理され、緻密に設計された条件下で行われる活動と区別しています。

このように、サービスを顧客価値の中核部分とは考えずに、売上げを発生させるための「おまけ」と見なしていることが問題なのです。実は、ほとんどの商品の中核的価値はサービスによって生み出されています。

——あなたは七六年に、「サービスの工業化」(industrialization of service)というコンセプトを発表しています。(注3)

レビット：サービスの工業化は、品質を安定させると同時に、コスト・ダウンを実現させます。そのためには、労働の質を向上させる際、人間に依存するのではなく、人間の作業を再設計する必要があります。ホワイトカラーにブルーカラーの管理手法を導入することとほぼ同義です。

テイラーやファヨールが実践した科学的管理手法は、動力の機械化という産業革命によるのではなく、職人の自己流による生産から、経営者の合理的管理による生産への移行という、言わば「管理革命」によるものです。これは、アダム・スミスの『国富論』の冒頭で紹介される「ピン製造」の話にも通じます。

製造はテクノロジーの論理で考える。これが成功の理由です。サービスは人間の論理で考える。これが失敗の理由です。製造はハード・テクノロジーが用いられるが、サービスはソフト・テクノロジーによって生産することができるのです。

知識より「思考」、創造より「イノベーション」

——これまで「マーケティングとは何か」についてお話をうかがってきましたが、やはり最後には「いかに真のマーケティングを実現するか」が問題になってきます。

レビット：「思考」と「イノベーション」がキーワードではないでしょうか。

残念ながら、思考という行為は、多くのマネジャーに歓迎されたり、何よりも優先されたりしません。マネジャーやリーダーを選ぶ際、いちばんに重視されるのは経験であり、それも「成功の経験」です。その証左が、あらゆる公式の場で珍重されるのは「経験で語る人物」であり、「理屈はそのとおりですが、しかし……」という、一種傲慢であり、侮蔑的な響きが感じられる発言です。蛇足になりますが、理論も思考と同様にあまり尊重されませんね。

ここで用いる思考という言葉は、過去の経験や事実だけに頼らないという意味を含んでいます。トップ・マネジメントのみならず、現場のマネジャーですら、過去に拠りどころを求めるマネジメントに傾倒しがちです。これでよいのでしょうか。

マネジャーが組織に持ち込む最大の危険物は、「過去の経験」と「それに基づく知恵」です。これらのおかげで――概して人間の記憶は持続性に乏しいものにもかかわらず――彼らは迅速かつ自信満々に行動できます。しかし予期せぬ変化や不意打ちには、まるで役に立ちません。マネジメントは明日のためのものであって、昨日のものではないのです。

「うまくいっているかい」と声を掛けるよりも、「何か新しいことはあるかね」と尋ねるほうが重要です。前者は過去に関する質問ですが、後者は将来に関する質問だからです。

思考は明日のため、イノベーションのために必要な行為です。

――一口にイノベーションと言ってもいろいろな連想や解釈があります。いまあなたはどのような行為を意味していますか。

レビット：企業は創造性を育まなければならないとよくいわれますが、そのように奨励する人たちは「創造力」と「革新力」とをまったく区別できていない。創造力は新しいことを考え出すことであり、革新力は新しいことを実行することです。この差は決定的です。

実際、企業内を見渡せば、アイデアを生み出す仕事はかなり盛んなはずです。ですが、「アイデアを考えつくこと」（ideation）と「革新すること」（innovation）は、けっして同義語ではありません。

ここに二人の芸術家がいるとしましょう。一人は素晴らしい絵画の構想について話すけれども、いっこうに描こうとしない。もう一人は同じ構想を持ちながら、それを作品にする。どちらが本当の芸術家でしょうか。

多くの企業には前者のような人、いわゆるアイデアマンがあふれています。不足しているのは、アイデアを実行に移すノウハウ、エネルギー、勇気、忍耐心の持ち主なのです。

概して人間は創造的であればあるほど行動に無責任なものです。その理由は、アイデアやコンセプトを創造することがその人間の唯一の才能であり、たった一つの売り物だからです。ですから、アイデアを現実化させるうえで必要な、地道で煩雑な仕事をこなすだけのエネルギーも忍耐心も、さらには関心すら持ち合わせていないのです。

事実、臨床心理学者たちがロールシャッハ・テストやストロボ・スコープを使ったテストで、アイデアマンの無責任さを証明しています。

アイデアが提案される時のしかるべき手順とは、どのような行動が具体的に必要なのか、コストやリスク、必要となる人員や時間、それを遂行すべき人物はだれか――少なくともこれらについて提案に盛り込ませることです。

過度なデータ主義も奨励されるものではありません。人間から識別力や判断力を奪うには、膨大なデータや情報を注入することです。データは情報ではないし、また情報は意味ではありません。データを情報に、情報を意味に変えるには何らかの加工が必要です。それが思考です。

電子は、物理学の言葉で語られる限り、物理学者が知っているとおりのものです。しかし顧客は、自称マーケターやリサーチャーというデータマンの理解に任せておいて大丈夫なのでしょうか。間違いなく、そうではないでしょう。事業に責任を負う人々は現場に出向いて、みずから理解し、思考しなければなりません。

――イノベーションは大きければ大きいほど、歴史が長ければ長いほど難しいものです。そのような組織には「経路依存性」（それが合理的であろうとなかろうと、一度確立されてしまったものは時間の経過と共に高い持続性を有する）が強く働いています。

レビット：ジャーナリストや経営学者といった評論家やコンサルタントは、伝統的大企業の「画一性」をさも楽しげに非難しています。

しかし考えてみてください。秩序を手に入れるために組織はつくられたのです。実は、創造力も革新力もこの秩序を乱すものなのです。小企業が大企業よりもはるかにはつらつとしていて、イノベーティブである理由はここにあります。

いくら親和させようと努めても、そもそも起業家精神と大企業組織は水と油なのです。組織というものは、アナーキーでは機能しないのですから、組織化やルーチン化が不可欠です。また、あらゆる活動には何らかの計画が必要です。このように計画と統制を前提条件としている以上、画一性からは逃れられません。

いかなる企業であろうと、組織と調整がないままに何とおりもの方向へと人々を走り出させることは不可能です。必ずルールと秩序、そして命令が必要なのです。

大組織はそれならではの慣性と、ニュートンが述べた「運動の第一法則」（物体はほかからの力の作用を受けない限り、静止し続ける）に支配されています。これは明らかに組織活力を削ぎ落とします。大企業の問題は「優柔不断」と「静止」なのです。

リストラクチャリングやリエンジニアリング、エンパワーメントなどに頼ったところで、その活力を維持することも、再活性化することもかなわないでしょう。

――そのように聞くと、処置なしの感が募ってきます。マーケティングの重要性が何度となく再発見されても、これではイノベーションは期待できない。これを実現するには類稀なるリーダーの登場を待つしかないのですか。

レビット：そのような要素も否定できませんが、やはり「新しい血」、若い人たちの存在でしょう。彼らは、エネルギーや能力、自信、そしてリビドーにあふれています。これらこそ、若い人ならではの特徴です。若い人は急速に変化する世界では特に有利です。

しかし、ビジネスやマネジメントに関する知識が不足しており、過去に疎く、また他の社員や顧客、競争者に関するそれも同様です。若い人には経験だけが与えてくれる「知恵」の面では劣るわけです。

その結果、その道の権威者や理路整然としたテクノクラートにたやすくだまされたり、みずから傲慢さのために失敗したりすることが多いのです。

マーケティング・マインド、あるいはマーケティング力とは、きわめてユニークでもなければ、とらえどころのないものでもありません。どうも勘違いされがちなのですが、才能ではなく技能なのです。当然、引き出し、開発し、強化できるものです。問題は、「(彼や彼女には) それがあるのか」と問うことなのです。

どんな仕事でも、初めから名人という人はいないでしょう。外科医は手術という高度なサービスを提供しますが、名医と呼ばれる人でも、患者の生命を危機に陥れるような失敗もあったはずです。

失敗をやむをえないことと開き直るつもりはありません。ただ、専門能力の習得には「しかるべき時間」が必要なのです。個人であろうと、組織であろうと、それは変わりません。

【注】

(1) トーマス・スターンズ・エリオット (Thomas Stearns Eliot) は、アメリカおよびフランスで活躍した作家・詩人。ミュージカル『CATS』の原作者。なおその原題は*Old Possum's Book of Practical Cats* (邦訳『キャッツ～ポッサムおじさんの猫とつきあう法』ちくま文庫)。

(2) 邦訳は本書第1章として収録。

(3) 邦訳は本書第11章として収録。

補遺

第19章

The Changing Character of Capitalism

資本主義時代に成功するビジネスパーソン像

The Changing Character of Capitalism
HBR, July-August 1956.

資本主義の未来

古典的な経済学はあまねく「人間は合理的で利にさとく、主体性の強い貪欲な存在だ」という前提のうえに成り立っている。そして、資本主義は言うまでもなく、こうした人間心理の理論を土台に築かれている。

経済学者は抽象主義に陥っている、資本主義に敵意を抱いている、といった批判をたびたび受ける。だがそんな彼らも、経営者も自分たちと同じく現実が見えていないという物悲しい事実を知れば、胸をなでおろすかもしれない。事実、経済がこれほど見事に機能している理由として、「すべては供給と需要で決まる」「それが人間の性《さが》だ」と大真面目に主張する実利主義的な経営者は、一八～一九世紀の合理主義的な経済哲学者の影響を受け、「常識」にがんじがらめになっている。唯一の違いは、一八～一九世紀には、今日のように平凡で卑屈なまでに調査した経験的事実を通してではなく、理論的考察や推論という魅力的な方法で、現実を俯瞰できた点である。

本稿は、今日の現実的な経営者たちに向けて書いたものだ。彼らは、非現実的な経済学に縛られずに、「紛れもない事実」や「常識」を明晰な頭脳で理解することを誇りにしていて、実際には古くからある経済の抽象理論を拝借しながら、経験を基に根本的な真実を発見したなどと主張する。

しかし、資本主義はそれほどシンプルでも、先行きが見通せるわけでもない。そのことを示唆する新しい考え方が現れているので、経営者たちも注意を向けたほうがよいだろう。

リースマンの予言

ここでは特に、今日最も挑戦的な思想を打ち出している社会科学者のデイビッド・リースマン（訳注：一九〇九～二〇〇二年）を取り上げる。リースマンはいまから六年前（一九五〇年）に「アメリカ社会の変容」に関する書籍『孤独な群集』を世に問い、学界を根底から揺さぶった。(注1) アカデミズムの世界では、この書籍はまたたく間に古典の地位を手にした。にもかかわらず、産業界では意外にも、リースマンの名はほとんど知られておらず、ビジネス関係の書籍や雑誌にも取り上げられていない。この事実は危険とまでは言わないが、当惑を覚えずにはいられない。なぜなら、リースマンの主張が正しく、その示唆が的確であるとすれば、アメリカの資本主義は古代ローマと同じ状況に置かれているからだ。栄華の絶頂にあるいま、残された道はただ一つ、そう、転落の一途なのである。

リースマンは明確に述べているわけではないが、その行間から、一九世紀の経済を支えた典型的人物像――その極め付きがホレイショ・アルジャー（訳注：アメリカン・ドリームを主題とした作品で知られる小説家。一八三二～一八九九年）が描き出した人物たち――は徐々に姿を消し、やがて資本主義の精神は衰退するという見通しがはっきりと伝わってくる。さまざまな点で資本主義社会の将来を暗示しているのだ。

意欲にあふれ猛然とビジネスに取り組む起業家がいなくては、資本主義は失速してしまう。資本主義はゆっくりと衰退に向かい、活力と創造性に満ちた経済発展を担う立場を退き、スピーチや弁解の際に言葉のうえで触れられるだけの存在になる。現実問題として、資本主義が型どおりの官僚的なものに成り下がったなら、擁護者はこの無意味な概念を儀礼的に扱うしかなく、それは不毛なことだ。

問題の核心に触れよう。リースマンの洞察とは何か。とりわけ、アメリカの資本主義の未来について何を示唆しているのか。その擁護や反論、賛成としては、何が言えるのか。リースマンが予言する資本主義の衰退を遅らせるために、意識的に取れる行動があるとすれば、それはどのようなものか。

本稿では、リースマンの主張の概要を紹介し、経営者にとっての意義を説くと共に、リースマンの思想からより建設的な結論が引き出せる旨を述べていきたい。

時代が求める人物像

リースマンの主張は、「人間、わけても経営者のあり方は時代と切り離せない」という考え方に凝縮される。時代背景に応じて、経営者の性格タイプも変化してきたというのだ。これまでの歴史を大きく三つの時代に分けて、それぞれに適した性格タイプがあるとする。彼はなかでも、一番新しい時代の性格タイプに最も強い関心を寄せている。

古い社会で成功する性格タイプ

ルネサンスや宗教改革などの動乱によって崩壊するまで、古い社会では人口が安定し、技術進歩もごく緩やかで、脈々と受け継がれた伝統の下で人々は暮らしていた。昔からの習慣に従い、いっさいを変えずに、ひたすら祖先を模範として仰いだ。言い換えると、この時代は「伝統志向型」(tradition-directed)の性格タイプが主流だった。

ところが、人口の増加に伴い、昔ながらの社会秩序は崩れた。人口増加によって生じたニーズに対応するために、新しい方法を見つけ出さなくてはならなかった。こうして資本主義革命が起こると、伝統志向型はかなぐり捨てられて、ダイナミズムあふれる「内部志向型」(inner-directed)がそれに取って代わった。この性格タイプへの変化によって、資本主義は今日のような物質的な豊かさをもたらす、大いなる原動力となった。だれが見ても、これはかつて類例のないほどの成果だった。実は、資本主義革命の非凡な成果を最も熱く称えた文献は、カール・マルクスのかの『共産党宣言』である。

凄まじいニーズに突き動かされるようにして、内部志向型という新しい性格タイプが生まれた。内部志向型の人は堅苦しい慣習よりもむしろ、自分の内面から行動の指針を得ようとする。新しい社会では、多くの人々が心の内で目標を掲げていた。その目標は、自分の力を頼みに、かつて経験したことのない手ごわい変化を乗り越えることに力点を置いていた。個人個人が自分を取り巻く環境全体を統御しようとし、多くの人が「進むべき方向はみずからが決め、何者にも自分の魂を操らせない」という志を持っていた。この精神が広く行き渡った社会では例外なく、資本主義が勝利と繁栄を手にした。

変化の少ない古い社会では、強い伝統志向が培われ、それゆえに人々は確実に慣習に従ったが、新しい内部志向型の社会では、これまでとは違うさまざまな状況が生まれ、個人が一定の地域に縛られずに、自主性を発揮し、ノウハウを蓄積することがより必要とされた。こうして、自身の内にある姿勢制御装置《ジャイロスコープ》に従う人が社会の典型的な性格タイプとなっていった。爆発的な人口増大、怒涛の技術革新といった差し迫った課題に対応できるのは、自分なりの流儀を持った人々だけだった。より尊大で粗っぽい表現を用いるなら、この「俺様流のやり方」(law unto myself)の態度は「世の中なんてクソ食らえ」(the public be damned)という悪名高い言葉で表された。

ところが最近になって、さらに大きな変化が芽生えている。我々はいま、少なくともアメリカでは、環境に打ち勝ったのだ。内部志向型の人々が窮乏や緊急課題を克服した。落伍すまいとより速く走ったり、伝統や無気力を踏みつけたりする必要がなくなり、何もしなくてもモノであふれる社会に我々は暮らすようになった。

新しい社会で求められる性格タイプ

その結果、我々の社会ではいま、まさに悪徳資本家の身に起きたのと同じことが起こっている。彼らは年齢を重ねて裕福になると、行く末を考えるようになった。がむしゃらに走っていた間は、他人の意見など気にかけなかったのに、晩年にはまるで偏執狂のように、自分の評判に気をもむようになったのだ。そして憑かれたように慈善団体、図書館、美術館などを設立していったが、その目的の大部分は周囲からの称賛を得ることにあった。

こうして今日、リースマンの主張するとおり、アメリカ社会では「他人志向型」(other-directed)の性格タイプが主流となりつつある。つまり、周りの意見を気にする人が増え、周囲の意見がどうあれ心のおもむくままに振る舞う、やるべきことを行う、といった姿勢は影を潜めている。大都市のアッパー・ミドル・クラスや若者層を中心に、仲間に合わせて行動を決める層が徐々に台頭してきているのだ。考え方や行動の基準を決めるのは、融通の利かない伝統でも、「周囲との調和よりも自己利益を追求したい」という内面深くの目標でもない。周囲の人々がどう考えるかである。

一人ひとりが、これなら周りも認めてくれるだろうと思う行動や考え方を取る。仲間の期待に気にして、人の真似をする。船長として独自の航路を進むのではなく、単なる舵取りとして、潮の流れを読み、それに乗ろうとする。企業を例に出すと、報告書を作成する時に、まず自分なりの発見や提案をしたためるのではなく、提出相手の考え方を見極めるために、その胸の内を巧みに探って安全策を取ろうとする人が増えている。

こうした変化を示す根拠がまだ足りないというなら、リースマンが、大人だけでなく、子どもや子育ての習慣を観察して膨大な事例を集めているので紹介しよう。

●最近の子どもがあこがれるのは、経営者や政治家ではなく、レジャー、手品、冒険、恋愛などの達人である。映画スター、漫画に出てくるスーパーマン、半ば理想化されたスポーツ選手、宇宙飛行士などだ。

●若者たちの間で「人気者になる」ことが重視される現象は、大人の世界をそのまま映し出したものだ。

●男性たちは最近しきりに、ファッション性に乏しく目立たない灰色の服ばかりを着ようとするが、これも右の例と同じ基本姿勢の表れである。リーダーではなく、その他大勢になることで、周りのみんなに受け入れてもらおうとする。

一言で述べると、自立した人間は徐々に姿を消しつつある。この豊かな社会は、豊かさをもたらした大本の性格タイプ、つまりやる気や積極性、革新性にあふれた、自助努力型の経済発展の担い手を、ゆっくりと世の中から消し去ろうとしている。豊かな社会は、「新たなフロンティアを征服しよう」という熱意と活力に満ちた人々の代わりに、変化よりも安全、リーダーシップよりも黙従、冒険よりも慣例を重んじる人間を生み出している。この新しい性格タイプの下では、資本主義もかつてのあいまいで不毛なイメージへと再び姿を変えてしまうのだろうか。そこが問題なのである。

企業内外で見られる対人志向

デイビッド・マコード・ライトが『ハーバード・ビジネス・レビュー』誌で述べたように(注2)、資本主義には必ず活力や革新主義者が必要というわけではない。実際に、ヨーロッパや南米やアフリカの資本主義には、革新性など見当たらない。たとえばフランスの場合、アメリカの資本主義との違いは、国民性の違いによるところが大きい。アメリカの国民性から活力が失われたら、いったいどうなるのだろうか。

ビジネスや行政では、その支持率から判断するに、何を知っているかよりも、だれを知っているかが、成功のカギとなる。イノベーション、気骨、闘志、野心などをテコに、経済面での自己利益を追求しようとするのではなく、いまは「黒幕《フィクサー》」や「予想屋」が暗躍する時代なのだ。生産意識が薄れ、広報意識が強まっている。職人気質よりもセールス手腕、粘り強さや忍耐力よりも人柄が重視される（こうした傾向が顕著だった企業として、チャールズ・ラックマンが率いていた時代のリーバ・ブラザーズが挙げられる）。

服従と操作が優位性を持ち、「公正な取引」が「自由な取引」に、「協力」が「競争」に、「価格リーダーシップ」が「価格競争」に取って代わる。ライバル企業から敵視されたくないとの思いが働くため、企業間の競争は緩和される。ついこの間まで資本主義の合言葉だったスペンサー流の「生存競争」（訳注：イギリスの哲学者のハーバート・スペンサーは「適者生存」という言葉をつくった。一八二〇～一九〇三年）に代わって、「共存共栄」が唱えられる。かつて「嫌なやつ」といわれることは競争の勝者への称号だったが、いまではだれもそう呼ばれたいとは思っていない。最近頻繁に使われるほめ言葉は、「正々堂々と戦ういいやつ」という生ぬるい表現である。こうして、「全速力で突っ走れ！」(full steam ahead) がすっかりすたれ、「波風を立てるな」(don't rock the boat) が規範中の規範となりつつある。

これと同じ考え方は、企業間だけでなく企業内でも幅を利かせている。従業員に第一に求める要件は、チームワークに優れていることだ。リースマンの言葉を引用すると、「いまどきの人事責任者は、たとえどれだけ才能があったとしても、周囲と協調しない一匹狼タイプの人材を産業界から駆逐しようとしている。……型破りな存在は、いまや店でも会社でも歓迎されない」となる。なぜなら、「みんなが別々の方向を見ているようでは困る」からだというが、実際のところは、これまでのペースや方向性を変えたくないのである。

ジョエル・ディーン（訳注：アメリカの経営経済学者。一九〇六～一九七九年）も、「互いを尊重して友情を育み、社内で平穏に過ごそうとするあまり、利益を犠牲にする風潮が漠然とではあるがここかしこに蔓延している。厳しい管理を行えば、社内がたえずギクシャクするようになる」と指摘している。社内を平穏に保つためには、かなりたるんだ状態でも大目に見るのである。(注3)

対人志向がもたらす弊害

従順さを重んじる時代の空気により、資本主義経済の創造性や活力が損なわれているのは、紛れもない事実のようである。この点に多くの人々が危機感を抱いていることは、経営者に向けて「マンネリ化や硬直化に目を光らせたほうがよい」と助言する記事を頻繁に目にすることからもわかる。(注4)たとえば、次のような助言である。

●ビジネスにおいて、決まり切ったやり方ばかりで、創造的な発想が不足している。

●協力や合意を重視するあまりに、経営者や部門長の考え方に異論を差し挟む自由が失われている。称賛に値する努力を払った人がいても、それに対して給与の増額で報いようとの意識が乏しい。

●周りに合わせるのをよしとする風潮が社会全体にあり、それが社内の人間関係にも影響している。このため、本来は必要な言動を控え、だれの機嫌も損ねず、当たり障りのない「いい人」でいたほうが賢明だとされる。

困ったことに、問題視されている事柄はどれも、生活水準の高さと密接に結びついているようなのだ。というのも、企業は図らずも経済的豊かさを次々ともたらしてきた。そして恐ろしいことに、おそらく我々はすでに周囲に盲従する道のりを歩んでおり、これらの記事で示唆されているよりもはるか遠くまで来てしまっている。大量生産、大量流通、マス・コミュニケーション、大量消費、さらには官僚主義的な労働環境が凄まじい勢いで個人を埋没させ、みなそれに十分に抵抗できない。その結果、仕事への熱意や野心が衰え、発想が貧困になる。

事実、我々は生産よりもむしろ消費に熱心になっている。周囲の期待を尊重し、服装、飲み物、家具、読書、政治、勤労習慣、経営方針など、あらゆる面で期待に添おうとする。全体主義国家を希求する社会改革論者はある意味、ウォール街ではなく広告代理店がひしめくマディソン街に目を向けるべきだろう。

このような趨勢が強まりつつあり、巨大企業が他人志向型の人々を最も多く輩出するならば、マルクスの主張とは裏腹に、それは資本主義の終わりを告げる失敗ではなく、資本主義の成功といえるだろう。自主的な内部志向型の時代が終わり、その子孫である他人志向型は長く生き続けるだろう。では、どれだけ長く生きるのだろうか。

他人志向がもたらす明るい未来

性格タイプの変容に関するリースマンの説が正しいとすれば、必然的に創造性豊かな資本主義の衰退を意味するのだろうか。逆に、資本主義の最も熱心な擁護者すら想像しなかったような、活力と先進性に満ちた、きわめて実り多い資本主義の時代が訪れる前兆ではないのだろうか。

筆者はアメリカの資本主義、とりわけ戦後における大転換期を観察してきた。その結果から、アメリカの資本主義は今後、活力を失うのではなく、むしろ強めていくと、自信を持って主張できる。しかもそれは、リースマンの説を論拠としている。なぜそう言えるのか（より正確には、なぜそう言えそうなのか）を説明する前に、他人志向型の人々と、環境が彼らに否応なく押しつける価値観について、詳しく見ていく必要がある。

新しい動機による自己利益の追求

リースマンによれば、内部志向型の人は「世論の風向きや隣人の目をあまり気にせず、独立独歩を貫ける」が、他人志向型の人は対照的に、周囲のプレッシャーをうまくはねのけられず、世間から何を期待されているかを敏感にとらえる。

他人志向型の人は電源の入ったレーダー受信機を一生背負っているようなものだと、リースマンは述べる。同僚たちの期待の声にじっと耳を澄まし、それに応えようとすぐに腰を上げる。そうしないと、社会的地位を失ってしまう。リースマンは指摘していないが、彼らはその過程で市場調査を繰り返さなくてはならない。典型的な内部志向型の人よりも、他人志向型の人のほうが鋭く物事を理解し予測する習慣を身につける。

一九世紀の人々がそれぞれの道で成功したのは、根性と気迫でひたすら突き進んだからだ（全体として見れば、失敗のほうが多かったかもしれないが）。しかし、現代人は彼らとは比べようもないほど抜け目なく、人目を気にして、世間の型に自分を当てはめようとする。そのためには特定の行動パターンに従う必要があり、それができないと同僚たちから評価されない。世間の型が何かを探り出すのも、自分の仕事である。

見落としてはならないのは、こうした行動によって、現代人は内部志向型よりもさらに強い自己利益へと駆り立てられる、という点である。現代人が自己利益を積極的に追求する場合、内面の衝動に駆られることはめったにない。

むしろ、他人志向の影響によって自己利益を追求せざるをえなくなり、それが現代社会の構造に組み込まれている。こうして、人々は抜け目なさを身につけていくが、それは周囲を出し抜くためではなく、周囲が認める「優れている」という基準を満たそうとした結果である。

そのうえ、周囲の期待に応えられなければ、自分が挫折感を味わうだけでは終わらない。もっと悲惨なことに、自分が顔色をうかがう相手、すなわち同僚や仲間たちから「失敗した」とみなされてしまうのだ。内部志向型の人は対照的に、リースマンも書いているように、「たとえ他人から落伍者と思われても、自信を失わずにいられる」。他人志向型の昨今の経営者は、周囲の人々が成果を上げようと上げまいと、自分に対する周囲の期待には応えなくてはならないが、内部志向型の人は周囲からの押しつけをいっさい意識することはなかった。

このような変化が起こる時、進歩や発展に弾みがつく。その重要性はどれだけ強調してもしすぎることはない。現代人は周囲の価値観につき従って自己利益を強く追い求めるが、それは偶然にも、よりダイナミックでより人間らしい資本主義を生み出す価値観となる。これは掛け値なしの真実である。

ビジネスの世界では、先見性、革新性、発展性が求められている。それこそが周囲が期待し、絶賛するものである。今日、最も熱い視線を集めているのは、ゼネラル・エレクトリックの「わが社の最大の製品は進歩である」というスローガンだ。我々は「ダイナミックでありたい」という好ましい衝動を内に秘めている。あらゆるレーダーがそうしたメッセージを受信していることは、現代の経済において何よりも重要な事実である。ダイナミズムを重視するこのような姿勢が、他人志向型の人の増加と結びついたことは、経済分野では永久運動機関と同じくらいの大きな意義を持つ。

現代のビジネスリーダーに求められる価値観

今日のビジネスリーダーが本質的に他人志向型で、励ましや刺激を自分の内部ではなく外部から得るとすれば、彼らが順応しなくてはならない外部の価値観とは、いったいどのようなものだろうか。とりわけ、その価値観はどのように働くのだろうか。

発明の奨励

我々の社会では、実験、発明、技術の進歩などを、目的を果たすための手段以上のものと見なしている。ある意味、それ自体が目的になっている。第二次大戦後のアメリカでは、この新しい事業倫理によって、各企業はR&D部門を設けたり熱心なリサーチ・コンサルタントを雇ったりする必要に迫られ、その結果、収益が飛躍的に向上した。実際のところ、いわゆる「新しい競争」が最も効果的なかたちを取るのは、「革新性の発揮」に対する周囲の期待に全身全霊で応えようとする衝動がある時だ。活発なリサーチ・プログラム、新しい製品、イノベーションなどを追い求めない経営幹部は、その地位にとどまり続けられないだろう。それは金銭を失うことよりも悲惨である。

こうして、サイエンス、テクノロジー、リサーチ、目新しい装置などが流行の最先端を走り、他人志向型の人の目的もそれらに置かれている。ビジネスの世界では、どのようなイノベーションにせよ、それを成し遂げた人が地位、威信、肩書き、称賛などを手にする。他人志向の強い社会でイノベーションが重視されれば、より創造的な資本主義が花開く可能性が広がる。たとえ多くの企業経営者が、実際の成果や意図がどうであれ、「イノベーションを成し遂げた」と印象づけるためだけに広報コンサルタントを雇うようなことがあっても、である。

事実、他人志向の強い経済では、内部志向型経済では想像すらできなかったほどの勢いで、新規投資や研究開発が行われる。時流に乗って、おびただしい数の発明や研究成果が生まれるだろう。程度や範囲は小さいとしても、数量は膨大になるはずだ。

科学的なマネジメント手法

最近のビジネススクールは、マーケティング、人事、生産、ファイナンスなどの専門家の宝庫で、経営幹部候補を果てしなく輩出し続けている。あまりにも候補者が多すぎて、実際に幹部として登用されるのはごく一部にとどまる。もっとも、入学者を厳しくふるいにかけられる一部のビジネススクールは別だが（この場合、卒業生の大多数はきわめて優秀である）。では、経営トップに上りつめた時、彼らは何をするのだろうか。結局、恩師をコンサルタントとして招聘するか、それがかなわなければ、より金のかかる経営コンサルティング会社に頼ることになる。

昨今のビジネスリーダーは、リースマンの言葉を借りると「準知識人」を大勢引き連れ、重要な方針や判断には必ず、損益やエンジニアリングの観点から進言を受けなくてはいけないと考えているようだ。内部志向型の経営者と異なり、他人志向型のリーダーは、勘に頼った末に失敗して「こんなはずではなかった」と言うことは許されない。期待どおりの「先進的な」マネジメントをしない限り、同僚や仲間にひどく後れを取ってしまうのである。

ビジネスリーダーは社交の場や業界団体の会合などで、最近どんな専門家を雇い入れたか、どのコンサルティング会社を起用して斬新で複雑なイノベーションを実現させたか、といった話を自慢たっぷりに披露する。マネジャー育成プログラムの進捗状況、新しい在庫管理システム、オペレーションズ・リサーチ分野の若くて聡明な人材などについて、さも誇らしげに語る。会社全体がビジネススクールさながらで、マネジメントは巨大なフィードバック・マシンと化す。そのなかでは、専門家たちは科学的発想に基づき、折に触れて誤りを見つけては、よりよい方法を編み出していく。

それに引き換え、追従がうまいイエスマンで周囲を固め、社内に厳しくにらみを利かせた、内部志向型の古いタイプのCEOはどうか。彼らは大きな事業機会を探り出し、それを生かす方向に会社を導くことにかけてはアマチュアの域を出ない。したがって、新しい動きを端的に表す「ミスの回避」に取り組んだところで、小さな改善の積み重ねか、業務オペレーション効果の著しい向上といったことしか達成できない。

「人間関係」の構築

リースマンによれば、周囲の評判、チームワーク、上司や同僚へ自分を売り込むことの重要性が強調されると、人々はスキルの向上よりも、お世辞や愛想のよさを追求するようになるという。ひいては周りに合わせようとして、ビジネスライクな姿勢を失っていく。

このような批判はたしかに一理あるが、それは真理の一面でしかない。リーダーがワンマン化して強引な経営をするよりも、チームワークや協調を重んじたほうが業績は上がる。それは、モンゴメリー・ワードの最近の研究をはじめとして、膨大な事例で裏づけられる。多くの企業では、強制、威圧、恐怖に代わり、健全なチームワークが育まれている。委員会での綿密な議論や精査から導かれたアイデアや判断は、強烈な個性を持った一人の人物が考えた中身よりも、信頼が置ける可能性が高い。

このような進歩により、個別企業も経済全体も効率性を高め、無駄が減る。社内の空気も刷新されるだろう。というのも、がむしゃらな姿勢が影をひそめ、グループによる自主的な判断や説得が重んじられることがわかると、士気が上がり、より生産性の高い人間的な資本主義が実現するからだ。

とはいえ「人間関係」はいまだに発展途上にあり、一部には「人間操作」との区別ができていない企業もある。だが人間関係は、それを操作する側の人々をも凌ぐ絶大な力を誇る。他人を操作しようとする者は、「当世風である」との評判を追い求めるあまり、やがてその仕事にのめり込み、操作対象の人間的な側面に興味を抱くようになる。そうなれば、すべての人に恩恵がもたらされる。他方、他人志向に基づく人間関係は、濫用や誤用に陥るおそれがある。そこで筆者は、社内に内部志向を広める方法を後述したい。

消費者調査の実施

購買意向に関する調査は、現代のマーチャンダイジングにおいて必須の取り組みだけにとどまらない。実際に、由緒ある市場研究所に聞くよりも、購買意向を調査したほうが、消費者がほしがっているものをよく知ることができる。また、生産や流通に投資する前に、顧客のウオンツや嗜好を予測できる。したがって、試行錯誤による無駄を省くことができる。それだけにとどまらず、どの市場でもなしえないことが可能になる。購買意向調査は、消費者のウオンツの裏にある理由を見極めるのに役立ち、その精度は以前よりも高まっているのだ。

市場調査は、人間のニーズをより的確に満たそうとする企業の取り組みを、可能な限り後押しする。経済上の便益を生み出すという複雑な仕事から無駄を取り去るばかりか、苦し紛れの当てずっぽうのやり方をほとんど不要にする。

隠れた不安や期待をあぶり出す購買意向の調査は、強大な資本力やマスコミと結びつき、あまり価値のなさそうな商品への欲求や購入意欲をかき立てることもできる。マディソン街に、嗜好やファッションの発信源としての役目を担わせることも可能だ。その絶大な効果は、エミリー・ポスト（訳注：アメリカの著述家。エチケットに関するベストセラー本や、美食についてのコラムなどで知られる。一八七三〜一九六〇年）など往時のファッション・リーダーも想像しなかったほどである。しかし、仮に購買意向調査から人々が特定の製品を欲しているという結果が導かれた場合、自由経済の環境下でその結果が間違っていると言える人などいるだろうか。消費者の内面の秘密を探るこの種の調査は経済や人間社会の福祉を増進させる、という考え方が支持を集めるだろう。他人志向型の人がこうした調査を進めていく限り、市場調査への需要は天井知らずである。

内部志向は消えない

リースマンはみずから「生身の人間は、どの分類にも収まり切らない複雑さと多様性を兼ね備えている」と述べている。実際、全体的には他人志向が強いにせよ、特定の事柄に関しては、内部志向型の性格も色濃く残っている。たとえば政治がその一つの例である。

リースマンは「みんなが他人志向型である」と主張しているのではない。それは現実とはかけ離れたことだ。いくつかの要因が重なり合い、自主的な内部志向型の性格が消え去ることはない。たとえば、ピューリタン（清教徒）的な伝統は依然として、我々の社会に内部志向型の人々を生み出す強い要因である。農業分野では、協同組合化、作付け制限、農業議員団の誕生といった動きにもかかわらず、内部志向型の人々を次々と生み出している。アメリカの南部や移民の出身国でも同様である。

勤勉、節制といったピューリタンの教えは、今日もなお脈々と息づいている。他人志向型の価値観によって、かえって強まっている側面もある。その一つの例として、「金ぴか時代」(the gild age) の終焉を取り上げたい (訳注:「金ぴか時代」という言葉はマーク・トウェインの小説に由来し、南北戦争の終結から一九世紀の末までを指す。この時代、急速な産業化を背景に、成金趣味や拝金主義が横行した)。巨万の富を成した実業家や商人はいまや、従業員たちを見下ろす丘の上に壮麗な大邸宅を建てて、富を誇示することはない。ダイヤモンドをはめ込んだネクタイ・ピンや、ビーバー帽を身につけ、富を見せつけることもない。その妻たちも、ヴェブレンの言う「夫の栄華の証を背負った荷馬」(pack horse) ではなくなった (訳注:ソースティン・ヴェブレンはアメリカの社会学者、経済学者。主著に『有閑階級の理論』『営利企業の理論』などがある。一八五七〜一九二九年)。これ見よがしの消費をした時代は過去のものとなり、いまでは映画を観て時折思い出すくらいだが、それは所得税制や怒れる左翼のせいだけではない。

最近の産業界のお歴々は、服装、礼儀、家庭生活などにおいて懸命に慎ましさを心がけている。一年中くる日もくる日も、時には夜遅くまでオフィスで仕事に没頭し、「新聞の売り子から身を起こした」「一九年間も休暇らしい休暇を取っていない」「ここ三週間ほどは夕飯の時間までに自宅に戻った例しがない」といった逸話を誇りにしている (もっとも、「新聞の売り子から身を起こした」というのは、脚色の場合もあるはずだ)。休暇が取れれば、容赦なく照りつける太陽の下、一〇エーカーものゴルフ場でボールを追いかけて必死に走り回る。稀に早めに帰宅した時は、ソファーに寝そべってくつろぐかというと、とんでもない。地下の工房にこもって一心不乱に日曜大工や趣味にいそしむのである。

こうした行動様式は、他人志向型の人のステータス・シンボルにまでなっている。財力の割に慎ましい暮らしを心がけ、勤勉に働き、生涯現役であり続けるのだ。産業界では、経営幹部に定期的に健康診断を受けさせるのが慣例となっており、ビジネス誌は経営幹部の健康問題をしきりに取り上げ、少しずつ仕事のペースを緩めて引退後の生活を楽しむ術を教えるようにと論じる。このような動きからも、産業界でひたすら仕事に励む姿勢がどれだけ根強いかがうかがえる。余暇をどのように楽しむべきか、というテーマは深い謎に包まれたままなのだ。

農業分野でも、内部志向が育まれている。不順な天候、作物を襲う病気、市場での激しい競争によって、先行きがたえず不透明であるため、状況にうまく対応するには柔軟な手法をみずから編み出すことが欠かせない。そして、それこそが内部志向型の持ち味なのである。この精神は農村地帯の子どもたちへと受け継がれる。子どもたちの多くは都市部へ移り住み、都市文化の活性化に一役買う。

南部ではどうかといえば、特定の地域や分野に限って、ようやく伝統志向から抜け出しつつある。内部志向型が優勢になるのは次の段階だろう。現代を代表する小説家に南部出身者が多いのは、けっして偶然ではない。彼らは変化を目のあたりにし、それを先取りする。変化は常に文学の優れた題材、すなわち社会の変容を生み出してきた。フォークナーやホートン・フートは南部社会の変遷を描いた。マーカンドやクリーブランド・エイモリーは北部社会の移り変わりを取り上げたが、これはリースマンの観察にも通じるテーマだった。

南部と北部の違いを挙げると、前者からは内部志向型の新たな発露が感じられ、後者からは他人志向型の萌芽が読み取れる。経済や社会の共通の枠組みのなかで南部と北部を融合させると、新たな需要と新タイプの内部志向型の人々が生まれるだろう。

なお、アメリカが移民受け入れ政策を取っている限り、一定程度の意味ある混乱をみずから引き起こしているといえる。我々の文化に新鮮な要素が加わり、それが文化の変容を促す。そして忘れてはならないのは、変化こそが内部志向型を必要とし生み出す点である。

環境要因が示す資本主義の未来

発見の奨励、科学的なマネジメント手法、人間関係、市場調査、内部志向へのこだわりなど、現代のビジネスパーソンに影響を及ぼす外部要因をすべて考え合わせてみると、そこから生み出される雰囲気は、資本主義は衰退へ向かうのではなく、いっそう繁栄する可能性がきわめて高いというものだ。他人志向の生き方においては、イノベーションと経済発展がステータス・シンボルだが、そこには歓迎すべき皮肉も込められている。本人がどれだけ平穏や先の見通しやすさを切望しようとも、他人志向型の性格が必然的にそれを阻んでしまうのだ。彼らが革新性を発揮して出世の階段を上ろうとすれば、波風を立てずにはいられない。すると、社内の官僚的な仕組みがかき乱され、業界に波紋が広がる。

実際のところ、昨今の経営幹部、とりわけ最上層部に位置する人々が絶好の機会を見出す時、彼らはそれを存分に追求できる立場にある。自己利益と周囲の価値観に突き動かされて、リサーチ、事業経営、人間関係などの分野で科学的、分析的な手法を取り入れ、それによって置かれている環境を思うままに動かす比類ない力を手にする。

このため、現代の経営者は自分のなかに残る内部志向型をテコにして、きわめて内部志向色の濃かったかつての経営者たちが夢想すらしなかったような目覚ましい結果を残せる。自分自身やコミュニティ全体のために経済的利益を生み出す能力に制約を加えるものがあるとすれば、それは世の中が称賛する科学的管理法のツールを駆使する力の有無だけだろう。

しかし、イノベーションを成し遂げて経済的利益を生み出す立場にいるからといって、それが実現できるとは限らない。残念ながら、企業における革新性には偏りが生じる傾向がある。経営トップはイノベーションの追求に前向きだが、組織の下層ではまったく事情が異なるようなのだ。企業を木に例えれば、てっぺんが腐敗する危険性はいまのところなさそうだが、根元の近くはきちんと手入れしないと枯れてしまうおそれがある。このような傾向の一部はすでに表れている。

官僚主義の壁

知識労働者の要望

たとえば、ほとんどの大企業において職場環境が官僚的で、社内の「準知識人」たちの創造的、批評的な能力を発揮させられない。その証拠となるものはすでに見出されている。たとえば、エレクトロニクス業界、航空機業界などでは、没個性化した職場環境の下で、斜に構えた物の見方や不満が蔓延し、ありきたりの成果しか上げられない。

企業の上層部は往々にして、経済学や数学の博士号を持った人材を採用したがるが（彼らは専門分野の影響や特質ゆえに、「最高の成果を出すために必要だ」として柔軟な労働時間、手法、勤務場所などを求める傾向がある）、そうした人材に見合った寛容な職場環境を用意しようとする気持ちはあまりないようだ。経営陣は、こうした人材が社内にいると公言すれば、周囲の期待を満足させられるが、目に見えた成果を出せるとは限らない。まして、一線級の人材が持てる力を存分に発揮して真に卓越した成果を出すことはごく稀である。

「どうすれば知識労働者の要望を満たし、生産性を高めるか」は、今日の企業にとって大きな頭痛の種となっている。大学との人材獲得競争に勝って、アメリカ屈指の頭脳を獲得するためには、高い報酬を用意しただけでは不十分である。大学に似た雰囲気を醸成することも求められる。物理学の分野では、一部の企業が大学キャンパスのような研究所を設けるなどの進展が見られる。しかし、あまり稀少性の高くない分野では、このような取り組みは行われていないようだ。

若手マネジャー層への対応

問題は、きわめて専門的な訓練を受けた人材だけにとどまらず、若手マネジャー層にも及ぶ。企業の組織はすべて、言わば権威主義に陥る宿命を背負っている。大企業では、クエーカー教徒の集会のようにコンセンサスを得ながら組織を動かしたり、軍隊のように下士官にすべての判断を委ねたりすることはもはや不可能である。

だからといって、経営トップだけが自主性や革新性を発揮すればよいかというと、そうではない。新しいアイデアを探り、刺激し、奨励する習慣を意識してつくり出さない限り、組織の下層には怠惰な人々が群れをなし、上層部で生まれるダイナミズムを食いつぶしてしまうだろう。

社内の下層にまで、オープンな自社批判や提案を奨励する雰囲気が醸成されなければ、いずれマンネリ化と不満が社内に充満してしまうだろう。「そんなことをして何になるのか」という冷めた姿勢がここかしこに見られ、「閑職も必要だ」との意識が広がる。従業員は自分のオフィスの広さや備品の揃い具合を妻に話して聞かせ、全国的に名前が知られる一定規模の会社に勤務しているという事実によりステータスへの欲求を満たす。けれども、内心ではわかっているのだ。自動的に昇進した後、あと何年で年金がもらえるかを数えながら、上役のだれかが亡くなったり、事業部が新設されたりするのを待っているだけなのだと。

イノベーションの火を絶やすな

他人志向型の人が優勢な社会には、官僚主義につきものの停滞の危険が迫っている。とりわけ、明日のビジネスリーダーになるべき世代が、こうした傾向に毒されやすいので、積極的に軌道修正を図らなくてはいけない。ビジネスにおいては、新しいアイデア、提案、批判がとりわけ強く求められている。これらを熱心に掘り起こし、奨励し、報いなくてはいけない。使命感を培うことによって、マネジャー層に会社を活力あふれる生命体としてとらえる見方を浸透させ、一人ひとりが会社の運命にどう関わっているかを十分に理解できるようにしなくてはならない。

このような雰囲気を醸成するためのステップはいくつもあり、そのすべてがイノベーション精神を培うことを意図している。

情報の自由な流れ

アイデア、提案、批判をボトム・アップで生み出すためには、まず、経営トップ層とその他の全階層との間の風通しをよくして、信頼関係を築かなくてはいけない。そのために何よりも重要なのは、競争戦略上の支障がない範囲において、経営トップの考えや計画を全従業員に伝えることだ。

大企業では、二万五〇〇〇ドルもの報酬を得る経営幹部でさえ、自社がどのような方向に進んでいるか、見当がつかない有り様である。経営トップの人柄や考えをめぐって噂が駆けめぐる。重要な方針が朝刊に載っているのを見て、みな心の底から驚く。朝から晩まで「あれはどういうことか」「お偉方は何を考えているのか」といった会話が全社的に飛び交う。最初から事情を知っていた一握りの人は得意顔だが、大多数の人は面目をつぶされたと感じる。そうした節目となる出来事を機に、自分たちは官僚的な組織に埋もれていると痛感し、「しょせんそれほど重要な人材とは見なされていない」ことを再確認するのだ。

重要な知らせを部下たちに伝えるには、すべての管理職と専門職に、社外秘に準ずる月次ニュース・レターを配り、会社の計画、課題、決定事項、活動などを知らせるとよい。そこには、極秘事項を除くすべての重要項目を載せるべきである。肝要なのは、管理職や専門職の人々に、全社がどちらの方向に進もうとしているのかを知る機会を与え、「蚊帳の外に置かれているわけではない」「自分は重要な人材なのだ」という意識を持たせることである。

コミュニケーションの改善

多様性や自社批判を受け入れる社内環境をつくろうとするなら、提案や自社批判に耳を傾け、その中身を吟味するための仕組みを取り入れる必要がある。旧来型のコミュニケーション・チャネルにこだわったのでは、自主性の芽を摘んだり、自社批判を抑え込んだりしてしまい、時代遅れで高コストの誤った方法を容認することになる。

どの企業にも、部下を持つ要職に就いていながら、たえず周りを見下した態度を示す人はいるものだ。そのような人の下にボトム・アップの提案が届いても、オフィスのどこかに埋もれて、日の目を見ることはない。というのも、彼らには新しいアイデアの利点を見抜く力が欠けていたり、その提案には暗に従来の仕事のやり方への批判が込められていると思って気分を害したり、アイデアを歓迎しそうな人々との接点がなくうまく伝達できなかったりするためだ。しばらくすると無関心が勝るようになり、提案は途絶えてしまう。はち切れんばかりのエネルギーと興味を持って部門の一員となった新人も、ほどなく、昇進したければ出る釘にならないのが一番だと悟る。

自由な意見やアイデアがこのように枯渇してしまうのを防ぐために、経営陣にはどのような手立てがあるだろうか。この課題に対処するために、新しいコミュニケーション・チャネルを設ける企業もある。たとえばある企業では、部門横断的なテーマを通常のチャネルを介して一律に上層部に上げ、部門トップの判断を仰ぐかわりに、多彩な部門から中堅管理職を集め、共通の課題について話し合う機会を設けることが重要だとしきりに強調している。この企業によると、そうした仕組みは難題のすみやかな問題解決に役立ったばかりか、中堅や若手のマネジャー層に横との連携による行動や意思決定の訓練を積ませるうえで、大きな成果があったという。

別の企業では、長期契約の社外コンサルタントが、仕事で関わりのあるマネジャーに自由に意見を言うように働きかけたという。こうしたコンサルタントは、長い時間をかけて分別や誠実さについて信頼関係を築くことができる。コンサルタントは部外者であり、社内で昇進したいといった野心や妙な思惑がないので、周りからの信頼を得やすいという側面もある。上層部に意見を言いやすい立場なので、優れたコミュニケーション・チャネルになりえるのだ。

本社スタッフも自由闊達なコミュニケーションの触媒の役割を果たすことができる。本社スタッフはあらゆる階層のライン担当者とつながりがあるため、新しいアイデアの広告塔として社内の注意を引き、アイデアが埋もれてしまうのを防ぐ。本社スタッフは補助的なチャネルとして、新鮮な提案がそれなりに検討されるようにお膳立てする。

なお、これは特に小規模な企業に当てはまることだが、社長みずからがアイデアを持つ従業員すべてと直接コミュニケーションを取る機会を設けてもよいだろう。「オフィスのドアはいつも開いている」と言う社長もいる。提示されたアイデアを真剣に検討する術を心得ていれば、相手は「また提案してみよう」という意欲をかき立てられる。

ジュニア・ボードの活用

各社の事業部や部門はそれぞれ、シンクレア石油のジュニア・ボードに似た制度を取り入れるべきだろう。ジュニア・ボードは定期的に会合を開いては、最重要のものを除く各種の方針を決め、課題を徹底的に議論して解決策を導き、会社公認の自由討論会まで開く。ジュニア・ボードの狙いは次の三つである。

①中堅・若手マネジャーに、「会社の問題に積極的に関わることができる」という手ごたえを感じさせる。
②ボードがなければ、未解決のまま放置されたであろう課題を掘り起こし、議論の俎上に載せる。
③リーダー人材を発掘し育成する。

幅広い興味や関心を喚起

専門分化を原因とした活力の衰えを防ぐためには、他部門や社外の人々と会って意見を交換するよう、従業員に促すべきだろう。ホワイトカラー層に対しては、もっと読書をするように奨励することも重要である。ほとんどの企業では、間違った活動に重点が置かれ、勤務時間中に雑誌や本を読む者は「仕事をさぼっている」と見なされてしまう。寛容な職場でも、読んでもかまわないとされるのは、せいぜい業界誌くらいで、それでさえ多様な記事を十分に読む時間は与えられない。

マネジャー層が知っておくべき内容は、業界誌だけでは網羅されない。業界や専門分野を問わず、ビジネス関連のあらゆる書籍や雑誌に幅広く目を通すべきなのだ。『フォーチュン』誌や『ハーバード・ビジネス・レビュー』誌など一般に入手できるものも対象に含めるとよい。一線級のマネジャーは、専門分野や業界の事情に通じ、売上げや利益を押し上げる秘訣を心得ているだけではない。経済や社会において幅広い役割を担ったり、生命力と活力にあふれ新しいものを創造したりする存在として企業を理解しているものだ。

報奨制度の整備

想像力の発揮や試行錯誤を奨励するためには、新しいアイデアが芽生えやすく、注目されやすい環境をつくっただけでは、まだ十分とはいえない。創造的な成果に応えるための報奨制度が必要なのである。そのためには功績に見合った何らかのボーナス制度を設けるとよい。このような制度は管理が難しいが、少なくとも、卓越した功績を上げた人材に光を当て、イノベーションにつながる行動を奨励することにつながる。

実績に見合ったボーナスを個人単位で付与する仕組みは、このところ産業界で流行している他の種類の報奨よりも、はるかに好ましい効果を持つ。実際に、年金プランや全社業績連動型のボーナス制度は、本来の目的を達成するうえではむしろ逆効果になりかねない。アーチ・パットン（訳注：マッキンゼー・アンド・カンパニーの元ディレクター。経営幹部の報酬制度に詳しい）も先頃、『ハーバード・ビジネス・レビュー』誌でそうした論を展開している。(注5)

とりわけ年金プランやストック・オプション制度は、「職を失いたくない」という安定志向を強める。失業すれば、これら制度への投資が水の泡になるからだ。新しいアイデアを提案したり、自社を批判したりすると、こっけいに見られ、トラブルに巻き込まれるおそれがあるのに対し、黙ってひたすら与えられた仕事だけをこなしているほうが安泰でいられる。「けっして波風を立てない、いいやつ」でいられるのだ。このようにして、年金プランの多くは事なかれ主義を助長する。職を失う以上のリスクがかかっているため、平穏無事が最優先される。さもなければ、退職給付制度への積み立てがふいになるかもしれず、そんなことになったら単に職を失うよりも痛手は大きい。

各人の貢献ぶりを考慮せずに、全社業績に連動したボーナスを支給すると、一人ひとりをいっそう組織に埋没させることになるだけだ。この種のボーナスは、個性を殺して周りに合わせればよいという他人志向をいっそう強めてしまう。これに対して、それぞれの実績に見合ったボーナスを支給すれば、何かの役に立ちそうな新機軸を掘り起こし、際立たせ、それに報いることができる。

創造的な雰囲気を培ううえでは報奨が大きな役割を果たすが、それと並んで、ペナルティの有無も重要である。提案が必ずしも成果につながらないというだけでペナルティを科すのは、好ましいとはいえない。完璧を求めたら、だれも提案など出さなくなる。常識外れのことを試みる時には、結果の不透明さは避けられない。しかし、試行錯誤なくして、大胆な変革はなしえないのだ。

したがって、イノベーションには失敗の可能性があると率直に認め、イノベーションの担い手にも「失敗したら職を失うかもしれない」といった心配をさせないことが大切である。安全確実な道を進もうとする者は、ダイナミックな資本主義などけっして望まない。

内部志向型の要素を育む

他人志向型が支配的な現代社会において、批判的な問いかけやイノベーションの最大の原動力となるのは、新しい何かを始めようとする人や発明の天才への尊敬や崇拝だろう。創造性のない人材が重んじられるようでは、資本主義の発展が止まる日は足早に近づくと思われる。

そうした悲惨な事態に陥らないためには、内部志向の強い自律的な人材を慎重に育てる必要がある。あらゆる企業がそのために努力を傾けなくてはいけない。特に、現代社会の主力組織として評判が高く、他人志向型の人々に最大の影響力を誇る大企業は、大きな努力を払うべきである。

内部志向型を育まない限り、実体ではなく体裁だけが一人歩きをし、ダイナミズムはスピーチや釈明のなかで言及されるだけのものとなるだろう。かつて壮麗をきわめた古代ローマ帝国は、崩壊が始まってもなお、「威風堂々たるローマ帝国」として語られていた。どの社会も体制も組織も、こうした運命と無縁ではない。他人志向型の広まりはそうした危険をさらに大きくし、自己満足による自滅の可能性を高める。

内部志向と他人志向の新たな可能性

ビジネスの世界に身を置く我々が忙しさにかまけて見過ごしていた、ほかならぬビジネスの世界の動きを、他の分野を専門とするリースマンが教えてくれた。彼の主張にはじっくり吟味する価値がある。揚げ足取りでも各地をめぐる宣教師でもない彼の説には、真剣に耳を傾けなくてはいけない。なぜなら、彼が指摘したトレンドは、破滅的な結果を生む可能性があり、それを回避できるぎりぎりのタイミングで注意が喚起されたとも考えられるからだ。

ただし、すべてを悲観する必要はない。他人志向型が広まることで、社会ではただ周りに合わせる態度が強いられるようになるかもしれないが、自主性の強い人がいなくなるわけでも、強烈な資本主義の精神が消えゆく運命にあるわけでもない。それどころか、適切に生み育てさえすれば、内部志向型と他人志向型が共に力を発揮しながら、目的に合わせて、活力と創造性にあふれた科学的な仕組みを企業内に生み出せるかもしれない。

【注】

（1）
David Riesman, with Reuel Denny and Nathan Glazer, *The Lonely Crowd: A Study of the Changing American Character*, New Haven, Yale University Press, 1950.〈邦訳『孤独な群集』みすず書房〉。リースマンの主張の詳細はレビット著の以下論文を参照。"The Lonely Crowd and the Economic Man," *The Quarterly Journal of Economics*, February 1956, p.95.

（2）
David McCord Wright, "Adventure or Routine", HBR, September-October 1955, p.33.

（3）
この点と関連する傾向については拙著を参照。*The Twilight of the Profit Motive*, Washington, Public Affairs Press, 1955.

（4）
『ハーバード・ビジネス・レビュー』だけでもこのテーマに関して以下のような論文が掲載されている。Abram T. Collier, "Business Leadership and a Creative Society," January-February 1953; Arch Patton, "Old Fashioned Initiative for Modern Enterprise," July-August 1954; Raphael Demos, "Business and the Good Society" and Frederic D. Randall, "Stimulate Your Executive to Think Creatively," July-August 1955; Carl R. Rogers and F. J. Roethlisberger, "Barriers and Gateways to Communication," July-August 1952（邦訳「『評価・説得する』より『理解力を持って聴く』」『ダイヤモンド・ハーバード・ビジネス・レビュー』一九九二年三月号）; David McCord Wright, "Adventure or Routine," September-October 1955; O.A. Ohmann, "'Skyhooks' (With Special Implications for Monday through Friday)," May-June 1955; Melvin Anshen, "Better Use of Executive Development Programs," November-December 1955. 以下も参照されたい。R. E. Sessions, "The Modern Mind in Management," *Current Economic Comment*, May 1953; Robert S. McNamara, "Conformity, Freedom, and Progress," *Michigan Business Review*, March 1956.

（5）
Arch Patton, "Old Fashioned Initiative for Modern Enterprise," HBR, July-August 1954.

第20章

The Dangers of Social Responsibility

企業の社会的責任にまつわる危うさ

The Dangers of Social Responsibility
HBR, September-October 1958.

企業が利潤以外の動機を持つ時

企業の社会的責任（CSR）への関心が高まっている。CSRというテーマは、時折開かれる共同募金パーティや、設備の整っていない僻地の小さな大学への寄付金など企業の「無償の行為」を称える記者会見のような、通俗的な自己満足の域はもはや超えている。企業の社長が経営会議を終えたその足で女性有権者同盟の昼食会に駆けつけ、やり手の広報担当者から手渡されたメモに従って、キリスト教的人類愛をいかにも信心深そうにうたい上げるのとはわけが違うのだ。

CSRはいまや、きわめて重いテーマとされている。CSR、ロビー活動、従業員の福利厚生、社会からの信頼、さらには公共メディアで華々しく取り上げられる高邁な目的の数々。経営者はこれらにしきりに神経を遣い、深く思いをめぐらせている。

冷ややかな見方をされることもあるが、こうした熱心な姿勢はけっして外向けの体裁ではない。社会的責任を果たしたいとする姿勢は、出発点ではたしかに、大企業や利潤追求の倫理面への激しい批判をかわすための巧妙な手段だったかもしれない。だが、その動機はもはや企業の自己防衛というだけでは説明できない。

世の中に批判的な声が高まると、企業は広報活動を前面に出しながら反撃に出た。企業は批判派の主張に耳を貸さず、いっさいを否定した。しかし、一部の経営者は厳しい意見にも耳を傾け、わが身を振り返った。そして、相手の主張があら探しばかりではないことを知り、経営者仲間をいさめる者も現れたのである。

ほどなく資本主義のイデオロギーに新たな中身がつけ加えられた。「企業は社会的責任を果たす必要がある」と、当の企業リーダーたちが宣言したのだ。企業は、これまでよりも真剣に社会について考えなくてはいけない。地域の問題にも関わらなくてはいけない。それも、地域から何かを引き出そうとするだけでなく、ギブ・アンド・テイクの関係を築かなくてはならない。

企業は徐々にではあるが、従業員のニーズ、学校、病院、福祉団体、さらには芸術にも関心を寄せるようになった。くわえて、人々が強く求めているであろう社会面や経済面の快適さを企業や自治体が提供できなければ、連邦政府がしゃしゃり出てくることも悟った。

このようにして、一握りの人々の誠実で無私の姿勢に端を発する考え方が、経営者全体に広がり、流行となっていった。最近では、企業から社会的責任に関する声明が頻繁に発表されるので、メディアに大きく取り上げてもらうのは難しいほどだ。だれもがCSRに関心を持ち、ほぼすべての人が本気でこの問題に取り組んでいる。経営上層部の面々はすっかり献身的姿勢に染まっているのである。

正統派となった新しい教義

こうした状況は一般的に好ましいものと受け止められている。企業は名声を高め、それを盾に政治的な攻撃をかわすだろう。一般の人々が大企業を好意的に見ているなら、それをあえて批判するのはだれにとっても得策ではない。CSRのおかげで、自由企業《フリーエンタープライズ》の寿命が伸びる。その間に、言葉のうえでも行動のうえでも利潤に根差した動機は弱まり、より大きな充足につながる、より崇高な理念を実現したいとする、利潤以外の動機が頭をもたげている。

最近では、最大限の利益ではなく、ほどほどにすべきだとの考えも広まっている。多大な利益を上げると、さも誇らし気に祝宴を張るどころか、むしろ低姿勢で弁明しなくてはならない（たとえば、「世の中にもっと貢献できるように多額の利益が必要である」と言い訳する）。企業が潤沢な利益を上げて大はしゃぎするのは、目下の時流に合わない。時流に合ったやり方は、自社の革新性を示すことだ。つまり、世の中に恩恵を施している、わが社は人々に奉仕するために存在するとアピールすれば、受けがよいのだ。

火星人が地球を訪れたなら、献身的でよいことずくめの企業によって、これほどまで物質的な豊かさが実現されたと知って驚嘆するだろう。「人民資本主義」（people's capitalism）は見事なまでに繁栄している。マルクス主義者は、資本主義を活性化させるのは膨らみゆく一方の利己主義だなどと稚拙で誤った主張をしているが、そのような利己主義はまったく意味をなさない。それどころか現実には、無私の精神に突き動かされた起業家たちが、自発的に手を取り合い、誠心誠意あらゆる人々に尽くそうとしている。

協力と責任を重んじる企業の姿に、魂を清められるような気すらしてくる。我々の社会は現代の理想郷に近づいているようだ。しかも今日では、激動続きの資本主義の短い歴史のなかで初めて、哲学を持った人々がただ理屈をかざすだけでなく、みずから行動している。彼らは新しい教義、すなわち「企業が社会的責任を果たす時代」の到来をいそいそと説いて回っている。

孤独な群衆

大企業の利益を代弁する人物が、神妙さをかなぐり捨てて、資本主義の本質について率直に語る時がある。「企業の使命は利益を上げることだ」という古臭い考え方を引っ張り出してくるのだ。おそらく、利益創出こそが企業の役割だと言い放つことが美徳だと考えているのだろう。しかし彼らに、世間に注目される格式ある大きなカンファレンスに講演者として声がかかることはない。そうした場では、最近の流行であこがれの的でもある「社会的責任」という言葉があたり一面にこだまし、反論のしようがない状況なのだ。

約一年前に、当時スタンダード・オイル・オブ・インディアナ（訳注：現BPアモコ）の社長（本稿執筆時は取締役会長）だったフランク・O・プライアーが、次のようなスピーチを行った。そこで、あまり評判のよくない大物（故人）について回想している。

「彼はもったいぶった言い回しも、対立を乗り越えようとする真剣な姿勢も、繊細な表現も抜きに、自分と同じような大企業の経営者たちに、本来の目的に立ち返り、利益のために経営の舵を取ろう、と呼びかけました。『利益ばかりを追求するのは、倫理的にいかがなものか』という考え方を前面に出した人々を念頭に置きながら、仲間の経営者たちに『攻撃に打って出よう』『立ち上がって戦おう』と語りかけたのです。感傷など忘れて、利益を上げることこそが自分たちの主な役割だと正々堂々と口にしよう、というわけです。

昨今のみなさんは、企業を福祉国家のミニチュア版のようにとらえる見方に慣れていますから、こうした発言は異端で乱暴に聞こえるでしょう。ですが、『良好な人間関係は、感傷ではなく、経済に関する良識を土台としている。感傷は試練の訪れと共に消えてなくなるが、経済の常識はいつまでも残る』とも、彼は語っています。

最近では、このような発言はすべきではないと考えられています。もっともらしい表現で高い理想を語るべきだ、とされています。いわゆるCSRに心を砕くよう、期待されているわけです。……それはそれで結構なことですが、それでも私はあえて『経営者の第一義は利益を上げることだ』と申し上げたいのです」

この大まじめに資本主義を肯定するスピーチは、いったいどこで行われたのか。スタンダード・オイルが本拠を置き、「古くからの正統的な考え方が原初からの姿を残す土地」とも呼ばれるシカゴだろうか。答えは「ノー」である。いくらシカゴが懐の深い都市だといっても、このスピーチの中身はあまりに古めかしすぎる。スピーチが行われたのは、辺境ともいえるワイオミング州キャスパーの商工会議所だった。そうした地ですら、プライアーは口火を切った時の威勢のよさを貫けず、こう認めざるをえなかった。

「企業は責任意識を強め、世の中の現実をこれまでよりもずっと幅広い視点で眺めなくてはいけません。そして、『公正な』価格を設定すべきです[注1]」

実際のところ、経済開発委員会の自由闊達なカンファレンスばかりか、全米製造業協会（NAM）でさえも、利潤動機はとにかく受けが悪い。この一〇年間というもの、利潤動機は徐々にすたれていったが、それを嘆く声はどこからも聞こえてこない。大企業のリーダーが利潤動機を称えたりすれば、同僚たちはまず間違いなく、故意に顔をしかめ、鼻であしらうだろう。

物事は異例な方向へと進んでいる。そのことを疑う人がいるなら、NAMの総会で、俳優のシボーン・マッケンナがイエーツの詩を朗読するのを傾聴するために、緊急討議を中断した、という事実を考えてみてほしい。このNAMの試みはおそらく、文化面での自己解放と献身という好ましい雰囲気づくりのためだと思われる。こんなことが二五年前に起こりえただろうか。

シアーズ・ローバックの会長は一九五七年、「企業の第一の責任が社会的責任であるのはもちろんだ。経営幹部は、信心深いベンソン農務長官の導きにより働く農民のように、財務よりも自分の精神のあり方に注意を向けるべきだ」と語ったが、こうした発言が二五年前にありえただろうか。「経営トップは報酬をもらいすぎだ」と彼がほのめかした時でさえも、ほかの経営者たちは機嫌を損ねなかったという[注2]。

口にする言葉はやがて信念になる

「ＣＳＲ症候群」には、何ら不思議なところはない。経営者の本質が変わったわけでも、自己利益を追求する意欲が衰えたわけでもない。むしろまったく逆に、批判の矛先をかわして、資本主義の寿命をできる限り延ばそう、との狙いがあるとの見方も少なくない。

経営者に単刀直入に質問すると、社内運動会を社費で開催する、コーラス・サークルのために指揮者を雇う、（勤務時間内も含めて）従業員による演劇の費用を負担する、といった行いは「実際には慈善のためにやっているのではない」との正直な答えが返ってくる。外野からの中傷や政治家からの批判に耐えて生き延びるための、深謀遠慮に基づいた戦術なのだ。くわえて、これらの取り組みによって士気や効率が向上し、利益を押し上げる。

言葉を換えれば、それ相応の見返りがあるからなのである。そうでなければ、社会貢献などしないだろう。一例として、アーカンソー州の小さなサプライヤーと、ミネアポリスの割安なサプライヤーという二つの選択肢があったとしよう。前者との取引を打ち切れば、その町全体が衰退することがわかっている。しかし、きわめて社会貢献意識の強い企業であっても、間違いなく後者との取引を選ぶだろう。企業はどんな場合でも、従業員、株主、顧客への責任を持ち出すことができ、それでもなお時流に乗っているように装うことができる。

したがって、ある意味、すべては空論にすぎないともいえる。つまるところ、重要なのは利益である。それならばなぜ、ＣＳＲは危険なのだろうか。

その答えはいたって簡単だ。我々は何かを繰り返し口にしていると、やがて本当にその内容を信じ込み、信念が行動を左右するようになってしまうからだ。単なる建前で述べた悪気のない言葉が、発言した当人を縛り、変えてしまう場合もある。過去数年の共和党の動きを見ればわかるだろう。次に示す事例は、多くの経営幹部にとって身につまされるはずである。

共和党は何年もの間ニュー・ディール政策と必死に戦ってきた。やがて、民主党を政権の座から引きずり下すために、ニュー・ディールの向こうを張る公約を掲げ始めた。共和党は、「ニュー・ディール政策の中身そのものに反対なのではない。よりよく、より低コストのものにしたいだけだ」と主張したのである。福祉国家には充実した企業経営が欠けている、とも訴えた。

ようやく政権政党となり、その地位を保とうとするなかで、共和党の政治家の多くは、自分たちが選挙戦で掲げた公約を実際に果たしていることに気づいた。一部には、固い信念とは裏腹に、演説のなかで「現代にふさわしい共和党政治」に日和見的な賛辞を贈ったがために、公約を果たさざるをえなくなったが、何とか回避しようとあがいている政治家もいる。しかし、その試みはあまりうまくいっていないようだ。

社会的責任を表現する言葉は、すでに単なる言葉ではなくなっている。それを基に信念が生まれつつあり、変化への土台としての役目も果たしている。

なぜこの変化が悪い方向に働くおそれが大きいのか。以下では、なぜだれも、そしてどの組織も、この好ましくない結果を避けられないのか、論じていきたい。

新たな封建制度へと向かって

企業の役割は、潤沢な利益を出し続けることである。経済システムとしての自社の生存に矛盾しない限り、あらゆる方策を用いて利益を追求するのが、自由企業の本質である。こう書くと、すぐさまどこかから「問題は、『矛盾しない限りは』という点だ」という声が飛んできそうだ。たしかにそのとおりである。しかも、企業が破滅への道をたどる時、その原因は利益が減ったせいだけではない。官僚主義による組織の硬直化、企業に不利な法規制の導入、革命などのほうが、破壊力ははるかに大きいだろう。

我々にとってなじみ深い資本主義は、民主主義の下で個人の自由が認められていない限り、繁栄できない。この条件を満たすためには、社会が多元的であることが求められる。権力が中央に集中せず分散し、さまざまな意見が併存し、経済、政治、社会、精神面での役割分担ができていなくてはならないのだ。

我々はみな権力の一極集中を恐れている。なぜなら、そのような状態は、生気に乏しく背筋の寒くなるような、画一的で統制された社会へとつながるからだ。権力、権威、妥当性の判断などが一カ所に集まった社会など、我々は望まない。多様性、自主性、競争などのある社会、つまりは多元的な社会を望み、必要としている。

特定の視点や行動様式を基に生活がかたちづくられる状態は、たとえそれが高潔な意図に根差し、物質面の豊かさをもたらすとしても、やはり避けたいものだ。ムッソリーニ、スターリン、ヒトラー、フランコ、トルヒーヨ（訳注：ドミニカ共和国で長期独裁政治を行った）、ペロン（訳注：アルゼンチン元大統領で独裁政治を行った）は、権力が一カ所に偏り、だれも権力者に抵抗しない状態が生じた時の行く末を示している。

丸抱え型の福祉国家には反対だが、だからといって福祉の理念に疑問があるわけではない。中央への権力集中を招き、必然的に息苦しい社会秩序を生み出す点を反対しているのだ。政府にも、労働組合にも、福祉だけに染まってほしくはない。同じ理由から、企業に対してもそのようなことを望まないのだ。

企業に権力集中する時の危険性

しかし現状を見ると、企業のトップの手で強烈な中央集権国家の企業版がつくられる可能性はかなり高いと考えられる。とどまるところを知らぬ福利厚生制度の拡充。地域社会、政府、慈善、教育などへの抜け目ない関与。さして重要でない多数の事柄に執心して、政界や世間の歓心を買う姿勢。このように、悪意のない手練手管のせいで、社会秩序は企業とそれを批判する勢力の両方にとって不快な方向へと向かっている。あらゆる状況が、企業を二〇世紀版の中世の教会のような状態へと導く危険をはらんでいる。企業はいずれ、すべてを包含した義務ひいては権力を身につけるだろう。そして、人々の生活の隅々にまで世話を焼き、偏狭な野心や反社会的なニーズに沿って、人間と社会を型にはめていく。

とはいえ、企業が偏狭な野心とニーズを持つことそのものには、何ら悪いところはない。それどころか今日、何か都合の悪い点があるとすれば、企業がみずからの野心やニーズを広くとらえすぎていることだろう。企業が利益志向に凝り固まっているというよりも、そう徹し切れていないことがやっかいなのだ。現代の企業は、罪悪感にかられるあまりに、企業の本分を超えて、経済だけでなく、組織、社会、文化、政治までも変えようとしている。

問題はそこにある。企業自体もそのプロセスで自己変革を遂げるだろうが、その底流では、実利主義的な狭い視野からけっして抜け出さないだろう。これでは、我々の社会は恐ろしい状況に陥ってしまう。強大な経済主体が、カネやモノなど、もっぱら物質的な文脈だけで物事をとらえて将来を切り開こうとする。そして、経済以外の種々雑多なテーマに関して、人々や社会全体に偏狭な発想を押しつけてくるのだ。

たとえ純粋な善意に基づく考え方であったとしても、だからといって企業が我々の生活に指図してよいことにはならない。特定の機能を持つ集団や特定のイデオロギーが、熱心に社会の方向づけをするのは、どの国においても好ましいことではない。

企業が本来とは別の領域に関わりを持つことで、長期的な収益性を押し上げられると考えているなら、つまり、慈善ではなく自己利益を追求しているとの自覚があるなら、事態ははるかに深刻である。なぜならこの場合、企業はみずからの活動を強く正当化し、きわめて熱心に推進していくことになるが、その活動はそもそも人間、社会、ひいては企業そのものにとって有害であるからだ。

労働組合主義の争点

一つの組織がその構成メンバーの生活すべてを丸抱えすべきだという発想は、アメリカ社会にとってけっして新しいものではない。一例として、労働組合主義の歴史に触れたい。

一九世紀後半、産声を上げてまもないアメリカの労働組合は、内部の権力抗争に揺れた。そのうちの一派は、「組合は労働者に至れり尽くせりの奉仕をすべきだ」という巧妙な主張を展開した。彼らにとって労働組合とは、すべてを包括する社会組織であり、労働者全員を守り代弁する存在として、あらゆる分野で活動すべきものだった。こうして彼らは、労働組合は組合員と社会の願い、発想、娯楽、さらには嗜好まで、つまりは人生全般の方向づけを支援しなくてはいけないと考えるようになった。

もう一派は、汗にまみれて働き、生計を立てることを第一に考える実利主義者である。サミュエル・ゴンパーズ（訳注：アメリカの労働運動の指導者。一八五〇～一九二四年）の言葉を借りれば、その主張は「賃上げと待遇改善」に尽きる。当時、ゴンパーズはそう述べたことで、大勢の人々から危険分子と見なされた。「社会改善への貢献」を唱える一派と、楽天的な物質主義に染まったゴンパーズら一派とでは、立場の開きがあまりにも大きく、大勢の敬虔な人々はどちらの立場を取るべきか決めかねていた。全員が「社会改善への貢献」派についたわけではないのだ。

幸いにも、勝利者はゴンパーズ派だった。なぜ幸いだったかというと、ゴンパーズによって、アメリカの労働組合は職場における労働条件にもっぱら目を向けるようになったからだ。現実離れしたイデオロギーや見苦しい知識偏重主義とは無縁だったため、ヨーロッパの労働組合のように勢いを失う事態は避けられた。

一九三〇年代初めになってもなお、アメリカ労働総同盟（ＡＦＬ）はゴンパーズの敷いた狭い活動路線に沿って、社会保障法案に反対した。三〇年代にも、共産主義者とえせ人道主義者たちが「労働者に至れり尽くせりの奉仕をすべきだ」という趣旨の組合主義を掲げたが、やはり大きな支持は得られなかった。

ところが今日、イデオロギー上の一貫性や方向性を持たない「先進的な」労働組合が、一九世紀の思想家たちには歯の立たなかった戦いに勝利している。最近の労働組合は、強大な権力と組織スキルを武器に、人々の生活全般に実際に手を差し伸べようとしている。

●ウォルター・ルーサー率いる全米自動車労働組合（ＵＡＷ）は、夜間学校、退職者向け福祉施設、娯楽施設などを運営し、雑貨を扱う協同組合を支援し、出版や放送を通して生活のヒント、料理のレシピ、ファッション情報などを伝え、社会、政治、娯楽、諸活動などのプログラムを何十も実施している。朝から晩まで、家族全員に何かしらを提供している。

●デイビッド・ダビンスキーの指揮する国際婦人服労働組合は、診療所、市民活動や趣味のための講座、家賃の安いアパートなどを用意し、ペンシルバニア州ポコノスでは贅を尽くしたサマー・リゾートまで運営している。

●オハイオ州トレドのある労働組合は、ティーンエイジャーが革ジャンを着て髪型をダック・テールにし、ロックにかぶれて非行に走るのを何とかやめさせようと、「人前に出て恥ずかしくない」身だしなみを推奨している。

これらの労働組合は、経済面での機能に特化した重要で好ましい組織から、全知にして賢明な、すべての活動を手がける長老のような存在へと変容した。そして、何百万もの人々から、「ゆりかごから墓場まで世話をしてほしい」と大いに頼りにされている。

統制色の強い社会へ

企業が社会的義務、従業員福祉、政治などに強い関心を寄せすぎると、やがては先述の労働組合のように、すべてにおいて影響力を行使するようになるだろう。しかも、労働組合よりもはるかに徹底したやり方を取ることが予想される。なぜなら、企業は民主的な労働組合が夢想すらしたことがないほど多くの役割を担い、強大な力を持つ可能性があるからだ。

企業は、独力で強さを身につけ発揮できるほか、人々を引きつけつなぎ止める力も、労働組合よりも強く安定している。本来の役割を果たしているだけで、自然と資金や権力を生み出せるのである（対する労働組合は、企業がその本来の活動を行わないと何もできない。労働組合はもともと必須の組織ではなく、言わば「贅沢品」なのだ）。

企業が、物質面での自己利益に基づいて労働者に適切なアピールをすれば、「人民資本主義」などという抽象的であいまいな概念よりも、通常は大きな効果を発揮する。これは注目すべき事実だと筆者は考えている。

唯物論から逃れられないソ連の人々は、この点を理解することをかたくなに拒み、物質的な動機しか働かない分野に何度となくイデオロギーを持ち込んでは、そのたびにつまずいてきた。しかし、心の内の唯物論を否定する姿勢もついに、カネの力の前に屈した。最初は新経済政策（ＮＥＰ）、次に「社会主義競争」という制度を取り入れ、現在では工業と農業の分野で中央による統制をゆるめようとしている。企業が人類に奉仕しようとしても、予想の半分程度しか影響力を及ぼせなかったなら、ビザンチン帝国で行われていた聖職売買の真似事になってしまう。

社会のあらゆる側面に触手を伸ばそうとする企業を表現するのにふさわしい言葉は「ファシズム」であるが、この言葉を使うのは心苦しい。第二次世界大戦で我々が敵対した、狡猾で道徳意識のない、浮世離れしたファシズムとも、尊大で腐敗し切った中南米のファシズムとも違うかもしれないが、行き着く果てはきわめて統制色の強い社会である。そこでは企業の偏狭な考え方が、すべての人、すべての事物に害をもたらす。

このような封建的社会像は杞憂にすぎず、実際には起こりえないことで論外だと思われるかもしれない。たとえば、あらゆる企業がすべてについて同じ見方をするはずがない、という意見があるだろう。少なくとも、生産分野ではさまざまな違いが生じるだろうし、競合他社との差別化も図られるはずだ、と。

だが、次のように自問自答してほしい。昨今の企業による教育、娯楽、福祉、政治、社会、広報などの施策、さらには姿勢、アイデア、販売促進、嗜好などは、企業ごとにどれだけ違うだろうか。似ているか、似ていないか。似通った方向と違いが際立つ方向とでは、どちらに近づいているだろうか。

次のような反論もあるかもしれない。「企業がイデオロギーを掲げて何が悪いのか。アメリカでは、物質面の豊かさ、娯楽、さらには芸術面での価値までもが、企業によって生み育てられてきたのだから、それを否定する人などいない」だが、これは論点のすり替えである。筆者が主張しているのは、たとえどれほどの善意から発していようとも、統制社会は望ましくない、ということだ。さらに言えば、完全な統制を実現したあかつきに、競争のある多元的社会に置かれた時と同じ行動を企業が取る保証はない。

資本主義の終焉

産業界における教会のごとき権力を手にした企業は、利潤動機に支えられた資本主義の尖兵としての力を失うだろう。実際のところ、利潤動機が昇華されるにつれて、資本主義の実体は失われていくと考えられる。かつての創造的なダイナミズム、これまで息づいていたはずのダイナミズムは抜け殻となる。資本主義という言葉そのものは、スピーチや商工会議所などでしきりに使われ、虚飾ばかりがかろうじて保たれる。古代ローマ帝国のように、繁栄が終わりの時を迎えつつあってもすっかり栄華に酔いしれ、そのことに少しも気づかないだろう。企業が人間社会を統《す》べる聖職者として権力を掌握した時、資本主義はみずからの聖なる善意の犠牲となって衰退していくだろう。

権力の衣をまとう企業

我々の社会が今日抱える問題は、政府が仲裁者の域を出て積極的な役割を果たしていることでも、福祉の強大な担い手として生活の隅々にまで関与していることでもない。真の問題は、企業、労働者代表、農民代表、政府という主な社会勢力すべてが、本来は私的なものであるべき人々の生活に深く関わろうとして、互いに熱心に競い合っている点にある。それぞれが、自分のニーズや嗜好に沿って、人をイメージどおりの型にはめようとする。その狭量な圧制を、できる限り多くの組織、人々、考え方、価値観、信念などに広げていこうとしている。しかも、その動機たるや、「自分たちが心から信じる内容は、社会にとっても最善のはずだ」という純粋きわまりないものなのだ。

これこそがまさに誤りである。この純粋きわまりない奉仕の精神こそが、途方もない悪夢を招きかねない。各社会勢力が、他に影響力を及ぼしながら生き残りを目指すのは、まったく理にかなっている。ところがこの一〇年間に、どうしたわけか、一人よがりな姿勢を大真面目に説く曲者が現れたのだ。

「自分は正しい」とひたむきに信じる者が、強大な組織、とりわけ企業の強大な機構に支えられたなら、これほど危険なものはない。自分の権勢を強めることだけを狙いとして、有無を言わせない扇動と便宜主義的な皮肉を卑俗に織り交ぜるような改革論者も、自身を「神の腹話術師」（ニーチェの言葉）と見なす伝道者に比べれば、はるかに危険が小さい。数々のギリシア悲劇が示すように、「自分は正しい」と考える者ほど、たちの悪いものはない。ましてや、自分は天使に近い存在だと信じて疑わない者ほど鼻持ちならないものはない。

このような人々の代表が、その神聖な使命に関して講演し本を書く、自分の考えを信仰、確信、教義などへと美化する、組織の大望をイデオロギーとして存続させるための方法を探る、といった動きに出たなら、いよいよ危険が迫っていると考えたほうがよい。

本を書くことで、彼らは自分たちの使命を聖なるものへと変えた。本はいまだに人類が生み出した最強の変革ツールなのである。

アメリカの資本主義は、いまのところ、それほど過激なイデオロギーには染まっていないが、その方向に近づきつつある。この一〇年ほど、企業経営者の本やエッセイには、使命感や「手を差し伸べる姿勢」を思わせるタイトルが目立つ。いくつか例を挙げると、*A Creed for Free Enterprise*(注3)(仮題『自由企業の信条』)、"'Skyhooks'(With Special Implications for Monday Through Friday)(注4)"(仮題「スカイフック(月曜日から金曜日までの特別な意味合い)」)、*New Frontiers for Professional Managers*(注5)(仮題『プロフェッショナル・マネジャーにとっての新たなフロンティア』)、"Business Leadership and a Creative Society(注6)"(仮題「企業のリーダーシップと創造性あふれる社会」)などである。

このようなタイトルが選ばれ、それが経営者やマネジャーの心をとらえるという事実は、時代の雰囲気を強く映し出していると考えられる。CSR意識が高まり、熱気を帯びているのは間違いない。

こうした動きはまだ芽生えたばかりで、さほど目立ってはいない。だが、ひとたび大きな勢いを得てその姿をはっきりと現し、当初の純朴さを失って専門性を備えたなら、大きな成功を遂げて我々を驚かすはずだ。教会や国家は、権威というやっかいなものを常に背負ってきたが、企業にはそのような足かせはない。企業はみずからを物質的な豊かさの権化、無限の安全、洗練された快適さ、楽しい娯楽、健康的なリクリエーション、心地よいイデオロギーなどの権化に仕立て上げ、ハチミツのように甘美な権威を身にまとうことができる。効率と権勢において、中世の教会をもはるかにしのげるのだ。

企業にはこのような意図はないかもしれないが(そして、企業の人道性や人間愛を信じる人々は、上記のようなことをけっして望んでいないはずだが)、この世の中では、望みどおりの結果が得られる例は実に稀である。歴史は偶然に満ちており、理にかなった社会を築こうとする人々の敷いたレールに沿って動くわけではない。

企業の本分、政府の本分

企業は生き残りを望んでいる。攻撃や規制から身を守り、最大の仮想敵である国家の規模はできるだけ小さくしておきたい。そこで企業は、さまざまな方策を駆使して従業員や一般の人々を味方につけ、国家の勢いを削ごうとする。生き残るためには、それが最善の方策だと考えているのだ。しかし、そうした論理は間違っている。これらの努力は表面的に容易な解決策に見えるかもしれないが、最善策とはいえない。

福祉や社会といったテーマは、企業の本分ではない。企業の本分とは、耳に心地よい音楽を奏でることではなく、利益を上げることである。これは労働組合にも当てはまる。労働組合が取り組むべきなのは、労働者の生活と権利の確保である。自由企業体制では、福祉は自然に実現すると見なされている。それがうまくいかない時は、政府の出番となる。

これらの役割があらゆる面で意識的に分けられていない限り、いずれはどの角度から見てもすべてが一体化されている状態になるだろう。政府が企業を動かすのも、企業が政府を動かすのも、さして脅威ではない。結局のところ、両者が一体化して権力を握り、いかなる抵抗も受けない（だれも抵抗できない）存在となるのが、脅威なのである。

企業、労働者、農民の果たすべき唯一の政治的役割は、互いの対立を通して、どれか一つの勢力が永遠に優位に立つ状況を避けることである。一つの勢力が圧倒的な権力を握ったなら、やがては国家が「すべての人や組織を守る」という口実の下に、権力を奪い取るに違いない。すると、大規模なマネジメント手法を備えていると自負する大企業の経営者たちが、戦争中と同じように腰を上げ、官僚となって国家運営に乗り出すようになる。

最終的に勝者となるのは、人民の代弁者である政府でも、政府に代弁される立場の人民でもない。新たに強大な権力を握るのは、専門的な能力を持つ官僚化した経営者であり、彼らは資本主義を築いた人々が夢にも思わなかったほどのすさまじい熱意で、すべてを徹底的に統制しようとするだろう。

今日の経済を主に支える四つの勢力、すなわち政府、企業、労働者、農民は、それぞれ切り離しておかなくてはならないし、切り離せるようにしておかなくてはいけない。他と一体化して区別がつかなくなったら、その瞬間から、とてつもなく巨大な勢力として統制を始めるだろう。

企業は事業に専念すべきだ

経営者が社会的責任、福祉、自制などを主張したり実践したりしないなら、批判や政府からの攻撃、窮屈な規制など、企業が民間版の福祉国家を目指すきっかけとなった要因に、どう対処すればよいのだろうか。

答えはいたって簡単である。本来の役割を見事にこなして批判の矛先を鈍らせ、そのうえで、一九世紀の資本主義を限りない発展へと導いた時と同じ精神で、自分たちの役割と実績を悪びれずに主張すればよい。

現状の失敗

現状ではどう見ても、この処方箋が実行されているとはいえない。物質面に関しては、アメリカの資本主義は目を見張るような成果を上げてきた。しかし、汚点がないわけではない。アメリカの資本主義は社会面や経済面でさまざまな病理を生んでは育み、そのことを黙認している。事実、一部の社会や経済の発展形態を阻もうと、反対運動に莫大な金額をつぎ込んでいる。人々が政府に望んでいるであろう施策、期待して当然の施策をつぶそうというのだ。いくつか具体例を示してみよう。

●企業のもろもろの動機がスラムの生成を促してきた。最近では、企業はあらゆる機会をとらえてスラムの撤去に抵抗しているようだ。利潤動機を放置した結果、スラムの撤廃は実現しないばかりか、スラムの存続につながっている。だが、スラムの一掃が企業の提案事項ではないなら、だれが見ても必要な仕事に動き出そうとする政府に、反対キャンペーンを張るのはやめるべきだろう。都市再生に向けた連邦政府や自治体の取り組みを支援したところで、世間に企業の善意を認めてもらえないというなら、何をやっても簡単に評価はしてもらえない。言うまでもなく「善意で取り組んでいる」と自己正当化するだけでは効果はない。

●医療保険、年金、学校建設など、管理や実現能力の点で政府が担うべき施策についても、同じことがいえる。快適な生活の実現を後押しするのは政府にふさわしい仕事だという事実を、経営者は素直に認めなくてはいけないだろう。これは、自由企業経済の下ではとりわけ強くいえることだ。というのも自由企業経済では、社会と経済の役割はおのずと分かれ、その分離体制はチェック・アンド・バランスの仕組みを通して強固なものとなっているからだ。

ところが企業は常々その言動により、社会に恩恵を及ぼす政府の役割を否定している。公共の利益と戦っていない時はえてして、素知らぬ顔で無関心を装うか、意気地なく中立的立場に逃げ込むかのどちらかだ。

公民権問題に対して無関心を決め込んでいるのは、きわめて恥ずべき態度である。事業環境において、公民権の保障が企業の存続の基本条件であるにもかかわらず、企業はごく稀にしか公民権運動への支持を表明しない。それが公民権法案のためであれ、法案化に向けて情報収集にいそしむ議会の怪しげな委員会から名もない市民を守るためであれ、企業はまず動こうとしない。

公民権運動に関しては、企業は名もない市民を擁護する姿勢を身につける必要がある。これはとりもなおさず、自分たちを擁護することでもある。公民権はすべての人の権利であり、一部の人に認めて、別のだれかについては制限する、というわけにはいかない。このため、一市民を擁護するのは、みずからの利益の擁護をも意味する。とりわけ経営者にはこれが強く当てはまる。なぜなら、公民権が奪われたら、企業は自由ばかりか利益まで失うのだ。

良識ある福祉プログラム

筆者は別に、企業は批判者を無視すべきだと述べているのではない。批判者の一部は、企業は社会的に怠慢である、連邦政府の福祉政策にことごとく反対するのは近視眼的であると、折に触れて立派な主張をしてきた（実際問題として、企業が連邦政府の福祉政策に一律に反対してこなかったなら、労働組合はおそらく企業に福祉を要求しなかっただろう）。

筆者はまた、経営者は社会に対して福祉面の責務をいっさい負わない、などとも主張していない。むしろ、まったく逆である。企業による福祉は経済的に大きな意味があるなら、有意義である。実際に、そうした例も少なくない。しかし、経済上の意味がないなら、感傷や理想主義に流されて福祉を実行するのは避けるべきだ。

ビジネスに感傷を持ち込むと、弱体化や堕落を招きかねない。甘さ、非効率、怠慢、浪費、革新性の鈍化などをもたらし、ビジネスパーソンの役割を混乱させる。ちょうど、利潤動機が官僚の役割を混乱に陥れるのと同じである。産業界は、「すべての活動は利益につながって初めて好ましいといえる」という鉄則を掲げるべきだ。これが資本主義の原則であり、それ以外の原則は現実にそぐわず、受け入れがたい。

「これまでもその原則に沿ってきたのだから、余計なお世話だ」と企業がどれだけ反論しようとも、現実にはこの原則はほとんど守られてこなかった。にもかかわらず経営者が「実践している」と言い張るのは、ひとえに、これが資本主義崇拝者の聖なる信条であり、スピーチや文章で繰り返し説かなくてはいけない中身だからである。彼らの言葉が事実に反することは、次に挙げるごく一般的な企業の方針からも透けて見える。

●従業員福祉プログラムの増大

これらのプログラムは、個々の企業にとって経済的に意味があるのだろうか。筆者の見方は否定的である。たいていの企業の従業員福祉プログラム（退職手当、失業手当、医療補助など）は、大勢を対象とした保険の一種で、全米で義務化されて初めて経済的に意味をなす。

個別企業による従業員福祉プログラムについて、「経済的に意味がある」と主張するなら、その根拠として考えられるのは、人材を引きつけ、つなぎ止めておくのに役立つから、という点だけである。しかし、それが主要因となってこのような施策が導入される例はめったにない。連邦政府による全国民を対象とした保険制度があるなら、個別企業がよりよい人材をより多く集め、長く勤めてもらうためには、賃金水準を上げればそれで済むはずだ。そのほうが、全体として低いコストで高い効果が得られるだろう。

●従業員持ち株制度（ESOP）

「人民資本主義」の神器の一つともいえるこの制度は、「抜きん出た成果を上げよう」という強いインセンティブにならない限り、正当化できない。真の狙いは往々にして、身内（インサイダー）にあぶく銭を稼がせたり、自社からの人材流出を防ぎ、労働市場の流動性を低下させたりすることにあり、その場合、経済にとってやっかいな麻薬のようなものとなる。

一般の人々が、資本主義の行きすぎによる不公平から自分たちを守りたければ、労働組合や政府に支援を求めればよい。企業が労働組合や政府から身を守りたければ、公明正大に決然と戦い、政治・経済面での圧力をかければよい。現代は悪徳資本主義の時代とは異なり、経済と政治の釣り合いが取れているはずである。企業、政府、労働組合はそれぞれ、十分な規模と力を持ち、自助自立できるはずである。かつて中国の毛沢東は、国内に向けて「みんなの共存共栄を目指そうではないか。さまざまな思想を互いに戦わせるのだ」と訴えたではないか。

企業が生き残る道

地に足の着いた目標、すなわち、長期的な利潤最大化を建前だけでなく本音として目標に掲げ実践すれば、企業が生き残る可能性ははるかに広がるだろう。企業は、自分たちの領分が侵食されない限りは、政府の役割に理解を示し、それを尊重すべきである。福祉全般に関しては政府に任せ、自分たちは物質面での福祉だけに力を振り向けられる態勢をつくるべきだ。

このようにひたむきに利益を追求するのは、爽快なはずである。福祉、政治、社会といった崇高な目的に気を取られて消耗し、面倒な手続きにコストをかけ、しかも楽しげな様子を装う必要もない。そのような事柄に活力を削がれることなく、経済面の目標だけに全力を傾けられる。利益を上げるという目標にふさわしいあらゆる側面で大きく躍進できるだろう。

法律や脅しによって行く手をふさがれたなら、それらの中身を吟味したうえで戦うべきである。裁判で法律違反を言い渡された時のみ少し立ち止まって、法律の適用範囲を探る必要がある。そして戦う以上は、商取引にありがちな美辞麗句を捨て、妥協せずに敢然と戦いを進めるべきだ。

「転ばぬ先の杖」という格言にかこつけて自制するのは、あまり正当化できない。もちろん、市場から利益を吸い尽くさずにいることは、（長期的な信用を考え合わせると特に）企業にとってプラスに働く場合が多い。だが自制すれば、周囲の目にはたいていは降伏したように映る。企業経営者は、「積極的に利益を追求しようとすると、規制などによる逆風を受ける」と不満を漏らすが、その後は不満を押さえ込み、「企業の役割は社会に奉仕することだ」などとスピーチで述べる。すると批判勢力はすかさず、してやったりという顔で「ならば、なぜそれを実践しないのか」などと問い詰める。しかし実際には、企業がどれだけ「奉仕」しようとも、批判勢力はけっして満足しないのだ。

利潤追求を貫く方法

徹底的に競争すべきだという処方箋が厳しすぎると映るなら、それは我々が夢想を基に物事を判断しているからにすぎない。利他主義、自己否定、慈善などの価値観や習慣は、我々の人生のある面ではたしかに欠かせないものだ。このため、遠い将来に向けてはビジネスよりも重要だといえる。とはいえ、これらの美徳は総じて競争経済とは相容れない。

このような見方は「あまりに冷淡で、それを公にするのは自滅行為だ」として受け入れてもらえないなら、それはひとえに企業がそう受け入れてもらうための努力をまったくしてこなかったからである。

こうした見方に理解を得る方法は一つしかない。文句のつけようのない成果を上げ、企業の行いを——擁護するのではなく——積極的に宣伝するのだ。本稿に引用した人間関係をめぐるプライアーの立場は、そのための格好の出発点だが、あくまでも第一歩にすぎない。

突き詰めていくと、企業の責任は二つだけに絞られる。誠実さや善意を忘れないなど、日々の礼節を守ることと、利益を追求することである。たとえ批判勢力から軽蔑されたとしても、気後れして改良主義者に屈服すべきではない。そんなことをすれば、企業はさらに厳しい手かせ足かせをはめられ、身動きが取れなくなるだろう。

資本主義が分をわきまえ、政府の本来の役割を後押しし、財やサービスの供給に成果を上げれば、資本主義を封じ込めようとする動きはほとんど生まれないはずである。今日のアメリカでさえ、資本主義に批判的な勢力は、その暴走を止めようとしているだけで、完全な封じ込めを狙っているわけではない。そのうえ、資本主義特有の役割をめぐって自由で開かれた議論がされていれば、資本主義の暴走を止めようとする動きが行きすぎになるおそれはない。

対立の存在は、好ましいのではないだろうか。あらゆる書籍や歴史、さらにはあらゆる宗教が証明しているとおり、対立はどの時代にも社会の主題であり、原点であり、活力源であった。奮闘や戦いは、活力や気力を保つうえで役に立つため、我々はそれを避けるよりもバネとすべきである。

かつてアクトン卿（訳注：イギリスの歴史家、政治家。一八三四〜一九〇二年）は過去を振り返り、「人類はありえない正義を実現しようとするあまり、自由を犠牲にした」という言葉を残した。今日、企業倫理を熱心に説く人々は、アクトン卿の言う悲しい結末へと突き進んでいるようだ。

静かなゴスペル・ソングなど、眠気を誘うだけである。企業は社会の奉仕者を装って退却を繰り返すことで、生き残りを図ろうとするのではなく、戦場に身を置いているような気持ちで戦わなくてはいけない。歴史上の名勝負と同じように、敵を恐れず勇敢に、そして何より、道徳に気を取られすぎずに戦うべきである。

【注】

（1）一九五七年五月六日のスピーチ。

（2）Theodore V. HouserのMcKinsey Foundation Lecturesより。*Big Business and Human Values*, New York, McGraw-Hill Book Company, Inc., 1957. に収録。

（3）Clarence B. Randall, *A Creed for Free Enterprise*, Boston, Little, Brown and Company, 1952.

（4）O. A. Ohmann, "'Skyhooks'（With Special Implications for Monday Through Friday）," HBR, May-June 1955, p.41.

（5）Ralph J. Cordiner, *New Frontiers for Professional Managers*, New York, McGraw-Hill Book Company, Inc., 1956.

（6）Abram T. Collier, "Business Leadership and a Creative Society," HBR, January-February 1953, p.29.

第21章

Cold-War Thaw

冷戦の雪解け

Cold-War Thaw
HBR, January-February 1960.

図表21-1 **アメリカの国防費と連邦予算**（1959会計年度）

国防関係予算	48,303（百万ドル）	59.5%
国家防衛	45,805	
相互安全保障計画	1,648	
民間防衛	50 ※1	
沿岸警備隊および船舶補助金	300 ※1	
軍用航空管制	200 ※1	
教育および研究	300 ※1	
過去の国防活動に伴う支出	13,185	20.2%
退役軍人への恩給および関連支出	5,088	
戦時国債の金利	8,096	
国防関連合計	61,488	79.7%
その他	15,612	20.3%
連邦予算総額	77,100 ※2	100.0%

※1　国防に直接関係する金額が明示されていない項目は推測値である。
※2　会計年度が終了する1960年6月30日までに、実際の支出はおそらく790億ドルに達すると予想される。

冷戦と国防支出

●第二次世界大戦が終結して以降、アメリカが費やした国防費は五〇〇〇億ドルにも上る。
●現在の国防費は年間四八〇億ドル超である。退役軍人への補償や戦時国債の利払いなど過去の費用も加味すると、総額は六一五億ドルに跳ね上がり、連邦予算の実に八〇パーセント近くを占める。
●一カ月当たりの国防費は、USスチールの年間総生産額（ストライキがなかったとした場合）を上回る規模である。

二〇年にわたって国際的な緊張関係が続き、国防支出はいまやアメリカ経済の重要な構成要素となっている。（**図表21-1**「アメリカの国防費と連邦予算」を参照）産業全体が国防予算の恩恵を受け、その影響を少なからず感じてきた。莫大な国防費が経済に流れ込み、直接的にも間接的にも多数の雇用が創出され、多数の産業やコミュニティが国防支出に支えられているにもかかわらず、経営幹部の間では意外にも、冷戦への雪解けの兆しや軍縮の議論に対し、懸念の声がほとんど上がっていない。

こうした反応――あるいは「反応のなさ」と言うべきか――は、一九五七年に国防費が削減された時とは、きわめて対照的である。当時は国防予算そのものがいまよりも少額で、削減幅もわずかだったが、ビジネス関連の新聞や雑誌は次のような論調の記事であふれ返った。

「国防費、二六億ドルのカットへ。雇用と受注を押し下げ、景気に水を差すおそれ(注1)」

「国防総省《ペンタゴン》の軍事支出が減り続け、アメリカ産業界の悩みは尽きない(注2)」

世論調査では、早期に本当の平和が訪れるだろうとの見通しが大勢を占めているが、経営幹部たちはそうした見方ができずにいるか、別の理由で気をもむまいとしているかのようだ。その理由を探るためには、次の問いへの答えを見つけなくてはいけない。

- 経営幹部は、冷戦の緊張が現実に緩和されていると考えているか。
- 国防予算にそれほど早く大鉈が振るわれる可能性はないと見ているのか。
- 仮に国防予算がカットされた場合、経済にどのような影響が及ぶと見ているのか。
- 平和の訪れとそれに伴う国防予算の削減は、各社の国内外の投資や雇用計画にどう影響するか。
- 国防予算の縮小と減税がセットで実施された場合、企業は減税分を何に振り向けるか。

これらの問いへの答えを導くために、我々は『ハーバード・ビジネス・レビュー』の読者一万人（読者総数は六万人）にアンケートを送り、一部の人々にはインタビューも実施した。回答総数は二六八〇件で、うち集計に間に合ったのは二二〇〇件だった。

雪解けは国防予算の縮小につながるか

アンケートに回答した経営幹部の大多数は、この数カ月で冷戦緩和が実際に進んだとの見方で一致していた。平和への強い願いや期待を抱き、この傾向が今後も続き東西関係が改善するよう望んでいるのだ。しかし、このような楽観視がある一方で、軍事支出の削減が性急に進められるのではないかとの強い懸念もある。経営幹部たちは万一の場合に備えて、当面は従来の軍事力を保つべきだと考えているのだ。回答の傾向をまとめると、次のとおりである。

●回答者の四人に三人は、冷戦が緩和に向かっているとの認識を持っている。ただし、**図表21－2**「緊張緩和と軍事支出」にあるとおり、国防支出の削減を望む声は多くはない。くわえて、議会や現政権、さらには将来の政権も、自分たちとほぼ同じ見解だろうと考えている。

●**図表21－3**「今後の軍事予算はどうなるか」に示したように、たとえ東西関係が好転したとしても、「来年度の軍事予算は削減されない」との回答が七〇パーセントを超え、「再来年度も小幅な削減にとどまる」が約五〇パーセントを占めている。六五会計年度でさえ、回答者全体の二五パーセントは「削減はあったとしてもわずかだ」

図表21-2 **緊張緩和と軍事支出**

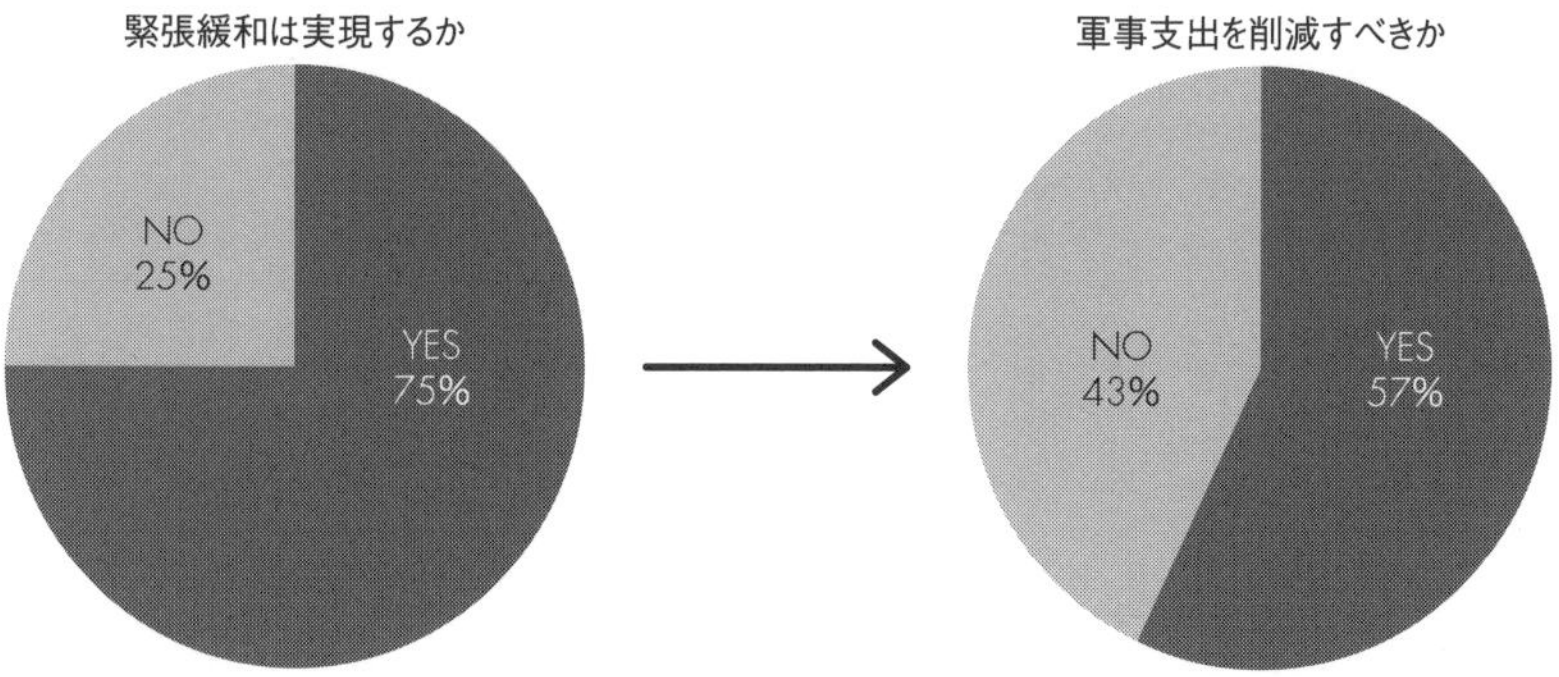

75%の経営幹部が、アイゼンハワー＝フルシチョフ会談の成果によって世界の緊張関係が緩和されると考えている。しかし、対話を通して緊張緩和に向けた合意が成立したとしても、軍事支出を全般的に削減すべきだとする人は全体の57%にすぎない。

図表21-3 **今後の軍事予算はどうなるか**

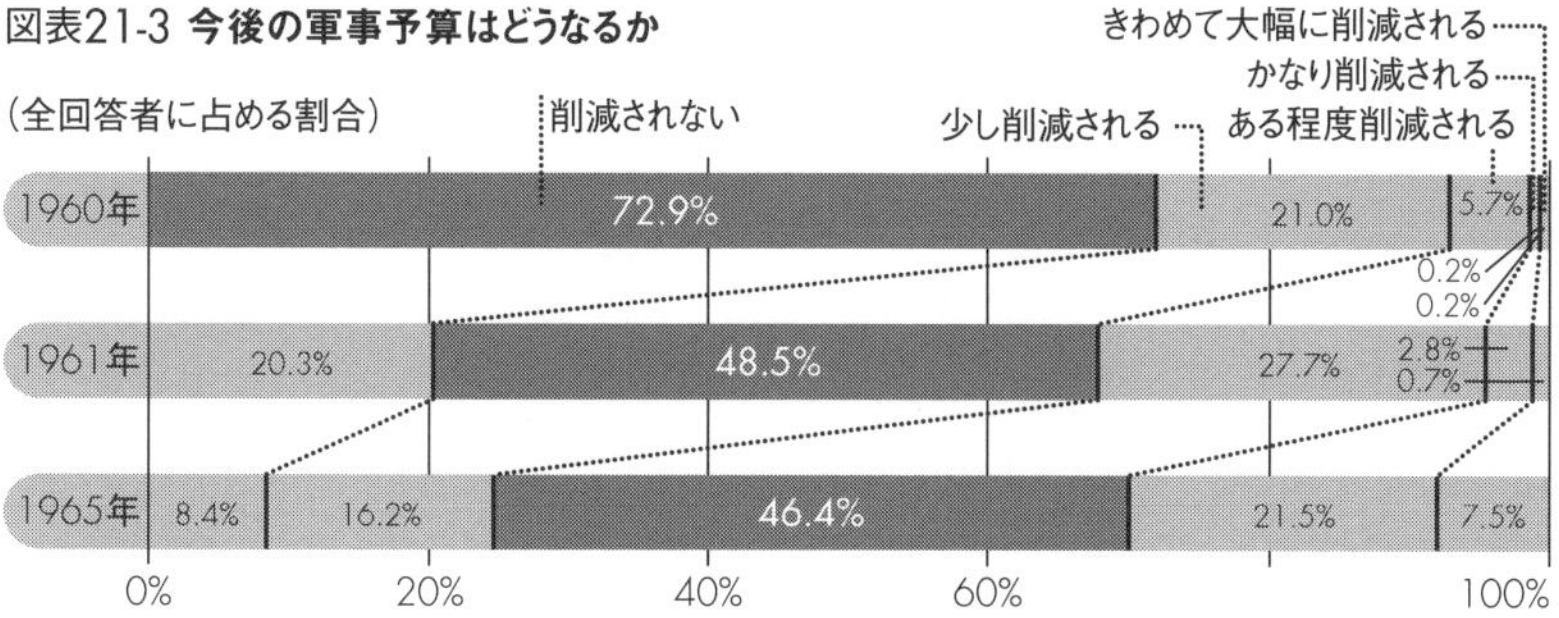

「東西関係が改善されても、軍事予算がすぐに削減されることはない」との見方が大勢を占める。

としている。

突然の支出削減や国防総省の前払いの廃止など、多くの関連企業に深刻な打撃を与えた五七年のような状況の再現を、経営幹部たちは望んでいない。彼らの大半は、主要国首脳会議でどれほど前向きな進展があったとしても、急激な国防支出の減少はありえないし、あったとしても、産業界がそれを乗り切るのは不可能だとの見方をしている。

国家安全保障産業協会（NSIA）の会長を務めるロバート・C・シモンズは、国防費削減の見通しについてこう答えている。「わが国の国力は、それを対外的に示せるかどうかにかかっている。連邦議会や大統領は、国防予算を削る前に、ハッタリではない強さを示す必要がある。六三年以前の予算削減はない、というのが私個人の見解である」

要するに、軍縮を可能にする国際環境が整ったとしても、今回は慎重に事が進められるだろう、というのが経営幹部の一致した予想なのだ。政府は軍事関連企業を突然苦境に陥れるような政策を避け、国防体制の維持と景気の安定化を図るだろう、と。

景気後退の可能性はあるか

完全な武力解除が実現された場合、アメリカ経済はその生き残りの力を試されることになる。第二次世界大戦の終結時には同じような試練をうまく乗り切ったから、今回も大丈夫だろうと考えるのは早計である。というのも、第二次世界大戦中は消費者の需要が先送りされ、購買力が蓄積されていた。また、企業側も莫大な現金をため込み、多数のプロジェクト構想を温めていた。今日とは、あらゆる面で事情が異なっていたのだ。もちろん、現在のアメリカ経済が国防支出の緩やかな減少に対応できない、という意味ではない。しかしシモンズの言葉を借りれば、「軟着陸するためには、政府のひとかたならぬリーダーシップが求められる」のだ。政府は「収拾のつかない景気後退は招かない」と口約束するだけでなく、実効性のある施策を打つ必要がある。

経済界は、「政府が大胆な予算カットに踏み切れば、景気後退は避けられない」という見方でほぼ一致している。とはいえ、**図表21-4**「軍事縮小がどう景気に影響するか」にあるように、景気後退が起きたとしても、それは経済の不均衡というより、むしろ調整のプロセスにすぎず、長引くことはないという見方が大勢を占めている。

図表21-4 軍事縮小がどう景気に影響するか

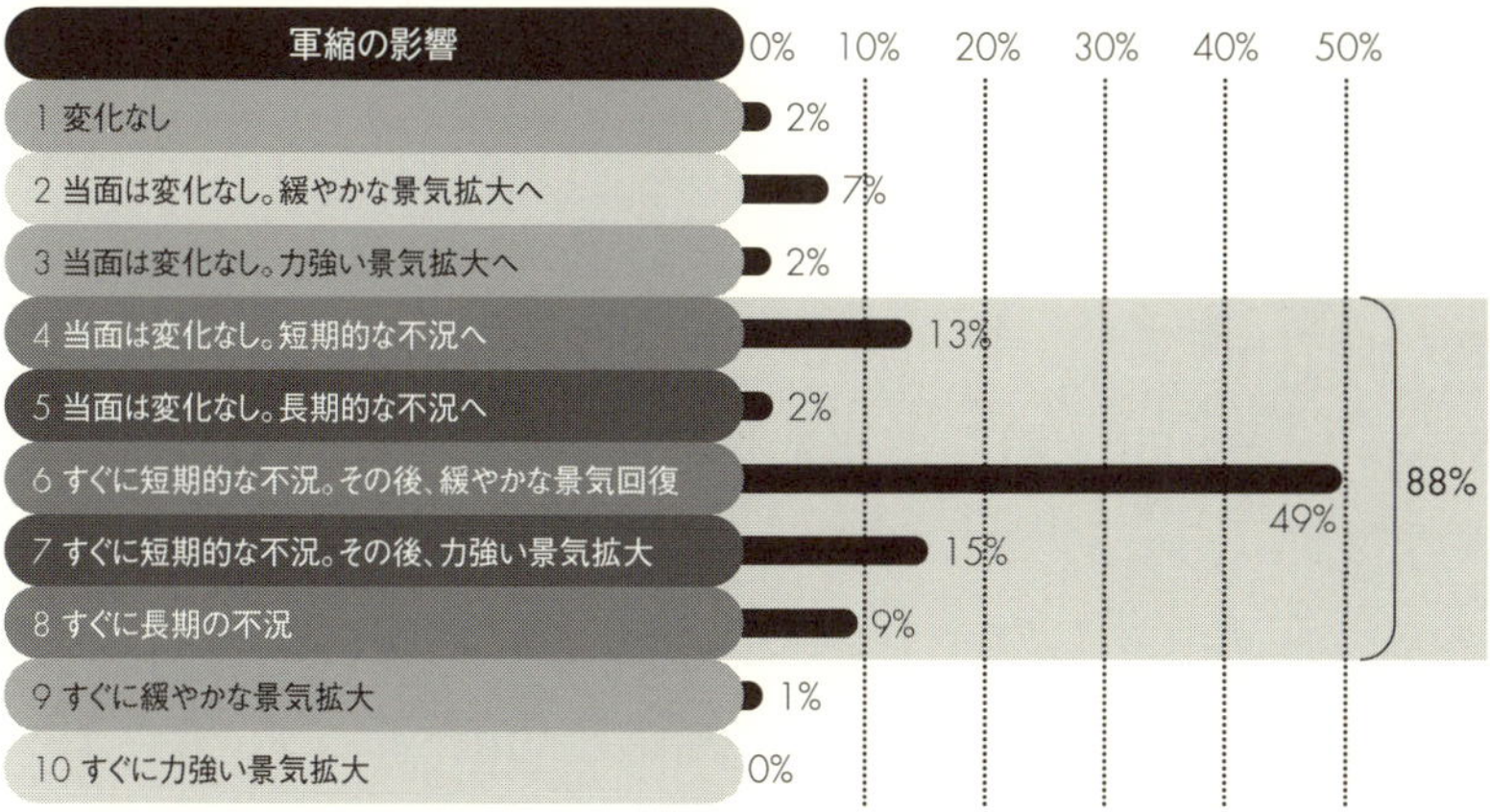

10人中9人が「緊張緩和と軍縮が早期に実現したら不況になる」と予想するが、「不況が深刻化する、あるいは長引く」と考える回答者は10人に1人にすぎない。

同時に、四分の三を超える回答者が、軍縮の過程では、たとえ不況が実際には起こらなかった場合でも、そうした話題が人々の口に上るだろうと指摘している。あわせて、「緊張緩和が実現したら、ほとんどの企業が投資を手控え、経済の先行きを見極めようとするだろう」と答えた人が六〇パーセントを占める。

こうした空気を考え合わせると、国防予算の削減が不況、それも深刻な不況の引き金となる可能性はかなり高いと思われる。企業が軒並み財布のひもを引き締め、景気の不透明感が払拭されるのを待とうとすれば、それ自体が経済に影を落としかねない。そして現実に不況に見舞われたら、投資を控える判断は正しかったと、経営幹部たちは胸を張ることだろう。

しかし、彼らが不況を想定しているという事実は、不況の回避に役立つかもしれない。とりわけ、相当数の経営幹部たちが楽観的な態度を貫き、状況悪化に抵抗していく場合は大きな力となる。

楽観的な態度を取る理由

アメリカの経営幹部たちは、国防調達が自国経済に及ぼす影響をよく認識している。早期の支出削減、特に大幅な削減は深い傷をもたらしかねない。「ほかの経営幹部はどう考えていると思うか」という問いにも、四分の三の人が「大多数の経営幹部は、軍事予算の大幅減は経済に好ましくない影響を及ぼすと考えている」と答えた。その一方で、自分自身は周りの人ほど深刻な影響は想定していない、とも述べている。つまり、「周囲の経営幹部たちは自分よりも悲観的な見方をしている」というのだ。回答者の大半がそう述べている以上、産業界全体では、予算削減に対して五七年の時ほど大きな懸念は抱いていない、といえそうである。

経営幹部が経済の先行きを楽観し、とりわけ国防予算の削減は乗り越えられると考えているのは、少なくとも二つのことを根拠としている。

①「大統領や議会は、（安全保障関連にせよ、その他の分野にせよ）連邦予算を急激に削る場合は、それとセットで、広範囲にわたる経済の混乱を回避や相殺するための政策を必ず実行するはずだ」との見方がある。すなわち、政府は経済面で優れたリーダーシップを常に発揮する、という期待感があるようだ。

②軍事支出が早期に大幅に削られるおそれはまずない、というのが経営幹部層の認識である。回答者の四九パーセントが、景気は調整局面を迎えるかもしれないが、その後は少なくとも緩やかな拡大へと転じるだろう、として

いる。ほぼ一〇人に一人が、景気は力強く拡大すると考え、その理由として、軍事支出の減少を受けて経済的資源が破壊兵器の生産から解放され、有用な財の生産に振り向けられることを挙げている。売上げの一五パーセント前後を国防関連に依存する企業の経営者は、「インフレを引き起こす収益性の悪い国防事業に一線級の人材や施設を割り当てるのをやめて、収益性が高い価値創造につながる民需部門に投入できる」と述べている。

もちろん、すべての人がこうした明るい見通しを持っているわけではない。繰り返しになるが、アンケート回答者の半数以上が「平和が実現したら、大部分の企業が投資を手控えて、経済の先行きを見極めようとする」と考えているという事実そのものが、民需への転換に伴う景気後退に拍車をかけかねない。ためらいがちな姿勢は景気停滞の元凶となるかもしれないのだ。模様眺めを正当化できるかどうかは、「平和」の訪れがどのようなかたちで起こるのか、予算削減の規模がどの程度か、転換期に政府が経済面でどんなリーダーシップを発揮するか、そもそも経済がどのような局面にあるか、などによって決まる。

この点に関して、著名な経済学者であるマサチューセッツ工科大学のポール・A・サミュエルソン教授は次のように論じている。

「短期的には、大幅な予算カットは経済を多少なりとも停滞させるかもしれない。だが、その可能性を大げさに騒ぎ立てるのは避けるべきだろう。景気低迷を和らげるために、短期的に有効な方策はいくつもある。その場合、政府には、失業手当の支給を期待したい。企業側は損失の繰り延べが可能だ。軍需から民需に転換する間に、雇用を維持しようとする傾向が生まれ、たとえ職を失ったとしても、失業生活は想像するほど悪くはならないだろう。

長期的視点に立つと、ほかにも景気後退を押しとどめる要因が見つかる。その一つが景気回復力である。くわえて、軍事予算の縮小はおそらく減税を伴うだろう。その結果、民間消費の回復が期待でき、とりわけ、資金不足のせいで抑制されている住宅分野でその効果が強く表れるだろう。おなじみのビルトイン・スタビライザー（財政構造にもともと備わっている自動的に経済を安定化させるプロセス）も忘れてはならない。収入が減れば、失業手当が給付されたり、税負担がおのずと軽減されたりする。さらに、景気停滞の長期化を避けるため、積極的な金融財政政策を求める政治的圧力も強まるだろう」

予算削減に踏み切るための条件

サミュエルソンは、他の多くのアンケート回答者と同じく、予算削減はただちに行われることはなく、仮に実施されたとしても小幅にとどまるだろうと強調する。過去数カ月というもの、国際関係をめぐる一連の動きに熱い視線が向けられてきたが、それにもかかわらず、知識人の間では「超大国間のパワー・バランスにさしたる変化は生じていない」との見方が一般的なようだ。元海軍長官で現在はエアロジェット・ジェネラルの社長を務めるダン・A・キンボールも次のように語っている。

「フルシチョフの一連の発言の後も、事態はなんら変化していない。言葉の力だけで世界を変えることはできない。フルシチョフは『考えを改めた』とアピールして、アメリカから武力削減を引き出そうとしているだけだ。逆に、ソ連政府に対して、連邦内や衛星国から『より多くの民需品を』という圧力がますます強まるかもしれない。ソ連が西ドイツや東欧諸国に自主独立路線を認めたり、武力解除の合意に沿った徹底的な査察を受け入れたりするなら、『フルシチョフはたしかに方針転換した』と、私も納得するだろう。そうなれば、アメリカは国防支出の削減に踏み切れるし、実際にそうすべきだと思う。しかしそれまでは、国防努力をゆるめるわけにはいかない。アメリカは過去にも、敵国から軍事力を見くびられたり、戦う意思がないと見なされたせいで、戦争勃発の瀬戸際に追い込まれたり、戦争に引きずり込まれたりした経験がある」

それでも、ソ連には、ジュネーブで進められている技術レベルでの核実験禁止論にとどまらず、五七年の国連軍縮委員会のロンドン小委員会のような、政治レベルでの幅広い軍縮論議を再開する用意があるようだ。ソ連が軍縮を大きな目標に掲げ、その実現に意欲的なのは明らかで、だからこそ、多くの人が真の平和への期待に胸を膨らませているのだ。

ディーン・アチソン元国務長官は、軍部増強による抑止力維持の重要性をしきりに説いていたが、この考え方に同調する経営幹部たちは、「東西両陣営とも、軍備拡張を柱とした戦略を捨てる覚悟はいまだにない」と見ている。それどころか、いまの時点での軍縮はソ連の圧倒的勝利を意味すると感じている。なぜなら、西側陣営がNATO（北大西洋条約機構）軍設立など、多大なコスト負担と痛みに耐えて強大さを培ってきたため、ソ連はその圧力を感じ始めているからだという。

このような立場の人々にとって強大になることの狙いは、単に戦争に備えるだけではなく、それを交渉材料として利用することにある。NATOにしても、「一枚岩を誇る無視できない勢力である」ことを相手に見せつけて初めて威力を持つ。この論理に従えば、ソ連が妥当な軍事査察を受け入れ、西ドイツやその他の国の自主性を認めるまでは、西側は抑止をゆるめてはならない、ということになる。

一部の経営幹部も同様に、「アメリカ、ソ連ともに、軍拡競争から降りるつもりはないだろう」という考え方をしている。中西部に本拠を置く小売企業のある経営者は、「ミサイル分野で先行するソ連は、アメリカが持ち出す条件を飲まないだろう。自国よりも弱い相手に決定権を与えたりしない。アメリカとしても、相手の条件を受け入れれば、この先もずっと劣勢を強いられるため、そんな選択肢は取らないはずだ」と語る。

この点について言えば、一九六三年には米ソのミサイル力は均衡するかもしれない。ボタン操作一つで原子爆弾を大量投下できるようになると、予想されているからだ。そうなれば、「恐怖の均衡」が達成され、平和の実現に向けて実り多い対話を始める素地ができたといえよう。

経営幹部たちは明らかに、アメリカが早期に軍縮することはないし、そうすべきでもない、と考えている。軍縮が現実的な選択肢となり、安全保障上も問題ないと見なされるためには、ソ連が最低限の条件に同意する必要があるが、近い将来にそれが実現するかどうかは疑わしいとの意見もある。

たとえ恐怖の均衡が実現しても、ソ連がはたして合理的な査察を受け入れるかどうかは確信が持てない。ソ連は「自国の安全保障の観点から、多数の外国人監視員の入国を認めるわけにはいかない」というジュネーブでの主張を繰り返すのではないか。恐怖の均衡が成り立てば、衛星国に自主独立路線を認めるだろうか。それとも「アウトサイダー」である西側諸国が干渉すべき問題ではないとして、それをはねつけるだろうか。西側諸国にしても、東西融和の条件として衛星国の自主権をどれほど真剣に求めているか。西側諸国のうち、アフリカやアジアの経済資源に大きく依存する国々には、この問題を避けて通りたい理由がいくつもある。

これらの問いは、多くの経営者にとっても頭痛の種である。というのも、問題に向き合おうとすると、いらだたしい二つの事実を突きつけられるからだ。一つは、対話や約束だけでは真の平和はもたらされないが、対話が続いている限り戦争には突入しない。もう一つは、現在目指しているのは恐怖に支えられた平和で、相手もろともに崩壊しかねない危うい均衡のうえに成り立っている、ということだ。その結果、「何とかしなくてはならない」という思いがわき上がってくるが、五五年の四カ国首脳会談による雪解けムードは続かなかったという苦い記憶もあり、東西関係が急速に改善するとの希望的観測を抱けずにいる。

これまでのところ、冷戦の雪解けを促すには、東西が相互に友好姿勢を示すよりも、むしろアメリカが強さを誇示し続け、あくまでもソ連に平和を願っていることの確証を求めるほうが有効だという認識が広がりつつある。このため、具体的な進展を図るなら、水面下での幅広い話し合いや交渉が必要だろう。先に挙げたキンボールはこう述べる。「対話への扉は開かれた。だが、我々の知る限り、これまでのところは何の成果も上がっていない。この問題はあまりにも錯綜しており、当面は信頼に足る具体的成果は見込めそうもない。我々としては、この事実を受け入れたほうが賢明だろう」

軍需産業の受け止め方

こうした発言が全売上げを軍需に頼るメーカーの社長から出されたなら、即座に「自己本位だ」との反発を招くことだろう。実際に、アンケート回答者の三分の二は、「一部には、軍縮という理にかなった路線よりも、冷戦の継続を望む経営者もいる」としている。ただし、信頼できる筋からそのような話を聞いたことのある人は全体の四分の一にすぎず、知り合いに冷戦の継続を望む経営幹部がいるという人は五分の一にも満たなかった。

他方、アイゼンハワー大統領自身も軍需産業の影響力について懸念を隠さない。『ザ・ネーション』誌はこのテーマを正面から取り上げた。アレン・ブラッドレーという企業が、フルシチョフ訪米直前に新聞に「フルシチョフの甘言に惑わされないように」という内容の全面広告を出したことについて、こう説明している。「この広告は、フルシチョフは『平和と友好』などというスローガンを掲げているが、すべての国、すべての民族、すべてのものを隷属さ

図表21-5 **2つの問い**

1959年のアイゼンハワー＝フルシチョフ会談により、いずれ冷戦の緊張は緩和されるか

	YES	NO
回答者全体	74%	26%
国防関連企業の経営幹部		
対売上高国防関連費 10〜40%の企業	76%	24%
対売上高国防関連費 40%超の企業	70%	30%

緊張が緩和されれば、国防支出は全般的に削られるか

	YES	NO
回答者全体	58%	42%
国防関連企業の経営幹部		
対売上高国防関連費 10〜40%の企業	53%	47%
対売上高国防関連費 40%超の企業	49%	51%

せようとする共産主義者一流の神をも畏れぬ陰謀であると警鐘を鳴らし、『いかなる譲歩、宥和、〝取引〟も拒否するように』と釘を差している」

同誌は、アレン・ブラッドレーという特定の企業がなぜ多額の資金を投じてフルシチョフを攻撃するのかという問いを投げかけ、次のように解説している。「その背景には、おそらくこんな事情があるのだろう。アレン・ブラッドレーは『高品質のモーター制御装置と電子部品』を製造しており、小誌の最近の推計によれば、電子部品産業の生産量の少なくとも三分の一は、国防契約に基づき政府に納められているという。ゆえに、アレン・ブラッドレーの取締役会は『平和と友好』というスローガンを気に入るはずがなく、緊張緩和につながる海外要人の訪問はいっさい歓迎しないだろう（注3）」

国防関連取引の有無は、経営者の答えを左右するのだろうか。**図表21-5**「二つの問い」に掲げた、アンケートの回答を見てみよう。

高額の国防関連取引があるかどうかで、冷戦の雪解けをめぐる経営幹部の考え方が左右されるのであれば、当然ながら、これらの問いへの回答もまったく違ったものになっていたはずである。たしかに二つ目の問いに対し、国防受注と縁の薄い企業のほうが国防予算削減を好意的にとらえている、という傾向がかすかに読み取れなくもない。ただし、その傾向はないに等しいほど小さい。たとえば、国防関連の受注が多額に上る某企業の経営者は、「我々は常に脅威と背中合わせなので、異業種の経営者たちよりも脅威についてよく知っているにすぎない。他の経営者たちが、我々と同じように連邦政府の説明会に出席したら、恐怖で震え上がることだろう」と語っている。

これらの回答については、他人の目や体面を気にして書かれたのではないかと思うかもしれないが、その場合、「国防予算削減が自分の産業にどのような影響を与えるか」といった問いの答えにも、そうした意識が反映されるはずだ。しかし、売上げに占める国防関連費の比率が一〇パーセント以上四〇パーセント未満の企業の経営幹部は、半数が「不利に働く」と回答し、四〇パーセント超の企業ではほぼ全員が「不利に働く」と回答している。さらに、予算削減の見通しは、賛成派と反対派の間でほとんど違いがない。この点からも、回答結果はきわめて率直な意見が反映されたものと考えてよいだろう。

減税への期待

国防費を五〇億ドル削る場合、同額の減税を行っても連邦予算は赤字にならない。では、減税分はそのまま経済に還元され、深刻な景気後退を防ぐ役割を果たすのだろうか。

すでに述べたように、先行きの不透明感が消えるまで企業が様子見をするなら、答えは明らかに「ノー」である。

図表21-6 法人税が削減されたら、何に使うか

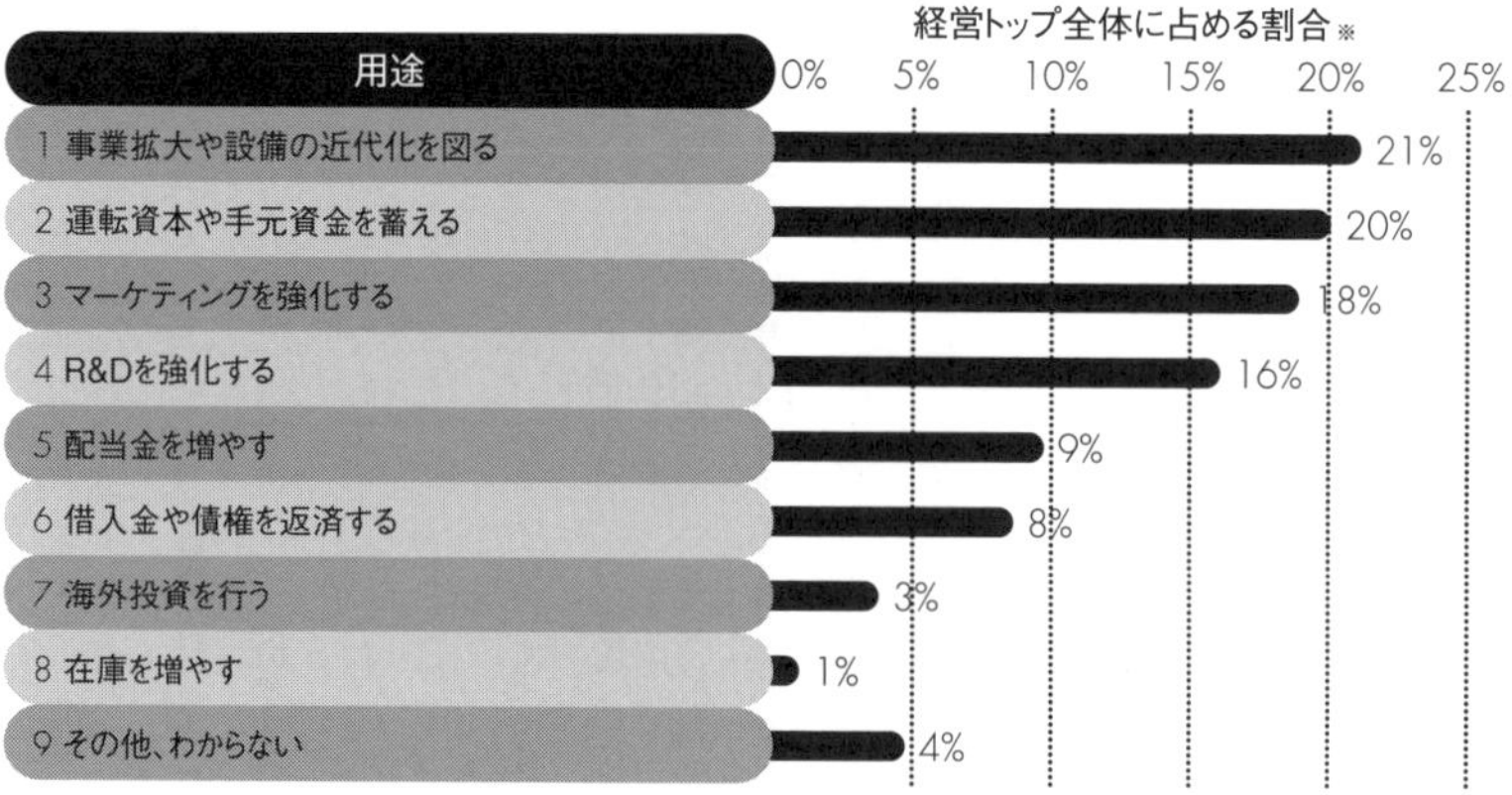

法人税が20%削減されたら、それによって生じた利益を経済活性化につながる活動に振り向けると、ほとんどの経営トップは答えている。

※経営トップ（全回答者の52.3%）とは、以下の肩書きの人々を指す。
取締役会長、取締役、社主、共同経営者（パートナー）、社長、事業部担当バイス・プレジデント、エグゼクティブ・バイス・プレジデント、バイス・プレジデント、財務責任者、経理責任者、総務担当重役、ゼネラル・マネジャー、総監督、コンサルタント、編集長、理事長、学長、学長補佐など

五四年に、三〇億ドルの法人減税が実施されたにもかかわらず、工場、機械、在庫などへの投資は減少した。このため、幅広い法人減税はおよそ望ましい不況対策とはいえない。それよりも、個人の所得税を減らしたほうが効果はありそうだ。第二次世界大戦後、三度不況に見舞われたが、いずれも個人消費は旺盛だった。

図表21-6「法人税が削減されたら、何に使うか」にあるように、「国防費の削減に伴って減税が実施された場合、減税分を何に振り向けるか」という問いへの答えは実にまちまちである。R&Dの強化、設備の近代化と事業拡大、マーケティングの強化という項目を挙げた人は過半数に上るが、いずれも景気を刺激するという点で即効性を持つ。問題は、どの時点で支出が行われるかだ。五四年と同じように、経営者が腰を上げるのは経済の見通しがはっきりしてからだとすれば、減税をしても国防調達の削減分を補うだけの景気浮揚効果は生まれないだろう。

必要なのは、包括的な法人税減税ではなく、投資を促進するための税制改革ではないだろうか。(注4) これまで、さまざまなかたちで減価償却の加速化が容認され効果を上げてき

た。これ以外にも、斬新な逆税方式などの手法もある。こうした手法を取り入れると、税制の果たす役割は多様化する。現在のようにただ企業の利益の恩恵にあずかるだけでなく、損失も分かち合うのだ。企業が損失を計上すれば、政府が助成金を出す。利益に対する課税率と同じ比率で、損失に対しても助成金を出すのである。この制度では、過去に黒字だったかどうかは関係なく逆税が適用されるので、欠損金の繰り戻しとは異なる。こうした助成金は、リスクを伴う未知数のベンチャー事業への投資の促進に、とりわけ大きな効果があると思われる。

企業の支出意欲が低い時期にそれを刺激する手立てがあるなら、個人の消費意欲を高めることも可能だろうか。自身の名前を冠した広告会社を率いるバーニス・フィッツギボンは、「可能だ」と主張する。そして企業こそ、その役割に最も適しているという。ニーズやウオンツにうまく応える製品を提供すれば、消費者の財布のひもはゆるむ。彼の主張は以下のとおりである。

「単に製品を広告するだけでなく、ほしいという気持ちを引き出せれば、これまで類を見ない好景気になるだろう。アメリカ人はいまだに小作農だった時代とあまり変わらない生活をしている。

考えてもみてほしい。アメリカ人はお金があるのに、買わずに済ませているものが何と多いことか。たとえば、手で皿を洗うのは、原始的で非衛生的で、油まみれになる嫌な仕事であり、別のやり方を選ぶこともできる。ところが、ボストンでもサンディエゴでも、ほとんどの家庭で年に一〇〇〇回くらい、手洗いという昔ながらのやり方が繰り返されている。主婦が皿洗いを嫌うことから、ハンド・ローションなどの産業が生まれたほどである。実際に、皿洗いは主婦の心身によくない。

にもかかわらず、食器洗い機を使っているのは、電気が普及した世帯のわずか六パーセントにすぎない。この国の主婦の九〇パーセント以上が食器洗い機を望み、必要とし、持っていて当然であるにもかかわらず、食器洗い機を持つべき理由を誰も彼女たちに伝えていないのだ。夫たちも『食器洗い機があればよい』と思いながら、普通の家庭が買ってよいものかどうか確信を持てずにいる。心のどこかで贅沢品だと思っているのだ。しかし、そんなことはない。テレビは贅沢品であっても、食器洗い機は必需品である。

では、電動芝刈り機はどうだろう。手作業で芝を刈るのがどれほど原始的か、小柄でか弱い主婦が芝刈りをやらざるをえないことがどれだけ多いか、想像してみてほしい。しかし、見込み客となる、何エーカーもの芝生を持つ家庭のうち、芝刈り機を保有するのは半数以下でしかない。

衣類乾燥機はどうだろう。何百万もの世帯が購入できるはずなのに、実際にはほとんど普及していない。なぜなら、電気乾燥のほうが日光に当てるよりも衣類にはよいという実験結果を、企業側が家庭の主婦に伝えていないからだ。この実験結果はあまりにも衝撃的で、初めて聞いた時は、どこか後ろめたい気分にさえなった。陽の光よりもよいというのは、神をもおそれぬ話のように思えるのだ。

アメリカ経済の命運を握るのは、軍需品の生産ではない。産業界がどれだけ市場を広げられるかにかかっている。ちょうどテレビ、冷凍食品、アイビー・スーツなどの市場を切り開いてきたように。(中略)なぜなら、消費行動はニーズそのものだけに突き動かされるわけではないからだ。とりわけ女性の場合は、頭よりも心で動く傾向がある。最近特別に行った調査から、この国で販売されている全商品のうち、飢えや喉の渇きを満たす、雨露をしのぐなど、生活上の基本ニーズに応えるものは二〇パーセントにすぎないことが判明した。残り八〇パーセントは、よりよい生活を送るために購入されている。さらに、近所の人々の注意を引いたり、自慢話を聞かされても平然としていられるようにするためだ、ともインタビューを受けた女性たちは答えていた」

軍備が縮小されると、軍需産業は大きな痛手をこうむるだろう。それがどれほど深刻かということは、国防総省が有人軍用機をミサイルに切り替えた時の影響からも推し量れる。この影響はいままさに表れている最中で、かなりのダメージを受けた企業や地域がある。こうした不可避の影響は、政府の特別支援で対応すべきだとの声もある。過渡期には、政府はリーダーシップを発揮しなくてはならない。国防支出削減の初期段階には、不況が深刻化しないように、国防以外の分野で政府の国内支出を増やす必要があるかもしれない。すなわち、道路、学校、上下水道、橋、スラム街の美化、諸制度の充実、水利整備、公園の拡充、砂漠の再生などへの支出である。これらの取り組みについては、「政府と企業の両方にとって、たとえば鉄道のように、重要なのに発展が遅れがちな産業を立て直す機会になるだろう」と指摘する意見も多い。

政府のリーダーシップ

もちろん、サミュエルソン教授の見解にもあるように、軍事予算が削られたからといって、その副産物として必ず不況が訪れるわけではない。不況が避けられないとしても、適切な金融財政政策を発動すれば理論上はその影響を打ち消せるはずである。しかし、今回の調査からも見て取れるように、政府が直接強力な対策を打つ必要がある理由は、短期間にせよ、不況になるという見通しを抱く経営者が多いからだ。不況を想定する人が増えると、結果的に、予想以上にずっと深刻な景気低迷を招きかねないのである。

「不況への意識」そのものが景気停滞をもたらしかねない背景には、もう一つの理由もありそうだ。企業によっては、不況に備えて守りの姿勢で計画を立てているところがある。これは一部の企業にはメリットがあるかもしれないが、経済への資金の流れが途絶え、大多数の企業を苦境に陥れる危険をはらんでいる。

不況対策について尋ねたところ、「完璧な計画がある」あるいは「策定中である」と答えたのは、経営トップの立場にある回答者のうち三分の一に満たなかった。ほかに「検討段階」とする回答が一七パーセントを占めた。しかしいずれにせよ、計画の中身は主としてコストや人材の削減、内部留保の増大、支出の引き締めなど、資金の流れをせき止め、不況の芽を大きくしかねないものばかりなのだ。これは、減税分の資金の用途に関する回答とひどくかけ離れている。マーケティングの強化、製品ミックスの改良など、利益につながる前向きな施策を挙げた回答者はわずかだった。

今後も政府支出が続きそうな分野が一つある。それは対外援助である。そのおかげで、不況に備える必要性が小さくなるのは間違いない。わが国の相互援助プログラムは現在、年間二〇億ドルに満たず、いわゆる「防衛支援」がそれを心持ち押し上げている程度である。しかし軍縮に伴い、確実に発展途上国への対外援助が増額されるとの見方が多い。たとえば、この問題に携わっているフルブライト上院議員は、アメリカ経済が健全性を保てるかどうかは「積極的で明快な対外援助プログラムを打ち出せるかどうかにかかっている」と指摘する。(注5)

軍縮は、世界の主導的地位をめぐる重要な戦いの終着点ではなく、新たな局面の始まりを意味する。ある経営者はこう記述している。「軍事から経済へと主戦場が移行するのだ。我々はアメリカにとって必要な国々を援助しなくてはならない。さもなければ、たとえソ連が戦争に打って出なくても、それどころか銃の製造すらしなくても、我々は大切な国々を失ってしまうだろう」

企業が果たす役割

このような意見から、「アメリカ企業はそれぞれの行動を通して、経済戦争での勝利にどう貢献するか」との問いが出てくる。そもそも、ここで言う戦いの本質とは何か。他国の発展を後押しすることか。それとも、世界の覇権争いでアメリカ側についてもらうために、ただ他国との強い絆を保とうとするのか。自国の繁栄のために味方を増したいのか。あるいは、他陣営に取り込まれるのを防ぐことで、相手国の繁栄につながるのか。はたまた、アメリカの経済力を保ち、それを通して資本主義の強さを誇示したいだけなのか。

ほかにもいくつも理由はあるだろう。だが理由は何であれ、政府も民間企業も支援したい国に手を差し伸べればよいのだ。企業の支援意向は政府の政策によって左右されるが、政府から直接的な奨励がなくても、アメリカ企業による海外投資は近年、目覚ましい伸びを示してきた。五九年夏にマグロウヒルが行った調査では、アメリカの製造業による海外での設備投資は、五八年の七六二〇億ドルから、五九年には九五七〇億ドルへと増加した。ヨーロッパだけでも、二三八〇億ドルから三七〇〇億ドルへと跳ね上がり、今年（六〇年）は四一八〇億ドルに達すると見られている。これに石油会社の多額の投資計画を加味すれば、六〇年の予想額は二倍以上に膨らむはずだ。[注6]

本誌のアンケート結果も、こうした予測を裏づけている。**図表21-7**「緊張緩和後、自社は海外投資を増やすか」にあるように、海外投資計画について、経営トップを主体とした回答者の三〇パーセント近くが、「冷戦の雪解けが始まれば、自社の海外投資に弾みがつく」と答えている。「冷戦緩和をにらんで海外投資計画の策定を検討している」

図表21-7 **緊張緩和後、自社は海外投資を増やすか（各カテゴリーに占める割合）**

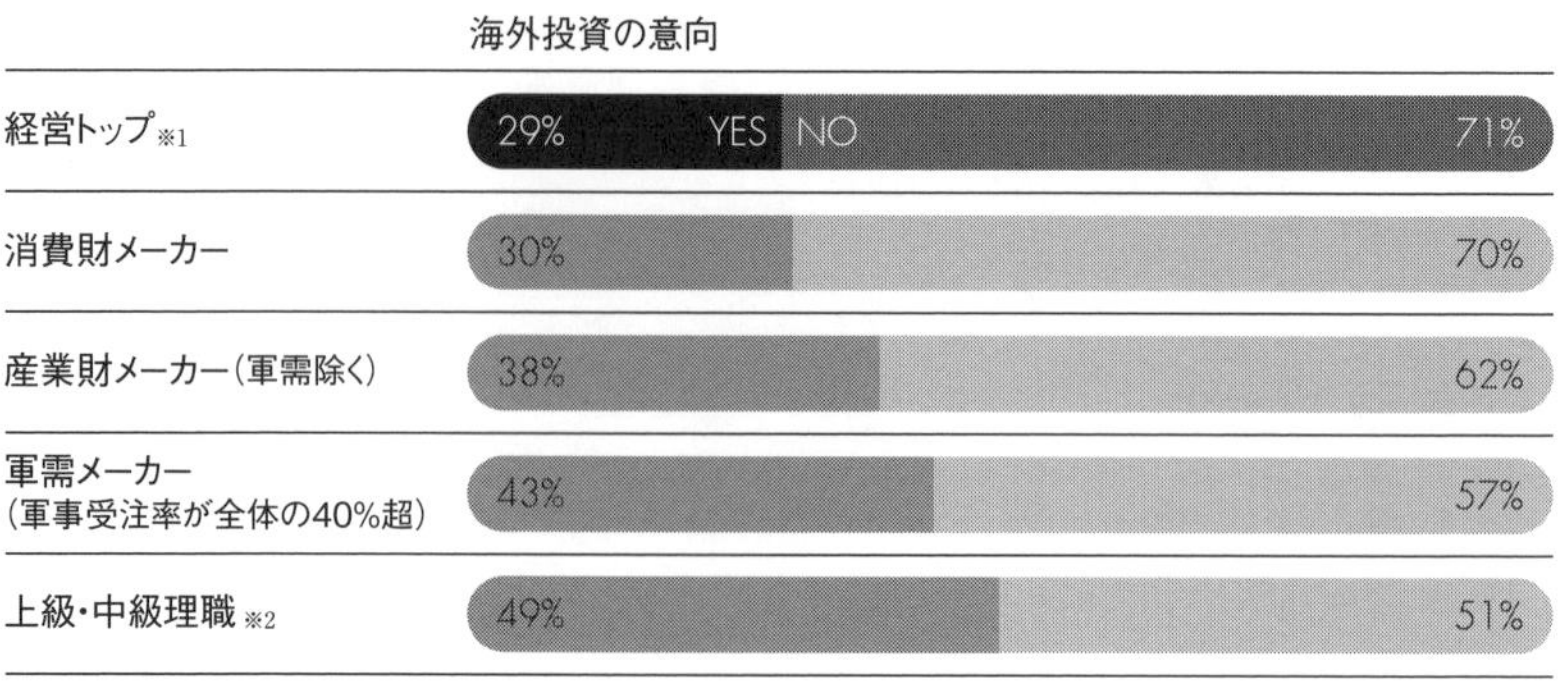

緊張緩和が実現しても、自社が海外投資を増やすと予測する経営幹部は少数派である。
※1　経営トップ（全回答者の52.3%）の定義は図表21-6を参照。
※2　上級・中級理職（全回答者の23%）は職能部門長（広告、営業、販売促進、製造、購買、人事、エンジニアリング、広報、ブランドなどの各責任者）を指す。

との回答もほぼ二〇パーセントを占める。ちなみに、この海外投資というテーマに限っては、他の問いとは異なり、回答者の属性によって答えにばらつきが生じた。特に、経営トップと上級・中級管理職とでは、はっきりとした違いが見られた。上級・中級管理職の約半数が、「緊張緩和が実現したら、自社は海外投資に乗り出すだろう」としている。

ほかにも興味深い点がある。産業財メーカーや軍事受注の多いメーカーの経営トップは、海外投資について平均を上回る関心を示した。その背景にはおそらく、「国防支出の削減は、自社にとってきわめて大きな打撃となる」と考える企業は、今後の展開がどうなろうと、とにかく新しい市場を探す必要に迫られている、という事情があるのだろう。

こうした姿勢が企業の間に広がり、その結果、海外投資が増えるなら、アメリカ企業が新たな投資先として狙いをつけた相手国は、黙っていても経済力が高まるはずだ。もちろん、海外投資が拡大しても、それと引き換えに、アメリカだけでなく他国も国防支出削減の影響を実感させられるだろう。ドイツなど一部の国は、アメリカ国防総省の支出によって多大な恩恵を受けている。それが削減された時の痛手はけっして小さくない。

実際に、アメリカはすでに国際調達の方針を転換しており、同盟国のなかには、まともにそのあおりを受けるところも出てくるだろう。わが国の国際収支は年間四〇億ドルの赤字に転じ、連邦政府は先頃、対外援助と国際調達の方針を改めた。五九年一〇月、国際協力局は援助物資の一部に「アメリカ製品を買おう」というメッセージを添える方針を示唆した。同時期、開発借款基金（ＤＬＦ）も、以後の借款供与は原則として相手国がアメリカ製品を購入することを条件とすると発表した。これまでのところ、ＤＬＦによる借款額九〇〇〇万ドルのうち、およそ半分は西欧と日本に向けられている。

このような動きに対して、フルブライト上院議員など有識者は、「対外政策の大枠の狙いにそぐわない」と反対してきた。しかし他方では、相手国と同じことをしているだけだとの主張もある。たしかに、アメリカからの輸入を厳しく制限する国があり、それがアメリカ企業の対外投資が増える一因となっているケースがある。つまり、輸出で市場浸透を目指すよりも、現地生産を図ろうというわけだ。ヨーロッパでの投資が飛躍的に伸びているのは、まさにそうだ。欧州共同市場が産声を上げ、域内関税を設けたせいで、アメリカ企業による同地域への投資に拍車がかかった。

言うまでもなく、どの企業も「海外投資を通して世界におけるアメリカの地位を高める」という大義のために自己利益を捨てたりしない。それが可能なのは政府だけだが、その場合も無私の行為ではなく、みずからの責任を果たしているにすぎない。とはいえ、「世界情勢が好転すれば、海外投資に乗り出したい」と考える経営幹部が大勢いるのは心強いことだ。

政府が適切な奨励プログラムを導入したり、さらに進んで、ある程度のリスク保障を用意したりすれば、民間企業による海外投資を大幅に促進し、同盟国とアメリカの立場を強められるだろう。

冷戦の緩和への備えを怠るべきではない

国内外の経済に対してどのような取り組みが求められるかは、冷戦の雪解けが実現するかどうかにかかっている。そして、その実現性には依然大きな疑問がある。たとえ平和に向けて進展があったとしても、即座に軍事支出に大鉈が振るわれるのか、またそうすべきかどうかは、見解が分かれるところだ。そもそも、その前提となる重要な問いへの答えも見つかっていない。

- ソ連政府は、軍縮のために実効性のある査察を受け入れるか。
- 東西ドイツの分断状態について、あくまでも恒久化にこだわるのか。
- 西ベルリンにおける自由への脅威を取り払うか。
- 鉄のカーテンの撤去に同意するか。
- 東欧諸国に対して自主独立路線を認めるか。
- 核実験の実質的禁止に署名するか。
- 西側とのプロパガンダ戦争をやめる意思があるか。
- フルシチョフは自身の「平和」路線を中国共産党に受け入れさせられるか。
- アジアにおける過激な共産化への動きは抑制できるか。

これらは重要な問いであり、その答えはフルシチョフの一存だけで決まるわけではない。だが、広大なソ連邦内部の課題や圧力に直面しながら、フルシチョフがどれだけの成果を上げられるかにもかかっている。くわえてこれは、ソ連だけの問題ではない。西側陣営についても、意思統一が図れるだろうか。譲歩の意思はあるのか。フランスのド・ゴール大統領は、各国が完全に対等な立場で意思決定を行うべきだと強く主張しているが、それは一枚岩の体制を築く際に足かせにならないだろうか。フランスは核保有国の仲間入りを果たそうとしており、この事実が、「アメリカがフランスの対アフリカ政策を支持しないなら、西側陣営の対ソ政策には同調できない」というド・ゴール大統領の主張を勢いづかせている。これまでのところ、アメリカは中立の立場を取り、アルジェリア独立運動に対するフランスの政策に支持も擁護もしていない。

さらに踏み込めば、西側陣営の政策と呼べるものは、これまで存在したのだろうか。イギリスのマクミラン首相は、従来の西側政策よりも融和的アプローチを好むように見える。西ドイツのアデナウアー首相は、最近でこそマクミラン首相と一定の合意に達したようだが、ベルリン問題の強硬姿勢やドイツ統一問題においては依然、西ドイツとフランスの両国民から強い支持を受けている。

アイゼンハワー大統領はどうかといえば、「ベルリンは『異常』な状況に置かれており、改善しなくてはならない」としてフルシチョフと合意するなど、柔軟姿勢を示しているように受け取れる。一一月にマクミラン首相と会談するまでアデナウアー首相は、ディーン・アチソンらアメリカの有力者と同じく、ベルリンはこの一五年近く、「ソ連の脅威、大言壮語、ゆすりまがいの行為、二枚舌などと断固戦っていく」との西側諸国の決意を象徴する輝かしい存在であり続けてきたという認識を持っていた。そして、ソ連が東ベルリンを不当に占領している限り、西ベルリンの状況（訳注：当時米・英・仏の統治下にあった）は異常とはいえない。ベルリン問題は他のすべての問題が解決された後に初めて議論されるだろう。

図表21-8 軍縮への対応

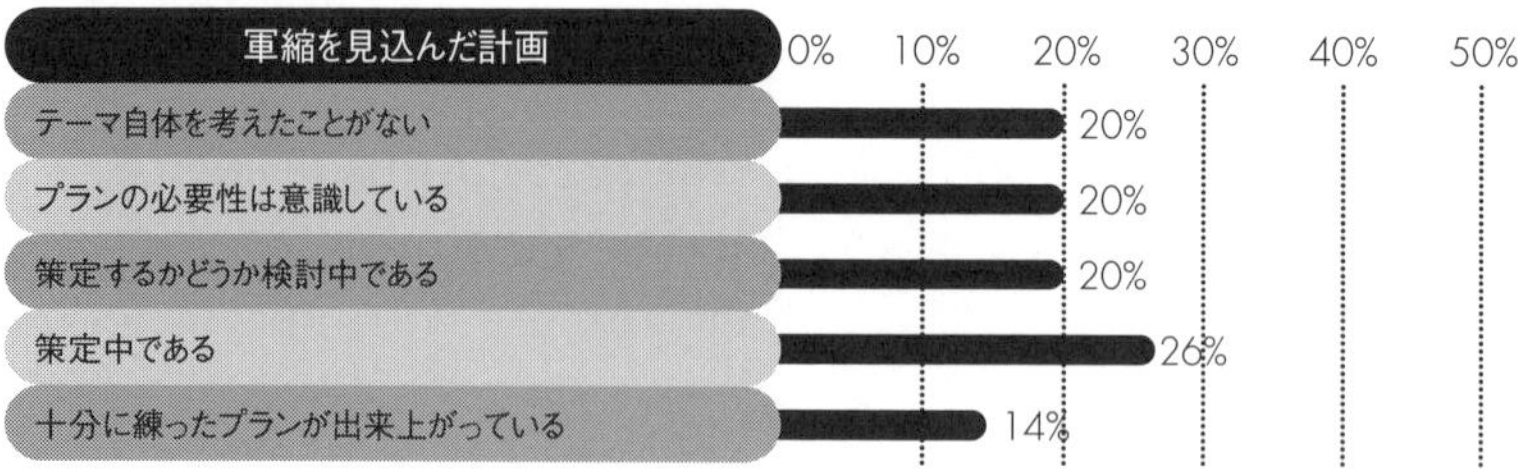

軍事関連企業（全売上げの10%以上）の経営幹部を対象とした調査によると、大多数が軍縮を見込んだ計画を立てていない。

これでは、雪解けへの見通しがどれほど明るかろうと、当面は軍事費の削減はないと事情通の人々の大半が予測するのも無理はない。少なくとも、抑止力が「より望ましい」均衡に達するまで、削減の動きは芽生えそうもない。したがって、軍事費削減に対してアメリカ企業の準備が期待ほど進んでいないとしても、さほど深刻な悩みには発展しないだろう。

軍事関連企業に籍を置く人々は、本誌のアンケート回答者の四二パーセントを占めており、その意見がどのようなものであるかを見ておきたい。**図表21-8**「軍縮への対応」は、縮小分を他の分野で埋め合わせる準備がどれだけできているかを聞いたものだ。全体の五分の一は、この問題について考えたことすらない。五分の二は、この問題が頭をよぎったことがある、あるいは、課題として話し合っている。ニューイングランド州を本拠とするエレクトロニクス企業のエグゼクティブ・バイス・プレジデントはこんなコメントを述べた。

「『軍事関連の受注が減ったらどうするか』というテーマは、昼食時に心配事の一つとして話題に上るくらいだろう。もっとも、いまは目の前の注文をこなすのに精一杯で、受注が減った時のことを考えるゆとりなどないのが実情だ」

しかし、歴史が繰り返し示してきたように、企業がついていけないほど、世の中が急速に変化する場合もある。現在は、どれだけたくさんの注文が押し寄せようとも、いわゆる「国防関連」企業は冷戦の緩和への備えにもっと力を入れたほうがよさそうだ。たとえ、あと数年は軍事費の大幅削減はないとの見通しが強くてもそうである。

今回のアンケート調査について

緊張緩和の見通しと予想される結果に関する今回のアンケート調査では、企業規模、業種、社内での地位、年齢、所得、学歴、勤務地域などによって意見に違いがあるかどうかを、データを基に分析した。

しかし本文でも触れたように、一項目を除いては有意な差は見られなかった。アンケート調査では、全体からまんべんなく標本を抽出すれば、通常は考え方の違いが見えてくるものである。これまでに行った経営幹部に対する調査でも、鮮やかな違いが浮き彫りになってきた。では今回に限って、なぜそうならなかったのか。

同じような回答が集中した理由は、レイモンド・A・バウアーの言う「ビジネス経験を通した均質化」にあるのかもしれない。つまり、自分が直接責任を負わないビジネス以外のテーマに関して、ビジネスパーソンは互いに似通った物の考え方をするようになる、というのだ。おそらく、業務や責任を通して、特定の課題について同じような考え方が養われるのだろう。

【注】
（1） *U.S. News & World Report*, August 16, 1957, p.29.

(2) *Business Week*, August 24, 1957, p.29.

(3) *The Nation*, September 19, 1959.

(4) Martin Norr, "Taxation and Stability," HBR, January-February 1960.

(5) *The Reporter*, September 15, 1959, p.25.

(6) *Business Week*, August 18, 1959, pp.23-25.

第22章

When Science Supplants Technology...

技術から科学への主役交代

When Science Supplants Technology...
HBR, July-August 1963.

一九六三年四月、ハーバード・ビジネススクールで教鞭を執るセオドア・レビットは、ハーバード・ビジネススクール・クラブのデトロイト支部が主催した中西部ビジネス・カンファレンスで講演を行った。講演内容はたちまち大きな反響を呼び、後日の新聞には以下のような見出しが躍った。

「デトロイトの発展を鈍らせないために、二〇〇〇億ドル規模のサイエンス・センターが切望される」(『デトロイト・ニュース』一九六三年四月三日)

「当地にサイエンス・シティを：研究の立ち遅れに警鐘」(『デトロイト・フリー・プレス』一九六三年四月四日)

「デトロイトの新時代を切り開くために、調和ある経済が求められる」(『デトロイト・フリー・プレス』一九六三年四月八日付社説)

以下、レビットによる講演の大筋を再録する。

技術を基盤としてきたデトロイト経済

アメリカ中西部、とりわけデトロイトの経済がこれから先も繁栄を享受できるかどうかは、そもそも何によって決まるのでしょうか。今日はその答えを申し上げましょう。

ここにおいでのみなさんは、産業界に身を置かれてはいても、将来的にどのような製品が求められるかを予想して、それを開発、製造するための経営資源を蓄えるという仕事をご自身で担っているとは限らないでしょう。また、この地域の産業界全体としても、これからの社会にふさわしい製品を生み出すための準備をされていないのではないでしようか。

デトロイトはアメリカ産業界の輝きを象徴する地ですが、今日の経済を眺めると、その地位から転がり落ちる過程にあるのではないか、とのよからぬ兆候がはっきりと見えます。中西部、わけてもデトロイトの産業界は、卓越した地位を誇っており、それは技術力に支えられています。しかし、現状から判断するに、この国の経済がこれから土台にするのは従来とはまったく別の種類のもの、すなわち科学ではないでしょうか。

アメリカ経済の輝かしい歴史は、技術力の歴史そのものといえるでしょう。しかし、最近では急速な変化が起きています。アメリカがどのように偉大な地位を手に入れたか、考えてみてください。技術の歴史上、本当の意味での転換点となった出来事は次のようなものでしょう。

●蒸気機関

これにより鉄道が発達し、生活に欠かせない製品や原材料を運べるようになったほか、国としてのまとまりが生まれ、経済面で統合が進みました。くわえて、急流のそばでなくても、工場の操業に必要な動力を得られるようになったのです。こうして、産業が各地に広まりました。

●互換部品の発明と応用

これはきわめて独創性の高い発明で、これなくしては工場の組立ラインは成り立たなかったでしょう。発明の中身そのものはごくシンプルで、それが実地に応用されたのは、南北戦争の時代になってからです。軍服とライフル銃の大量生産に応用されたのです。

●内燃機関

あらためてご説明するまでもありませんが、これを基に自動車が誕生し、強大で輝かしい自動車産業がここミシガン州で産声を上げたのです。

では、これらの発明を成し遂げたのはどのような人々でしょうか。蒸気機関の構想を追い求めたのはロバート・フルトンですが、彼は科学的手法を用いずに、ごく原始的な実験を繰り返しました。互換部品の発明者イーライ・ホイットニーも、どこにでもいる機械工とほとんど変わりませんでした。刈り取り機の発明者サイラス・H・マコーミック、自転車ショップの中で飛行機を発明したライト兄弟、大きな影響力を誇った二人の偉大な発明家、トーマス・A・エジソンとチャールズ・F・ケッタリング。彼らはみな、車体職人や機械工など、互いに似たような仕事に就いていました。彼らの妥協せずに粘り抜く姿勢と機械技術こそが、アメリカ産業全体に輝きをもたらしたのです。

このように、機械・技術分野の独創性と能力がアメリカの強みでした。デトロイトは今日、技術の輝かしいシンボルとなっています。生産面の効率や能力を体現するだけでなく、技術面のイノベーションやブレークスルーを次々と生み出しています。

しかし、いまの時代ならではの特徴は何でしょうか。化学重合やナイロンの発明が端緒を開き、一九四五年の原子爆弾投下によって揺るぎないものとなった、いまの時代ならではの特徴。それは、技術よりも科学の威力が社会において重要性を増しつつある、ということです。

科学の重要性の高まり

アメリカを代表する発明家のケッタリングは、折に触れて自身のことを「単なる何でも屋」と謙遜して呼んでいました。実際に、ケッタリングは直感に従って粘り強く努力するのが身上の何でも屋でした。それがいまや、科学分野で経験を積んできた人々に主役の座を奪われつつあります。ケッタリング自身、この重大な変化に真っ先に気づきました。だからこそ、ケッタリングはデトロイトの技術界のもう一人の重鎮、アルフレッド・P・スローンと共に、いちはやくスローン＝ケッタリング研究所を設立したほか、オリーブ・ケッタリング財団を通じて科学の振興に乗り出したのでしょう。

ケッタリングはデイトン、デトロイト地域における技術界のパイオニア、スローンはデトロイトにおける効果的なマネジメントの先駆者です。この二人はきわめて早い時期、ロスアラモス国立研究所が設立されるはるか以前に、新しい社会を切り開くための力強い要素である科学の振興に力を注いだのです。

技術者、つまり直感と粘り強さを武器とする何でも屋は、今後の経済においても引き続き頼もしい存在となり、新しい意義深いブレークスルーを起こしてくれるでしょう。しかしそれらは、独創というよりは応用としての性格を強めると考えられます。黒板がいくつも並ぶ静かな科学者のオフィスや研究所から生まれたアイデアを、応用ないし改変する、という方向に傾いていくのです。技術者はこれまでのように、実験室に巨人として鎮座するのではなく、物理学、電気工学、化学などの学位を持った人々から注文を受けることが多くなるでしょう。新たに巨人の地位を占める人々は、斬新なものを考案し、その実用化については他者に委ねるのです。

科学時代に乗り遅れるデトロイト

かつてのデトロイトは、素晴らしい製品を次々と創造し製造してきました。しかし、科学が技術を抑えてより大きな威力と影響力を持つようになるにつれて、デトロイトは新機軸を打ち出す役割を終えるでしょう。それだけではありません。全米の経済活動に占める比率は低下していくと考えられるのです。

デトロイトはすでに、このような危険な道をたどりつつあります。金星探査機〈マリナー2号〉の開発プロジェクトが、それを示唆しています。〈マリナー2号〉はおそらく、この半世紀における輸送手段の開発のなかで最も画期的なものといえます。このプロジェクトには、元請け一社、下請け三四社が参加しました。下請けのうち二〇社はカリフォルニア、五社はニューイングランド、三社はニューヨークに拠点を置く企業。さらにテキサス、アリゾナ、オハイオ、ノースカロライナ、オクラホマ、アイオワが一社ずつです。ミシガン、インディアナ、イリノイ、ウィスコンシンの各州からは一社も参加していません。これはみなさんにとって、あまりよいニュースではありません。この宇宙時代に、計画の第一段階にすら関わっていないのですから。

新しい科学の時代にも、デトロイトは日用品《コモディティ》の生産に携わりますが、そこには、女王蜂につき従う蜜蜂のような、二流市民に成り下がってしまうおそれがあります。ただし、これから私が提案する改善策を取れば別ですが。女王蜂、つまり創造的なアイデアを生む人々は、現状ではデトロイトに巣を構えていません。パサデナやボストンで快適に過ごしながら、次世代に向けた製品を企画、設計しているのです。もしデトロイトがこの動きに一枚噛むとしたら、郵便や長距離電話を介して、ということになるでしょう。デトロイトの人々は、郵便で届いた設計図どおりに、中身を理解しないまままものをつくるわけです。そうこうしているうちに電話が鳴り、権威ある女王蜂から「蜜蜂はどうしてこう仕事が遅いのか」とせっかちなお叱りを受けます。

この話にはかなりの誇張があり、今日や明日にそうなるという意味ではありません。デトロイトは間違ったことをしている、と述べているわけでもありません。ただ私が伝えたいのは、将来の成長と繁栄を目指すのであれば、現在とは違う取り組みをするというよりも、現在やっていることに加えて、ほかのこともしなくてはならない、ということです。現状を見る限り、デトロイトは将来にわたって競争力を維持していけるような包括的製品を開発していないようです。これではイギリスの植民地のようになりかねません。選挙権も持たずにものづくりを担い、何の影響力も行使できずにひたすら作業に明け暮れるのです。

デトロイトの素晴らしさは、技術に根差しています。しかし将来は、科学をよりどころとすべきでしょう。この地域で行われている通常のR&Dは、厚いエンジニア層に支えられていますが、あまりにも技術志向が強すぎるので、さほど役に立たないかもしれません。

科学がすべてだと述べているのではありません。それはまったく違います。科学は言わば一時的ブームの感があります。科学はあらゆる課題に答えを示すわけでも、すべてを約束するわけでもありません。ある意味、科学とは偽りの救世主です。魅力的ですが、仰々しく外見を飾り立てられてしまっています。科学は多くの人や企業が考えているような、どんな難題でも解決してくれる魔法の杖ではありませんが、凄まじい威力を持っているのは確かです。

デトロイトに科学が根づかない理由

デトロイトの技術基盤は科学者にとってはあまり魅力がない、という私の主張を強く裏づける研究があります。そのきわめて重要な研究は最近行われたもので、中西部における科学分野の人材の輩出状況とその流れをテーマとしています。

その研究によれば、中西部は全米でも科学者を最も多く輩出する地域の一つであり、一流大学があまたの有能な人材を送り出しています。ところがそれらの人材は、博士号を取得すると、時を置かずしてカリフォルニア、マサチューセッツ、ニューメキシコ、フロリダを目指すのです。

私自身もマサチューセッツ州に住んでいるので、人々が天候に引かれてボストンにやってくるわけではないことは百も承知です。国防総省が近隣地域の人材を優遇している、というわけでもありません。国防総省のトップは、最近就任した四人のうち二人はデトロイトから、もう一人はシンシナティから呼び寄せられ、近隣ではウォール街の出身者が一人いるだけです。

この研究結果は、なぜ優秀な人材が中西部に根づかないのかについて、別の理由を示しています。この地域の企業には、科学にふさわしい精神や雰囲気が醸成されていない、というのです。この地域を支配するのは、大量生産技術の視点と、さらに特殊機械工場の視点です。科学分野の博士号を持つ人材は、これとは異なるコミュニティでの暮らしを必要としているのです。

六二年一一月の『ビジネスウィーク』誌に、ミシガン州でR&D、とりわけ宇宙関連のR&Dが十分に花開いていない理由について、こう記されています。「ミシガン州の産業人は、大量生産型のビジネスが染みついているのだろう。『生産体制を整え、部品を次々と量産するのだ』という具合に」。また、ある経営幹部はこう皮肉っています。「ミシガンでは、『開発』とは来年度の車種、『研究』とは再来年度のモデルに取り組むことを指す[注1]」

自動車メーカーも、新しい分野への多角化を進めてきましたが、デトロイトを拠点に活動するあるコンサルタントによれば、その裏には「仕方なくやっている」という意識があるようです。この後ろ向きの姿勢も一因なのでしょうが、多角化は必ずしも成功していません。そしてたいていは、新しい事業の拠点はミシガン州以外、中西部以外の地域に置かれるのです。これは人材面の理由によるところが大きいようです。

これから先、この地域が競争力を誇るためには、経済基盤を技術から科学へと移行させる必要があると思います。より力強い、より精緻な科学基盤が求められます。そのためには科学分野の人材が欠かせません。ですが、そのような人材を引き寄せ、つなぎ止めておくためには、それにふさわしい環境を用意する必要があります。これはできないことではありません。

サイエンス・シティの構想

いま求められているのは、デトロイトを世界に誇れる科学の中心地にするために、地域社会を挙げて取り組むことではないでしょうか。デトロイトはいまでも世界に名をとどろかせていますが、当地の産業構造を大きく変えるだけの価値はあります。技術の拠点から科学のメッカへと大胆な自己変革を遂げ、経済の殿堂としての栄誉を再び手にするのです。

昨年（一九六二年）の秋に、ミシガン大学で宇宙研究関連のカンファレンスが開催されました。ですが、これは適切な試みではない、というのが私の意見です。カンファレンスでは、企業や大学の上層部が連邦政府の調達担当者を前に、ミシガン州の諸大学がいかに優れた研究拠点であるかを説きました。しかし、やり方が違うのではないでしょうか。調達担当者は、我々と同じく、科学分野の逸材がミシガン州はもとより州内の大学にすら定着していない事実に気づいています。ボストンやパサデナとは違うのだと。なぜなら、ミシガン州の企業と大学は共に、製造面の課題を解決するための研究を何よりも重視しており、大規模なR&D契約に結びつくような洗練された分野は扱っていないのです。
そこで、デトロイトの地域社会が腰を上げて、ミシガン・サイエンス・シティを築いてはどうか、というのが私の提案です。場所はデトロイトのどこか、森に囲まれた美しい地域はどうでしょうか。最初は、二〇〇〇万ドルくらいの資金を集めるために、組織的な努力が求められるでしょう。労使双方が寄付を行うのです。ミシガン・サイエンス・シティは当初、プロフィット・センターにせずに、世界各地から選りすぐりの科学者を招き、彼らの力でさらに人材を引き寄せるのです。そうすれば、デトロイトの目指す新たな方向性が全世界に伝わるでしょう。

二〇〇〇万ドルの資金が必要だと申し上げましたが、これで十分かどうかは別にして、これは莫大な金額であるのは重々承知しています。なぜこれほど大きな額になるのかというと、二つの理由があります。

第一に、この金額なら、デトロイトの住民や企業、さらには世界に対して、「本気で事業化を考えている」とのメッセージを伝えることができるからです。単なる外向けのポーズではなく、それ相応の長期にわたって腰を据えて取り組む姿勢を示せるわけです。デトロイトは成果を上げるつもりだと。

第二に、まさにいま、大きな努力を傾ける必要があるからです。短期間に土台を築き、一、二社ではなく、多数の科学志向の企業をこの地に生み出すためには、これしか方法がないのです。科学志向の企業が次々と誕生しない限り、この分野の人材を十分に揃えることはできません。

これから数年間の科学研究は、主に連邦政府と軍部からの発注で行われるでしょう。しかし専門家ならだれでも知っているように、この種の契約は、直前になってキャンセルされることが珍しくありません。したがって、何の前触れもなく、文字どおり一夜にして仕事を失いかねません。現にマサチューセッツ州バーリントンでは、RCAのセイント・プログラムが中止になり、何百人もの科学者が実際にそうなったわけです。

科学者たちはこのような実情を知っていますから、周りにも科学志向の強い企業が集まっている地域でないと、移ってこないのです。ある企業が突然の契約キャンセルに見舞われても、別の企業が自分を雇ってくれるだろう、という安心を求めているわけです。したがって、科学志向の経済はいまだ萌芽期にあるものの、デトロイトが後れを取り戻すためには、大々的な取り組みをしなくてはなりません。資金の拠出元が軍部ですから、企業を顧客とした安定した分野とは違った追いつき方が求められます。

やがてこの新しいサイエンス・シティから科学者たちが飛び出して、新世代の民間企業を続々と生み出すでしょう。これこそまさにパサデナやボストンの周辺で起きている現象です。ご存じのようにボストンも一五年前は、経済面では言わばゴースト・タウンのようなものでした。一九世紀には繊維、靴、バンキングなどの分野で全米の中心を占め、繁栄の絶頂にありましたが、惨めに落ちぶれてしまったわけです。それがいまでは何百というエレクトロニクス企業の奮起により、ボストンは再び全米でも有数の繁栄都市へと返り咲きました。これらの企業を産み落としたのは、マサチューセッツ工科大学やハーバード大学で研究にいそしんでいた教授たちです。

デトロイトの強み

デトロイトでは、「(ボストンのような取り組みは)ここでは無理だ」との言葉がよく聞かれます。労働組合の圧力によって賃金が跳ね上がり、税率も高いほか、資本家への強い反感が蔓延しているため、科学分野の人材はここで企業を興そうなどとは思わない、というわけです。ただ私から見れば、それは間違った思い込みです。その理由は三つあります。

①デトロイトに牛の放牧場くらいしかなかった当時、ボストンにはすでに、強大な労働組合がいくつもあって精力的に活動していました。そのうえ、賃金水準そのものよりも、生産額に占める賃金の比率のほうが重視されていました。エレクトロニクスをはじめとする最先端の産業では、賃金は売上原価のほんの一部にすぎません。コストがかさむのは頭脳労働者と原材料ですし、競争の舞台は地域市場ではなく全米市場です。

②ボストン周辺はアカデミックな雰囲気に包まれていますが、これは実利的な起業家精神にとっては、肉体労働を賛美する雰囲気と同じくらいなじみにくいものだ、との考えも成り立ちます。

③ボストンの税率はデトロイトよりも高くなっています。エレクトロニクス企業が軒を連ねるマサチューセッツ州レキシントンでは、不動産取引税は実勢価格一〇〇〇ドル当たり約四〇ドル、ボストンではおよそ五〇ドルに上ります。これに対し、デトロイトでは二五ドルです。しかもマサチューセッツ州では、所得税も法人税も税率が高いにもかかわらず、工場は増えています。

だからデトロイトでも、それなりの意志とリーダーシップさえあれば、サイエンス・シティの創造に向けて、地域社会から大規模な支援が得られるに違いありません。私はこれから述べる理由により、そう確信しています。

第一に、デトロイトは過去にも経済的な利益を得るために、地域を挙げての取り組みを成功させた実績があります。五二年の秋にデトロイト商業委員会は、「アメリカ合衆国の海外貿易および海外援助政策に関する、デトロイト商業委員会の見解」を発行し、そのなかでさまざまな貿易障壁を激しく批判しました。この冊子は全米に何十万部も配布されました。

五三年には、ヘンリー・フォード二世の旗振りにより、自動車業界がキャンペーンを展開しました。こうしてデトロイトを発火点として、アメリカ全土にリベラルな貿易政策への支持が広まったわけです。次いで、バローズ・コーポレーション（訳注：現ユニシス）社長のジョン・コールマンが、新設されたばかりの貿易政策委員会の長に就任しました。

その後のさまざまな活動が功を奏して、アメリカに関する新しい本には「デトロイト：自由貿易主義者の故郷」と題する章が設けられ、「デトロイトはアメリカのどの大都市とも同じような、『自由貿易都市』に近づいている」と記されたのです。(注2) そしてさらに「ほかの都市と比べても、デトロイトはHRIを通過させるうえで、大きな役割を果たした」と続きます。HRIとは、アイゼンハワー政権が提出した自由貿易法案のことです。産業界は自由貿易を後押しするために団結しただけではなく、労働側とも緊密に連携しました。というのも、デトロイトの人々は、製造分野の雇用の七分の一は貿易に依存していることを理解していたからです。

こうしてデトロイトの地域社会は、対外貿易の促進という旗印の下で強く団結したわけですが、それはうまく生き残るためにはそのような活動が欠かせないと悟っていたからです。先ほどの本は、こう結論づけています。「デトロイトの動きは、不透明な状況の下で指導力を発揮すれば、数人でも大きな影響力を持ちうるだろう、と示唆している」

おそらく今日のデトロイトがこの先も競争力を発揮するうえで必要となるのは、ジョン・コールマンや商業委員会のメンバーのようなリーダーでしょう。地域の未来を担うミシガン・サイエンス・シティを構想し、迅速にかたちにするために手を貸してくれるリーダーです。

「デトロイト地域は、団結して必要な仕事を成し遂げられる」と考える第二の理由は、労働組合の協力が得られそうだということです。これは新設の「デトロイト地域の発展に向けた労務管理委員会」を見れば、わかります。先月、宿敵同士であるデトロイトの雇用主協会とウェイン郡のAFL-CIO（アメリカ労働総同盟・産業別組合会議）が、アメリカン・モーターズ（訳注：現クライスラー）のバイス・プレジデントであるエドワード・L・クシュマンのリーダーシップの下で膝を交え、地域社会のニーズについて真剣に話し合いました。

第三の理由は、デトロイトが信じるものがあるとすれば、それは外的なインセンティブです。将来の成長へのインセンティブや、時代に後れを取るまいというインセンティブなど、強力で前向きなものです。おそらくもっと強いインセンティブもあり、それは後ろ向きのものです。ちょうど復興を遂げる前のボストンのような、衰退や停滞の脅威といったものです。

ミシガン州の雇用保障委員会の報告によれば、六〇年から六二年秋までの間に、ミシガン州の雇用者数は七万六〇〇〇人ほど減り、このほかに六万人が「職が得られない」という理由でこの地域を離れたそうです。これは後ろ向きのインセンティブです。科学分野の最高の人材が州外へ流出していったのですから。地元が誇る活気あふれるデトロイトが、遠方でR&Dをつかさどる高飛車な女王蜂にひれ伏す蜜蜂になってしまうとすれば、これも同じく後ろ向きのインセンティブとなります。

地域ぐるみの生き残り策

よい製品がなければ、あるいはよい製品でも時代遅れであれば、どの企業も長く存続できません。優雅さをきわめた馬車も、自動車とは——最低レベルの車とすら——競争できません。技術や機械に精通したデトロイトの逸材は、馬車産業を衰退へと追いやりました。これは意図的なものでも、無駄な破壊活動でもなく、創造的破壊だったのです。

新しいものを創造することで、古いものを破壊したのです。

今日、創造性と革新を柱とした新しい経済が幕を開けつつあります。将来的に成功を勝ち取るためには、デトロイトがすでに持つ技術やコンピタンス（能力）の多くが必要となります。あわせて、これまでとはまったく違う才能も求められるでしょう。技術や機械よりもむしろ、科学や抽象的分野の才能です。

これらの才能はいまのデトロイトでは十分に集まりません。スピーチの魔力や善意に頼ってみたところで集まらないでしょうし、ワシントンに行って連邦政府にR&D関連の発注を求めても無駄でしょう。地域を挙げての大規模な取り組みによって、必要な環境と科学面の素地を整える必要があります。それを土台に、もっと偉大な新しいデトロイトと中西部を築き、確かな未来を切り開いていくのです。

幸いにもこの地域は、現在もなお産業界の頂点に輝き、多大な富を生み出しています。みなさんは不安を感じているかもしれませんが、ここで事実と向き合ってみましょう。デトロイトは今日でも、あらゆる角度から見て、素晴らしさを保っています。つまり、再出発を図るうえで理想的な環境にあるわけです。強大さ、活気、自己批判の精神が健在ないまのうちに、立ち上がるべきです。

デトロイトの人々は、ひとたび心を決めさえすれば、地域リーダーたちの力や地元への誇りをテコにして、新しい困難な仕事を成し遂げられます。つい先頃もそれを見事に証明したではありませんか。デトロイトは「ここは世界の資本主義を象徴する活気みなぎる地域だ」と今日もなお胸を張って主張できるわけですが、そのデトロイトをここまで押し上げたリーダーシップとパイオニア精神を再び呼び覚ますのに、機はまさに熟していると、私は考えます。

経営者たちの見解

次に、レビットの分析内容や提案に対して、四人の経営者の意見を紹介していく。『ハーバード・ビジネス・レビュー』が意見を求めた経営者のうち二人は、科学を土台にした産業がすでに力強く開花した地域、ボストンとロサンゼルスを拠点に活躍している。もう二人が拠点とするのは、技術をよりどころに製造業を発展させたことで知られるピッツバーグとデトロイトである。

■レイ・R・エパート

バローズ・コーポレーションの社長、レイ・R・エパートは、自社の本拠地でもあるデトロイトの産業事情を知り尽くしている。エパートは、「政府・民間のどちらか主導かは問わず、科学寄りのR&Dプログラムがあらゆる業界で重要性を増している」というレビットの主張に賛同しつつも、産業界はR&Dだけでなく、その先の段階にも思いをめぐらさなくてはいけないと説く。

レビット教授は、国防や宇宙といった分野から産業界に寄せられる当面の要請を重視しすぎているのではないでしょうか。科学のブレークスルーを商用化するうえでは、製造やマーケティングも欠かせないわけですから、その重要性をもっと認識すべきだと思います。

レビット教授は、デトロイトの各企業について、「今後求められるであろう製品を開発、製造するのに必要な経営資源を、どれだけ蓄えているだろうか」と、問いかけています。物理学、電子工学、化学などのエキスパートは、新世代の雄として創造に携わるが、その成果をかたちにするのはほかの人々だ、とも主張されています。言うまでもなく、このような状況はおおむね長く続いてきました。

しかし、このサイクルのなかで企業から見て最も重要な側面、そしてもちろんアメリカ経済にも影響を及ぼしてきた側面については、触れられていません。つまり、「それら将来の洗練された製品を、だれがどのような顧客に売るのか」という視点が欠けているのです。レビット教授が念頭に置いた科学主導の分野は、連邦政府が主な顧客ですが、これから先も同じなのでしょうか。それとも民間セクターが主要顧客になるのでしょうか。

どの企業も自治体も、将来的に経済面の安定を得るためには、科学中心の自主的なアプローチだけで十分だとは思えません。

デトロイトの場合、その技術力は世界に広く認められていますから、経営者たちはこれから先の科学的進歩の応用に関して、高度な製品に既存の知識をどれだけ生かせるかを考えるべきであり、実際にそうしています。科学面のR&Dそれ自体を目的として重んじるのではなく、顧客が政府であろうと自由世界の一般人であろうと、顧客の願い、ニーズ、要望を満たす売れる製品を提供するという、幅広い文脈を重視すべきです。

デトロイトの科学的風土が改善されることが、多種多様な製品の生産性を今日よりも高い水準で維持したり、より高いマーケティング成果を保ったりするために、役立たないという意味ではありません。デトロイトを代表する経営者たちはまさにこの目標を実現するために、六二年に設立されたデトロイト・リサーチ・パークに関する市長の諮問委員会に、積極的に参加しています。リサーチ・パークの中心部のいくつかの区画は、すでに再開発が決まっています。まもなく第一期分として六三エーカーの整地が行われるでしょう。今年中にも研究所の建設に着工するために、すでに一社と契約を結びました。

この計画の特筆すべき点は、デトロイトがいま、将来へ向けたこの都市の経済の要請、そしてもちろんアメリカ経済の要請にも応えつつあることです。それを支えるのは、全世界に認められた素晴らしい経営資源をさらに充実させる、という決意です。我々は具体的な経済目標の一環として、科学中心の調和の取れたR&Dをうまく管理することにより、この大いなる技術力をさらに生かそうと意気込んでいます。

デトロイトの生産力は、アメリカ経済にとって頼みの綱です。この地域の労働力は、技術をよりどころにしています。非熟練労働者が少しずつ技能を磨いて熟練労働者になり、生産性の向上に欠かせない機械をよりうまく活用できるようになっています。生産面の能力がこれほど充実している以上、これを生かすのは、アメリカはもとより世界に対する我々の責務です。

デトロイトは今後も、世界の生産基地であり続けるでしょう。そのために、この地域の経営者は、科学志向のR&Dを先進的な製品の開発にいかにつなげるかで、知恵を絞っています。

■ウィリアム・M・ホーキンス

次に、科学が盛んなカリフォルニアで経営に携わるウィリアム・M・ホーキンスに意見を聞いた。ホーキンスはロッキード・エアクラフト・コーポレーション（訳注：現ロッキード・マーチン）のサイエンス・アンド・エンジニアリング担当バイス・プレジデントである。カリフォルニア州バーバンクを拠点とする彼は、「地域発展の

——基礎としての科学」というテーマに斬り込み、科学だけでなくその副産物の重要性も見逃せないと強調する。

地域の繁栄を導く土台としての役目を十分に果たすために、科学に求められるのは、雇用創出につながる製品やサービスを生み出すことです。科学とその分野の人材だけの力では、繁栄は約束されません。いまのところは政府資金に頼っていますが、きっかけとしてはそれも悪くはないでしょう。ただし、長期的な繁栄を確かなものにするためには、商用化が不可欠です。新興産業にあれほど恵まれたボストンですら、国防頼みの繁栄がはたして永続するのかどうか、確信を持てずにいます。

——ホーキンスはデトロイトの位置づけを考慮して、どのような雰囲気を醸成すれば科学志向の開発を促せるかにも言及している。

一流の大学を近くに持ち、文化の香りに包まれていることにかけては、デトロイトは引け目を感じる理由はないでしょう。重要なのは、挑戦しがいのあるプロジェクトを見つけることです。この点では、最初から大がかりな取り組みは難しいし、そもそもそんな必要はありません。ボストンを見てください。小さく産んで大きく育てるやり方で大成功しました。デトロイトには一流の仕事をするだけの資金力もあり、立ち上がって行動しようという意志もすでに示しています。ミシガン大学のノース・キャンパスなどで進行中の技術プロジェクトに支援を申し出たのは、目に見えるかたちでの進展です。

しかし、私としては、非営利の大規模な研究施設を一つつくるよりも、むしろ投資会議を開き、基金を集めて、技術系の小さな会社が土地や施設を取得できるように、資金援助をすればよいと思います。この基金には、好業績の企業だけでなく、デトロイト周辺の労働者も協力してはいかがでしょう。科学に立脚した小さな企業がいくつも生まれ、各人がそれぞれ自分のアイデアを基に自律的に仕事に取り組める環境を整えたなら、単一の非営利センターをつくるよりも、長い目で見て産業の振興に貢献するでしょう。

いまこそ行動すべき時機だという点に関しては、そのとおりだと思います。デトロイトは恵まれています。大規模な製造業に必要な技術分野の人材が揃い、それを基盤とし、資金力も豊かです。ただし、技術系の人材も、資金力も、アイデアには代えがたいでしょう。アイデアこそ成功に欠かせないものです。大学で研究に携わる人々も、小さな研究所で一人立ちするための支援が得られると知れば、ほかへ移らずに地元に残るのではないでしょうか。

講演のなかでレビットは、卓越した革新性を発揮したアメリカ人を引き合いに出したが、ホーキンスは、それらの発明家を今日求められる人材と対比している。

忘れてはならないのは、レビット教授が紹介している発明家たちが活躍した時代には、大学で理工学系の学士を取得した人はみな、今日の科学者とほぼ同じ位置づけにあった、という点です。我々の社会が繁栄できるかどうかは、これら革新者たちの才能に従来以上に大きくかかっています。その才能とは、飽くなき好奇心、強烈な創造意欲、ツール類の使い方への深い理解、失敗してもくじけずに新しい試みを続ける粘り強さ、失敗から教訓を引き出す分析力などです。

このうち科学系の教育によって伸びる余地が大きいのは、ツール類の使い方だけです。今日のツールはもはや、レンチ、旋盤、溶接トーチ、計算尺といったものではありません。むしろ専門科学の領域に属するものです。物質の引き起こす現象についての深い知識は、科学分野の高い教育を受けた人でないと使いこなせないでしょう。ただし、知識は持っているだけでは結果を生まない、ということを忘れてはいけません。知識を活用する人、機械工、「何でも屋」などは依然として必要なのです。違う点は、今日の科学の世界では、博士号レベルの知識がないと「何でも屋」になれない、という点でしょう。最近の「何でも屋」もやはり手を汚します。潤滑油ではなく、コンピュータによってですが。

■フランクリン・A・リンゼー

次に紹介するのは、アイテック・コーポレーション社長のフランクリン・A・リンゼーの見解である。アイテックはマサチューセッツとカリフォルニアの両州で事業を展開しており、ボストン郊外の有名な一二八号線沿い（訳注：エレクトロニクス関連企業が集中する地域として知られている）やスタンフォード大学のインダストリアル・パーク（訳注：現リサーチ・パーク）の事情を内側から知る立場にある。リンゼーはレビットの提案に対する見解のなかで、科学コミュニティを築くうえで大きな影響を持つ二つの要素に言及している。第一にそのようなコミュニティの形成には時間がかかる、第二に人材を集めただけでは十分ではない、という点である。

サイエンス・コミュニティは一朝一夕に築けるものではありません。おそらく一〇年から二〇年はかかるでしょう。そのようなコミュニティの形成を検討するなら、単に「サイエンス」ではなく、より踏み込んで分野を限定すべきだと思います。いまだ参入企業が少なく、長い目で見て最も有望そうないくつかの分野に的を絞り、その分野で押しも押されもしないナンバー・ワンの地位を目指すのです。たとえば、エレクトロニクスよりも、生物物理学や生化学を選ぶというように。

それから、科学分野の発明を土台にして新しい産業を切り開こうとするなら、科学畑の人材だけではとうてい足りません。マネジメントやマーケティングの人材も必要ですし、そのような人材を引きつける力も求められます。原材料とその入手可能性もカギを握るし、輸送も重要かもしれません。事業によっては、ジェット機の便がよいことが必須条件かもしれませんし、高速道路網の整備が重要な場合もあるでしょう。

リンゼーは、「将来的に経済面での競争力を保とうとするには、サイエンス・センターを設けるのが最終的な解決になる」という考えを戒め、さらに根本的な点にも警鐘を鳴らしている。

科学分野の優れた研究力を地域が自前で育成するのは可能かもしれませんが、それが製造面の受注につながるとの保証は何もありません。R&D投資のほとんどは全国規模の企業が行っているので、R&Dの成果を基に新たな製品ラインを立ち上げる場合、R&Dを行った地域で製造が行われるとは限らないわけです。

デュポンはウィルミントンでナイロンを開発しましたが、製造施設が置かれているのはバッファロー、ニューヨーク、カムデン、サウスカロライナなど東部の九都市です。ウィルミントンよりもこれら九都市のほうが、ナイロンからはるかに大きな経済的利益を得ているのです。

ヒューレット・パッカードは、スタンフォード大学のインダストリアル・パーク内に拠点を置いていますが、先端機器の製造については部分的にせよ、コロラド州などコストの低い地域への移転を進めています。

それに、国防目的で開発された科学技術は、個別地域の長期的な利益には必ずしもそぐわないかもしれません。国防あるいは宇宙分野のR&Dから、はたして商用化につながる「おこぼれ」があるのか、という疑問が頭をもたげてきています。しかも、軍事ビジネスの比重を高めると、契約が撤回や解消された時の痛手が大きくなります。

■ジョン・T・ライアン・ジュニア

各地の産業界は、科学や技術の成果を十分に生かしているのだろうか。マイン・セーフティ・アプライアンシズ（本社ピッツバーグ）の社長、ジョン・T・ライアン・ジュニアは、この問題に関心を払っている。ライアンは、アレガニー地域開発委員会の議長という立場から、レビットが講演で触れたテーマの多くに関わってきた。

地域産業が科学を応用する折には、科学と技術の両分野で最新の成果を生かし切っているか、という重大な問いかけをしなくてはなりません。今日では、およそあらゆる産業で進歩やイノベーションが起きていますが、その速さは地域によって差があり、同じ業界内でも企業によって開きがあります。

地域差に関しては、古くからの工業地域では工場の老朽化、最先端技術を持った人材の不足などが至るところで深刻化しています。新しい機械や最新の技能を持った人材を、喉から手が出るほど求めているのです。これらの問題を解決するためには、金融機関、企業、労働者、大学や学校、市民などが足並みを揃えて、地域全体で取り組んでいく必要があります。

経営者に関しては、時代に取り残されるのを避けるためには、技術や科学の進歩に注意を払い、力を尽くすことが欠かせません。新製品の開発競争はペースが速まっています。遅れを取った企業は、競争に敗れただけでは済まず、次の競争まで生き残れないかもしれません。

レビット教授は宇宙産業にしきりに注目し、特定地域に集中していることに言及していますが、この集中は明らかに、宇宙産業の成り立ちに起因しています。宇宙産業は、第二次世界大戦期の航空機メーカーが、その後、電子工学やコンピュータ分野の専門性を着実に身につけた結果生まれたのです。

特定地域への集中はそれほど珍しい現象ではありません。ごく最近の化学業界や原子炉製造などを考えてみればわかることです。第二次世界大戦後、メキシコ湾岸にはおびただしい数の化学会社が集積していますし、現在稼働中の原子炉はその七〇パーセントがピッツバーグ周辺で設計・開発されたものです。古くからの産業コミュニティも、依然として繁栄のための条件を備えており、その範を示しているのが今日のボストンです。

古くからの地域コミュニティに属する企業と大学にとって、拡大基調にある科学研究分野と緊密に連携し、その研究成果を活用する仕組みを開発することはきわめて重要です。産学連携の研究を拡充するために、できる限りの奨励策を取るべきでしょう。

ライアンは、レビットの見解を幅広い視点からとらえ、C・P・スノーの考え方と関連づけている（訳注：C・P・スノーはケンブリッジ大学フェロー、イギリス労働省職員、企業重役などを歴任した。一九〇五〜一九八〇年）。

レビット教授は、C・P・スノーの『二つの文化と科学革命』(注3)と同じ前提から出発し、デトロイトの聴衆を三つの文化に色分けしようとしているようです。三つとは、純粋な知識人、技術者、科学分野の専門家です。スノーは技術者と科学者の二分類を用いているわけですが、そのスノーですらこう述べています。「科学者と技術者は往々にして、互いに途方もない誤解をする」「科学の世界で純粋培養されてきた人々はたいてい、技術者や応用科学のことをまったく理解していない。『実務上の課題の多くは、理論上の課題と同じくらい知的な厳密さを求められ、満足のいく見事な解決策につながっている』という点を理解しないだろう」

しかし逆に、エンジニアリングや製造の分野では、純粋科学の成果を活用する事例が増え、発展スピードを速めています。

【注】

（1）*Business Week*, November 3, 1962, pp.89-90.

（2）Raymond A. Bauer, Ithiel de Sola Pool, and Lewis Anthony Dexter, *American Business and Public Policy*, New York, Atherton Press, 1963, Chapter 15.

（3）C. P. Snow, *The Two Cultures and the Scientific Revolution*, Cambridge, England, Cambridge University Press, 1959. 邦訳はみすず書房刊。

第23章

The Johnson Treatment

産業界がジョンソン大統領を支持する理由

The Johnson Treatment
HBR, January-February 1967.

産業界ではイデオロギーの変化が起こっている

アメリカ産業界で経済的に大きな存在感を持つ層、すなわち大企業の経営者たちは、自覚しているかどうかは別として、いままさに今世紀最大の、いや企業経済が生まれてから最大の、イデオロギーの転換を遂げつつある。

こう書くといかにも大げさなようだが、これを裏づける証拠には事欠かない。アメリカ産業界はようやく、それも予想を超えた唐突さで、政府による干渉主義を受け入れたらしい。注意深く見ていると、アメリカ産業界を支える主軸層は「よりよい社会や経済を実現するうえで、連邦政府は積極的な役割を担うことができるし、そうあるべきだ」との明快な結論に至ったようだとわかる。それも、ただ大きな政府が誕生したというだけではない。大きな政府は悪いとは限らず、政府が社会や経済に介入する度合いが強まると、生活水準が向上し社会がより豊かになる、という考えにたどり着いたのである。

産業界にはたしかに、「大きな政府」「連邦政府による放漫な財政支出」「自由の侵害」などへの批判や不満が渦巻いており、これからも消えはしないだろう。連邦政府の動向に対する産業界の見解は、その時々でさまざまに揺れ動く。個人個人で意見に開きがあり、彼らは今後も選挙で投票を通してさまざまな見解を表明し続ける。

それでも、筆者の主張は変わらない。政府は社会でどのような役割を果たすべきかをめぐって、産業界の見方はほんの三年前とは一八〇度転換し、この新しい見方が今後も続くと考えられるのだ。

たとえば、民主党のジョンソンは大統領になってから最初の三年間で(在任期間はケネディの一〇三六日にほぼ並んだ)、財政、金融、社会福祉などの政策を次々と打ち出し複雑な様相を呈しているが、それに対して産業界は驚くほど忍耐強く、友好的ともいえる姿勢を示している。筆者の見たところ、このような姿勢はつかの間の流行や一時的なものではない。驚くほど長く続きそうな変わりようなのである。

本稿では、この変革はひとえにジョンソンの力によるもので、大統領としての最大の功績であると述べても過言ではないことも主張していきたい。ジョンソンは、連邦政府の役割を拡大し、「公共の福祉の増進」を妨げていた最大の障壁をついに取り除いた大統領として、歴史にその名を残すことだろう。さらに特筆すべきなのは、彼の名前は何よりも、抵抗派をことごとくみずからの支持層として取り込んだ大統領として、人々の記憶に刻まれるかもしれないことである。

「大きな政府」を支持する流れ

ジョンソンは大統領に就任直後から、社会全体の細かい問題にまで連邦政府の威光や権限を及ぼそうとして、前任者のケネディに負けまいと邁進してきたように見受けられる。この取り組みをさらに強化していくとも公約している。ケネディはこの分野ではさして成果を上げず、ジョンソンはすでにケネディを大きく上回る評価を得ているが、いっそう引き離そうとしているのだ。

大企業の経営者が語るジョンソン大統領の評判

財界人や関係者たちの発言は、最近のものだけでなく、時間の経過と共に見ていったほうがよい。「ジョンソン大統領は事業や経営者を十分に理解していると、私はかねてから述べてきた。この考えはいまも変わらない」と、キャンベル・スープの社長で、政治的には保守派として知られるW・B・マーフィーは先頃語った。

一九六六年一〇月末、多くのにわか評論家たちが、偉大なる社会の先行きは不透明だと論じるなかで、『ニューヨーク・タイムズ』紙は、経済人会議《ビジネス・カウンシル》の秋季大会を取り上げた第一面の記事で、「巨大企業のトップはいまなお、『偉大なる社会』を実現するというジョンソン大統領の目標をほとんど批判していない」と評した。

このような友好的な雰囲気は、ジョンソン政権が発足時の流れが今日までそのまま続いているからにほかならない。当時、アルミニウム・カンパニー・オブ・アメリカ（訳注：現アルコア）の社長のジョン・D・ハーパーはホワイトハウスを訪れた後、「連邦政府は社会の改革に際して大きな役割を果たすべきだ」と驚くほど政府寄りの見解を述べて、心ならずも非難を浴びるといった光景も見られた。

『フォーチュン』誌にはこんな記事が掲載された。「アメリカ商工会議所のロバート・P・ガーホルツ会頭は、鋼鉄の一斉値上げの後、連邦政府による『脅し』に抗議するために密かにホワイトハウスを訪れた。ところが、ホワイトハウスから出てきた時には笑顔を浮かべて、『大統領の考えをよく知っていたなら、商工会議所は別の対応を示しただろう』と述べた」。

驚いた記者たちは、これらのコメントを急いで記事にした。発言者があまりに有名人だったので、彼らに「愚かな心配性」（softheaded bleeding hearts）や「筋金入りの福祉国家論者」（militant welfare-staters）などの誤ったレッテルを場当たり的に貼ってきたマスコミは、批判の対象にされた。

その後、産業界の牙城ともいえるウォール街から、投資銀行のカール・M・ローブ・ローズ・アンド・カンパニーの共同経営者、アーマンド・G・アープフが大胆にも、次のような明快な見通しを表明した。六六年三月のインタビューで、「アメリカではこれまで、産業界と政府の間にイデオロギーの対立があったが、ジョンソン政権下ではその対立に事実上、終止符が打たれ、考え方の一致が見られるようになっている」と、アープフは語ったのだ。そのうえで、産業界は政府と対立するのではなく、政府がより効果的に役割を果たせるように支援すべきだとも指摘している。「これから先、政権を担う人々の能力や手法に我々は関心を向けるだろう。（中略）この多様な社会を構成するすべての人や組織と力を合わせて、大いなる責任を果たさなくてはならない」

この見解は、国際的な投資銀行に勤める東部のエリートならではの偏ったものではないか、という批判があるといけないので、中西部の製造業従事者の代表として、フォード・モーターのアージェイ・ミラー社長の意見も紹介しておこう。アープフと比べて心持ち慎重だが、大きな違いはないようだ。

「ビジネスに携わる我々にとって、いま起こりつつある歴史的な変化を正しくとらえることが重要だ。変化に抵抗して経済発展を妨げてはならない。歴史の歯車を逆さに動かそうとする、虚しい試みに労力を浪費してはならない」

そして極めつきが、次に挙げる例だ。昨年（六七年）一〇月末、ジョンソンが革新的な「モデル都市」提案を行って議会が紛糾した際に、アメリカの主要企業二二社のトップがただちにこんな声明を発表した。

「アメリカの都市には、病気や絶望、失業や不安、生活保護への依存、犯罪の不気味な影、秩序の無視や非行といった諸問題が一気に襲いかかっている。アメリカ社会はモデル都市の制定を必要としている」

『ニューヨーク・タイムズ』紙のジェームズ・レストンは、「この声明の内容は、まるで労働総同盟産業別組合会議（AFL-CIO）の指導者のウォルター・ルーサーが書いたのではないかと思ってしまう」と評したが、声明に名を連ねていたのは、エドガー・F・カイザー（カイザー・インダストリーズ社長）、デイビッド・ロックフェラー（チェース・マンハッタン銀行頭取）、ヘンリー・フォード二世（フォード・モーター会長）、トーマス・J・ワトソン・ジュニア（IBM会長）、トーマス・S・ゲイツ・ジュニア（モルガン・ギャランティ・トラスト会長、アイゼンハワー政権時代の国防長官）などそうそうたる顔ぶれだった。

『USニュース・アンド・ワールド・リポート』紙によれば、一一月の選挙の直前に、ヘンリー・フォードはこう述べたという。「知事にはロムニーが適任だと思うが、ジョンソン大統領に不利になるような投票はしたくない。ジョンソンは優れた成果を上げてきた。これは重要な点だ」

この選挙では、それまで産業界に強く支持されてきた共和党が大きく躍進したにもかかわらず、トルーマン政権末期の五二年の選挙後の論調とは違って、変革への抵抗や揺り戻しの兆しは見られなかった。経済メディアの論調は、共和党候補者が軒並み大きな支持を集めた事実を、ジョンソンの「偉大なる社会」の否定としてはとらえなかった。むしろ、『ビジネスウィーク』誌のような見解が主流だった。それは「共和党の穏健派は、これらの政策の多くについて、（おそらくより緩やかなペースで）拡大すべきだとの立場を取っている。撤回や大幅縮小などは断じて主張していない」というものだ。

産業界はなぜ政府に協力的なのか

政府への姿勢が変わった様子は、経営者たちの発言だけでなく、企業の行動からも見て取れる。具体例を挙げてみよう。

●不登校者や中途退学者を救おうという「ネイバーフッド・ユース・コープ」の運動に対して、大小企業一〇〇社がいち早く積極的参加を表明した。

●ゼロックスなど利益追求にきわめて熱心な企業が、貧困対策の一環として職業訓練を実施している。

●全米製造業者協会は常に福祉改革への抵抗勢力と見られてきたが、連邦住宅局などの連邦機関から幹部クラスの人材を熱心に引き抜き、スラム街の住宅問題、読み書きの不自由な人々の教育など、社会問題を解決するための実際的な方法の考案や実行に努めている。

●全米製造業者協会はこのほかにも、アフリカ系アメリカ人が小規模ビジネスを起こせるように、支援のための基金を設けようとしている。

●カリフォルニア州の民間企業は、州支援の公共サービスをつい最近まで「無駄が多くて必要ない」と批判してきたが、最近は下請けとして参画しようとの動きを見せている。

●ほんの数年前までは、「連邦政府は人が余って無駄ばかりで、悪弊に満ちている」と非難するなど、非常に古風な考え方を持っていたはずのビジネスパーソンが、突如として「少なくとも二、三年はワシントンの官僚機構で働きたい」となだれを打って押し寄せている。

政府に協力することが理にかなっていると見なされるようになったばかりか、これまで「ぱっとしない」とされてきた社会福祉などの分野でも、公然と胸を張って、政府への協力姿勢を示すことが市民権を得たのは明らかである。

ビジネスパーソンが心境の変化を口にすることはめったにないし、わずか三年の間に、自分の考え方や心の持ちようが変わったなどとは、まず認めないだろう。たとえそうした事実を明かす気になったとしても、従来の信念を曲げたという印象を持たれまいと気を遣うはずだ。昔なじみの友人との打ち解けた会話でも、胸襟を開いて、長年の共和党の政策への支持が揺らいでいると告白するまでには時間がかかる。

しかし少しずつではあるが、産業界の新しい姿勢が公の場ではっきりと示されつつある。アープフ、ミラー、ハーパー、ガーホルツらは、他の多くの人々が内心で思っていることを声高に唱えた。

いまから三年前に、産業界の主流を行くビジネスエリートの一〇年後の姿として、このような「あけすけな」物の見方を抱いたり、人前で堂々と表明するだろうと予想したなら、ひどく愚直だ、アメリカの政治にあまりにも無知だ、アメリカの経営者を理解していない、古くからの考え方やイデオロギーがどれだけ根強いかをまったく知らない、とこき下ろされたに違いない。ところが、およそ起こりえないと思われたことが、いま起こっているのだ。思慮深いビジネスパーソンは、自分たちが考えを変えたという事実を直視して、それがどれだけ大きな変化なのか、具体的になぜ、どのように考え方が変わったのかを、見つめなくてはいけない。その過程で、自分をよりよく知ることができるばかりか、どうすれば政府上層部に成果を上げてもらえるかがわかってくるだろう。

ジョンソン政権の成功に対する誤解

産業界は、連邦政府がさまざまな問題への関与を深めているという事実に対しても、民主党のリーダーに対しても前代未聞といえるほど大きく見方を変えたわけだが、それについてはあいまいな説明しか示されていない。一般的な説明は、「政府は自分たちの利益を損なうのではなく、増進させるために働いていると、ビジネスパーソンは考えるようになった」というものだ。ジョンソン大統領の政策によって、アメリカは繁栄への道をひた走り、企業の利益もうなぎ上りだといわれる。だれも波風を立てたり、恩をあだで返したりするような真似はしたがらない。たとえベトナム戦争がなかったとしても、産業界は間違いなく、ジョンソン政権を恩恵に満ちた政権だと受け止めていただろう。

企業はあらゆる種類の組織のなかで最も実利を重んじるため、成長と利益がもたらされる限りは、消化不良をもよおさずに、貧困対策、メディケア（老人や身障者などを対象とした医療保険制度）、価格抑制策、充実した教育補助金、家賃補助などを受け入れてきた。そしておそらく、何よりも革新的な逆所得税の提案でさえも甘受するのではないだろうか（逆所得税は実質的に、貧しい人々に補助金を支給しようとの仕組みで、アイゼンハワー政権の初代国防長官の言葉を借りれば、「犬小屋で怠けている犬とさほど変わらない」極貧の人々を対象としている）。

実はトルーマン大統領も、アメリカ経済がきわめて好調だった時期に積極的な拡張政策を推し進めたが、ケネディ政権と同じく、産業界からたいして支持を得られなかった。一方、ジョンソン大統領は絶大な支持を集めている。六六年九月末には、七パーセントの投資控除を廃止する案が議会に提出され、「増税が必要なのに『駆け引き』によって先送りしている」と大勢の人がジョンソン政権を攻撃したが、産業界はおおむね政権を支持した。その主張は、政策の実行が遅れているとしても、経済の先行きが不透明なのでやむをえない、というものだった。

トルーマン政権とジョンソン政権は、目的、個別の政策ともに、非常に似通っている。にもかかわらず、トルーマンは産業界の敵意と疑いを、ジョンソンは支持と理解を受け取った。これはなぜだろうか。

よく聞かれる説明には二とおりあるが、どちらも等しく説得力に欠ける。一つは、ジョンソンが財政の規律を守ろうとしたのに対して、トルーマンは財政に十分な責任を持とうとしなかった、という説である。トルーマンはとりわけ景気拡大策でインフレをもたらし、労働組合には思いどおりのことをさせながら、製品の値上げでは企業と激しく対立するなど、場当たり的な対応で不信を招いたとされる。

もう一つは、産業界は二〇年にわたっていわゆる「福祉国家」に判を押したように反対してきたが、それに疲れ切ってしまったのか、少なくとも「新しい経済」の利点を学んだ、という説だ。これらの説明は、当然ながら真理の一面を突いているのでつい信じたくなるが、あまりにも誤解を生みやすい側面もある。これらの理屈はひどく単純すぎて、十分な説明になっていないのだ。

産業界は現在インフレを懸念しているが、インフレの足音や、「忍び寄る社会主義」など当世風の「妖怪」を持ち出して、ジョンソン政権の拡張的な社会政策に反対しているかというと、そうではない。ごく一握りの頑固な反対者を除けば、ジョンソンとはまったく対立していない。トルーマン政権はもとより、ケネディ政権時代と比べても、明らかに潮目は変わった。ジェームズ・レストン（訳注：『ニューヨーク・タイムズ』紙の大物記者）の言葉を借りれば、「（産業界で幅を利かせていた）昔ながらの保守的なイデオロギーが、新しい考え方に取って代わられた」のである。

ジョンソンはこうして支持を取りつけた

産業界のリーダーたちは、ケネディの悲劇的な死からわずか三年という驚くほど短期間に考え方を変えたわけだが、強い信念を持った人々が、おのれの信念にこうもたやすく飽きてしまうとは考えにくい。単に飽きがきた、自己利益で動いたというよりも、もっと重要で微妙な理由によって、この劇的な姿勢の転換が起こったのだろう。これは、アメリカのあり方、街の印象、働き手の職業分布、所得分布、企業のバランス・シート、ダウ平均、国際社会におけるアメリカの影響力などを確実に左右すると考えられる。アメリカ社会の全体的な質を決定づけるものなのだ。

ケネディほど愛されない理由

今日、リベラルな思想を持ち、政治に関心の強い高学歴層は、ジョンソンが政権発足後に成し遂げた内政面の成果を渋々ながらも認めている。彼らは、三年目に入って政権の取り組みペースが衰えたと不満を述べ、たいていの場合、ジョンソン個人は気に入らないとの感想を漏らす。好ましい出来事がすべて、たとえばヒューバート・ハンフリー（第三八代アメリカ副大統領）のような好人物の下で起こったらよかった、ケネディならなおさらよかった、というのだ。

実際に彼らは、ジョンソンには意地でも賛辞を送りたくないが、ケネディが存命であれば絶賛したかったという思いを強く抱いている。ジョンソンは政策面で勝利を重ねてきたが、本来はケネディの功績だったはずだ、というのである。類稀なカリスマ性を備えたケネディは絶賛を浴び、尊敬の的となっていただろう。ジョンソンはどう見てもそのような立場になく、これからもけっしてそういうことは起こりえないだろう。

「ケネディが生きていたなら」という、あきれるほど素朴で根強い発想は、肝心な点をすっかり見落としている。ケネディはジョンソンと違って、はたして本当に成果を上げられたかどうかは疑わしい。ハンフリーにしても同様である。第一次世界大戦後の大統領たちも、六四年時点で有望視された候補者もみな、偉業を成し遂げられなかった。

かのフランクリン・ルーズベルトですら、これほど長期にわたって、これほど多数の成果を上げることはできなかった。ルーズベルト政権が好調だったのは一年少々にすぎず、その後は産業界と民主党との間で熾烈な対立が繰り広げられ、さんざんな状態だった。

しばらく前に、当時ジョンソン大統領の特別補佐官を務めていた無口で痩せたジャック・バレンティが、演説であからさまにジョンソンを持ち上げ、まるで神様のような洞察力、説得力、分析力、先見性、思いやりにあふれた人物だと述べた時には、反対の大合唱が起きた。ジョンソンの紛れもない偉大さについてのたわ言を、世間の人々は我慢して聞いてくれるだろうと、バレンティは読み違えたようだ。しかし、我々は平等主義の立場から高い地位にある人々に疑いのまなざしを向けがちで、バレンティのほうがよっぽど真実を見抜いていたのかもしれない。

一連の新しいイデオロギーは、いよいよ基盤を固めようとしている。産業界がこれらのイデオロギーと政府への姿勢を改めたのは、ひとえに、ジョンソンの個性や独特の政治手法——「ジョンソン流」——によるもので、これに勝る理由はないだろう。

ジョンソンの卓越した功績を十分に知り、なぜそれが実現したのかを理解するためには、ジョンソンをその前任者、さらには二〇世紀に入ってからの民主党大統領たちと比較してみることが大切である。

このような比較は、論調から外れると感じる人もいるかもしれないが、賢明な読者ならすぐにその意図を読み取ってくれるだろう。人間の営みに関して、単純な説明や中身の薄い言葉をさも知恵の宝庫であるかのように美辞麗句で飾り立てたところで、真実が伝わってくる例はまずない。ハーバート・スペンサー（訳注：イギリスの哲学者。一八二〇～一九〇三年）の単純な社会批判は、自信満々に唱えられた時にはすでに時代遅れになっていた。

したがって、ジョンソンがどのような状況で政権の座に就いたかを、ケネディらと比べながら注意深く振り返ってみることは、けっして無意味ではない。これを実践すれば、ケネディが惨めなまでに失敗した分野で、ジョンソンがこれほど優れた成果を上げた理由が、必ず見えてくるはずだ。

上流階級の流儀

すぐに思い浮かぶのが、ケネディとジョンソンの流儀の違いである。ケネディは何年もの間、これほどワシントンでの流儀を知り尽くしている人はいない、との評価を得てきた。しかし注意を払うと、重要な事実が見えてくる。ケネディが自分の流儀を持ち込んだのはホワイトハウスにであって、大統領としての職務に対してではない、ということだ。

ケネディはホワイトハウスに文化をもたらし、学者、文化人、スポーツ選手、俳優、王族などを招いた。明敏で自由奔放な人々、つまり自信と魅力にあふれているがどこか型破りな人々を招き入れた。彼らはみな成功者だった。文化や芸術分野では言わば英雄で、紛れもなく人々をとりこにする力を持っていた。地味な人物は皆無で、バーバラ・ストライサンドですら、お呼びがかからなかった。華やかで気さくな上流階級。とびきりしゃれたパーティ。自由な意見交換。日曜日の午後の激しいスポーツ。これらがホワイトハウスを彩った。

ケネディの取り巻きは、一挙手一投足が注目を集めるような有名人ばかりだった。彼らはたえずマスコミから意見を求められ、カメラに追いかけられ、毎日のように紙面を飾った。政権内の公式の立場はどうであれ、それどころか政権メンバーでなかった期間でさえ、ホワイトハウスの奥深くで大統領と親密なつき合いをしていた。

ホワイトハウスは大統領官邸というよりも、大統領一家とその知人が集まる社交場として位置づけられていた。ワシントン、パームビーチ、ハイアニスポートのどこにいようと（訳注：パームビーチとハイアニスポートにはケネディ家の別荘がある）、統合参謀本部と共に執務中であろうと、サミー・デイビス・ジュニアと娯楽に興じていようと、そうした取り巻きと一緒にいることが、ケネディが好む流儀だった。

マスコミはこうした光景をこよなく愛し、特別な憧れを抱いた。そして、自分たちなりに味つけをして報道した。しかし過去を振り返ってみると、はっきりと見えてくる事柄がある。しきりに報道されたホワイトハウスの華やかさ、ウィット、知的洗練、流儀、優美さこそが、産業界にケネディ大統領への不安と疑いを芽生えさせた原因なのである。疑いのまなざしは、ホワイトハウスの奥深くに入り込んだケネディの取り巻きたちにとりわけ強く向けられた。精力的で、写真映えし、歯切れのよい発言とリベラルな政治観で知られ、きわめて政府に近い人々。彼らを象徴するのが、アーサー・シュレジンガー（訳注：ケネディ大統領の特別顧問を務めた歴史家）、ジョン・ケネス・ガルブレイス（訳注：経済学者、ハーバード大学名誉教授）などエリート中のエリートや、老獪なチェスター・ボールズ（訳注：ケネディ政権の国務次官）らである。彼らは何年も前から、大きな政府による干渉主義を熱心に唱え、政権との関わりを深めた後も、妥協なき現状改革を訴え続けた。このため、旧来からの社会層に属する人々は戦々恐々とした。ケネディはガルブレイスをインドに、シュレジンガーを南米にそれぞれ大使として赴任させ、ボールズには実態の見えにくい官僚ポストを歴任させたが、伝統的な考えを持った人々の不安を和らげるのにはほとんど役に立たなかった。

ケネディはまた、「アイリッシュ・マフィア」と呼ばれる強力な支持団体を持っていた。これが従来の政治慣行と最もなじみ、地方の政治家からも尊敬や理解を得やすい一面だった。しかし政権運営の足取りは重く、ケネディは責任の所在をあいまいにしてそれを隠そうとしたが、うまくいかなかった。

●華やかな取り巻きの存在

シュレジンガーはその著書『ケネディ栄光と苦悩の一〇〇〇日』[注1]の中で、ケネディ周辺の人々の陽気で不遜な様子をつぶさに描き出している。仲間内ではいつも、分別ありげな政府高官たちが冗談のタネとなった。ダレス長官時代（訳注：アイゼンハワー政権）の国務省がいかに無能で官僚的だったか、真面目くさった有名人がいかに誤った考えに固執して退屈か。ケネディ自身も楽しそうにこうした会話に加わり、周囲の人々をあおった様子が、シュレジンガーの本に描かれている。

さまざまな意味で、彼らは陽気な人々だった。しかし、民主主義を重んじる価値観を持ってはいたが、自分の考えに凝り固まり、高慢でもあった。仲間でない人々のことは、ほぼ例外なく自分たちよりも劣ると見なしていた。自分たちのように頭の回転が速く、場に応じて歯切れのよい発言ができないと、十分な知性があるとはいえず、適切な判断は下せない、と考えていた。世間の一部はこうした不遜さを正確に感じ取っていた。

シュレジンガーは前述の著書のなかで、ディーン・ラスク（訳注：ケネディ、ジョンソン両政権の国務長官）を容赦なく叩いているが、それはおそらく、ラスクがたえず、ケネディやその取り巻きが好む「知性あふれる人物」のイメージとは正反対の言動を見せて、反感を買ったからだろう。ラスクは頭脳明晰だが、気のきいたしゃれを言わなかった。知性にあふれていたが、目立とうとしなかった。豊富な情報に通じていたが、結論を急がなかった。弁は立ったが、小難しい議論に受けのよい言葉で華を添えて、仲間を楽しませることもなかった。ラスクはローズ奨学金を受け、大学の学部長やロックフェラー財団の代表などを歴任し、生涯ほぼ一貫して社会問題に取り組む地位にあった。こうした非の打ち所のない輝かしい経歴にもかかわらず、スポットライトを浴びるのを嫌った。輝かしい経歴は公の議論の場で大きなメリットになるという、仲間たちの喜びそうな考え方を否定したのである。

●自由な空気に対する不安

トルーマン政権は、不満を募らせた国民から身びいきがすぎると見られたが、ケネディの周辺には活気をみなぎらせた魅力的な人々が集まり、注目の的となり、国民を魅了した。だが産業界では、ケネディとその取り巻きは、経済や社会にとって重要な問題を軽々しく扱っている、との見方が主流だった。何より大きな懸念をかき立てたのは、一般の人々がホワイトハウスの内部の様子にいとも簡単に心を奪われてしまう、という事実だった。産業界のリーダーは、敵は投票者をすっかり惑わせ、やがて左寄りの姿勢を示していくに違いない、との危機感を抱いたのだろう。

ケネディは見事なまでにその知的で生き生きとした流儀をホワイトハウスに持ち込み、頭脳明晰な人々を集め、交流を大いに楽しんだが、これこそが、ケネディが目指していた成果を阻む元凶となった。本来は、産業界、小さな自治体、地方出身の議会保守派などの支持を取りつける必要があったが、逆に不信感を招き、彼らの心を遠ざけてしまったのである。ホワイトハウスでの生活ぶりや、長年地方をないがしろにしてきた人々と親密に交流している様子から、ケネディの意図や動機には不信の目が向けられ、内政問題でどんな言動を取ろうとも、不信感を打ち消すことはできなかった。

ケネディが産業界の反感を買った理由

ケネディは気さくで物わかりのよい人物だった。政治家としての気配りにも長け、現実的な判断ができた。にもかかわらず、産業界の不信を拭うために慎重に練り上げたはずのプランは、狙いとはまったく裏腹に、不合理な攻撃や批判を引き起こした。

六二年六月にエール大学で行った有名な演説が、その好例だろう。産業界からの不信や批判が止まず、明らかに産業界に有利であるはずの七パーセントの投資税控除ですら評判が芳しくなかったため、焦りを感じたケネディは挽回を図ろうとして、エール大学の卒業式で演説を行い、産業界にどれほどの具体的な貢献をしてきたかを訴えた。ところがこれが、かつてないほど激しい敵意をかき立てた。その二カ月前、鉄鋼業界の有名な値上げ騒動の時に、あれほどケネディを支持したインランド・スティール（訳注：現ミタル・スティール）のジョセフ・L・ブロックでさえ、「残念ながら、多くの人があの演説を自分たちへの挑戦と受け止めるだろう。私自身も、ややそのような印象を持った」と、述べている。どこでボタンのかけ違いが起きたのだろうか。

産業界に正面から訴えかけたせいで、ケネディの演説内容は大きな注目を集め、経営者たちは慎重にその内容を伝える記述に目を通した。そして図らずも、いくつかの点で彼らの敵意に火がついてしまった。

●例のごとく練りに練ったまばゆい演説だったので、読み手は、自分たちの出来が悪く、若い学校の先生に説教をされているような気分に陥った。その先生は若くしてすでに、きわめて重要なモノサシである組織における地位という点で、読み手をはるかにしのいでいた。
●理屈では明らかにケネディに分があり、その演説は見事なまでに論拠を揃えていたので、政権に異議を唱える産業界がひどく不合理なように見えてしまった。産業界のリーダーたちは、言わば公衆の面前で非難を浴びたわけで、自分たちの「誤り」を素直に認めようという気分にはなれなかったのも無理はない。
●演説の場が大学であったという事実も、結果的に反感を招いた。ケネディと聡明なブレーンたちは、経営者たちの間の微妙なしきたりを知らず、特定の層に偏らない中立的なイメージがある大学は、産業界への貢献を訴えるのに絶好の場所だと考えた。ところが、経営者や多くの政治家にとって、大学は「公明正大な立場で真実を追い求める、理性的な学者の集う場所」ではなく、「きざなアイビー・リーグの名前を使って、自分たちにばつの悪い思いをさせ、苦痛を伴う服従を強いるのだろう」と感じたのである。

このようにして、多くの経営者はこの演説でまたしても容赦ない攻撃を浴びたと感じた。負けてなるものかという本能にも似た感情がわき上がり、案の定、ケネディの狙いは完全に裏目に出た。ケネディの提案、政策プログラム、主張が客観的にどれほど理にかなっていたとしても、多くの経営者にとってケネディは最後まで不信の対象で、「お高くとまったよそ者」だった。

ホバート・ローウェン（訳注：『ワシントン・ポスト』紙のコラムニスト）も著書 *The Free Enterprisers*（注2）にこう記している。「（ケネディ）は金持ちの家に育ち、利益の役割をはじめとするビジネスの諸問題について、十分に理解していなかった」

ジョンソンの「共に語り合おう」という姿勢

ジョンソンの流儀は、その物腰、政治手法、登用した人材においても、ケネディとはことごとく対照的である。しかも、平気でやぼったい話し方をする。これは、批判者を納得させるのに好都合だった。どのような場合でも、過激な動機や意図に対して不安はつきものだが、ジョンソン流はそれを和らげるのにも役立った。

ジョンソン政権が目覚ましい成果を上げている事実に着目すると、ケネディとジョンソンの功績面での違いがまざまざと見えてくる。にもかかわらず、ジョンソンを称えようとする向きは少ない。せいぜい、たたみかけるような電話攻勢、それとない脅し、押しの一手、泣き落とし、裏工作といった「ジョンソン流」に、軽蔑まじりのほめ言葉が送られるだけだ。

しかしこれだけでは、ジョンソンが成功した理由の説明として、あまりにも不十分である。これらは実際に行われたことかもしれないが、そこからなぜジョンソンだけが成果を挙げたのかという理由は語られていない。

なぜこれだけの社会改革を実現し、世の中のあらゆる問題に政府がこれほど関与するようになったのか。通常は友好的でないはずの産業界の支持を取りつけることができたのか。その理由を理解すれば、ジョンソンを従来とは別の視点から評価できるだろう。その革命的ともいえる功績と、産業界からの息の長い支持を注意深く観察するためには、立ち止まってジョンソンを評価し、その手腕を理解しようと試みなくてはいけない。

すでに述べてきたように、ビジネスの世界は実利で動く。好ましくない兆候があれば、何とか手を打とうとするものだ。ただし、凶兆というものは、あくまでも主観にすぎない。ジョンソンの偉大さは、人々の主観を変えたところにある。現大統領、連邦政府、現代社会のニーズなどに出会うまでは知らなかった、新鮮で心地よいものを見せているのだ。これこそがジョンソン流の本質である。

ジョンソン流が功を奏するのは、脅しをちらつかせながら、容赦がなく、粘り強いからだというのが、世の中の一致した見方だった。しかし実際には、その「犠牲者」であるはずの人々からまったく別の受け止め方をされている。つまり、対話を大切にし、気が利いていて、心地よく、まさに常識そのものだと思われているのだ。そして、それこそが成功の秘密である。

ある企業経営者は筆者にこんなコメントを漏らした。

「ジョンソン大統領は鉄の意志を持っていると聞いていたので、手ごわいだろうと覚悟していた。ところが実際に会ってみると、大統領は立ち上がってドアまで出迎え、まるで長年の友人であるかのように、私を隣の席に座らせた。そして、政府を動かしていくうえでの苦労について、包み隠さずに話し始めた。私自身の抱える問題とあまり変わらないように聞こえた。それまで、大統領の職務について、そんなふうに考えたことはなかった。大統領と私の仕事はとても似通っている。大きな違いは、大統領はいつでも大勢の議員や記者から騒ぎ立てられていることだ。（中略）部外者からあれこれと質問を浴びせられずに済むのが、どれだけ楽であるか、これまで少しもわかっていなかった。株主総会で、ギルバート兄弟やウィルマ・ソス女史などから質問を受ける社長の気持ちがようやく理解できた気がする。（中略）とにかく、大統領は職務をこなそうとしているだけなのだ。我々と同じように。この国はどう考えても複雑で、難題が山積みだ。大統領は、課題の解決に向けていくつもの施策をよりよくこなそうとしている。それを責めることなどできるだろうか」

ジョンソン流とはまさに、産業界などの敵や、敵になりうる相手を自分のペースに巻き込み、時代の直面する諸問題について、理詰めではなく、和やかに語り合うことにほかならない。これこそが、ジョンソンの人柄と政治スタイルの真骨頂である。

●理念よりも常識を強調する

ジョンソンの政治手法や公の場での言動からは、和を重んじる独特の姿勢が伝わってくる。ジョンソンの口から「父は『実業家は嫌な奴らばかりだ』と言っていた」というセリフが出てくるとは、およそ考えられない。言ったとしても、「親父はこんなことを言っていたけれど……」と穏やかな物言いで、どぎつさを和らげようとするだろう。ジョンソンが何かを主張し、懇願し、政策を訴えると、それらは話のわかる素朴なアメリカ人――「ビジネスの仲間として好ましい相手」――の生の言葉として受けとめられる。ジョンソンは多くのビジネスリーダーと同じく、チャンスをうまく生かして自力で成功を手に入れたうえに、うぬぼれとは無縁なのである。

ケネディ、ジョンソン両政権の社会改革案は共に思いやりに根差したものだ、という考え方もあるだろう。だがケネディのそれは「理念」として、ジョンソンのそれは「常識」として受け止められている。ジョンソンが「弱者にも機会の平等を」と穏やかに訴える時、偉そうな素振りは少しも感じられず、当たり前のことを述べているように聞こえる。その口をついて出るのは、自身の貧しかった子ども時代のエピソードであり、貧しい人々に機会を与えないのは社会にとって損失である、といった主張である。

ジョンソンは美辞麗句とは無縁で、知恵を絞って名言を残そうという狙いもない。自分の政策に反対する人々について、「利己的で世の中に無関心だ」などと切って捨てるような印象も与えない。ジョンソンは、子どもの頃に通っていたテキサスの粗末な学校をわざわざ訪れ、そこで革新的な教育助成法に署名した。メディケア法に署名する際には、ミズーリ州インディペンデンスへ飛んで、隣の家に住んでいそうな――そして、いまではノスタルジーすら感じさせる――素朴なアメリカ人、トルーマン元大統領に敬意を表した（トルーマンは衰弱が進み、自分の演説原稿さえも十分に読み上げられない状態だった）。これでは、筋金入りの保守派ですら、教育助成にも、メディケアにも、批判の矛先を向けられないだろう。

●ジョンソンのコミュニケーション方針

トルーマンを別にすれば、ジョンソンが登場するまで、二〇世紀に入ってからの民主党出身の大統領はみな、自分がいかに優れているか、特別な存在であるか、不屈の精神を持っているかを、何かにつけて誇示してきた。そのせいで彼らは、反対派の異常なまでの反発を買った。

トルーマンは、ウィルソンの独善的な傾向や、ルーズベルトのいかにも富豪らしい洗練さとは無縁で、ケネディのような上流階級とも明らかに一線を画していた。そのトルーマンが反対派の怒りを買った理由は、(とりわけ就任から二年が経過した後に)批判に猛然と食ってかかったことと、ディーン・アチソン、レオン・カイザリングら強硬派を登用したことにある。しかし、政治のプロである先達をもしのぐ老獪さを備えたジョンソンは、これらの落とし穴を見事に避けた。そしてその過程で、先達が成しえなかった革命をついに成功させたのである。

ジョンソンはリーダーとして、政権運営の責任を明確にし、自分の立場をはっきりと示し、顔の見える政権づくりを行った。顧問や主要官庁のトップ全員にしっかりとにらみを利かせているので、彼らが自身で何かを語ることはなく、ジョンソンの考えを代弁するのも稀である。主な政策や取り組みはすべてジョンソンが直接発表し、たいていは「サプライズ」を伴った。

かつてケネディの優雅な流儀やトルーマンの気骨を称賛し、アイゼンハワーのわかりにくい話しぶりに辛辣な言葉を浴びせたマスコミは、いまではジョンソンについて、不必要に口が堅い、虚栄心が強すぎる、としきりに不満を挙げる。政権の発表はすべて自分の案、自分の功績だと言いたいのだろう、というのだ。ロバート・マクナマラは例外かもしれないが、政権を支えるメンバーはみな、個性に乏しい役人のように見えてしまい、これといった理念も活力も伝わってこない。

ジョンソンは側近や閣僚たちに口止めをして、すべてを自分の功績としてきた。口封じのよい例が、精力的で社交好きなスチュワート・ユードル内務長官だろう。ユードルはケネディ時代に天然資源の保護を推し進め、そのいかつい顔立ちと不退転の決意で注目を浴びた。当時はユードルの興味深い論考や角刈りの写真がいたるところで見受けられたが、いまではすっかり影を潜めてしまった。マクジョージ・バンディほか、ケネディ時代に華々しく活躍し、ジョンソン政権でも登用された他の人々と同じく、ユードルも完全に沈黙したのである。

これに対して、マスコミは予想どおりの反応を示した。マスコミの仕事は報道であり、ある意味ではニュースをつくり出さなくてはならないので、政権のニュース源を一つに絞るというジョンソンの強い方針は、当然ながら不評だった。記者たちの情報源を断ち切り、大統領本人だけに頼らざるをえない仕組みをつくってしまったからである。報道や論説の材料がこれだけ少なくなれば、ジョンソンの自画自賛ばかりが紙面を飾るのも驚くに当たらないだろう。ケネディを批判した人々と同じように、記者たちもまた不合理な攻撃や批判をせざるをえなくなった。ケネディ時代と報道の本質は変わっていないのである。

インテリ専門家に対する経営者たちの苦手意識

飾り気のない人柄と当たり前の常識を示したほうが、よく磨かれた理屈や整然とした事実を列挙するよりも、経営者の納得を引き出しやすい。こう書くと、ビジネスを回す仕組みとは、一見矛盾するように思われるだろう。きわめて実利的で手堅いと自負する経営者などは気を悪くするに違いない。

しかし、経営者は非常に実利的だという主張は、実際にはほとんど何も語っていない。我々は自分なりにとらえた現実に反応しているだけで、それは神の実験室で精緻に生み出された現実ではない。ベテラン経営者は、長年の経験によって備わったフィルター越しに物事を見ている。

こうしたフィルターはここ数年、産業界の内部に明らかな影響を及ぼしてきた。この傾向は大企業でとりわけ強く見られる。というのも大企業には、物理学、化学、心理学、統計学、社会学、経済学などの分野で高い学歴を持つ優秀な人材が増えていて、こうした一部の専門家に対する経営層の反応は、ケネディ政権への反応と多くの点で似通っている。高い専門性を持つ人材は、概念や理念を強く好み、えてして事業戦略や競争状況などに関する一般的事柄を難しい専門用語で語ろうとする。物事を合理的に割り切りすぎて上司をいらだたせ、脅威を抱かせることも少なくない。上司たちは、専門家が日頃から注意を向けている微妙な問題にはなじみが薄いのだ。いくつか例を挙げたい。

- 経済見通しを分析するためにエコノミストを雇ったところ、その多くは明確な予測を示す前に、その土台となった複雑で精緻な前提や難解な理論を解説したがる。
- どのような広告テーマや製品デザインが望ましいか意見を出してもらおうと、心理学に詳しい人材を採用したところ、何でも人間のモチベーションに関する難しい理論を使って説明しようとする。
- 人材関連の課題を解決する目的で社会学の専門家を招いたが、主従関係、X理論とY理論(注3)、組織の精神病理などに関して専門用語を駆使した説明を好み、ともすると新たな火種をつくってしまう。
- 線形計画法やシミュレーションなどを使って、物流に関する意思決定をサポートしてほしいと考えて、数学を専攻した人材を採用したら、何かにつけて「最大の損失を最小化する」「ヒューリスティック・モデルで代替する」などと言って物事を複雑にする。

このように特定の分野に強い人材が採用されるのは、「勘と経験だけに頼ったのでは事業は立ち行かず、専門家に貢献してもらう余地があるはずだ」との考え方が広がっているからだろう。ところが、専門家のいるところには、いさかいがつきものである。彼らは、幹部たちが長年親しんできた言葉に代えて、耳慣れない専門用語を繰り出す。常識だけで十分だと思われる分野で、理論的な概念を持ち出す。複雑な問いを投げかけて、専門性という神秘のベールに包まれた解決策を示す。彼らの話はいつも専門用語だらけで、どこか雲をつかむようである。上層部が専門家の提案を理解する例は増えてはいるが、そのような場合でも、内心では相手のやり方をけっして快く思っていない。専門家連中はみな賢く立ち回りすぎて、自分たちの考えが優れていると信じて疑わず、すべてを割り切りすぎる――。

経営者の多くは、何十年も情報や明晰な論理などの足りない分を熱意で補いながら、勘を頼りに出世の階段を上り、ようやくトップの座にたどり着いた。自信満々の専門家たちが出現すると、彼らは突如として落ち着きを失う。好感を持てないのも、無理のないことかもしれない。このような姿勢は、ケネディ政権を支える人々の示す、挑戦的なまでの自信や、歯に衣着せぬ物言いへの嫌悪感にも通じる。

社内に高い専門性を備えながらも、腰が低く、普通の言葉を用い、異なる意見にも我慢強くつき合う人材がいたら、経営者もじっくりと意見を聞いたうえで行動するだろう。これこそまさに、ジョンソン政権の下で起きている現象である。二〇世紀になってから初めて、大がかりな社会改革、経済への政府の関与などが、人間味あふれる常識を掲げながら、慎重な言葉で語られ、対立する見方や課題にも一定の配慮が示された。こうして、これもまた今世紀初であるが、産業界が政府の処方箋を受け入れた。少なくとも、激しい怒りは見せていない。

これはジョンソン独特の人柄と才覚の賜物である。これによって、「ジョンソン流」は目覚ましい支持と協力を引き出した。ジョンソンは、時代の最先端をいく発想を実用的な常識に落とし込む、直感的ともいえる能力を備えている。素晴らしく有能でありながらそうは見せず、ホワイトハウスでも目立ちすぎず、派手さや高慢さと無縁な人材を登用するという、心憎いまでに見事な戦術を駆使している。そして、常に用心を欠かさない。政権内のだれかが、検討中の案件を不用意に漏らしたり、現状の課題について個人的見解（あるいは大統領の見解）を公の場で表明したりしないように。また、支持を取りつけなくてはいけない層に妬みや不安、不信感などを芽生えさせる人や、尊大さや排他意識を感じさせるような人と一緒にいるところを見られて、自分の流儀が損なわれることがないように、気を配っている。

ケネディが残した遺産

ここまでさまざまな主張を展開してきたが、ケネディが大統領として失格だと述べているつもりはない。たしかにケネディはいくつもの問題を抱え、具体的な失敗もした。産業界と議会から十分な支持を得られなかった。にもかかわらず、ケネディは重要な点で成果を挙げたと筆者は考えている。大統領の地位にあった期間はけっして長くなかったが、アメリカの将来に計り知れない影響を及ぼすに違いない。

ケネディが最も幅広い功績を残したのは、実は当人が一番意識していなかったであろう分野である。連邦政府の複雑きわまりない管理・意思決定プロセスを、すっかり見違えるほどに合理化したのである。その道のベテランともいえるアイゼンハワーとは違って、行政には素人同然のケネディだったが、彼が登用した人材は、複雑なプロジェクトを分析したり、多額の予算を要する提案を検討したりするための、まったく新しい効果的な方法である費用対効果分析やシステム分析などをスムーズに導入した。

こうした手法は、国防総省のプロジェクトとなじみが深いと思われがちだが、ジョンソンが適用したことにより、現在では食糧管理、農業補助といった「地味な」分野でも活用され、ネイバーフッド・ユース・コープの予算を決める際にも用いられているほどだ。チャールズ・ヒッチ、アレン・エンソーベンなど産業界で働いた経験のない人々が中心となって力を尽くし、巨大な連邦政府はついに企業に似たやり方で運営されるようになった。

だが、ケネディの功績はこれだけにとどまらない。何よりも、政府は何に関心を払うべきかという新しいテーマを、かつてない刺激的なやり方で取り上げた。あふれんばかりの自信をみなぎらせ、上流階級の雰囲気をあたりにまき散らしていたせいで、絶対に取り込むべき、いくつかの主要層をいらだたせ、おびえさせてしまったかもしれないが、それでも、経済成長や社会の繁栄がもたらす新しい可能性に、多くの人々の目を向けさせるのに成功した（この点におけるジョンソンの特筆すべき功績は、ケネディが他の層に「重視し、追い求めるように」と説いた目標をそのまま掲げ、産業界や議会の支持をうまく取りつけたことである）。

ケネディの最大の偉業はおそらく、アメリカの若者たちの意識を変え、行政や政治がいかにやりがいのある立派な仕事であるか、理解を広めたことだろう。ただし少なくともこの功績だけは、演説の力によるのではなく、当代きっての有能で明晰な人材を政権に登用したからである。ケネディはそうそうたる人材と共に、政府のために働く人は無能とは限らない、恵まれない層のために熱心に世の中を変えようとする人々は急進的でも、頭がおかしいわけでもない、とはっきりと示した。スポーツと勉学に共に秀でた人、高学歴でかつ異彩を放つ人、真面目だが茶目っ気もある人、社会問題に力を注ぐ一方でビジネスライクに仕事をこなす人がいることを、身をもって示した。

アメリカの経営者とその子どもたちにとって特に興味深いのは、ケネディとその周辺の人々は、「裕福な家庭に生まれ育っても、政治的な視点から他の人々の苦境を思いやれる」ことを示した点ではないだろうか（こうした動きはイギリスでも何年か前に見られた）。ケネディは、裕福な社会は気骨や人情に欠けるとは限らず、偉大な社会となりうるということを象徴する人物だった。ケネディは輝かしい功績を残し、後の社会にかけがえのない貢献をした。しかし、それでもまだ十分ではなかった。産業界を味方につけるためには、別のタイプの大統領が待ち望まれていたのである。

ジョンソンが進める静かな革命

ジョンソン大統領は就任当時、強面のイメージがあり、人柄と相まって、知的エリート層や、ケネディに強く感化された若者層からは背を向けられた。だが、それ以外のほぼすべての層から国内政治で支持された。その結果、「エリート層」が熱狂的なまでに求めた目標を達成したのである。

国内政治において、ジョンソンはほぼすべての課題で成果を挙げた。航空会社のストライキ、賃金物価ガイドラインの策定（およびそれに続く労使問題）、貧困や公民権法などの問題では批判が高まるなど、明らかな失敗もあった。しかし、現時点で何が起きようとも——任期満了までに議会や産業界との間で何が起きようとも——、産業界では大多数のリーダーがすでにジョンソン支持へと傾き、揺れ戻しが起こるとは考えにくい。彼らにとって連邦政府はもはや、かつてのような大きな図体を持て余す無様な存在ではない。政府の干渉政策が激しい憎しみの対象だった時代は終わりを告げた。

国際問題については、ジョンソンの政策に落胆や不満がくすぶっている。ベトナム問題は依然として難題である。とはいえ、産業界との関係においては、このベトナム問題でさえ、ジョンソンは有利な立場を保っている。産業界は最初からジョンソンの強硬路線を支持し、経営者は自分たちの経験からも、一度そのような戦略を取ったら容易には逆戻りできないことがわかっている。ジョンソンの直面するジレンマに理解を示しているのだ。

我々の社会は物質面に限らず、思いやりや正義感などの面でも真に偉大な社会になれる。経済面で最も重要なセクターがついに、あらゆる点で偉大な社会を築けるように強力に後押ししている。それを示すために、ジョンソンは地ならしを進めてきたのである。

【注】

（1）Arthur Schlesinger, *A Thousand Days*, Houghton Mifflin, 1965. 邦訳は河出書房刊。

（2）Hobart Rowen, *The Free Enterprisers*, Putnam, 1964.

（3）アメリカの心理学者ダグラス・マクレガーが提唱した理論で、X理論は「権限行使による命令統制」、Y理論は「統合と自己統制」を指す。

第24章

Why Business Always Loses

社会から孤立するアメリカ産業界

Why Business Always Loses
HBR, March-April 1968.
【1968年度マッキンゼー賞受賞論文】

断固として規制と戦う産業界

一八八七年、州際通商法が制定され、アメリカ産業界は初めて、政府による規制に直面した。産業界は主な法案をめぐって政府や投票者と対立し、そのたびに敗北を重ねてきた。

産業界は猛然と抵抗してきた。しかし、巨大な経済力と洗練された説得のスキルを持っているにもかかわらず、ワシントンDCであれ、ワシントンコートハウス（オハイオ州の町）であれ、お決まりのパターンで敗れてきた。産業界は、市民が開放的、進歩的だと考える法律や、不可欠だと考える法律に異を唱えてきた。常に善を妨げようとする悪者の役割を演じては、みずからの立場を悪くしてきたのである。

産業界の主な言い分は次のとおりだ。政治家は日和見的である。官僚は企業から税金をしぼり取ることばかり考えている。慈善家たちは誤った情報に踊らされている。一般市民は何もわかっていない――。常に自身ではなく他者を批判してきたのである。しかし、「ブルータス、問題は我々の運命にではなく、我々自身にあるのだ」というカッシウス（訳注：古代ローマの政治家、軍人。ジュリアス・シーザーの暗殺を首謀した）の言葉は真理を突いているかもしれない。事業部長が毎期のように損失を出しながら、ライバル企業のせいだとうそぶいていたら、社長はどう考えるだろうか。間違いなく事業部長の無能ぶりこそが問題だと見て取り、「早期退職」を勧告するだろう。

筆者の見解では、産業界がこれまであまたの敗北を重ねてきた原因は、「敵」だけではなく、自身にもある。敵との戦い方がつたないのではなく（競争にかけては、十分に訓練を積んでいるはずだ）、手を結ぶべき場面が多いのに戦ってしまうという過ちを犯してきたためなのだ。これらはすべて「マーケティング」の観点から説明することができる。

たび重なる敗北の歴史

まず、歴史を簡単に振り返ってみよう。詳しく語るまでもなく、それは敗北に次ぐ敗北の歴史である。シャーマン反トラスト法、連邦準備法、連邦取引委員会法、国立公園法、児童労働法、証券取引法、ワグナー法(全国労働関係法)、一九三八年の公正労働基準法、老齢者・遺族年金保険法、連邦住宅法、マーシャル・プラン、母子家庭扶助法、連邦教育法、救貧法、メディケア(老人や身体障害者などを対象とした政府の医療保険制度)……産業界はこれらにことごとく反対したが、結局は受け入れざるをえなかった。反対したのは、これらの法律が企業にとって大きなマイナスとなるという暗い予想をしたからである。そう予想した人々が日々、自信を持って経営上の重要な意思決定を行っているのは、何とも不思議なことである。

過去七五年間というもの、産業界は法律や規制をめぐって一度たりとも思いどおりになったことはない。例外はスムート・ホーレー法(二四年)とタフト・ハートレー法(四八年)だけである。何のことはない、産業界はこの二つの法律のみ反対しなかったのだ。要するに、自分たちに都合のよい法律では政府と対立せず、したがって、敗北もしなかったのである。

四七年、トルーマン政権が健康保険制度を提案した。結論が出るまでに長い期間がかかったため、産業界は勝利を信じていたかもしれない。だがそれも、つかの間の「美酒」にすぎなかった。今日ではメディケアとメディケイド(訳注:医療扶助。低所得者と身体障害者に入院加療と医療保険を与える制度)が確立しており、法律や規制はこれからますます増えると考えられる。暮らしやすい環境を取り戻すために、高速道路の整備、都市の美化、大気汚染や水質汚染の改善、広告塔やネオン・サインの制限といった取り組みが計画的に進められている。公正なものの見方をする思慮深い人なら、すぐにわかるだろう。産業界が阻止しようとしてきた法律が、経済に深刻な悪影響を及ぼしている根拠はおよそ認められない。むしろ、社会や産業界のために役立っているのだ。これについては容易に説明できる。

●シャーマン法によって巨大トラストの長い歴史に終止符が打たれたことで、産業界は以前よりもはるかに大きな繁栄を享受している。一九一一年の連邦最高裁判所判決によって、石油市場を独占していた巨大企業スタンダード石油がスタンダード・オイル・オブ・ニュージャージー、スタンダード・オイル・オブ・オハイオ、スタンダード・オイル・オブ・カリフォルニア、スタンダード・オイル・オブ・インディアナ、モービル石油に分割されたが、その後この五社は激しい競争を繰り広げながら業績を高めてきた（訳注：ニュージャージーとモービル石油は現エクソン・モービル、オハイオとインディアナは現BP、カリフォルニアは現シェブロン）。

●国立公園は、企業で働く人々にとって手軽な憩いの場、家族の絆を強めるための場となっている。産業界にメリットがあることは疑いない。

●児童の労働を禁じたことも、産業界にとって明らかにプラスである。子どもたちが健康で教養のある、豊かな大人へと成長すれば、旺盛な消費意欲を見せ、次世代の消費者を生み育ててくれるだろう。

●雇用主に不満や敵意を抱く労働者がただ寄り集まるよりも、合法的にきちんとした労働組合を結成したほうが、産業界にとって好ましいのは間違いない。労働組合は責任を持って交渉に臨み、労働規則の遵守をメンバーに促し、苦情処理も良識ある方法で行うようになる。

●証券取引法によって、企業に情報公開（ディスクロージャー）が義務づけられ、証券取引委員会（SEC）によ